高等院校经济管理系列教材

营销管理

MARKETING MANAGEMENT

瞿国忠/等编著

第二版

经济管理出版社
ECONOMY & MANAGEMENT PUBLISHING HOUSE

图书在版编目（CIP）数据

营销管理/瞿国忠等编著. —2版. —北京：经济管理出版社，2013.12
ISBN 978-7-5096-2762-4

Ⅰ. ①营… Ⅱ. ①瞿… Ⅲ. ①营销管理 Ⅳ. ①F713.50

中国版本图书馆CIP数据核字(2013)第259331号

责任编辑：谭　伟
责任印制：黄　铄
责任校对：超　凡

出版发行：经济管理出版社
（北京市海淀区北蜂窝8号中雅大厦A座11层 100038）
网　址：www.E-mp.com.cn
电　话：(010)51915602
印　刷：三河市延风印装厂
经　销：新华书店
开　本：787mm×1092mm/16
印　张：17.25
字　数：405千字
版　次：2013年12月第2版　2013年12月第1次印刷
书　号：ISBN 978-7-5096-2762-4
定　价：38.00元

目　录

第一章 绪 论

营销管理学是一门以经济科学、行为科学和现代管理理论为基础，研究以满足消费者需求为中心的企业营销活动及其规律性的综合性应用学科。而营销活动是在一定经营理念指导下进行的，因此，理解什么是市场、营销的核心概念，正确认识营销管理的实质与任务，全面理解现代营销观念的内涵，对于搞好营销，加强企业的经营管理，提高经济效益具有重要意义。

本章将在讨论营销的核心概念的基础上，介绍什么是营销管理以及企业经营理念的转变和目前营销管理学学科前沿最新的一些重要理念、术语及其内涵。

第一节 营销的核心概念

市场经济条件下现代企业的重要任务是满足社会需要，取得盈利。因此，企业的生产经营活动均是围绕社会需要展开的，企业的营销部门是企业面对市场的重要职能部门之一，其活动同样是以围绕市场需要为基础展开的。因此，营销的核心概念（见图1－1）包括了以下重要术语及其概念：需要、欲望和需求，产品，费用、价值和满意，交换、交易和关系，市场，营销与营销者。它们相互关联，而后者均建立在前者概念的基础之上。

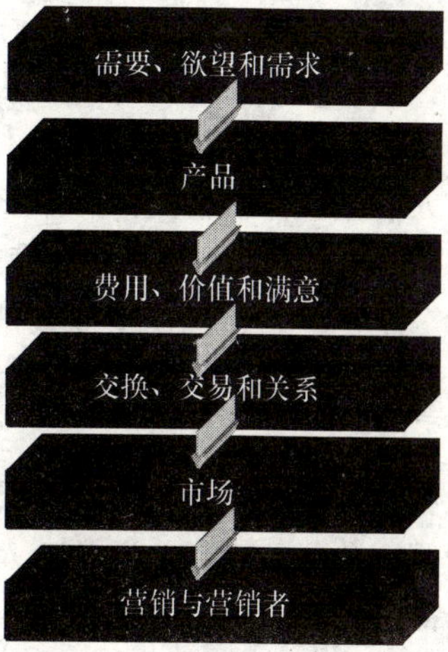

图1－1 营销的核心概念

一、需要、欲望和需求

（1）需要（need）是指人类一种未得到某些满足的感受状态。

正如人们感到饿了，表明胃内缺乏食物；感到冷了，表明外界温度与体温缺乏协调；感到孤独，表明缺乏朋友、家庭或社会的关爱；在工作中感到力不从心，表明缺乏知识；等等。人们这种天生的生理和心理，对物质或精神的匮乏状态均称为需要，是人类自身本能的基本组成部分，是不能被创造的。

美国心理学家马斯洛（A. H. Maslow）将人们对物质的或精神的需要分成了生理、安全、社交、自尊和自我实现五个层次（详见第四章第一节）。

（2）欲望（want）是指人类想要得到某种具体满足物（包括精神的）的愿望。但人们的欲望受社会文化等外部环境（同样可以包括企业营销策略）和自身个性的影响后，所采取的解决需要的具体形式是不同的。

如前述人们若感到饿了，需要进食，但具体想选择吃什么食品（饺子、米饭……）会有很大不同；若感到冷了，想要采取什么与外界温度相适应的措施（如加穿衣物或采取提高室内温度的方法）也会因人而异。也就是说，人们为满足同一需要可能采取不同的解决途径与方法。

(3) 需求（demand）是有购买力支持的欲望。即形成需求的两个先决条件是：①购买欲望；②购买能力。

人们的欲望几乎没有穷尽。因此，人们想用有限的金钱获取那些价值和满意程度最大的产品。当有购买力作为后盾时，人们的欲望就变成了需求。而企业的营销人员就可以根据人们的某种需要，用适当的产品、适宜的价格等手段来影响、刺激人们的欲望，继而影响需求，从而满足人们这一相应的需要。

二、产品

产品是指提供给市场能够满足人们需要和欲望的任何东西。它不仅包括有形的物品，还包括无形的东西（详见第七章第一节）。

人们往往关注产品本身。若问不同的制造商或销售商，你们卖什么（或提供给消费者的是什么）？回答往往是诸如复印机、照相机、家电、医院的各种服务等。这些回答只停留在具体产品形式上，他们把自己看做是在销售产品，而不是在提供能够满足人们需要的解决方法，未进一步探其实质：购买复印机的用户，购买的并不是复印机本身，而是要用它来提高办公效率。在这一意义上，复印机制造商或销售商提供给消费者的是办公效率。同样，照相机制造商或销售商提供给消费者的是美好的回忆；电视机制造商或销售商提供给消费者的是信息，是视听的享受和了解新闻的效率；制药厂和医院提供给消费者的是身心健康。总之，是满足人们的需要。

人们把只停留在具体产品形式上，而忽视消费者需要的这种现象，称之为“营销近视症”。当出现一种能更好地满足人们同一需要或价格更低的新产品时，患有“营销近视症”的原有产品的制造商或销售商就会感到茫然，且容易陷入困境之中。

三、费用、价值和满意

在对能够满足人们某种需要的一组产品进行选择时，人们所依据的标准是各种产品的费用、价值和满意。通常，人们总是希望选择费用低，并为他们带来最大价值和满意的产品。

费用（成本）是为得到所需的产品而付出的代价。

价值就是顾客所得到的利益（效用）。

满意是一种人们感觉状态的水平，就消费者而言，衡量满意的标准包括：实际与期望之差、边际效用、顾客让渡价值，等等。

(1) 实际与期望：对于消费者所理解的获得一件产品的利益，若消费者认为实际得到的利益与期望得到的相比相同或更大，则消费者感到满意，大得越多，满意程度就越高；反之，消费者就会感到不满意，比期望得到的利益低得越多，消费者感到越不满意，直至会感到有一种上当受骗的失落感。

(2) 边际效用：是指增加最后一个代价所带来的效用（利益），即所得到的效用与所付出的代价之比：

边际效用 = Δ效用/Δ代价

实际上，效用是消费者对付出的代价所得到的产品能够满足其需要的整体能力的主观评价，它来自消费者的自我心理感受。

如图 1-2 所示，代价与效用之间的关系遵循经济学的效用递减原理。当边际效用 = 0 时，效用达到最大值，则消费者感到最为满意。

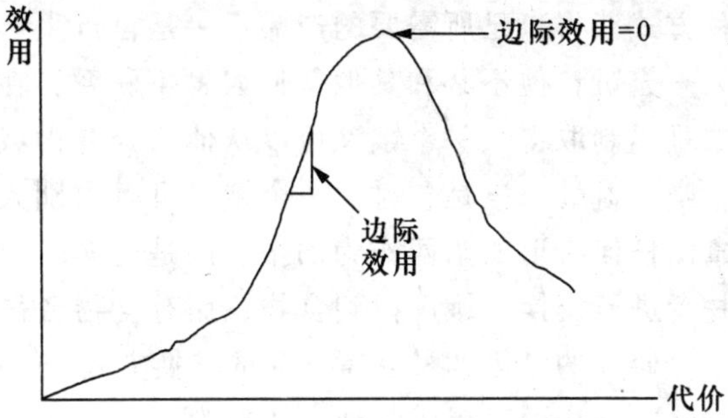

图 1-2 边际效用递减原理示意图

(3) 顾客让渡价值（Customer Delivered Value）：顾客让渡价值是顾客所得到的所有利益（总顾客价值，Total Customer Value）与为之而付出的所有代价（总顾客成本，total customer cost）之差。让渡给顾客的价值越大，顾客越满意。

顾客所得到的所有利益可以包括产品实体、服务、人员和产品或企业的形象等；顾客所付出的所有代价包括货币、时间、体力和精力等，如图 1-3 所示。

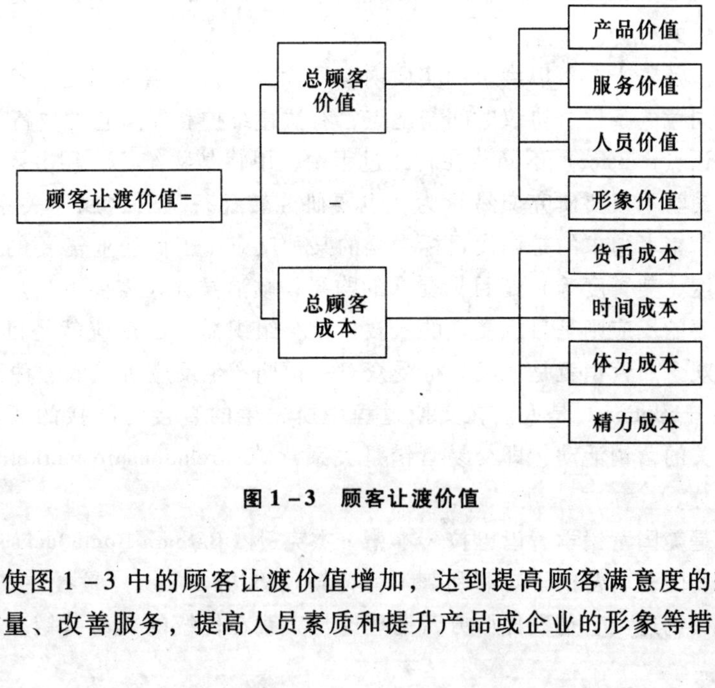

图 1-3 顾客让渡价值

显然，要使图 1-3 中的顾客让渡价值增加，达到提高顾客满意度的效果。要么通过提高产品质量、改善服务，提高人员素质和提升产品或企业的形象等措施来增加总顾客价值；要么通过降价、降低顾客在购物中的时间、体力和精力等消耗来降低总顾客成本；要么在增加总顾客价值的同时降低总顾客成本。

但是，如果增加总顾客价值，势必增加供给者的成本，而降低总顾客成本势必减少供给者的收益或增加成本。供给者是否满意？因此，就需要营销人员找到一个使供求双方都能满意的契合点。

四、交换、交易和关系

当人们决定以交换的方式来满足自己的需要或欲望时，就存在营销活动了。

人们可以通过四种方式获得自己所需要的产品：一是自行生产。一个饿汉可以通过打猎、捕鱼或采摘野果来充饥，他不必和其他任何人发生联系，在这种情况下，既无市场，更无营销可言。二是强制取得。一个饿汉可以从他人处夺得或偷得食物，对另一方而言，除了被伤害外，毫无益处。三是乞讨。一个饿汉可以向别人乞讨食物，除了一声谢谢外，乞讨者没有拿出任何有形的东西作为回报。四是交换。一个饿汉可以用自己有价值的东西与拥有食物者进行交换，饿汉得到食物，而有食物者得到了饿汉提供的有价值的东西。在营销学中，研究的是第四种获得产品的交换方式。

（1）交换（exchange）是指通过提供某种东西作为回报，从别人那里取得所需物的行为。交换发生需要满足五个条件：① 至少有两方；② 每方都有被对方认为是有价值的东西；③ 每方都有沟通信息和供货能力；④ 每方都可自由地接受或拒绝对方的东西；⑤ 每方都认为与另一方打交道是适宜或称心如意的。

交换是一种过程而不是一个事件，如果双方正在进行谈判，并趋于达成协议，就意味着他们正在进行交换。一旦达成协议，就发生了交易行为。

为了促使交换成功，营销者必须分析参与交换的双方各自希望拿出什么和得到什么。

（2）交易（transaction）是交换的商务活动，是交换的基本单元，是由双方之间的价值交换所构成的行为。

一次交易涉及若干个可以度量的实质内容：除交换发生需要满足五个条件外，还应有买卖双方所同意的条件、协议时间与地点；有法律维护和保障它的执行。

交易与转让（transfer）不同。在转让过程中，甲将某物给乙，甲并不接受任何实物作为回报。营销学不仅要研究交易行为，也要研究转让行为。这属于关系营销的范畴。从广义上讲，营销者追求的是诱发目标受众的某种反应。工商企业需要的直接反应（间接反应是知名度、美誉度等）是目标受众的购买；政治候选人需要的反应是目标受众的投票；教会需要的反应则是目标受众的入教；社会组织需要的反应就是目标受众接受相应组织的某种观念。营销就是诱发目标受众对一预期产生反应所采取的种种行为。

（3）关系（relation）是人们在交换过程中所发生的直接与间接的相互关系。事实上，与交易有关的营销活动，即交易营销是关系营销（relationship marketing）大概念中的一个组成部分。

关系营销是美国营销学者巴巴拉·本德·杰克逊（Barbara Bund Jackson）于1985年首先提出的，美国著名营销学者菲利普·科特勒（Philip Kotler）教授在其《营销管理》第六版已有相关论述。它是现代西方营销理论与实践在传统的交易营销基础上的一个发展和进步。关系营销提出的原因是单靠交易建立的品牌忠诚度不稳，回头客太少，而现实营销中企业的生意不断，有些企业则是一次性交易，究其根源是企业与顾客的关系不佳。为了扩大回头客的比例，杰克逊提出了关系营销理念。关系营销指买卖双方间创造更亲密的工作关系与相互依赖关系的艺术 。

关系营销可以定义为：除了进行短期的交易外，企业还必须与有价值的顾客、分销商、供应方等建立、保持并加强长期关系。

关系营销意味着企业必须在管理好产品的同时处理好与顾客的关系。

关系营销趋向于强调长期性，其目标是为顾客提供长期价值，其成功尺度是顾客的长期和持续满意。除了持续提供给顾客具有较高价值的产品以提高顾客的满意度以外，企业还可以通过采用许多其他营销手段来加强与顾客的联系。

五、市场

市场（Market）是由一群具有特定的欲望和需要，并且愿意和能够以交换来满足此欲望和需要的全部现实的和潜在的顾客组成。

经济学家眼中的市场是商品交换的场所，商品交换关系（一切交换行为和职能）的总和，即买主和卖主的集合。需求指消费者在一定时期内，在某一特定条件下对获取某种商品的意愿及能购买的商品数量。它包含两个条件：购买欲望和支付能力。

营销学主要研究作为销售者的企业的营销活动，即研究企业如何通过整体营销活动，适应并满足买方的需要，以实现经营目标。

因此，在这里市场是指某种产品的现实购买者和潜在购买者需求的总和。

市场包括三个主要的因素，即有某种需要的人；为满足这种需要的购买欲望；为满足这种需要的购买能力。也就是说，市场要受这三个主要因素的影响，是这三个因素的函数：

市场 = f（人口，购买力，购买欲望）

上式中的具体函数形式（可以通过对具体产品进行详细的市场调研后确定）并不重要，重要的是要考虑式中三方面的因素。这三个因素是相互制约、缺一不可的，只有三者结合起来，才能构成现实的市场，才能决定市场的规模和容量。

六、营销与营销者

营销（Marketing）是从西方引进的术语，有不同的解释。

日本企业界认为：营销是在满足消费者利益的基础上，如何适应市场需求而提供商品或服务的企业的整体活动。

德国阿亨大学施特芬哈根（Steffenhagen）教授认为：营销是企业在其活动的市场中，在一定范围内，定量地获得现实的和潜在的需求者的信息，反过来对这些需求者施加影响的企业行为。

美国菲利普·科特勒（Philip Kotler）教授认为：营销是一个社会管理过程，在此过程中个人和群体通过创造、提供及同其他人交换有价值的产品而满足自身的需要和欲望。

尽管各不相同，但归纳这些观点，可以认为：营销泛指与市场有关的一切人类活动，即以创造价值和满足人类的需要和欲望为目的，而变潜在交换为实现交换的活动。

具体包括三层含义：

(1) 从现实的或潜在的市场出发，即以顾客为中心
——观念；

(2) 开展企业整体的营销活动（包括适应与刺激需求）
——方法；

(3) 通过交换（将卖方和买方联系起来）满足消费者的需要，实现企业目标
——目的。

营销是个人和组织通过创造及同其他个人或组织交换产品和价值而满足各自需要的一种社会的和管理的过程。

美国营销协会对营销的定义：营销是一个规划和实施理念的过程，在这个过程中个人和组织通过商品和劳务设计，定价、促销、分销，与其他个人或组织交换有价值的产品，以满足顾客需求和达成组织目标。

在交换双方中，如果一方比另一方更主动、更积极地寻求交换，则前者称之为营销者，后者称之为潜在顾客。

营销者就是指希望积极主动地从他人处寻求资源，并愿意以有价物品与之进行交换的人。因此，营销者既可以是卖主，也可以是买主。若在另一种场合，买卖双方都在积极寻求交换，那么，就可以将双方都称之为营销者，并把这种情况称之为互为营销。

第二节　营销管理概述

从管理学可知：管理就是在特定的环境下，对组织所拥有的资源进行有效的计划、组织、领导与控制，以便达到既定的组织目标的过程。

营销管理是指为了实现企业目标，创造、建立和保持与目标市场之间的互利交换和关系，而对设计方案的分析、计划、执行和控制，即规划、实施及控制所有营销活动以有效地达成组织目标的过程。

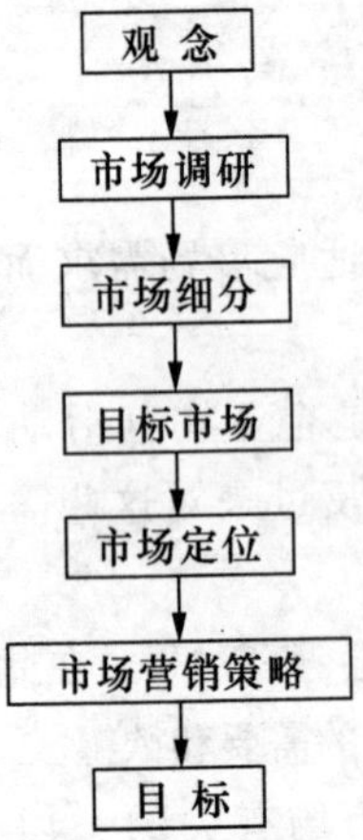

图 1-4　营销活动

一、营销活动

根据以上营销管理和营销核心概念，可以看出营销活动（即研究的内容）应包括：在树立以顾客为中心观念的基础上，为实现企业目标而进行的市场调研、市场细分、目标市场选择、市场定位、营销策略组合等一系列活动（如图 1-4 所示）。具体各部分营销活动将在本教材后面各章节中展开介绍。

综上所述，营销不同于简单的销售（Sell）或促销（Promotion），销售只是现代营销活动的一部分，而且不是最主要的部分。著名的管理学权威彼得·杜拉克指出：“营销的目的就是要使销售成为不必要。”

二、营销管理的任务

营销管理的任务就是为了促进企业目标的实现而调节需求的水平、时机和性质，实质是需求管理。

企业在开展营销的过程中，一般要设定目标市场上预期要实现的交易水平，然而，实际需求水平可能低于、等于或高于这个预期水平。换言之，在目标市场上，可能没有需求、需求很少或超量需求。营销管理就是要应对这些不同的需求情况。

菲利普·科特勒教授根据需求水平、时间和性质的不同，归纳出八种不同的需求状况，以及在不同的需求状况下，营销管理面临的相应任务。

（1）负需求。负需求是指绝大多数人对某个产品感到厌恶，甚至愿意出钱回避它的一种需求状况。在负需求情况下，营销管理的任务是改变营销，即分析市场为什么不喜欢这种产品，以及是否可以通过产品重新设计、降低价格和积极的营销方案，来改变市场的信念与态度，将负需求变为正需求。

（2）无需求。无需求是指目标市场对产品毫无兴趣或漠不关心的一种需求状况。通常市场对下列产品无需求：① 人们一般认为无价值的废旧物品；② 人们一般认为有价值，但在特定市场无价值的东西；③ 新产品或消费者平常不熟悉的物品等。在无需求情况下，营销管理的任务是刺激营销，即通过大力促销和其他营销措施，努力将产品所能提供的利益与人们的需要和兴趣结合起来。

（3）潜在需求。潜在需求是指相当一部分消费者对某物有强烈的需求，而现在的物品或服务又无法使之满足的一种需求状况。在潜在需求情况下，营销管理的任务是开发营销，即开展营销研究和潜在市场范围的测量，进而开发有效的物品或服务来满足这些需求，将潜在需求变为现实需求。

（4）下降需求。下降需求是指市场对一个或几个产品的需求呈下降趋势的一种需求状况。在下降需求情况下，营销管理的任务是重整营销，即分析市场衰退的原因，进而开拓新的目标市场，改进产品特色与外观，或采用更有效的沟通手段来重振、刺激需求，使老产品开始新的生命周期，并通过创造性的产品再营销来扭转需求下降的趋势。

（5）不规则需求。不规则需求是指某些物品或服务的市场需求在一年不同季节，或一周不同日子，甚至一天不同时间上下波动很大的一种需求状况。在不规则需求情况下，营销管理的任务是协调营销，即通过灵活定价，大力促销及其他刺激手段来改变需求的时间模式，使物品或服务的市场供给和需求在时间上协调一致。

（6）充分需求。充分需求是指某种物品或服务的目前需求水平和时间等于预期的水平和时间的一种需求状况。这是企业最理想的一种需求状况。但是，在动态市场上，消费者偏好会不断变化，竞争也会日益激烈。因此，在充分需求情况下，营销管理的任务是维持营销，即努力保持产品质量，经常测量消费者的满意度，通过降低价格，并激励推销人员和经销商进行大力推销，千方百计维持目前的需求水平。

（7）过量需求。过量需求是指某种物品或服务的市场需求超过了企业所能供给或愿供给的一种需求状况。在过量需求情况下，营销管理的任务是降低营销，即通过提高价格，合理分销产品，减少服务和促销等措施，暂时或永久地降低市场需求水平，或者设法降低来自盈利较少或服务需要不大的需求水平。需强调的是，降低营销并不是杜绝需求，而是降低需求水平。

（8）有害需求。有害需求是指市场对某些有害物品或服务的需求。对于有害需求，营销管理的任务是反营销，即劝说喜欢有害物品或服务的消费者放弃这种爱好和需求，大力宣传有害物品或服务的严重危害，大幅提高价格，以及停止生产供应等。降低营销与反营销的区别在于：前者是采取措施减少需求，后者是采取措施消灭需求。

三、营销管理过程

在现代市场经济条件下，企业在市场竞争中能否成功，取决于其能否与市场环境的发展变化相适应。对营销活动进行管理，实际就是确保企业的营销活动能够适应环境的变化而进行的一系列工作。营销管理过程（见图1－5）包括：①分析和评价市场机会（详见第二、三章）；②研究和选择目标市场（详见第六章）；③制定营销战略（详见第三章）；④制定营销计划，即营销策略组合（详见本章第二节和第七章至第十章）；⑤计划组织实施；⑥控制营销活动及其效果评价（详见第十一章）。

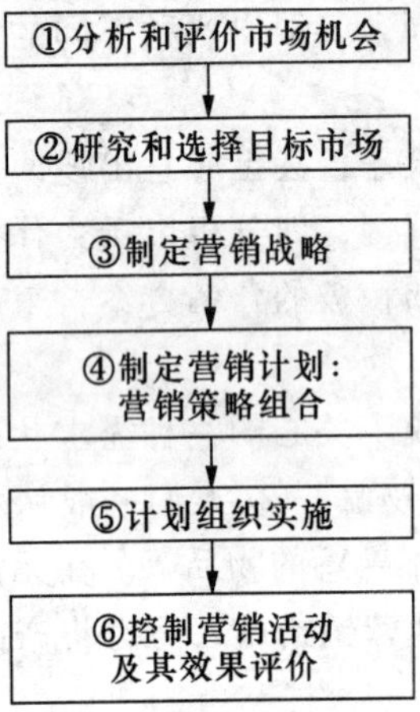

图1－5　营销管理过程

四、营销组合策略4P

营销组合是营销理论体系中一个很重要的概念，是指企业针对所选定的目标市场，综合运用各种可能的资源与手段，组成一个系统化的整体策略，占领目标市场，达到企业的经营目标，并取得满意的经济效益。企业把选定的目标市场视为一个系统，把自己的各种营销策略分解归类，组成一个与之对应的系统。在此系统中，各种营销策略均可看做是一个可调整的子系统。营销学家们曾对规模不同、行业各异的企业面临的问题逐一分析，概括出四类基本变量，形成四个策略子系统。1964年美国密歇根大学教授杰罗姆·麦卡锡（E. Jerome Mccarthy）首先将其简化为便于记忆的4P’S营销组合策略，即产品（Product）策略、价格（Price）策略、促销（Promotion）策略和分销（Place）策略，因四个英文单词的第一个字母都是P，故简称4P’S策略。此4P’S策略的每个策略又都由许多分策略组成，图1－6中只是列举了其中的一些分策略。4P’S策略是企业可控的因素，企业可以通过合理组合4P’S策略，以达到营销的目标。

（一）4P’S策略各个P的任务

4P’S策略中各个P的任务分别是：

（1）产品策略：要解决的问题是应向目标市场中的消费者提供什么样的产品，以满足市场的需要。

（2）价格策略：要解决的问题是以什么样的交易条件向目标市场中的消费者提供产品。

（3）促销策略：要解决的问题，是采用哪些信息交流措施，以使企业及其产品的信息及时、迅速无误地传递到消费者手中，并及时反馈市场中消费者的信息。

（4）分销策略：要解决的问题，一是经哪些销售环节（中间商）；二是销售端物流，即经过产品的储存（仓库的区位和库存管理）和运输（运用什么运输工具，通过什么运输路线），安全、准确、及时地把产品送到消费者手中；三是合同管理等。

为达到营销的目标开展4P'S策略的营销攻势，进而对消费者产生影响是企业在市场中的重要举措。图1-6中4P'S策略中的各个策略是可变的，在动态的营销环境中，它们是相互依存的。虽然它们单独说来每一个策略都很重要，但企业营销人员必须看到，其真正重要的意义在于因势而异的配套组合，即如何将其结合起来，能够有别于竞争对手的独特组合，也即企业整体营销策略。

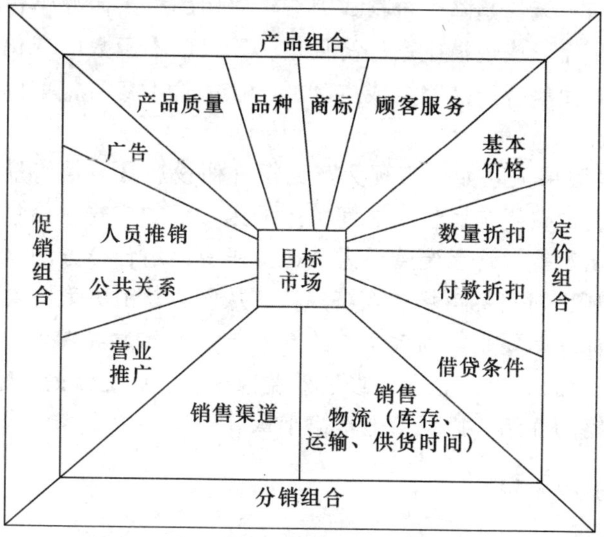

图1-6 营销组合策略

（二）4P'S策略营销成果的衡量

4P'S组合策略需要投入人财物资源，因此，企业必须考虑营销投入与其所带来的产出之间的关系，即要追求营销的经济效益。以企业利润形成为例，考虑企业营销活动和直接经济效益的关系，如图1-7所示。

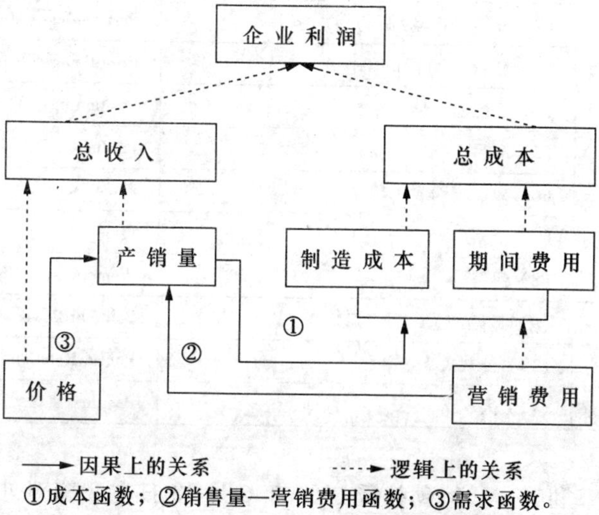

图1-7 营销组合与利润关系示意图

由图 1－7 可知，营销直接的经济效益表现为营销费用的投入（成本）与产出（收入）两个方面，最后均对企业利润产生影响。

（1）投入：除价格策略外任何其他 4P'S 策略活动都是靠营销费用支持的，此费用作为投入，它导致了营业费用的增加，从而影响期间费用总额（即包括营业费用、管理费用和财务费用在内的三项费用），最后使企业总成本增加。

（2）产出：4P'S 策略活动所带来的产出分为两部分：一方面，通过营销费用的投入，直接或间接导致企业销售量增加，在价格不变的情况下，提高了销售收入，有利于提高利润；另一方面，无论是降低价格或因营销费用的投入而使销售量增加，均可使生产部门增加产量，从而形成规模生产经济批量，导致成本函数的变化，降低了单位产品所分摊的固定成本，使单位产品完全成本降低，在单价不变时，单位产品利润增加，从而使企业总利润增加。

图 1－7 中的各因果关系如①表现为产销量（假设产量＝销售量）与成本关系的成本函数，②体现为营销费用与销售量之间关系的函数，如广告—销售量函数，③价格与销售量之间的需求函数等，均需要营销人员在实践中运用各种方法（参见本教材其他各章）寻找到本企业所面对目标市场的经济规律，从而为营销决策提供科学的依据。

因此，营销目标就是要紧紧围绕营销的投入与产出，为实现企业的经营目标（经济性的与非经济性的目标），提高企业的经济效益来规划、制定营销策略。

具体各营销策略的介绍，详见第七至第十章。

五、大营销 10P＋1P

随着全球经济一体化，市场竞争日趋激烈，战略研究日显重要，营销学也得以迅速发展，新概念层出不穷。10P＋1P 的大营销（Megamarketing）概念就是在 20 世纪 80 年代中期，由菲利普·科特勒教授在此形势下提出的一个新的概念（见表 1－1）。

表 1－1 菲利普·科特勒的大营销 10P＋1P

战略 4P'S Strategy	（1）探查（市场调研）	Probing（Marketing Research）
	（2）分割（市场细分）	Partitioning（Market Segmenting）
	（3）优先（目标市场）	Prioritizing（Targeting）
	（4）定位	Positioning
战术 4P'S Tactic	（5）产品	Product
	（6）地点（分销）	Place
	（7）价格	Price
	（8）促销	Promotion
大营销 2P'S	（9）政治权力	Political Power
	（10）公共关系	Public Relation
对象	（11）人	People

下面直接引用菲利普·科特勒教授 1986 年 6 月 30 日在我国对外经济贸易大学的演讲的原文来介绍 10P＋1P 的概念，便于大家更好地理解它：

现在，我用一种特定的方法来描述营销，我称之为10P'S法。我想你们都知道4P'S，但我要给你们一个更广的概念——10P'S，中国将是最早听到我这个概念的国家之一。

4P'S可以这样描述：如果公司生产出适当的产品，定出适当的价格，利用适当的分销渠道，并辅之以适当的促销活动，那么，该公司就会成功。这已成为一个公式。我把4P'S称之为营销战术。问题是你如何确定适当的产品、价格、渠道和促销？这就要由营销战略来解决。

下面我来解释战略上的4P'S。战略4P'S的第一个“P”是“探查”。这是个医学用语，医生检查病人时就是在探查。因此，战略上的第一个“P”是要探查市场，市场由哪些人组成，市场是如何细分的，都需要些什么，竞争对手是谁以及怎样才能使竞争更有成效。真正的营销人员所采取的第一个步骤就是要调查研究，即“营销调研”（Marketing Research）。但因为这第一个字母不是“P”，所以用探查。第二个步骤是“分割”，即把市场分成若干部分。每个市场上都有各种不同的人，人们有许多不同的生活方式。有些顾客要买汽车，有些顾客要买机床；有些希望质量高，有些希望服务好，有些希望价格低。分割的含义就是要区分不同类型的买主，即市场细分。但是，你不能满足所有买主的需要，必须选择那些你能在最大程度上满足其需要的买主，这就是第三个步骤：“优先”。哪些顾客对你更重要，哪些顾客应成为你推销产品的目标。假定你到美国去推销丝绸女装，你必须了解美国市场，必须分出不同类型的买主，即各类女顾客。必须优先考虑或选择你能够满足其需要的那类顾客。第四个步骤是“定位”。定位的意思是，你必须在顾客心目中树立某种形象。大家都知道某些产品的声誉。如果你认为“奔驰”牌汽车声誉极好，那就是说这个牌子的市场地位很高；而另一种牌子的汽车声誉不好，就是说它的市场地位较低。因此，每个公司都必须决定，你打算在顾客心目中为自己的产品树立什么样的形象。你一旦决定了如何定位，便可推出四个战术上的P。如果我想生产出世界市场上最好的机床，那么我就应该知道，我的产品的质量要最高，价格也要高，我的渠道应该选最好的经销商，促销要在最恰当的杂志上做广告，还要印刷最精美的产品目录等。如果我不把这种机床定位在最佳机床的位置上，而只是定位在一种经济型机床上，那么，我就要采用与此不同的营销组合。因此，关键是怎样决定你的产品在国内或国际市场上的地位。

现在你也许要问，另外两个“P”是什么？我把另外两个“P”称之为大营销。我认为，现在的公司还必须掌握另外两种技能：一是“政治权力”。就是说公司必须懂得怎样与其他国家打交道。假设你要到印度尼西亚去推销，你不得不同卫生部门打交道，你还必须同立法机构打交道。营销人员必须了解其他国家的政治状况，这样才能有效地向其他国家推销产品。二是“公共关系”。营销人员还必须懂得公共关系，即怎样使得你的国家在公众心目中树立起良好的形象，怎样才能使人们认为中国的产品好，怎样树立好的产品形象。

现在，我已讲完了10个P。我再说一遍，一个营销人员必须精通产品、价格、渠道和促销，为了做到这一点，你必须先做好探查、分割、优先和定位。这听起来很像一首歌，如果你想唱的话，可以唱一唱。最后是权力和公共关系。

此外，还有第11个P，我称之为“人”。或许，这个P在所有的P中是最基本的一个，它的意思是了解人。这一点对所有的营销人员都是很重要的，特别是对服务行业的营销人员更加重要。如果你经营一家旅馆、一家航空公司，或一家银行，你必须擅长管理人——你的部下，因为是这些人和顾客直接打交道。你必须训练他们学会礼貌待客。对经营餐馆、旅馆来说，优良的服务更是至关重要的。帮助下属做好工作的问题叫做“内部营销”（Internal Marketing），满足顾客需要的问题叫做“外部营销”（External Marketing）。有时一个公司的最大问题是内部营销问题：使你的下属承担起全部为客户服务的义务。整个营销的要领，在于满足顾客的需要。因为我们都希望有不断重复的销售（Repeat Sales），希望顾客再次登门购买。而达到这个目标的唯一途径，就是满足顾客的需要。一个得到满足的顾客就会再来购买，也会告诉他的朋友，说你的产品非常好。这就是舆论。你当然希望有好的舆论。如果顾客没有得到满足，他会向所有的朋友抱怨你的产品，那么，他就在给你宣传坏的舆论。而且，一个不满意的顾客会传给10个人，一个满意的顾客只会传给5个人。所以，应该注意提供良好服务的问题。做到这一点的唯一办法是征求顾客的意见，问他是否满意，是否喜欢这个产品。有时你住旅馆，会见到一张意见卡，让你写上对该旅馆的意见，这就是了解顾客的好办法。

让我来告诉你们日本人了解顾客的一种方法，他们叫做“顾客时刻反馈”（Zero Customer Feedback Time）。这是什么意思呢？这就是假如他们卖给某人一辆车，两个星期后，他们打电话给这个买主，问他“喜欢不喜欢这辆车?”买主说“喜欢”；他们又问，“如果想改进这种车应当怎么改进?”，那人就会说“我希望车的行李箱更大些”，或者“我希望前窗和后窗都有刮水器……”他们记下这些意见，并转给工厂，要工厂改进产品。于是，他们从“顾客时刻反馈”发展到“时刻改进产品”（Zero Product Improvement Time）。这就使他们的产品日新月异，质量不断提高。

因此，我们希望所有的人（包括工厂的个人和管理部门的管理人员）都来关心产品，都要问一问自己：“我是否愿意买这种产品?”经理也要问问自己：“我是否愿意让我妻子来买这种产品?”只有当你认为应让你的妻子和亲属来买你公司的产品时，你才能为你公司的产品感到自豪。这就是营销的哲学。

第三节 企业的经营理念

企业的经营理念（也有经营观念、营销观念、经营哲学、经营思想等表述）是贯穿于企业生产经营活动的指导思想，也就是通常人们所说的生意经。把营销管理表述为为实现与目标市场之间的交换而做的工作。那么，什么样的经营理念才能指导营销工作呢？企业的经营理念是随经济的发展，市场的发育完善，以及社会的进步而不断变化的，一般认为有生产观念、产品观念、推销观念、营销观念、社会营销观念五种有代表性的企业经营理念。

一、生产观念

生产观念（Production Concept）认为，消费者喜欢那些可以随处得到的、价格低廉的产品。在此经营理念的指导下，企业的一切经营活动均以生产为中心，以产定销。企业生产什么，就卖什么。企业的中心任务是组织所有资源增加产量，降低成本，提高劳动生产率和销售效率。生产观念是基于产品供不应求，不愁无销路的卖方市场为条件的，在卖方市场中消费者主要对获得价格低廉的产品比对产品的性能更感兴趣。企业只要以大批量、少品种、低成本的生产和广泛的销售便能提高企业利润。显然，随着科学技术和社会生产力的发展，以及市场供求关系的变化，生产观念的适用范围必然越来越小。

二、产品观念

产品观念（Product Concept）认为，消费者最喜欢高质量、多功能和具有某些创新特色的产品。在此经营理念的指导下，企业的一切经营活动均围绕产品为中心进行，仍然是以产定销。企业生产什么产品，就卖什么产品。企业的中心任务是提高产品的质量。“皇帝女儿不愁嫁”、“酒好不怕巷子深”是典型的产品观念的写照。产品观念是一种“营销近视症”，它过于重视产品本身，只要产品好，不怕卖不了，而忽略消费者真正的需要。在卖方愈发激烈竞争的市场中，显然，即使有“好”的产品，没有适当的营销，也难获得好的效益，何况所谓的好产品应是由消费者来认可的。

三、推销观念

推销观念（Selling Concept）认为，除非企业进行大规模的推销和积极促销，以刺激需求，否则消费者不会购买。在此经营理念的指导下，企业的一切经营活动虽然以抓推销为重点，以期通过开拓市场，扩大销售来获利，但基本上仍然没有脱离以生产为中心的以产定销的范畴。因为企业销售什么，顾客就买什么。企业只着眼于现有自己能生产的产品的推销，只顾千方百计地把积压的产品推销出去，至于销出后顾客是否满意，则无从谈起。殊不知若顾客感到不满意，就会将其不幸的经历告诉其他更多的人。在市场经济进一步发展，特别是同类产品更加丰富的条件下，推销观念就显得更不能适应了。

四、营销观念

营销观念（Marketing Concept）认为，实现组织目标的关键在于正确判断目标市场的需要和欲望，并且比竞争对手更有效、更有力地传递目标市场所期望满足的东西。营销观念是企业的经营理念的根本性的变革。在此经营理念的指导下，企业的一切经营活动均以市场需要为出发点，以顾客为中心。市场需要什么，就销售什么，就生产什么，以销定产。企业必须去“发现需要并设法满足它们”，而不是“制造产品并设法推销出去”；是“制造能够销售出去的产品”，而不是“推销已经生产出来的产品”。营销人员采取的手段是全方位的营销策略的组合。因此，顾客是上帝，顾客永远是正确的。只有在满足消费者需要的前提下，企业才能获利。

五、社会营销观念

社会营销观念（Societal Marketing Concept）认为，组织应该确定目标市场的需要、欲望和利益，然后再以一种能够保护消费者和提高社会福利的方式，比竞争对手更有效、更有力地提供目标市场所期待的满足。社会营销观念是五种经营理念中最新的一种。在此经营理念的指导下，企业的一切经营活动不但以市场需要为出发点，以顾客为中心，而且要兼顾社会与道德问题。企业不仅仅要考虑满足消费者的短期需要和欲望而进行全方位的营销策略的组合，更要考虑消费者和社会的长远利益，必须考虑企业利润、消费者需要满足与公共利益三者的关系。有了社会经济、科技、人口、资源、环境协调的可持续发展，消费者长远利益的满足，才有企业的持续发展。绿色消费、生态营销、绿色营销、人道主义等均是与社会营销观念相适应的各有其偏重的其他习惯提法。

通常，营销界将生产观念、产品观念、推销观念三种称之为旧的经营理念。将营销观念、社会营销观念称之为新的经营理念。其本质区别在于其规划顺序不同，前三种旧的经营理念是企业先生产产品后，拿到市场中去卖，以产定销；后两种新的经营理念是先调研市场中的需要，再生产和销售在市场上能够满足消费者需要和欲望的产品。新、旧经营理念其他指标的区别，详见图 1－8 和表 1－2。

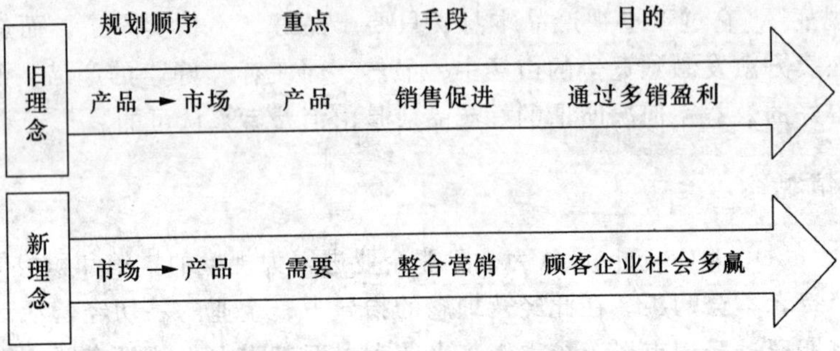

图 1－8 新、旧经营理念对比

表 1－2 不同经营理念比较

经营理念 \ 区别 指标		规划顺序	中心	表现	手段	目的
旧理念	生产观念	产品↓市场	生产产品（量）	生产什么，就卖什么，卖方市场	采用新技术，扩大生产，组织资源，提高生产效率，降低成本	低成本，以量取胜，利润
	产品观念		生产产品（质）	产品好，自然有人要，实质仍然是：生产什么，就卖什么	在以上方法的前提下，改善产品质量（性能、特色），生产优良产品	以质取胜，利润
	推销观念		产品销售	卖什么，人们就买什么	加强推销和促销，注重技巧（广告、游说），开始研究消费者心理	刺激消费者的需求，销售量，利润
新理念	营销观念	市场↓产品	顾客需要	以需定产，顾客是上帝，顾客需要什么，就生产什么，买方市场	整体营销，了解研究市场，研究消费者，寻找顾客→目标市场，开发产品，满足需求	满足顾客需要，实现企业目标
	社会营销观念		顾客需要，社会长远利益	综合考虑顾客、社会、企业三方因素，注重长远利益	符合顾客、社会长远利益的整体营销组合，绿色营销，生态营销	满足顾客、社会长远利益，实现企业目标

第四节 营销前沿

一、营销理念的延伸

自1912年哈佛大学赫杰特齐（J. E. Hegerty）教授的第一本《营销学》问世以来，随着经济的发展和市场竞争的加剧，营销模式不断地发展和成熟，新思想、新观念不断涌现。特别是20世纪80年代以来，诞生了很多新的营销理念、提法和方法。从营销策略4P'S到营销战略STP；从10P+1P到关系营销；从传统营销到电子商务时代EC的网络营销、定制营销、营销工作站、营销决策支持系统等。

以下只对部分的提法做简单介绍。

（一）"4C'S"营销理念

随着市场竞争日趋激烈，媒介传播速度越来越快，"4P'S"理念越来越受到挑战。到20世纪到80年代，美国学者罗伯特·劳特朋（Robert Lauteborn）针对4P'S存在的问题提出了4C'S营销理念：4C'S分别指顾客（Customer）、成本（Cost）、便利（Convenience）和沟通（Communication）。

总体来看，4C'S营销理念注重以顾客为导向，与以市场为导向的4P'S相比，4C'S有了很大的创新和发展。

（二）"4R'S"营销理念

近年来，美国营销学者唐·舒尔茨（Don. E. Schultz）提出了4R'S——关联（Relevance）、反应（Reaction）、关系（Relationship）、回报（Reward）营销新理念，阐述了一个全新的营销四要素。该理念强调要与顾客建立关联、提高市场的反应速度、注重关系营销以及企业的利润或收入。

4P'S，4C'S，4R'S不是取代关系而是完善、发展的关系。由于企业层次不同，情况千差万别，市场、企业营销研究还处于发展之中，所以至少在一个时期内，4P'S还是营销的一个基础框架，4C'S也是很有价值的理念。因而，两种理念仍具有适用性和可借鉴性。4R'S不是取代4P'S，4C'S，而是在4P'S和4C'S基础上的创新与发展。根据企业的实际，把三者结合起来指导营销实践，可能会取得更好的效果。

（三）绿色营销（Green Marketing）

这是社会营销观念下的一种提法。随着全球环境保护意识的增强，世界各国在经济方面都在实施可持续发展战略，强调经济发展应与环境保护相协调。作为绿色保护运动的一个重要组成部分——绿色营销正成为社会和企业认真研究的热门课题。所谓绿色营销，是指企业在生产经营活动过程中，将企业自身利益、消费者利益和环境保护（社会利益）三者统一起来，以此为中心，对产品和服务进行构思、设计、制造和销售。绿色营销的主要内容是：

（1）树立绿色观念，即企业从指导思想到具体的营销活动，始终坚持绿色的经营理念。

（2）开发绿色产品，即企业要着重注意开发节约能源和原材料、采用新型资源并使其容易回收、处理、低污染、无污染，开发安全卫生、有利于人体健康的绿色产品。

(3) 制定绿色价格，即既要考虑企业研制、生产绿色产品的实际成本，又要考虑消费者消费意识的转变和实际承受能力，制定适当的绿色价格。

(4) 建立绿色通道，即强化企业对分销渠道的管理和控制，以确保企业绿色营销的实施与发展。

(5) 开展绿色促销，即在促销活动中注意激发消费者对绿色产品的兴趣，注意引导消费者消费绿色产品。

近年来的国际贸易动向表明，贸易壁垒正在向环境壁垒转变，许多国家把环境保护要求演变为非关税壁垒，这将是更隐蔽、更难以对付的新型贸易战，是“合理的贸易保护主义”。面对客观存在的国际贸易“绿色壁垒”现象，必须提高环境保护意识，开辟出一条畅通无阻的绿色通道。21 世纪，只有实施绿色营销的企业才能生存和发展。

(四) 概念营销 (Conception Marketing)

进入信息化社会，消费者的注意力成为一种稀缺资源。对一个企业来说，如何抓住消费者注意力已成为经营成败的关键。20 世纪 90 年代概念营销应运而生，成为企业制胜的一条捷径。概念营销是以某种有形或无形的产品为依托的一种营销策略，借助现代传媒技术，将一种新的消费概念向消费者宣传推广，赋予企业或产品以丰富的想象内涵或特定的品位和社会定位，从而引起消费者的关注与认同，并最终唤起消费者对新产品的需求 。概念营销强调的是顺应消费者需求的变化趋势，推出新的消费概念，借助大众宣传媒介的大力宣传推广，使消费者产生购买欲望。

(五) 知识营销 (Knowledge Marketing)

在知识经济时代，企业管理的重点将从生产转向研发，从对有形资产的管理转向对知识的管理。在这种情况下研发生产的产品，知识含量大，信息丰富，功能多，使用复杂。与此同时，企业营销方式也必然会转向更高层次，即知识营销将成为企业获得市场的一种重要的营销方式。知识营销使客户在消费的同时学到新知识、增加营销活动的知识含量；挖掘产品文化内涵，注重与消费者形成共鸣的观念价值；形成与消费者结构层次上的营销关系；在培训顾客的基础上进行有针对性的销售。知识营销更注重知识的实用与创新，注重传授消费者较为缺乏的基础知识，提高消费者的专业知识 。

(六) 情感营销 (Affection Marketing)

情感营销就是把消费者的个人情感差异和需求作为企业品牌营销战略的核心，通过借助情感包装、情感促销、情感广告、情感口碑、情感设计等策略来实现企业的经营目标。它注重和顾客、消费者之间的感情互动，在消费终端通过各种沙龙、联谊会等形式，增强和客户的沟通。在一些中型企业想迅速提高企业形象的时候，这样做是非常有必要的。情感营销对于帮助企业开展终端活动，增进与顾客的心理沟通，做好与客户的情感维系等都起着很大的作用。

(七) 差异化营销 (Differentiated Marketing)

行业的同质化早已不容忽视，无论是产品概念、名称、包装，还是促销手段、营销模式，无不显现出雷同、跟随的发展趋势。然而当整个市场从卖方市场转变为买方市场后，那种以生产者为中心的企业销售体制、经营理念已经发生了根本性的变革。这就要求企业凭借自身的技术优势和管理优势采取差异化的营销模式。差异化营销是在了解自己产品特性、流通渠道、功效技术、推广资源等信息的基础上，集中优势资源，避开主流方式，以独辟蹊径的方式制造产品概念或者销售通路，达到出奇制胜的效果 。

（八）一对一营销（One to One Marketing）

一对一营销是以顾客为核心，通过客户管理，与每个客户互动对话，满足其需求，与其逐一建立持久、长远的“双赢”关系，从而实现企业目标的一种营销模式。一对一营销的特点是营销管理由注重产品差异化转向顾客差异化，营销管理的组织机构由产品管理型转变为顾客管理型及全员营销型。只有那些可以向同一消费者销售不同产品、产品必须时常更新和持续升级、拥有许多贵宾用户及在生意中收集大量数据的公司才能实施一对一营销。

（九）网络营销（Cyber Marketing）

网络营销是指企业借助国际互联网通过与顾客的双向沟通和直接接触，最大限度地满足顾客个性化需求的一种崭新的营销观念和营销手段。网络营销以其独有的特性，创造出与传统营销截然不同的营销思维与方法，网络营销是目前最先进的交易方式，作为一种全新的经营理念与营销方式正席卷全球。国际互联网在贸易中的应用，使其成为现代企业竞争的锐利武器和营销必不可少的重要工具。

网络营销的优势在于：

（1）营销流程简化压缩。消费者通过互联网设计和制定产品，然后以订单的形式通过互联网将信息传递给生产者。厂家接订单生产，并通过物流配送体系，直接将货发送到消费者手中。在此过程中，营销探测和营销战略被一张订单压缩而简化了，同时还省去了分销这一环节。

（2）消费者占主动。这个模式使商家在网络营销中不再居于主体，产品不再由商家调研，然后制造，并进行定位定价，最后推销给消费者。明智的消费者占据了主动权，由他们自己发出需求信息（包括产品设计、零件配置信息等），商家只是按单生产而已。

网络营销不仅是营销手段与营销方式的革命，它带来的将是更深层次的营销观念的革命，这种利用现代网络技术开展营销活动的崭新的观念，标志着世界营销思维进入了以新技术变革带动营销观念革命的时代。虽然，网络营销是21世纪企业营销的最大变数，但网络营销势在必行。

（十）整体营销（Integer Marketing）

1992年营销学界的权威，美国的菲利普·科特勒提出了跨世纪的营销新观念——整体营销。他认为，从长远利益出发，公司的营销活动应囊括构成其内外部环境的所有重要行为者，他们是供应商、分销商、最终顾客、职员、财务公司、政府、同盟者、竞争者、传媒和公众。

（1）供应商营销。开展供应商营销主要包括两方面的内容：一是确定严格的资格标准以选择优秀的供应商，这些标准可以包括技术水平、财务状况、创新能力、质量观念等；二是积极争取成绩卓著的供应商，使其成为自己的合作者。因这种营销活动是与产品流动方向相反的，故也称之为“反向营销”。

（2）分销商营销。一是“正面营销”，即与分销商展开直接交流与合作，例如，著名的宝洁公司就将12人长期派驻美国零售商沃奇公司总部，进行长期合作；二是“侧面营销”，即公司设法绕开分销商的主观偏好，而以密集广告、质量改进等手段建立并维持巩固顾客偏好，从而迫使分销商购买该品牌产品。

(3) 最终顾客营销。这是传统意义上的营销，指公司通过营销研究，确认并服务于某一特定的目标顾客群的活动过程。在此方面，营销人员已经具备相当复杂的技术手段，建立了顾客品牌偏好和行为选择模型，以寻求满足目标顾客群的最佳途径。

(4) 职员营销。对一个股份制公司而言，它的经营宗旨应当是使职员、顾客、股东均表示满意，而首要的是让职员满意。只要职员心情舒畅、工作积极、服务周到，就能令顾客满意，满意的顾客一定会再次光顾，由此带来的利润增加就可增加股东的利益，令股东满意。可见，作为公司形象的代表和服务的真实提供者，职员也应成为公司营销活动涉及的一个重要方面。职员营销由于面对内部员工，因而也称“内部营销”。一方面，它要求通过培训以提高职员的服务水平，增强敏感性及与顾客融洽相处的技巧；另一方面，它要求强化与职员的沟通、理解并满足他们的需要，激励他们在工作中发挥最大潜能。

(5) 财务公司营销。公司的资金能力取决于它在财务公司及其他金融机构的资信，是否被认为能有效地使用借入资金从而能够偿本付息。因此，公司需要了解金融机构对它的资信评价，并由公司的财务经理通过年度报表、业务计划等工具影响其看法，以便在资金成本和便利性方面获得优势。这种影响活动过程及其中的技巧就形成了财务公司营销。

(6) 政府营销。所有企业的经济行为都必然受制于一系列由政府颁布的法律。汽车公司进行新产品开发、设计时必须考虑不断升级的污染和安全标准。在境外销售产品的公司可能受到东道国广告立法的限制及其他贸易、非贸易壁垒等。在美国，面对政府立法的制约，大公司一般都开展政府营销。他们聘用那些能对立法机关施加重要影响的社会活动家四处游说，以促使制定于己有利的法规。这些社会活动家类似杰出的职业营销者，他们向立法机关提交翔实的材料和报告，向其证明有必要在立法中更多地考虑某行业甚至某公司的利益。另外，他们十分了解立法者对名誉、权力、选票的需求，并尽量给予满足。

(7) 同盟者营销。同盟者一般与企业组成松散的联盟，在设计、生产、营销等领域为企业的扩张提供帮助，双方建立互惠互利的合作关系。潜在的同盟者不计其数，但它们的实力、需求及文化特征各不相同，企业必须根据自身的实际资源状况和经营目标加以选择。一旦确定，就积极吸引它们参与合作，并在合作过程中对其不断加以激励，以取得最大的合作效益。

(8) 竞争者营销。这种对竞争者“管理”得当，可将竞争者转变为合作者，施加管理，以形成最佳竞争格局、取得最大竞争收益的过程就可视为竞争者营销。在许多行业都是市场领导者定价，竞争者相随。为了避免两败俱伤的“流血冲突”，领导者可以向竞争者暗示最好并且只能采取何种竞争策略。另外，许多行业的竞争者经常在制定行业标准、发放许可证及营销研究等方面展开合作。因此，有必要了解竞争者所需所想，以便影响其行为方式和反应模式，使竞争态势朝有利的方向发展。

(9) 传媒营销。大众传媒（如电视、报纸、广播等）直接影响企业的公众形象和声誉。传媒营销的目的在于鼓励传媒作对企业有利的宣传，尽量淡化不利的宣传。在此前提下，一方面委托公关部门致力于与记者建立良好关系；另一方面，企业的发言人要认真对待传媒的提问，尽量作出准确、清晰的回答，以赢得他们的信任与好感。

(10) 公众营销。企业逐渐体会到公众看法对其生存与发展有至关重要的影响，为了获得公众的好感，企业必须广泛收集公众意见，确定他们关注的新焦点，并有针对性地设计一些方案，加强公关和与公众的交流。

整体营销观念被认为是跨世纪的营销新观念，是社会营销观念倡导的三者利益结合观念的延伸和发展。

(十一) 事件营销 (Event Marketing)

事件营销是近年来国内外十分流行的一种公关传播与市场推广手段。事件营销通过“借势”和“造势”，以求提高企业或产品的知名度、美誉度，树立良好的品牌形象，并最终促成产品或服务销售的目的。

事件营销一般具有突发性强、时间紧迫、市场机会大、受众面广、高频率的媒体助阵和信息复杂不容易分辨等特点。

事件营销的优势是：

(1) 受众的信息接收程度较高。由于事件营销的传播往往体现在新闻上，有效地避免了像广告被人本能排斥、反感、冷漠的情况发生，受众对于其中内容的信任程度远远高于广告。据调查，一个读者对新闻的信任程度是接受一则广告的六倍。

(2) 传播深度和层次高。一个事件如果成了热点，会成为人们津津乐道、互相沟通的话题，传播层次不仅限于看到这条新闻的读者或观众，还可以形成二次传播，引发“蝴蝶效应”。

(3) 投资回报高。据有关人士统计、分析，企业运用事件营销手段取得的投资回报率约为一般传统广告的三倍，能有效帮助企业建立产品品牌形象，直接或间接地影响和推动产品的销售。

其他营销的提法还有整合营销、体验营销、服务营销等，见本教材其他章节。

除以上流行的营销理念外，营销界近年来还产生了媒体营销、体育营销、旅游营销、文化营销、深度营销以及共生营销等新型营销理念。这些理念都是来自于对市场的分析和总结，对企业营销起到了很好的指导作用，同时，也极大地丰富了营销理论。

二、客户关系管理

(一) 客户关系管理及其产生

客户关系管理 CRM 是客户 (Customer)、关系 (Relationship) 和管理 (Management) 的缩写。从营销学问世以来，新思想、观念不断涌现。营销现实及研究中提出了如下问题：

哈佛大学评论说，五年之内企业会失去一半客户！网上的客户距竞争对手只有“点一下鼠标”那么近！一半的财富 500 强企业设有客户抱怨的网页！

为何要保住顾客？因为：获得一个新客户的成本是保留一个老客户成本的五倍！20%的客户产生了80%的利润！

麦肯锡管理咨询集团的研究表明，在一个既定的 Web 网站上，一个新客户在头三个月的平均消费额是 24.5 美元。而重复购买的客户，每三个月的平均消费额是 52.5 美元。

美国 Gartner Group 公司估计，如果通过电话与客户联系，平均每个客户的成本是 5 美元，但如果通过 Web 联系的话，成本将降低到 0.25 美元到 3.5 美元。只要再多留住 5% 的客户，公司利润就能提高约 100%。

到了 20 世纪 90 年代，买卖双方的角色地位发生了逆转：客户不再是被猎取的对象，而是得到了特殊的对待与培养，即被视为企业的资源！

CRM 最早由美国 Gartner Group 公司提出。该公司早在 1980 年便有所谓的接触管理（Contact Management）专门收集客户与公司联系的所有信息，到 1990 年演变为包括受电话服务中心支持的资料分析的客户关怀（customer care）。

经过 20 多年的发展，CRM 趋向成熟。因此，可以说 CRM 是新的营销思想催生的结果，也是近年来广为流行和应用的营销理念之一。

客户关系管理 CRM 是指企业通过运用现代的先进管理理念及技术手段，通过改善企业与客户之间的关系，在富有意义的沟通中影响客户的行为，使得企业以更低的成本、更高的效率满足客户的需求，最终实现提高客户获得、客户保留、客户忠诚和客户创利的目的。

换言之，客户关系管理是一种倡导以客户为中心的企业经营管理思想。它强调与客户的沟通，一方面获取客户信息，经过整理、加工、分析和研究提取与客户关系有关的知识；另一方面运用这些知识，产生正确的决策，并展开有效的行动。通过有目的地影响企业与目标客户的关系从而影响客户的购买行为，最终实现提高客户获得、客户保留、客户忠诚和客户创利的目的。

通过向企业的销售、市场和服务等部门及人员提供全面、个性化的客户资料，并强化跟踪服务，使他们能够协同建立和维护一系列与客户以及生意伙伴之间卓有成效的"一对一关系"，使企业能同时提供更快捷和周到的优质服务，提高客户满意度，吸引和保持更多的客户，增加营业额，并通过信息共享和优化商业流程有效地降低企业经营成本。

客户关系管理的实质，是将企业的中心从产品和服务转到客户上来，通过客户价值最大化实现企业价值最大化。

客户关系管理贯穿了企业经营管理的全过程，关系到企业的观念转变、机制创新、流程再造以及营销资源、人力资源、信息资源的整合等一系列深层次的问题。

引入与运用 CRM 的前提条件是：

营销观念——以顾客为中心→提供主动的服务；

管理理念——业务流程再造→企业内部各部门的认识要协调一致；

技术手段——管理信息系统→资金和技术问题。

CRM 综合应用数据库和数据仓库技术、数据挖掘技术、Internet 技术、面向对象技术、客户机、服务器技术、图形用户界面、网络通信等信息平台，以及 CRM 管理思想的软件产品。

1997 年开始 CRM 在全球处于爆炸性的快速增长：1999 年 CRM 系统软件市场收益 80 亿美元、2001 年为 120 亿美元、2004 年为 670 亿美元。

CRM 首先应用于与客户交流频繁、客户支持要求高的行业：如银行、保险、房地产、电信、家电、民航、运输、医疗等行业。

（二）客户关系管理的内容

CRM 的目的是提高客户的满意度、忠诚度、贡献度、依存度，并最终以此“四度”作为衡量客户关系管理优劣的标准。主要体现在以下四个方面，其相互关系如图 1－9 所示。

服务客户，以客户对公司的满意度为衡量标志；

赢得客户，以客户对公司的忠诚度为衡量标志；

研究客户，以客户对公司的贡献度为衡量标志；

留住客户，以客户对公司的依存度为衡量标志。

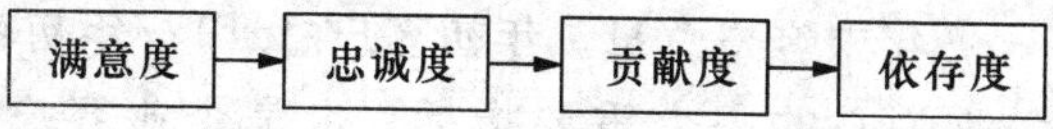

图 1－9　“四度”之相互关系

1. 满意度

衡量顾客满意度是“四度”最重要的基点。正如英国电信（Telecom）研究结果指出：在传统的市场上，一个不满意的客户会告诉 8～10 个其他人。而在电子化的市场环境下一个不满意的客户会告诉约 85 个其他人。

衡量顾客满意的标准，除本章第三节介绍的实际与期望、边际效用和顾客让渡价值等外，以下另举电信业的实际例子看如何评价客户关系管理的满意度。

［例 1－1］客户与企业是电信企业客户关系管理的两个主体，最优的客户关系是客户利益与企业利益的“双赢”，单边利益驱动只会打破这种均势，毁掉一个企业甚至一个行业。因此，将客户满意度和企业满意度作为评价电信企业客户关系满意度的两个一级指标，并且将两个一级指标的权重分别定为 0.5。一级指标下，建立 9 个二级指标作为支撑。客户关系满意评价体系如图 1－10 所示。

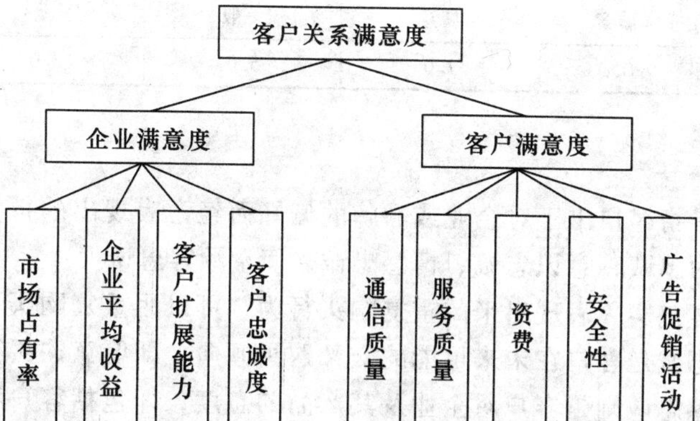

图 1－10　客户关系满意评价体系

对企业满意度一级指标下的二级指标为市场占有率、企业平均收益、客户扩展能力、客户忠诚度。

市场占有率是指运营商的客户占该地区所有电信用户的份额，体现了运营商在该区域的影响力和竞争力。电信运营服从边际成本递减规律，占有客户量越大，运营成本越低，体现规模效应。市场份额的大小反映企业实力，消费者通常认为，市场份额大的企业实力强，服务质量有保障。消费者存在从众心理，市场份额大的企业最容易吸引新客户的加盟。

企业平均收益体现了运营商获取平均利润的情况，每月每户平均收入是运营商最常用的效益指标。

客户扩展能力体现企业挖掘新客户、开拓新市场的能力，企业可以通过完善客户关系、加快产品创新以赢得更多的客户，客户扩展能力用客户年度增长率来表示：

客户年度增长率 =（年末客户总量 - 年初客户总量）/年初客户总量 ×100%

客户忠诚度既是企业关心的一个重要指标，也是企业客户关系管理成效的一把标尺。

客户忠诚度受到企业内部管理和外部竞争环境等诸多因素影响，在此用客户流失率来体现客户忠诚度的大小：

客户流失率 =（年内停机用户量/年初客户总量） ×100%

对客户满意度一级指标下的二级指标为通信质量、服务质量、资费、安全性、广告促销活动。

这五项二级指标数据通过客户问卷调查获得，各指标将采用 9 分制表示客户对相关指标的满意程度（见表 1 - 3 ）。通信质量反映消费者对通信这一基本职能的满意程度。服务质量反映消费者对运营商人员服务和营业厅服务的满意程度。资费标准向来是消费者关注的焦点。安全性体现在运营商对消费者隐私的保护以及对防盗打等安全保障措施上。广告促销活动是广告宣传所带来的品牌效应所提升的消费价值，同时消费者也期望从更多的优惠活动和折扣措施中获益。

表 1 - 3　客户满意分值表

状态	非常满意	满意	一般	不满意	非常不满意
赋分	9.0	7.0	5.0	3.0	1.0

2. 忠诚度

客户忠诚度是指客户出于对企业或品牌的偏好而经常表现出的行为特征。可以将客户忠诚细分为行为忠诚、意识忠诚、情感忠诚来衡量顾客忠诚度。

行为忠诚是客户实际表现出来的重复购买行为，可以用重复购买率、回头率或流失率来衡量；意识忠诚是客户在未来可能的交叉购买倾向，即愿意购买公司的其他产品或服务的倾向；情感忠诚则是客户对企业及其产品的态度，即包括客户积极向周围人士推荐企业的产品和服务，积极配合公司的活动，积极提出意见建议，以及对公司日常经营和发展的关注度等。具体的衡量指标可以有客户份额、关系持续时间、有效推荐、订单频率和价值、产品寿命时间价值、回头业务（新业务）等。

3. 贡献度

顾客贡献度是指顾客能为企业所带来的收益占企业总收益的比重，具体指标可以用销售收入、利润等来衡量。

顾客贡献度 = （企业从某顾客得到的收益/企业的总收益） ×100%

4. 依存度

依存度是指企业与顾客之间的相互依赖关系。可以用货源依存、利润依存、信息依存和价值取向依存等来衡量。比如，企业对顾客的依赖关系可用上述顾客贡献度表示，而反过来，顾客对企业的依赖关系可用企业贡献度表示：

企业贡献度 = （某顾客从企业得到的收益/该顾客的总收益） ×100%

分析利用客户资料和一切能有助于进行客户分析管理的资料对客户背景、消费动机、消费能力、消费习惯进行分析，提供既能留住老客户，又能吸引新客户的决策。以满足客户需求为宗旨，进行相关业务处理后回复客户，或者根据业务经营工作的需要，由客户服务中心主动与客户联系，告知相关信息与业务。

最终目标在于与目标客户建立一种长期的、互惠互利的关系，赢得竞争优势。

根据以上“四度”衡量 CRM 的目标与标准，可以将 CRM 活动内容综合为分析与管理客户、客户服务与发展关系两大方面。

（1）分析与管理客户。CRM 成功的前提条件是能够区分客户。因此，首先必须进行客户分析，对客户身份进行分类，然后识别客户和对客户进行相应的定位管理。

对客户进行分析与评价的方法很多，比如：

1）“帕累托法则”。根据“帕累托法则”，即 2:8 法则，为你提供 80% 利润的是来源于占全体客户 20% 的高端客户，这部分客户是你的市场中最有价值的客户，也就是常说的大客户。

2）ABC 分类法。可以用 ABC 分类法（是企业管理中的一种定量分析方法，常用于物资管理、成本管理等领域）对客户进行分析（见图 1－11）。比如，可以根据销售额的大小对客户进行排序分类，将占销售额 60% 的顾客列入 A 类顾客；占销售额 61% ~ 90% 的顾客列入 B 类顾客；剩下的 10% 销售额的顾客列入 C 类。并对 ABC 顾客分别进行管理。

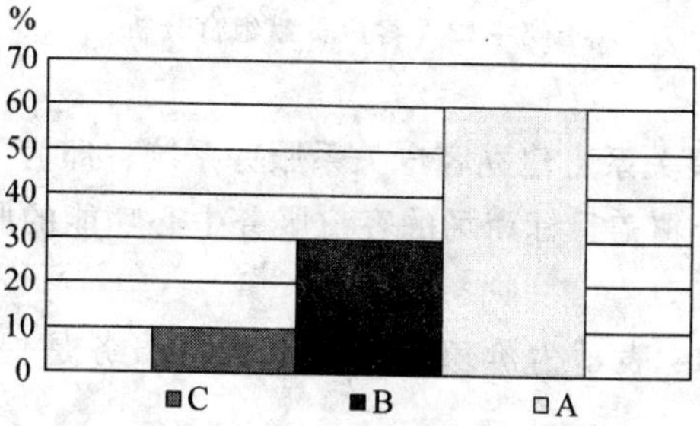

图 1－11 ABC 分类法对客户分类

3）四象限法。可以根据顾客能为企业所带来收益的贡献度和对企业的忠诚度的评价值对应所分成的四个类别的顾客（见表 1－4），按图 1－12 的箭头实施分类管理（培育或淘汰之）。

表 1-4 客户分类

评价值＼等级	第Ⅰ类	第Ⅱ类	第Ⅲ类	第Ⅳ类
忠诚度	高	高	低	低
贡献度	高	低	低	高
综合评价	优	良	差	良

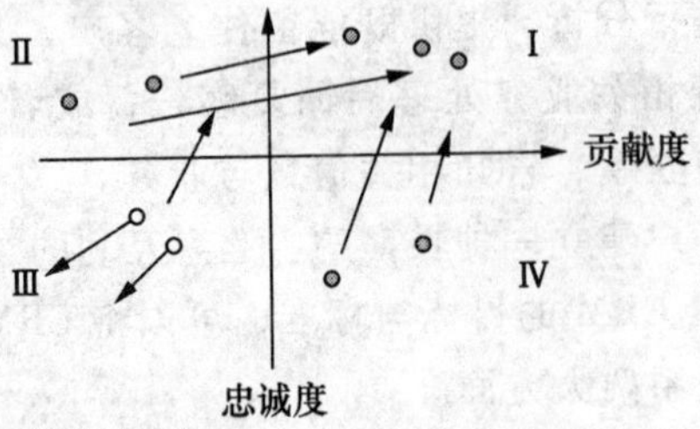

图 1-12 客户分类管理

4）客户贡献组合分析。也可以根据顾客能为企业所带来的历史和未来收益的贡献度对图 1-13 的不同类型顾客分别进行管理。

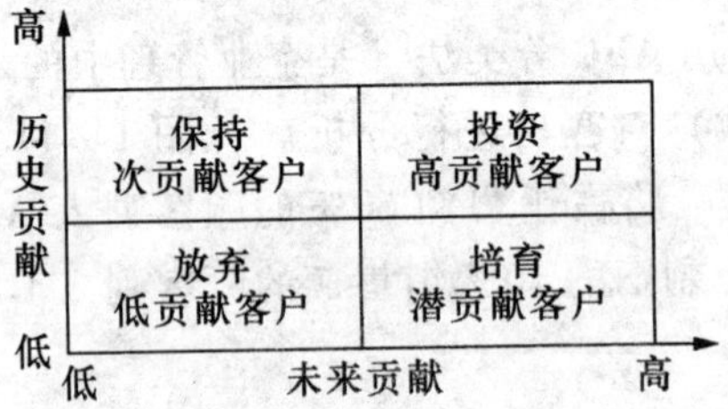

图 1-13 客户贡献组合分析

(2) 客户服务与发展关系。建立客户关系服务系统，即为了经营的需要提高市场竞争能力，企业应建设适合覆盖目标市场的客户服务中心功能的服务系统（服务流程和服务内容）。

若将 CRM 用图 1-14 表示为价值链，那么客户服务是促使客户价值增值的最基本活动。

客户服务就是旨在向客户随时传递客户价值。

在传递客户价值方面，Shethetal 提出一个较为完整的客户价值模型，即客户价值包括社会价值、情感价值、功能价值、知识价值和条件价值五个维度，为进行客户价值的研究奠定了基础。

其中，功能价值是指因产品或服务的感知质量或期望功效而产生的效用；社会价值是指购买和使用产品或服务从而提升自己的社会地位或自我实现所获取的效用；情感价值是指因购买和使用产品或服务而产生的情感状态从而所获取的效用；知识价值是指购买和使用产品或服务而获取的知识提升所获取的效用；感知牺牲是指因获得和使用产品或服务所付出的代价。

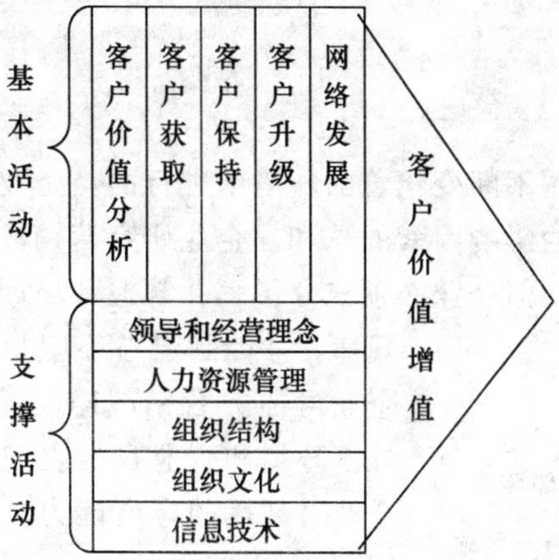

图 1-14　客户关系管理的价值链模型

总之，客户服务的内容包括一切有利于提高客户满意度、忠诚度及企业经营活动的全部工作，体现在以下服务方式、时间、内容：

客户需求跟踪和向客户提供合适的产品种类、订货、配送；走访客户（次数、时间、区域）及日常访销管理、访销日记管理、访销报告管理、访销员指标完成进度管理；对负责不同客户（ABC）的人员素质的培训；确定中间商的佣金（或提成）比例；为客户提供信息查询、咨询业务；服务过程跟踪并接受用户投诉等。参见本教材第七章第六节和第十章第六节。

同时，要经常对 CRM“四度”进行评价。

有学者将影响和决定企业与客户关系强弱的 9E 维度，即 9 个方面因素，分为三种力量：

1）市场力量：一是经济（Economy）维度，是指企业的产品质量、价格竞争力以及市场份额等；二是效率（Efficiency）维度，是指企业的市场反应速度和业务流程，是客户关系管理的基础。

2）人力资源力量：一是教育（Education）维度，是指企业员工对客户的了解程度和业务培训水平；二是热情（Enthusiasm）维度，是指让客户感觉到企业对他的热情程度；三是精力（Energy）维度，是指企业在每个客户关系中配置人力资源的能力，是客户关系管理的支撑。

3）品牌力量：一是道德（Ethics）维度，是指企业是否具有良好的职业道德形象；二是传奇（Epics）维度，是指企业值得客户口碑传播的经典事件；三是情感（Emotions）维度，是指客户对企业客户关系的感觉；四是美学（Esthetics）维度，是指企业产品的审美在客户心中的印象，是客户关系管理的升华。

第二章 企业营销环境分析

企业的营销活动总是在不断变化着的环境中进行的。企业营销环境是指一切对企业营销活动产生直接或间接的影响因素的总和。企业研究营销环境的目的在于：尽管企业营销环境是不可控的因素，但企业必须充分了解并掌握环境因素对企业营销活动的影响规律，才能制定与环境相适应的目标，并适度调整企业可控的营销战略与策略。使得企业内部条件、外部环境和企业目标之间达到动态的平衡，以提高企业对环境的应变能力。企业目标与环境的关系可用图 2－1 表示。

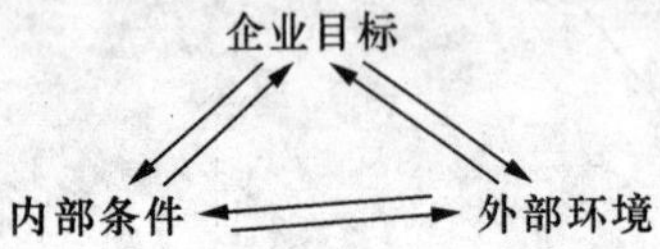

图 2－1 企业目标与环境的关系图

第一节 企业与市场、环境的关系

一、市场是企业赖以生存的条件

企业要进行日常的生产经营活动均离不开市场（见图 2－2）。一方面，企业要生产产品或提供服务，就必须有一定的投入，这些投入均需从生产要素市场上能够并合理地筹集到人、财、物资源。另一方面，企业生产的产品或提供的服务，即产出，要在市场上销售。企业的产出只有满足市场需要，才能取得经济效益。如果企业的产销不对路，产品在市场上无人问津，那么产品质量再好，技术再先进，也会前功尽弃，甚至破产。所以说，市场是企业一切生产经营活动的出发点与归宿，是企业赖以生存的条件。

二、市场决定了企业的基本问题

由于资源的稀缺性，每个企业面临着生产什么，如何生产，为谁生产三个基本问题。而此三个问题是由市场决定的。

生产什么，是企业的经营方向。由于资源的稀缺性，每个企业都应力求取得资源的最佳配置。即尽可能地发挥自己的优势，把企业有限的人、财、物等资源进行最佳的组合，以生产出市场上适销对路的产品，在满足顾客需求的基础上，获得最大的盈利。

如何生产，即在竞争的市场上，往往有许多同样的产品，只有生产成本低的企业才能生存。成本低，价格才能低，而一般顾客对同样的产品，肯定会选择价格最低的。从经济学的角度看，成本低就是效率高。由于竞争的存在，生产者不得不考虑效率问题，否则就难以生存。因此，市场竞争促使企业提高效率，竞争保证了效率的提高。

为谁生产，即谁是企业的顾客。营销导向型的企业，必须把满足顾客的需要作为自

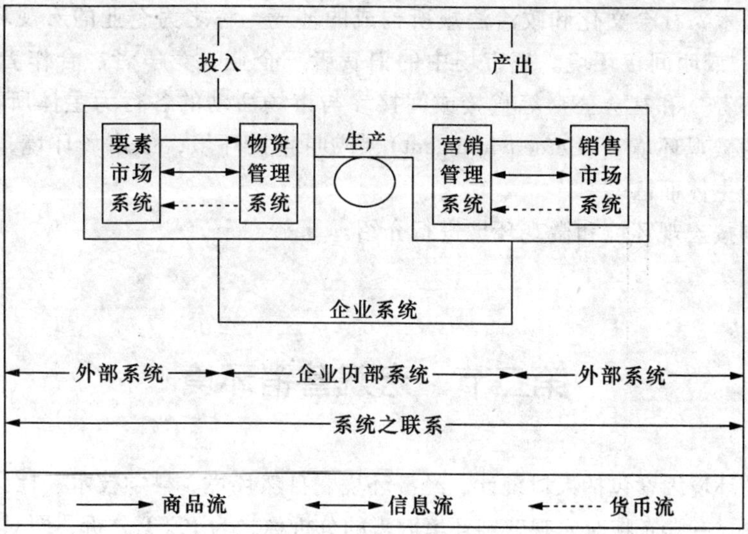

图 2-2 企业与市场的关系

己的经营理念。而顾客又有国内外、城市乡村、男女老幼等区分，同时，每个顾客又有不同需要之别。一个企业不可能满足所有顾客的所有需要，所以必须选择目标市场，清楚谁愿意购买并买得起自己的产品。

三、企业与环境的关系

如图 2-3 所示，若把市场看做是一个系统，通常，把市场以外的人口统计、经济、

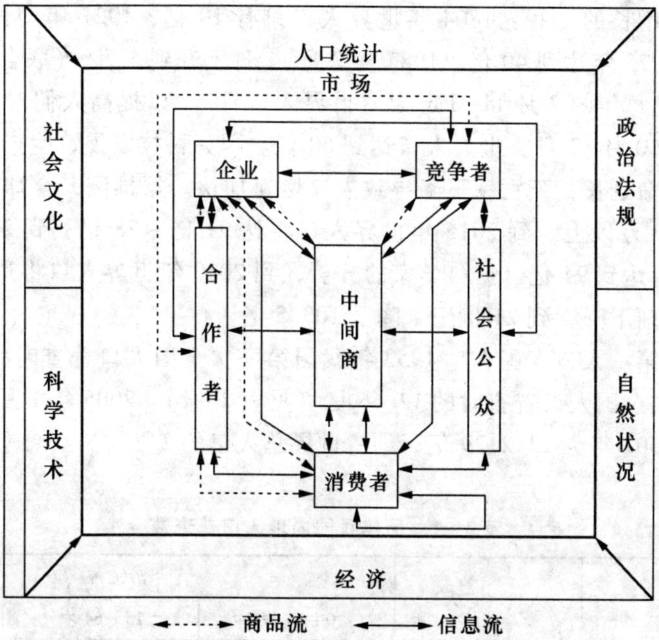

图 2-3 企业与环境的关系

自然、科学技术、社会文化和政治法规所构成的环境，称之为企业的宏观环境（Macro-environment），或叫间接环境。把市场中的消费者、企业、竞争者、合作者（严格讲中间商也是合作者）和社会公众等直接或间接参与市场活动的各行为主体所构成的环境，称之为企业的微观环境（Microenvironment），或叫直接环境，或市场环境，企业只是其中的一个行为主体而已。

以下分别按宏观环境和微观环境进行介绍。

第二节　宏观营销环境

宏观营销环境因素包括人口统计、经济环境、自然环境、科学技术、社会文化和政治法规六大因素。有学者将对宏观营销环境因素的分析称之为 PEST 分析，即对政治（Political）、经济（Economic）、社会（Social）和技术（Technological）四大因素进行分析。

本教材按六大因素展开并进行分析。

一、人口统计

如前所述，市场是由具有购买欲望与购买能力的人组成的，因此对人口的研究就尤为重要。人越多，潜在的需求就越大。人口的数量、家庭结构、人口的年龄结构和人口的地理分布都对市场需求产生影响。

（一）人口数量

（1）世界范围人口迅速增长。联合国人口基金会（UNEPA）公布的统计数字向人们展示了全球人口增长的历程：1804 年世界人口只有 10 亿，1927 年增长到 20 亿，1960 年达到 30 亿，1975 年达到 40 亿，1987 年 7 月 11 日上升到 50 亿（联合国人口基金会决定从 1988 年起把每年的 7 月 11 日定为“世界人口日”，以提高人们对世界人口问题的重视），1999 年 10 月 12 日，世界人口达到 60 亿。因为科技发展，生产力提高，人民生活改善，人口寿命延长，死亡率下降导致人口增速加快。据推测，全球每年增加人口数量将保持在 8600 万以上。到 2015 年世界人口将达 71 亿～78 亿，到 2025 年将超过 80 亿，到 2050 年将达到 94 亿。据科学家的分析，到 2080 年世界人口将达到顶峰，为 106 亿，在此后将逐渐下降，到 21 世纪末降至 103.5 亿。

我国是世界第一人口大国，从 1953 年我国第一次全国人口普查时的 5.94 亿，增加到 2000 年第五次全国人口普查时的 12.66 亿（见表 2－1）。2005 年 1 月 6 日我国人口总量达到 13 亿，2007 年为 13.2129 亿，约占世界总人口的 21%。

表 2－1　历年我国内地人口普查数

全国人口普查	人口（亿人）	年龄结构（%）		
		0～14 岁	15～64 岁	≥65 岁
1953 年第一次	5.94	36.28	59.31	4.41

续表

全国人口普查	人口（亿人）	年龄结构（%）		
		0～14岁	15～64岁	≥65岁
1964年第二次	6.95	40.69	55.75	3.56
1982年第三次	10.08	33.59	61.50	4.91
1990年第四次	11.33	27.69	66.74	5.57
2000年第五次	12.66	22.89	70.15	6.96

（2）各国家与地区人口增加速度不平衡。发达国家人口增长率为0.6%，总人口只占全世界24%；而不发达国家人口增长率为2%，总人口占全世界76%。经济越不发达的地区，家庭孩子越多，那就意味着越穷。

针对人口增长与资源有限这一现实的矛盾，从社会营销观念考量，科特勒教授也认为，中国适度控制人口增长的计划生育是合适的。因为，只有在经济增长高于人口增长的情况下，人们才会更加富裕，即只有购买力有保证的前提下，人口增长才意味着市场的增长。

（二）人口的年龄结构

人口构成可以分为六个年龄段：①学龄前儿童0～7岁；②学龄儿童8～14岁；③青少年15～24岁；④成年25～40岁；⑤中老年41～65岁；⑥老年>65岁。

消费者所处的不同年龄段决定其不同的需求。人口年轻的国家和地区对如文化教育、儿童用品与玩具等产品的需求相对较大；而人口老化的国家和地区对如医药保健服务、易消化食品、大号印刷的报纸等银发市场的产品需求相对就大。

联合国经济和社会事务部在2007年6月20日发表的《2007年世界经济和社会调查报告》指出，世界人口老龄化的趋势不可避免，它对经济与社会发展将产生深远影响，各国应未雨绸缪，制定相应政策，以更好地适应这种变化。报告显示，由于人口出生率下降和寿命延长，全球大多数国家正迅速老龄化，从2005年到2050年，世界人口增加的一半为60岁以上的老年人。80岁以上人口将从9000万增加到4亿。目前发达国家老年人的比例已高达21%，发展中国家只有8%，但按数量来说，63%的老年人生活在发展中国家。报告指出，不同国家老龄化的速度不同，在未来几十年，发展中国家的老龄化速度将大大超过发达国家和经济转型国家。到2050年，79%的老年人将生活在发展中国家。由于老龄化加剧，全球15～64岁的劳动力人口中，年龄组成也发生变化。2005年50岁以上的劳动人口只占1/5，到2050年将增加至1/4，发达国家更会增加到1/3。报告谈到人口老龄化所带来的劳动人口负担加重的问题，每100个劳动人口负担的儿童和老人比例，2005年为55人，到2050年将增加为57人，其中发达国家将达到72人。

我国也是人口老龄化最为严重的国家之一。大于65岁老年人的比例从1953年第一次全国人口普查时的4.41%增加到2000年第五次全国人口普查时的6.96亿（见表2－2）。2007年全国实际大于60岁的老年人已达11.60%，约1.5340亿人，大于65岁的老年人达8.1%，约1.0636亿人。

我国在人口构成方面值得重视的特殊趋势是独生子女的比例越来越大，一个庞大的独生子女市场逐渐形成。

（三）家庭结构

我国同全球各国一样，家庭人口也呈下降趋势。我国传统的三代、四代同堂的家庭逐渐减少。家庭规模从1953年我国第一次全国人口普查时的4.33人/户，降低到2000年第五次全国人口普查时的3.44人/户（见表2-2）。2006年降到了只有3.17人/户。

表2-2 我国内地户均人口与人口分布

全国人口普查	人/户	人口分布%	
		城市	农村
1953年第一次	4.33	13.26	86.74
1964年第二次	4.43	18.30	81.70
1982年第三次	4.41	20.91	79.09
1990年第四次	3.96	26.44	73.56
2000年第五次	3.44	36.22	63.78

家庭规模的减小，直接影响了以家庭为消费单元的产品的需求，如居室、家电、家具、食品等。

（四）人口的地理分布

经济发达国家的城乡差别小，城市人口已明显向远郊或农村转移；而我国乃属经济发展中国家，城乡差别还比较大，目前农村人口向城市流动的浪潮还在继续。城乡人口的比例从1953年我国第一次全国人口普查时的13.26:86.74，到2000年第五次全国人口普查时已变为36.22:63.78（见表2-2）。2007年更是到了44.9:55.1。

历史上我国人口密度从东南向西北逐步减小，同时，由于经济发展的不平衡，我国人口明显反映出从西北向东南，从经济不发达地区向发达地区逐步转移的趋势。

人口的地理分布直接影响各区域市场的消费需求特点与规模。同时，城乡之间、经济发达与不发达地区消费者的消费需要、购买习惯和购买行为都会存在差异。企业的营销活动就要与之相适应。

二、经济环境

从企业营销的角度看，经济环境中，最主要的是体现在消费者的购买力上。购买力是市场的要素之一，甚至是更主要的因素。因为市场容量的大小，归根结底取决于购买力的大小。而购买力的大小，又取决于一个国家或地区的经济发展水平与人均收入水平。

（一）我国国内国民生产总值（GDP）

改革开放以来，我国的国民经济得到快速发展，国内国民生产总值（GDP）从1980年的4545.62亿元，增加到了2007年的246619亿元（见图2-4）。宏观经济的发展是人们生活水平得到保障和购买力提升的前提环境因素。从图2-5可以看出，社会商品零售总额从1980年的2140亿元，增加到了2007年的89210亿元，这和图2-4的GDP曲线的变化趋势基本是同步的。

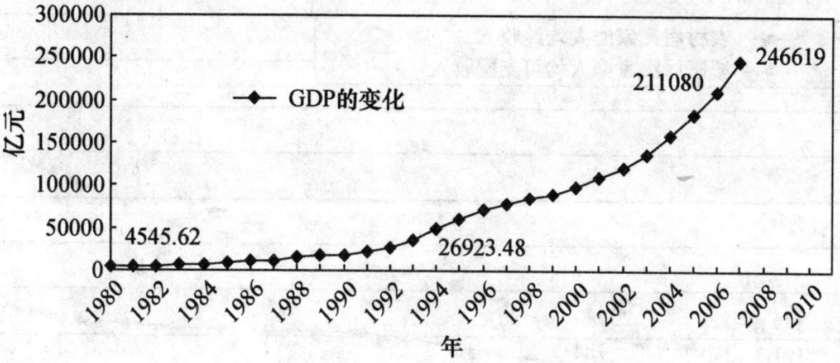

图 2－4　1980～2007 年我国 GDP 的变化

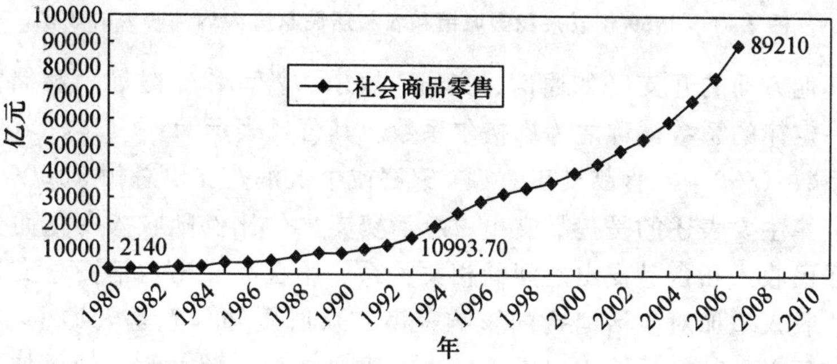

图 2－5　1980～2007 年我国社会商品零售总额的变化

（二）消费者的收入水平

消费者的收入并不全部用于购买商品。对企业营销来说，关注的是消费者的个人可支配收入和可任意支配收入。个人可支配收入是指个人全部收入减去直接交纳的各种税款和非税负（如工会费、交通罚款等）之后的收入，消费者可以将其用于消费支出，或用于储蓄。可任意支配收入是指个人可支配收入减去维持生活所必需的支出（如食品、衣服、住房等）和其他支出（如分期付款、学费）所剩下的那部分收入。这部分收入越多，消费者消费水平就越高，企业营销的机会也就越多。

由于随时间的变化，同一时期不同地区、不同阶层消费者的收入是有差别的。我国 1978～2007 年间城镇居民家庭人均可支配收入和农村居民家庭人均纯收入的变化见图 2－6。因此，要研究消费者收入水平的相应变化。这对企业选择目标市场，有针对性地开展营销活动具有重要意义。

（三）消费结构

消费结构是指消费者在衣、食、住、行、娱乐等不同消费支出中的比例关系。受有限收入的影响，消费者的消费开支总根据个人或各个家庭的不同情况，合理地分配在各类商品上。这种分配的结构和总水平，从另一侧面反映了该时期消费者的购买力水平和投向。衡量一个国家或地区生活水平的公认标准是德国著名统计学家恩格尔（Ernest Engel）在 1857 年提出的“恩格尔定律”，其表明：一个家庭收入越少，其总支出中用来购买食品开支的比重就越大；反之，随着家庭收入增加，用来购买食品开支的比重就降

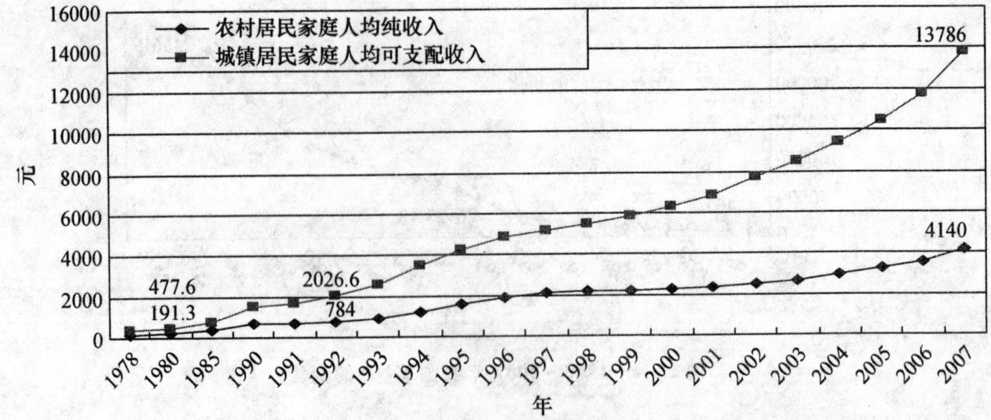

图 2-6 1980 年以来我国城镇和农村居民家庭人均纯收入的变化

低，而用于其他方面的开支（如通信、交通、娱乐、教育和保健等）和储蓄的比重将上升。反映这一定律的系数被称之为恩格尔系数。其公式表示为：

恩格尔系数（%）＝食品支出总额/家庭或个人消费支出总额×100%

恩格尔定律主要表述的是食品支出占总消费支出的比例随收入变化而变化的一定趋势。揭示了居民收入和食品支出之间的相关关系，用食品支出占消费总支出的比例来说明经济发展、收入增加对生活消费的影响程度。众所周知，吃是人类生存的第一需要，在收入水平较低时，其在消费支出中必然占有重要地位。随着收入的增加，在食物需求基本满足的情况下，消费的重心才会开始向穿、用等其他方面转移。因此，一个国家或家庭生活越贫困，恩格尔系数就越大；反之，生活越富裕，恩格尔系数就越小。

用恩格尔系数可推断今后的消费变化趋势及对企业营销活动的影响。

根据联合国粮农组织提出的标准，恩格尔系数在59%以上为贫困，50%~59%为温饱，40%~50%为小康，30%~40%为富裕，低于30%为最富裕。经济发达国家的恩格尔系数大多小于30%。

改革开放以来，我国城镇和农村居民家庭恩格尔系数已由1978年的57.5%和67.7%分别下降到2007年的36.3%和43.1%（见图2-7）。近年我国城市消费结构变化见表2-3。

表 2-3 近年我国城市消费结构变化（%）

项目	2006 年		2001 年		1996 年	
食品	35.78	①	39.18	①	49.92	①
教育文化娱乐	13.84	②	12.56	②	8.84	③
通信交通	13.19	③	7.91	⑥	4.84	⑥
居住	10.40	④	10.01	③	7.01	⑤
衣着	10.37	⑤	10.01	④	13.55	②
医疗保健	7.14	⑥	6.36	⑦	3.11	⑧
家庭设备用品及服务	5.73	⑦	8.79	⑤	8.39	④
杂项与服务	3.56	⑧	5.17	⑧	4.28	⑦

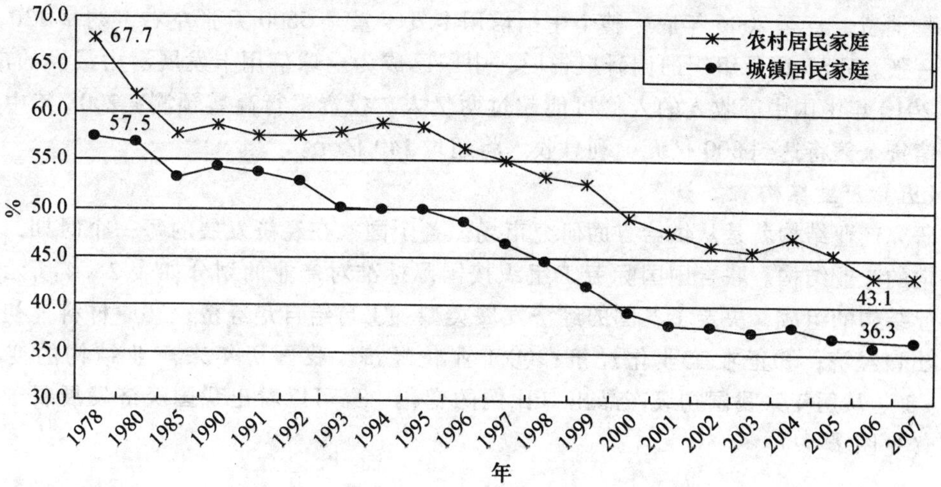

图 2－7 我国城镇和农村居民家庭恩格尔系数走势

(四) 消费者储蓄和信贷的变化

消费者的购买力还受储蓄和信贷的直接影响。消费者的个人收入不可能全部用掉，总有一部分以各种形式储蓄起来。这是一种推迟了的、潜在的购买力，这主要是准备购买耐用品或应急的。在经济发达国家，个人储蓄的形式包括银行存款、公债、股票和不动产等，这些随时都可转化为现实的购买力。在正常情况下，银行储蓄和国民收入成正比，但当通货膨胀物价上涨时，消费者会将储蓄变为现金，争购保值商品。这是一种自卫行为，是消费者对经济前景不信任的一种表现。

2006 年我国城乡居民人民币储蓄存款余额为 161587 亿元，比上年增长 14.6%。

消费者信贷包括用于购买商品和服务的将于两个月及两个月以上偿还的家庭贷款。消费者信贷对购买力的影响很大。

在经济发达国家，贷款消费是一种很普遍的现象，在购买大宗商品，比如房屋、汽车，或是购买大宗服务，比如接受大学教育等情况下，向银行申请贷款的民众数量会相当多。美联储公布的数据显示，美国至 2007 年 1 月消费者信贷总额为 21620 亿美元，人均欠债 1 万美元左右。在美国，越是收入高的人，别人越是愿意贷款给他，他欠债就越多。所以美国人的观念是，欠债越多的人，表明他越有财力，有信用。因而，“今天花明天的钱”的消费观念盛行。同时，国外作为信用卡市场的主流贷记卡，即“先消费，后还款”模式的信用卡也广为流行。时至今日，美国超过七成的消费是通过信用卡结算的。据美国《商业周刊》（Business Week）2006 年报道，美国信用卡市场的年收入已达到 2.1 兆美元，发卡数 8.48 亿张，信用卡发行商已经多达 8000 多家。

而在我国“无债一身轻”的俗语，表明了传统的消费观念。改革开放以来，经济发达国家的消费观念逐渐影响国内消费者，特别是随着我国城市住房改革的逐步推行，人们普遍开始希望通过消费者信贷解决购房等问题。自 1998 年 11 月以来，我国银行业已推出了十种类型的消费者贷款项目，包括房屋的购买和修补，购车，甚至旅游。按国家统计局统计 2006 年我国全部金融机构人民币消费贷款余额为 2.4 万亿元（人均欠债不到 2000 元）的贷款额，其中个人住房贷款余额 1.99 万亿元。尽管人们也开始使用“信用卡”消费，直至2006年底，整个中国信用卡发卡量是5600万张左右，约每130人才持有一张。VISA国际组织的调研报告说，中国已成为全球信用卡发展潜力最大的市场。预计2010年中国中等收入的人群可能超过两亿人。投资银行高盛预测，2008年中国信用卡信贷余额将达到800亿元，利息收入将超过140亿元。

（五）产业结构

研究产业结构就是从供给方面研究市场。各个国家在经济发展的每一个时期，都有其特定的产业结构。联合国国际劳工组织按国际标准对产业的划分如表2-4所示。不同产业结构的组成，决定了各国的经济发展类型：①自给自足经济；②原材料（初级产品）出口经济；③正在工业化经济；④工业化经济。我国历年来产业结构的变化见图2-8。从历年来我国初级产品出口比例的变化，也可以看出我国经济发展属于哪一类型（见图2-9）。

表2-4 联合国国际劳工组织按国际标准对产业的划分

产业	第一产业	第二产业	第三产业
行业	农、林、牧、渔、采掘	加工、建筑、电、煤气、自来水	交通运输、批发零售、金融、保险等服务业

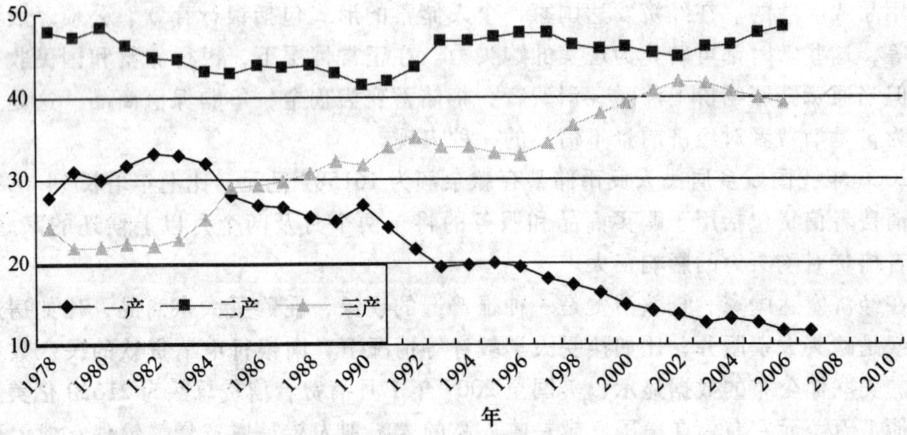

图2-8 我国历年来产业结构的变化

企业只有充分了解产业结构的现状，才可以明确自己在该结构中的位置，才可从客观上把握自己的优势和劣势，从而制定长期的营销战略。

三、自然环境

自然环境既是人类生存的空间，也是企业营销的空间。自然环境为企业营销提供了市场机会与优厚的基础，也给营销活动提出了限定条件。营销活动是在一定的自然条件下进行的，自然环境具体表现在自然资源、地理及气候条件和环境保护三方面。

（一）自然资源

地球上的自然资源可分为三大类：无限供给的、有限但可再生的和有限不可再生的。

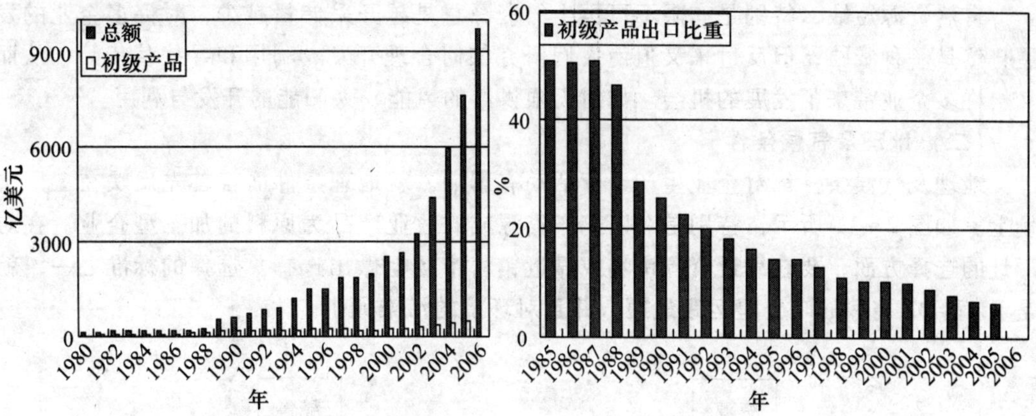

图 2－9　我国历年来初级产品出口比例的变化

无限的资源如空气等，总体上是取之不尽，用之不竭的，但污染问题严重，亟待解决。

有限但可再生的资源如森林和农产品等，短期内还不会有太大问题，但必须防止过量采伐和侵占耕地，应当有计划地利用有限再生资源。为此，企业营销计划就应当考虑所拟作为原材料采用的资源的再生生产体系是否完备（无论是自行开采或是从供应商处获得），如不完备，则须十分谨慎。

有限不可再生的资源如石油、煤炭和各种矿产品，问题最为严重。以石油为例，石油是各国工业发展的主要能源。从 1973 年第一次世界能源危机开始，每桶年平均油价从 1970 年的 2 美元/桶，涨到 1986 年的 14. 38 美元/桶，进入 21 世纪，油价更是一路飙升，直至 2006 年的 65. 4 美元/桶（2006 年 7 月最高达 73. 66 美元/桶）（见图 2－10 ）。国际原油期货价格 2008 年 1 月 2 日在历史上首度突破每桶 100 美元大关，到 2008 年 7 月又突破了每桶 140 美元，导致石油开采与炼油化工行业、使用石油制品为能源和原料的企业的生产经营活动和消费者的消费行为都受到影响，继而迫使人们研究开发新的能源。

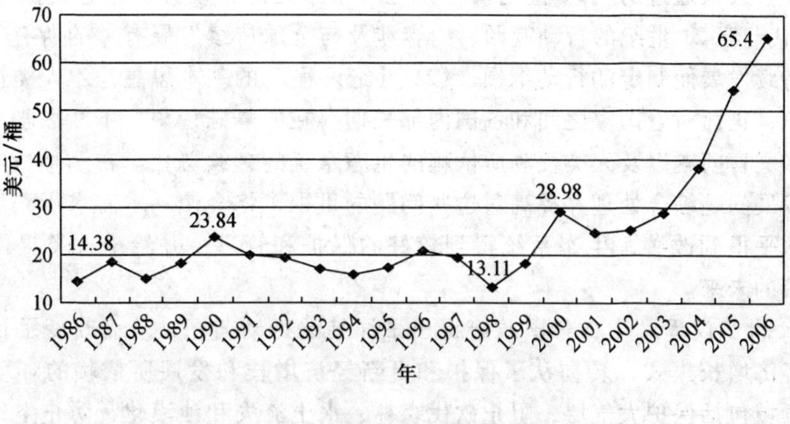

图 2－10　历年国际布伦特石油价格走势

自然资源短缺，特别是有限不可再生的资源总是越开采储量越少，对许多企业的发展自然是一种威胁，但反过来又迫使人们研究如何合理开发、利用和寻找替代品，从而又给许多企业带来了发展的机会。如对无限供给的风能、太阳能的开发与利用。

（二）地理及气候条件

地理及气候条件都对企业生产经营活动有影响。就地理条件而言首先反映在工厂选址上。如图 2－11 所示，特别是对以矿产资源或农牧业产品为原料的加工型企业。在对厂址的选择方面，要在靠近资源市场或靠近销售市场上做出选择。选择的标准之一，就是 D1 和 D2 之和的吨公里运距最短，并且对环境的污染最小。

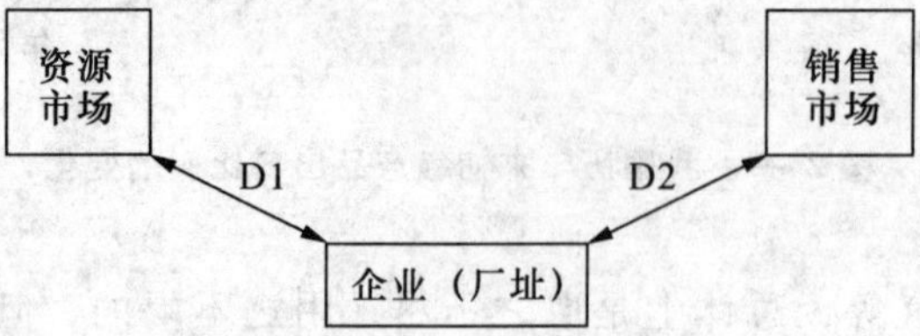

图 2－11　工厂选址

地理及气候条件还对企业所销售的产品在平原或山区、高原或盆地、城市或农村、冷或热、干燥或潮湿等不同运行环境的适应性上（如自行车、汽车、电视等产品）均会有所区别。同时，不同的地理及气候条件还对消费者的需求产生影响，如季节性产品。另外，异常的气候和洪水、地震、海啸等自然灾害、流行疾病（如 2003 年的“非典”，而后的禽流感）都会给人们的生活带来影响，并对企业的营销造成威胁或带来商机。

（三）环境保护

现代工业的发展，对自然环境造成不可避免的破坏。如对水源、大气和土壤的污染，废弃包装材料的处理等，已经成为当今社会的一个严重问题。我国近年对环境的重大污染事件也屡见不鲜。社会公众对自然环境的日益关心，促使许多国家的政府加强了对环境的保护工作，并寻求世界各国政府间的合作，因为环保问题是个全球性的问题。

为此，1992 年 6 月，联合国环境与发展大会在巴西里约热内卢召开，有 100 多位国家首脑参加。会议通过的《21 世纪议程》是一个广泛的行动计划。它提供了一个从 20 世纪 90 年代起至 21 世纪的行动蓝图，内容涉及与全球持续发展有关的所有领域，是人类为了可持续发展而制定的行动纲领。《21 世纪议程》的基本思想是：人类正处于历史的关键时刻，正面对着国家之间和各国内部长期存在的悬殊现象、不断加剧的贫困、饥饿、疾病和文盲问题以及人类福利所依赖的生态系统的持续恶化。在这种情况下，把环境问题和发展问题综合处理并提高对这些问题的重视，将会使基本需求得到满足，所有人的生活水平得到改善，生态系统得到较好的保护和管理，并给全人类提供一个更安全、更繁荣的未来。

在《21 世纪议程》中，各国政府提出了详细的行动蓝图，从而改变了目前世界的非持续的经济增长模式，转向从事保护和更新经济增长和发展所依赖的环境资源的活动。行动领域包括保护大气层，阻止砍伐森林、水土流失和沙漠化，防止空气污染和水污染，预防渔业资源的枯竭，改进有毒废弃物的安全管理。

1994年7月我国国务院也通过了相应的《中国21世纪议程》。

政府和社会公众对环境保护的关注与行为，一方面限制了某些行业的发展，另一方面也带来了企业的营销机会：一是为治理污染的技术与设备提供了一个大市场；二是为环保型的新产品和包装创造了营销机会。实际上，环境保护主义的兴起，使消费者和企业都增强了生态意识，也促进了人们向社会营销观念的转变。

四、科学技术

科学是人类及社会环境的所有知识的集合，技术是对科学知识的应用。正如邓小平所说，科学技术是第一生产力。当今世界科学技术发展的特点表现为：①以微电子为标志的IT技术发展迅速；②生物工程技术广泛应用于种植业、养殖业、制药业；③重视在新产品研发上采用最新科技成果；④新技术、新产品研发应用在企业受到普遍重视。

（一）新技术是一种创造性的破坏因素

人类生活最具戏剧性的是科学技术，其创造了许多奇迹、恐怖及福祸兼备的东西。新的技术的兴起，造就了许多新的行业的产生，新的市场机会，新产品的开发提高了相应行业和企业的市场竞争力；同时，也对某些行业带来威胁。新材料和新产品影响、威胁甚至取代了原有传统的材料、产品。如晶体管淘汰了电子管，复印机排挤了复写纸，陶瓷、玻璃材料替代了钢材，石英手表威胁传统机械表，汽车抢走了铁路乘客，电视吸引走了电影观众等，不胜枚举。因此，每一个行业都应该密切注意技术环境的变化，随时准备应变。

（二）新技术有利于企业改善经营管理

技术的进步对生产和销售效率的提高意义重大。新型设备、新工艺的采用，如自动化生产线、冶金工业短流程、新的管理方法的采用，如准时制生产方式JIT（Just－in－Time）、制造资源计划MRPⅡ（Manufcturing Resources Planning）、精细生产LP（Lean Production）、企业资源规划ERP（Enterprise Resource Planning）均改善了企业的经营管理，极大地提高了生产的质量与产量，降低了劳动消耗，提高了劳动生产力。新型的分销渠道和销售方式也可极大地促进销售，如超级市场的产生就既提高了效率，也方便了购物，并改变了人们的购物习惯。

（三）研究开发预算增多

研究与试验发展R&D（Research and Development）指在科学技术领域，为增加知识总量，以及运用这些知识去创造新的应用所进行的系统的创造性的活动，包括基础研究、应用研究、试验发展三类活动。国际上通常采用R&D活动的规模和强度指标反映一国的科技实力和核心竞争力。

我国近年来R&D经费见表2－5和图2－12。

表2－5 2001～2006年我国R&D经费变化表

年　份	2001	2002	2003	2004	2005	2006
R&D经费（亿元）	1042.5	1287.6	1539.6	1966.3	2450.0	3003.1
#基础研究	52.2	73.8	87.7	117.2	131.2	155.8

续表

年份	2001	2002	2003	2004	2005	2006
应用研究	175.9	246.7	311.4	400.5	433.5	504.5
试验发展	814.3	967.2	1140.5	1448.7	1885.3	2342.8
R&D/GDP（%）	0.95	1.07	1.13	1.23	1.33	1.40

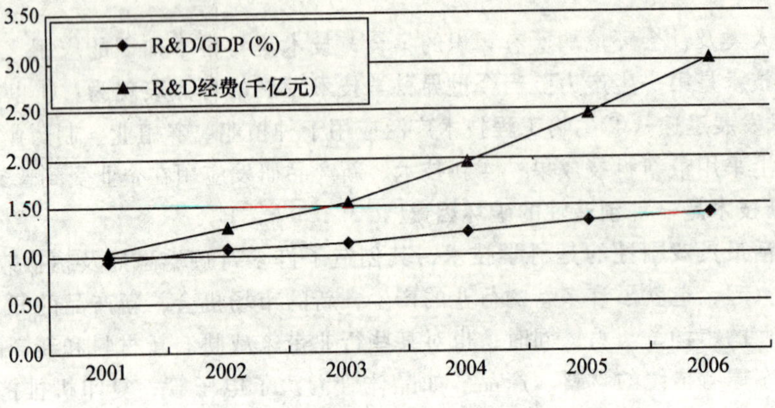

图 2－12　2001～2006 年我国 R&D 经费变化趋势图

世界经济合作与发展组织（OECD）出版的最新一期《主要科学技术指标》公布了 OECD 30 个成员国和中国、俄罗斯、阿根廷、南非、以色列、新加坡、罗马尼亚、斯洛文尼亚 8 个非 OECD 国家 R&D 投入的最新数据。由于这 38 个国家的 R&D 经费占世界 R&D 经费总额的 90% 以上，所以可以通过这些国家的数据大致看出我国在世界研发体系中的位置和特征。尽管 2005 年，我国的 R&D 经费支出总额达到 299 亿美元，继续保持在世界第六位，但和高居世界第一和第二位的美国和日本（分别为 3125 亿美元和 1459 亿美元）相比，相差甚远。从增长速度来看，1995～2005 年的 10 年间，我国的 R&D 经费支出额以年均约 22% 的速度增长。这使我国的 R&D 经费支出总额从 1995 年的世界第 14 位上升到 2005 年的世界第 6 位（见表 2－6）。

表 2－6　部分国家 R&D 经费及年均增长率

排名	国家	年份	R&D 经费（亿美元）	十年间年均增长率（%）
1	美国	2004	3125	6.3
2	日本	2004	1459	0.9
3	德国	2004	684	3.9
4	法国	2004	443	3.4
5	英国	2003	340	5.6
6	中国	2005	299	21.9
7	加拿大	2004	194	7.1
8	韩国	2004	194	7

从 R&D 经费投入的强度（R&D/GDP）来看，20 世纪 90 年代，我国 R&D/GDP 增长缓慢，1999 年以后这一比值开始迅速提高，2005 年，我国的 R&D 经费强度为 1.33%（2006 年为 1.40%，见表 2－5），在发展中国家中处于首位。但是从图 2－13 可以看出，我国与世界发达国家的水平还有较大差距。绝大多数发达国家的 R&D 经费强度都在 2% 以上，以色列甚至超过 4%。高水平的 R&D 投入强度是这些国家具有较高创新能力的重要保障。

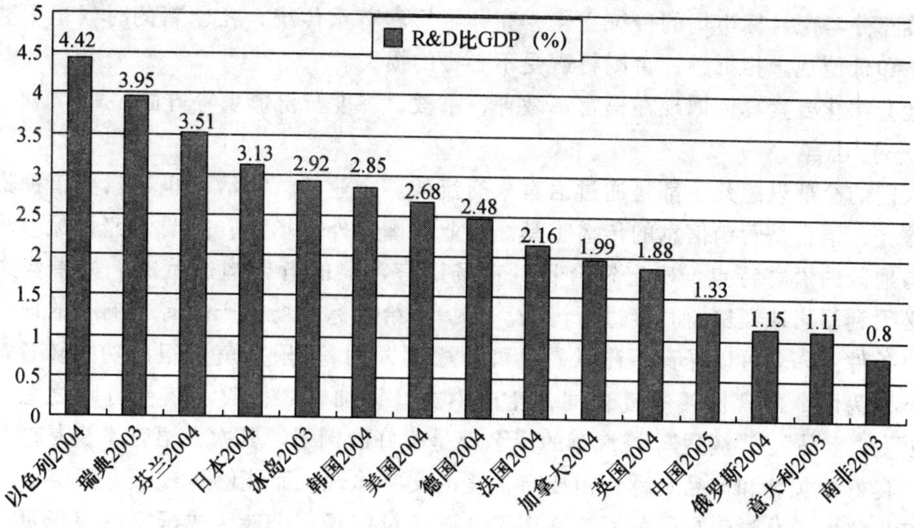

图 2－13　部分国家 R&D 经费支出总额与 GDP 的比值

随着信息革命和知识经济的发展，世界著名企业，特别是跨国公司纷纷把新技术的研究与开发（以下简称之为 R&D）放在头等重要的位置。在研发中投入一定量的资金是很重要的，大的跨国公司每年基本上都会拿出 10% 左右的营业收入来搞研发，包括合作研发和购买专利。如美国英特尔公司 2002 年营业收入为 268 亿美元，纯利润为 31 亿美元，研究开发费（扣除正在进行的研究开发）为约 40 亿美元，占营业收入的 14.93%；微软公司一年的科研经费为 50 亿美元，约占营业收入的 20%；飞利浦研究实验室每年的研发投入是 20 亿欧元。

进入 21 世纪以来，R&D 国际化态势越来越明显。跨国公司 R&D 活动国际化，首先是生产和市场国际化的客观要求。自工业革命以来，全球经济联系不断加强，尤其是从 20 世纪 90 年代开始，经济全球化已经成为大势所趋。对于跨国公司而言，在生产、销售领域，国际市场比国内市场显得更重要。巩固已有的国际市场，开拓新的国际市场，逐步扩大产品的市场影响力，提高市场份额，成为关系企业生死存亡的大事。

显然，技术的进步对营销的影响是直接而显著的。而目前中国国内企业在研发上大多投入的比例是比较小的。因此，我国企业应该从上述诸方面把握住科学技术的发展给企业营销带来的深刻影响，密切关注所在行业和相关领域的技术环境变化，分析其对本企业的具体影响，以利于及时调整自己的营销方案，适应科学技术环境的变化。

五、社会文化

社会文化包括一个国家、地区或民族的传统文化，如风俗习惯、伦理道德、价值观念等。人们在不同的社会文化背景下成长与生活，各有不同的基本观念和信仰，这是在不知不觉中形成的，成为一种行为规范。一个社会的核心文化和价值观念具有高度的持续性，是人们世代沿袭下来的，并且得到不断的丰富和发展，影响和制约人们的欲望和行为，包括消费欲望和消费行为。营销者在产品和商标设计、广告和服务的形式等方面，要充分考虑目标市场的传统文化，充分了解和尊重传统，在创新的时候也不要同核心文化和价值观念相抵触，否则将遭受不必要的损失。

社会文化要素具体体现在语言、教育、宗教、态度与价值观等方面。

（一）语言

人们的全部思想几乎都是通过语言来交流的。企业的营销活动也必然要借助语言工具。首先，语言是营销信息的传播工具。企业在国内外市场上，需要研究目标市场所在国家与地区的语言特点，确定符合目标市场语言习惯的营销沟通策略。如果沟通有困难，必须利用当地经销商间接进行沟通。所提供给目标市场的产品有个响亮的译名也是个先决条件。译名可以译音、译意，也可转意。“可口可乐”就是很成功的转意。英文可口可乐为两个可食性碱的复合词，变成中文音译加转意，成了倍受青睐之意。还有“奔驰”、“宝马”、“捷达”等汽车的译名都是很好的例子。其次，语言本身是产品的一部分。良好的包装和产品名称，需要有优美的文字体现，而能够体现一个民族、一个国家独特风格的，莫过于自己的语言文字了。语言对打开一个地区或国家的市场可起到积极作用，也可以起到消极作用。如在我国，有些数字代表吉祥之意：“1”（全心全意）、“3”（三结义）、“6”（六六顺）、“8”（音“发”，发财）、“9”（天长地久）。美国通用汽车公司曾用“NOVA”这个品牌名，意为“新星”，而在拉丁语中却是“跑不动”之意，试想有谁会买跑不动的汽车呢？

（二）教育

教育是社会文化的要素之一，可以说明社会文化的总体水平。首先，教育水平影响到精神需要层次的高低，表现在消费者对产品名称的理解，影响到消费者对包装、广告的审美水平；其次，教育水平影响消费者行为，表现在对产品说明书的理解、对产品使用方法的掌握、对广告的理解。比如，在文化水平低的市场中，广告宣传适合以多图画的影视、路牌广告形式，少用文字多的报纸、杂志，否则人们会因读不懂而使广告效果大打折扣。

因此，企业在制定营销策略时，应使产品和推销方式符合目标市场地区和国家的教育水平。

（三）宗教

世界上有许许多多宗教和宗教团体，不同的宗教有不同的文化倾向和清规戒律，影响各自善男信女的价值观和消费行为。如“古兰经”是伊斯兰教典，凡古兰经未提到的事物，都可被虔诚的信徒摒弃；天主教要求教徒绝对依从教会、教士和教物；基督教则强调友善自立，个人奋斗；佛教宣传修身养性，行善尽孝等。

虽然宗教的禁忌影响人们的消费行为，如印度人忌用牛肉，但不忌牛奶制品；穆斯林和犹太人忌酒，但不忌可口可乐。同时，宗教的节假日又是销售的好时机。

（四）态度与价值观

态度是人们思想意识及心理活动的倾向，这种倾向必然影响人们的消费偏好。比如表现在：①对时间的态度。在现代化、生活高节奏的时代，强调节约时间的观念是当今世界消费倾向的主流。于是有了快餐、速溶咖啡、快速摄影和一次成像技术；有了罐装茶水、成衣时装、高压锅等“快速商品”。而快速，并不排除慢速，在休闲时刻，人们仍想自己动手煮咖啡、喝功夫茶、烹饪等，于是便可提供相应的产品满足人们休闲的需要。②对新潮与传统的态度。新潮产品往往带给人们一种新的生活方式，但传统产品并非因之抛弃，相反，有时新旧并存倒是个趋势。比如中餐与西餐、西服与和服、牛仔裤与中山装或旗袍，凡此种种均说明共存的现象。吃涮羊肉就要到“东来顺”，吃烤鸭就得去“全聚德”，许多老字号的传统产品始终有着稳定的甚至增长的顾客群，它们是不可替代的。营销的任务不在于推崇哪一种商品，而在于发现不同的需要，找到新潮与传统相辅相成、各得其所的途径。

价值观是人们对事物的判别标准，即自己的信念与行为准则。不同国家、地区、民族的价值观是不同的，使得人们对周围事物的是非、善恶和重要性的评价不同，从而有不同的消费需求与行为。同一种款式的商品，甲民族认为是美的，乙民族也许认为是丑的；同一色彩的商品，农村居民十分喜欢，城市居民却可能很少问津；同一种消费行为，在这方土地上是习以为常的，在另一方土地上则可能认为是不可思议的。比如在我国结婚时，新娘着白衣，特别是农村的人们会认为不可思议，因为根据我国传统，结婚等喜庆日应着红色服装，以示吉祥；但根据西方传统，结婚时着白色礼服，则表示纯洁。

因此，无论在国内还是在国际市场上开展营销活动，企业必须了解、认真分析所处的目标市场中的社会文化环境，以利于准确把握消费者需要、欲望和购买行为，正确制订切实可行的营销方案。

六、政治和法律

（一）政治环境

政治环境主要指政治局面和政治形势。一个国家或一个地区的政局稳定与否，不仅影响到该国家或该地区经济发展和人们的收入及生活水平和消费者行为，还由于风险的大小而影响国内外企业在该国家或该地区的投资与市场开发，从而影响某产品的有效供给，最终影响企业的营销活动。政局稳定，市场便能保持稳定，可消除消费者持币待购、争购及抢购等现象。反之，若政局动荡不安，不仅市场不稳，物价飞涨，而且必然会使正常消费需求萎缩，畸形消费需求发展。我国的“十年动乱”、伊拉克战争便是很好的例证。海湾形势同时还对国际原油市场产生重大的影响。

政治形势会对消费需求产生引导和促进作用。中美 20 世纪 70 年代初建交后，美国社会掀起了“中国热”，曾推动美国市场的“中国商品热”。

同时，重大政治事件，如 美国 “9·11” 事件的经济影响不仅局限于事件本身的直接损失，更重要的是影响了人们的投资和消费信心，使美元相对主流货币贬值、股市下跌、石油等战略物资价格一度上涨，并实时地从地域上波及欧洲及亚洲等主流金融市场，引起市场的过激反应，从而导致美国和世界其他国家经济增长减慢。

另外，还如香港、澳门回归，海峡两岸三通等重大政治形势都会对市场产生影响，从而影响企业的营销活动。

（二）政策法律

任何国家、地区或组织，都会有一套调节社会秩序，规范其成员的法律体系，并通过具体的法令、法规和协议体现出来。市场经济是法制经济，我国市场经济法规体系也正在逐渐完善过程中。市场经济法规体系主要体现在以下三个方面，对市场行为者产生管制和保护，企业务必给予重视与把握：

1. 保护企业间公平竞争的法规

这些法规是为了维护市场经济中企业间公平竞争原则，保护企业相互之间的权益。通过这些法规，明确告诉企业有哪些权益，在运用各种企业可控因素去影响消费需求、取得竞争优势时，什么可为，什么不可为。如美国1890年的《谢尔曼反托拉斯法》禁止垄断行为；1914年的《联邦贸易委员会法》规定企业以不正当手段竞争是非法的，并建立了“联邦贸易委员会”，该委员会成员有权调查和监督本法案的执行；1936年的《鲁宾逊—帕特曼法》禁止“价格歧视”，以保护中小企业。

我国相应的法规有：1993年12月1日颁布的《反不正当竞争法》；1982年8月1日颁布的首部知识产权保护的立法《中华人民共和国商标法》；1992年9月修订的《中华人民共和国专利法》；1997年12月29日颁布的《中华人民共和国价格法》；2007年8月30日十届人大常委会表决通过的《反垄断法》草案；还有合同法、公司法、广告法、广告管理条例等法规。

国际范围内的约定如有我国于1985年加入的《保护工业产权巴黎公约》，其内容规定的工业产权的保护对象是：专利、实用新型、工业品外观设计、商标、服务标记、厂商名称、产地标记或原产地名称，用来制止不正当竞争。于1891年4月14日在西班牙马德里签订的，我国于1989年10月4日加入的《商标国际注册马德里协定》，协定规定，凡缔约国国民在本国注册品牌为商标后，可以向世界知识产权国际事务局申请国际注册，在选定的缔约国一年内未有异议的，这个商标即被认为在该缔约国注册生效，保护期统一为20年。国际范围内的还有诸如WTO等组织的相关约定等。

2. 保护消费者权益的法规

这些法规目的是为了保护消费者免受不公平商业行为的伤害，制止企业非法牟利。有些企业以欺骗性的广告或包装招揽顾客，或以次品低价引诱顾客，对此也必须通过法律手段加以防止和制裁。例如，美国1906年的《联邦食品药物法》；1966年的《包装与标签法》和《儿童保护法》；1972年的《消费品安全法》；1984年的《玩具安全法》等，都是为这一目的服务的。

我国相应的法规如有1993年10月通过的《中华人民共和国消费者权益保护法》；于1991年9月4日通过且于2006年12月29日修订的《中华人民共和国未成年人保护法》；此外，还有产品质量法、食品卫生法、药品管理法，和民法通则、反不正当竞争法、价格法、广告法、计量法等法规中相应的有关规定，以及各级技术监督局依法对产品样本的抽查，并通过大众传媒，公布不合格产品及企业的黑名单，对保护消费者权益都起到了积极的作用。

除政府的相关法规外，随着政府对消费者权益问题的日益重视以及消费者自我保护意识的增强，社会上出现了各种各样的消费者权益组织，并开展各种各样的活动。这些组织未必是官方的，也不一定代表法律或政府，但它们不仅对企业行为有较大的约束作用，而且可以直接引导消费需求。比如我国于1985年1月经国务院批准的“中国消费者协会”及其下面的各级消费者协会。中央电视台等单位每年举办的“3·15”晚会，通过大众传媒对某些产品进行曝光、亮相，对消费者及其需求产生重大影响。

3. 保护社会利益的法规

由于人口增加、生产发展和对物质资料消耗的剧增，导致自然的污染和有限资源（包括动、植物和矿物）濒临枯竭，使自然和人类的生存环境遭到人为的破坏。对此，为保护社会的整体利益和长远利益，20世纪60年代以来，许多国家均加强了相应的立法，以防止对环境的污染与破坏。如美国1969年的《国家环境政策法》。我国相应的法规如有于1982年12月26日通过的《中华人民共和国环境保护法》，其中对环境下的定义是：“指影响人类生存和发展的各种天然的和经过人工改造的自然因素的总体。”并具体列举了大气、水、海洋、土地、矿床、森林、草原、野生生物、自然遗迹、人文遗迹、自然保护区、风景名胜区、城市和乡村等。于1982年8月23日通过的《中华人民共和国海洋环境保护法》。于1987年通过且于1995年修订的《中华人民共和国大气污染防治法》。于1996年3月1日开始实施的《中华人民共和国环境噪声污染防治法》。于1988年11月颁布的《中华人民共和国野生动物保护法》等。另外涉及资源保护的法规如有矿产资源法、森林法、渔业法、草原法、水法、土地管理法等。

所有相关法律法规，都对企业的生产经营，包括营销活动规定了若干限制，违者要受到严厉处罚。

此外，国家的经济政策与法规，如财政、税收政策，农轻重的比例、积累与消费的比例政策、“十一五”规划、扩大投资与内需拉动经济增长或抑制经济过热政策等，均会对市场供求、企业营销产生影响。

总之，宏观营销环境尽管是企业不可控制的因素，但企业要了解、适应、利用之，以提高自我保护和发展的能力。

第三节　微观营销环境

正如图2-3所示，微观营销环境包括消费者（顾客）、企业、竞争者、合作者、中间商和社会公众等。

一、市场活动参加者

通常，人们把顾客（Customers）、竞争者（Competitors）、合作者（Collaborators）、公司（Company 企业）称之为市场活动的4C参加者。

（一）顾客

顾客（消费者）是企业赖以生存的“血脉”，是购买商品或服务的“上帝”。企业的营销人员对无论是国内、国外的“上帝”，当然，对国外的上帝更要考虑各国的社会、文化、经济等宏观环境因素，以及对不同经济实体中的消费群体（跨国经济实体，如欧共体—欧洲联盟、北美经济自由贸易区、东盟等地区的消费群体）的特征都要认真研究。研究不同类型的顾客，比如包括国内外的个人消费者、生产者、转卖者（中间商）、政府和团体购买者（详见第四章），满足他们的不同需要。

顾客的需要是各种各样的。比如个人消费者在家庭轿车购买和消费时会考虑五种不同的需要：①需要买一辆车，涉及购买价；②需要学习驾驶、耗油、维修，涉及运营费，即使用成本；③没有表示出来的需要，即需要后继服务；④感觉好的需要，即在购买与使用过程中的自我感觉；⑤不愿说出来的需要，即会考虑别人对你购买行为的评价，比如是否精明。对消费者的研究，将在第四章详细论述。

（二）竞争者

现实中，不存在没有竞争的市场，竞争各方均对同一顾客群及潜在顾客群进行争夺，以提高自己的市场占有率，即为瓜分同一块“蛋糕”而竞争。

通常从消费需求的角度，可以将竞争者分为愿望竞争者、普通竞争者、产品形式竞争者和品牌竞争者四种类型：

（1）愿望竞争者是指提供不同产品以满足消费者不同需要的竞争者。若作为电视机制造商，那么，生产电冰箱、洗衣机、组合音响的其他不同产品的厂商就是愿望竞争者。如何促使更多的消费者首先购买电视机，而不是其他产品，这就是一种竞争关系。

（2）普通竞争者是指能够提供满足同一需要的不同产品的竞争者。例如，自行车、摩托车和小轿车都能用作家庭交通工具，从而满足人们出行需要，生产这三种产品的制造商之间必定存在竞争关系，相互之间成为各自的普通竞争者。

（3）产品形式竞争者是指生产同种产品，但不同规格、型号、式样的竞争者。如生产不同排气量、型号、式样的不同品牌的轿车生产者之间的竞争。

（4）品牌竞争者是指产品相同，规格、型号也相同，但品牌不同的竞争者。如生产相同排气量的不同品牌的汽车。

后两者是同行业之间的竞争者，是要重点研究的。每个企业都应当充分了解：目标市场上谁是自己的竞争对手；竞争者的策略是什么；自己同竞争者的力量对比如何。这些都是企业制定竞争和相应的营销对策所必需的。竞争的关键是知己知彼，扬长避短，发挥自己的优势。

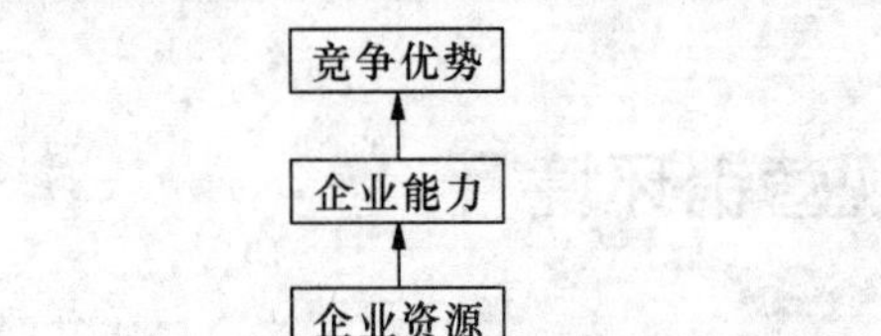

图 2-14　竞争优势的建立与保持

企业的竞争优势表现在从企业文化和理念，到产品研究开发过程（适销对路与否）、采购过程、产品制造过程（灵活性、可靠性等）、市场、销售渠道等方面，最终体现在成本低、质量好、品种多、服务上乘，营销战略研究的重点就是如何发挥企业优势，克服劣势，避开竞争锋芒，利用机会以求发展、求效益。

一个企业的竞争优势的建立与保持可用图 2-14 表示。

（三）合作者和中间商

由于社会化大生产，合理的社会分工可以大大提高劳动生产率，进而提高全社会及企业的经济效益，因此，所有企业都离不开合作者。合作者包括供应商、服务提供者、中间商和其他合作者。

（1）供应商是指向企业提供机器设备、原材料、零部件、能源等物质资源的合作者。

（2）服务提供者是指为企业提供广告、法律、保险、信息、咨询、金融、运输等服务的合作者。

（3）中间商。如果企业要通过中间商将产品销售给消费者，则中间商就是企业开拓市场的合作者。中间商的基本状况及其营销行为，与企业的合作态度，企业均应知晓。

（4）其他合作者是指与企业共同进行科研、产品开发等合作的科研部门、高校，也包括同行业竞争者之间的合作或合资生产，当然也包括国际合作者。

这些合作者都是企业在生产经营活动中不可缺少的外部力量，如何在动态变化着的市场中与这些力量建立起稳定、有效的协作，包括战略伙伴关系，对于企业服务于目标市场顾客能力的最终形成和企业的发展，均具有重大影响。

（四）公司（企业）

因为营销只是企业生产经营管理活动的主要职能之一，企业简单的职能型组织如图2－15所示。

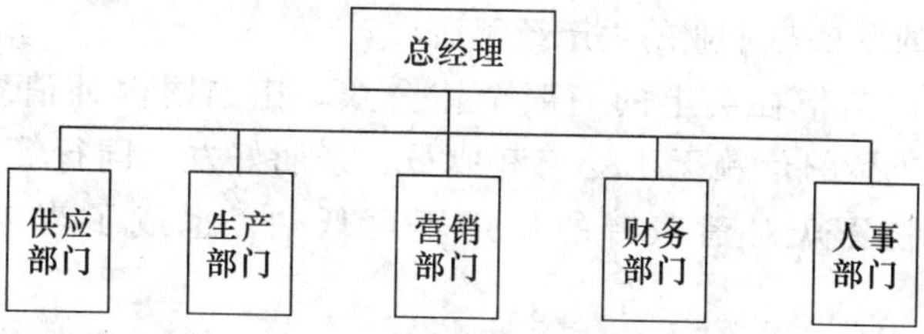

图2－15　企业简单的职能型组织

企业内部条件，即本身实力是生产经营活动的动力和依托。因此，有必要对企业自身的条件进行评价，才能做到知己知彼，提高战略规划的兑现率。

（1）企业的产品。企业营销人员既要了解诸如产品的属性，即本企业产品是生产消费品还是生活消费品，相应地在企业营销组合方面均应按其特点展开攻势。同时，还应知晓本企业的产品和服务与竞争对手相比，有何差别，优劣势何在。

（2）企业的能力。即本企业拥有的在采购、生产、财务、营销、人事等方面的能力，既反映企业在进行生产经营活动获得人财物资源的能力，又反映现有设备的规模与科技进步的水平，更反映企业的管理水平、信息收集及对外部环境变化的应变能力。

（3）企业的形象。即目前本企业及其产品在市场及消费者心目中的地位如何，根据企业的营销计划和目标，今后打算如何定位。

所以，企业内部要目标统一、步调一致，无论从战略还是策略上，要合理利用企业资源，提高经济效益，降低经营风险。

（五）社会公众

社会公众是指对一个组织实现其目标的能力具有实际或潜在利益关系和影响力的一

切团体和个人。企业所面临的社会公众可分为金融公众、传媒公众、群众团体、一般公众和内部公众五类：

(1) 金融公众。指关心并可能影响企业获得资金的能力或影响企业市值的团体，如银行、投资公司、证券交易所、保险公司、租赁公司等。

(2) 传媒公众。包括报纸、杂志、广播、电视四大大众传媒机构。此外，在信息高度发达的现今社会，互联网也担当了不可轻视的传媒公众的角色。这些媒体的报道和观点对企业的声誉有举足轻重的作用。

(3) 群众团体。指具有某种共同利益的人或机构组成的松散型社会团体。包括三类：第一类为政治利益团体，如青年团、工会和妇联等。第二类为公共利益团体，如消费者组织、环保组织和社区或其他各种群众组织。这两类群众团体会经常为保障团体成员的政治利益和公共利益对企业的行为进行监督，同时对企业及其产品发表看法和评价等，均会对企业目标产生影响，从而影响企业经营效果，如我国的消费者协会就经常在报纸杂志上发布产品质量抽样调查报告和消费者投诉，要求企业改进营销方式，提高产品质量。第三类为经济利益团体，是指在市场经济条件下，自下而上自发组织起来的各行业协会和商业联合会等行业组织（我国还有自上而下的各级行业协会）。在淡化政府职能，加强行业管理中，各行业组织一方面在政府与企业之间起着纽带与桥梁的作用；另一方面，在服务企业、沟通信息、保障成员的权益和行业自律中，也担当重要的角色，直接影响行业的发展与企业的生产经营活动。

(4) 一般公众。是指社会上的一般个体公众。比如国内外消费者对商品信息的获得，对企业及其产品的信赖无不受家庭成员、亲朋好友、同行等周围一般公众的影响。因此，这些一般公众对消费者的作用不可低估，也成了当今企业研究的重点对象。

(5) 内部公众。是指企业内部包括董事会、经理、白领职员与蓝领工人在内的企业全体员工。许多企业通常发行内部刊物与通讯，或通过内部局域网，对员工起沟通与激励作用。

以上这些公众，都与企业的营销活动有直接或间接的关系。现代企业是个开放的系统，在经营活动中，必然与各方面发生联系，处理好与各方面公众的关系，是企业管理中一项极其重要的任务。国内外许多企业都设有“公共关系”部门，专门处理与公众的关系，它也是4P’S促销中的主要手段之一（详见第十章）。

二、行业竞争环境

行业是由一群生产相近替代产品的企业组成，如汽车行业、钢铁行业、电子计算机行业等。行业竞争环境是企业外部环境中不可忽视的最直接的因素，有学者称之为中观环境。行业结构分析是分析企业所在行业竞争环境的主要手段。而哈佛商学院迈克尔·波特（Porter Michael）教授提出的分析行业结构的“五因素模型”是20世纪80年代被各国学者广为引用的竞争分析的最主要工具之一。行业竞争压力来自何方？按照波特的五因素模型，一个行业存在五种基本竞争力量，即现有的直接竞争对手、加入竞争的新对手、替代产品的威胁、供应方的讨价还价和顾客的讨价还价（见图2-16）。前三种竞争力量可以看成是“横向”的竞争，后两种可以看成是“纵向”的竞争。所有行业内的五种基本竞争力量的状况，即它们之间的相互作用的强度，决定着行业竞争的激烈程度和获利能力。

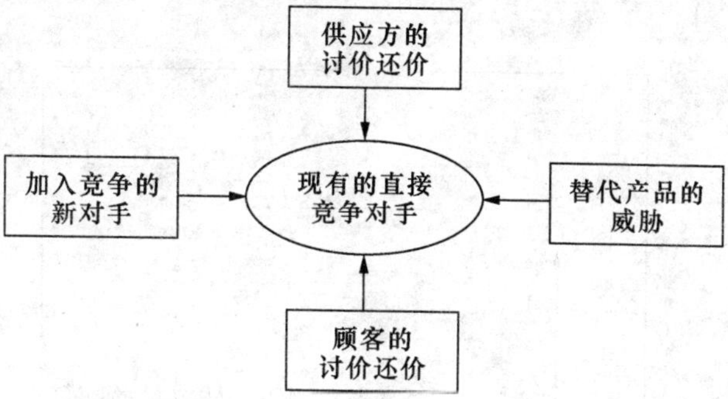

图 2-16　波特的行业五因素模型

(1) 不同行业竞争力量的竞争综合强度不同，导致各个行业获利潜力有很大差别。在竞争激烈的行业，各企业很难获得较高的利润。而在竞争相对不激烈的行业，各企业普遍能获得较高的利润。

(2) 行业竞争不断加剧，将会降低投资收益率，直至接近行业的最低收益率。最低收益率一般与经过资本风险调整的长期公债的收益率接近。如果投资者的收益率长期低于最低收益率，就会使投资者退出这个行业，将资本转向投入其他行业。相反，投资者收益率长期高于最低收益率，将会吸引新的资本流入该行业，包括有新加入者的投入资本和现有竞争者增加的投资。行业中这种竞争作用力的强弱决定了投资进入的程度和收益率水平，由此也限制了企业的收益能力。

(3) 各种竞争力量的作用是有差别的，一般是最强的竞争力量或某种竞争合力起着支配的作用，处于决定地位。例如，当一个企业在某行业中处于有利的市场地位，潜在进入者不能对它构成威胁，但是若遇到低成本、高质量的代用品的竞争时，将受到严重威胁。即使没有潜在进入者和代用品的加入，同行竞争者之间的激烈竞争，也会降低企业的收益。

分析所面临的行业环境中的五种基本竞争力量，并影响或战胜之，是企业保护自己，也是实现企业营销乃至经营目标的前提。

因此，企业要认真分析行业的五种基本竞争力量，透过现象看本质，分析每种竞争力量的来源，搞清楚其是如何影响企业的，明确本企业在行业中的优势、劣势以及行业给予企业的机会与威胁，以制定适应行业环境的营销战略与策略。

（一）现有企业的竞争

行业内现有企业之间总会存在竞争。这种竞争有助于提高行业的业绩与效率，也是最直接和最激烈的竞争形式之一。一个行业内现有企业间的竞争程度取决于竞争结构与行业集中度，行业增长率，成本条件，消费者转换厂家服务成本，退出障碍和信息的横向、纵向透明度。

(1) 竞争结构与行业集中度。当行业中的竞争对手很多，行业集中度与垄断程度低，必然会有一些企业为了占领更大的市场份额和更高的利润，要采取特殊的竞争手段来打击或排斥其他企业，这必然加剧行业内竞争的激烈程度，竞争就大；反之，只有几家大企业，行业集中度与垄断程度高，竞争相对就小（见图 2－17）。

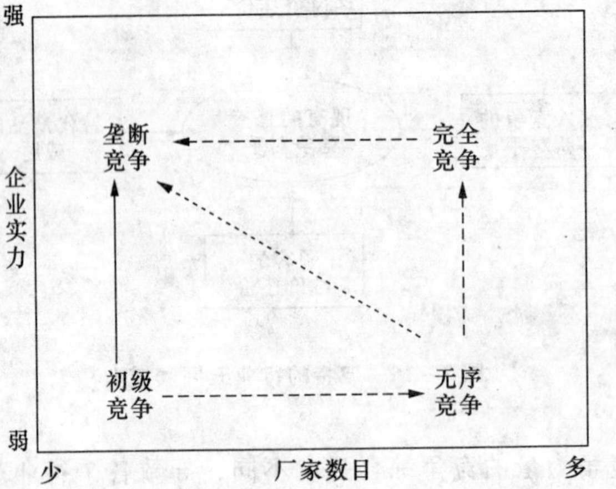

图 2－17　竞争结构与行业集中度的关系

（2）行业增长率。若行业中的市场需求增长快，由于企业在行业内的发展空间较大，本身的资源包括资金能得到充分利用，获得各方面的增长，企业间的竞争就比较平稳。而当市场需求增长缓慢时，企业在行业内的发展余地狭小，为了保证企业各自的发展，只有向同行企业争夺市场与顾客，以增加市场占有率和销售额，因而使企业间的竞争激化。

（3）成本条件。当一个行业的固定成本较高时，从生产的规模经济性出发，企业要降低单位产品的固定成本，就必须增加产量，这会使生产过剩，供大于求，若加上储存产品的成本也高，会导致竞争加剧。反之，则相反。

另外，竞争者之间的成本差别也会影响竞争程度。成本差别大，竞争激烈；成本差别小，竞争相对平稳。

（4）消费者转换厂家服务成本。转换厂家服务成本是指消费者从购买和使用某一个企业的产品转向另一个企业的产品所发生的费用或代价，包括购置价、重新学习掌握使用产品所花的时间和精力等。若同类产品的标准化程度高，差异化程度低，消费者转换厂家服务成本低，消费者可轻易更换品牌，则企业间的竞争激烈。

（5）退出障碍。退出障碍是指经营困难的企业欲从所从事经营活动的行业退出所遇到的障碍。首先表现在退出市场的固定资产投资难以收回（如钢铁行业），公司内部各战略单位的关系，感情障碍及政府和社会的限制等。若退出障碍大时，经营不好的企业就难以轻易退出，这样也增加了行业内企业间的竞争强度。

（6）信息的横向、纵向透明度。如图 2－18 所示，各市场参加者对信息的横向、纵向透明度也直接影响竞争程度。纵向透明度是指市场中用户对产品成本、价格等信息的了解程度；横向透明度是指企业间对产品成本、价格等信息的了解程度。信息越透明，竞争越相对平稳；反之，竞争激励，甚至导致无序的竞争。

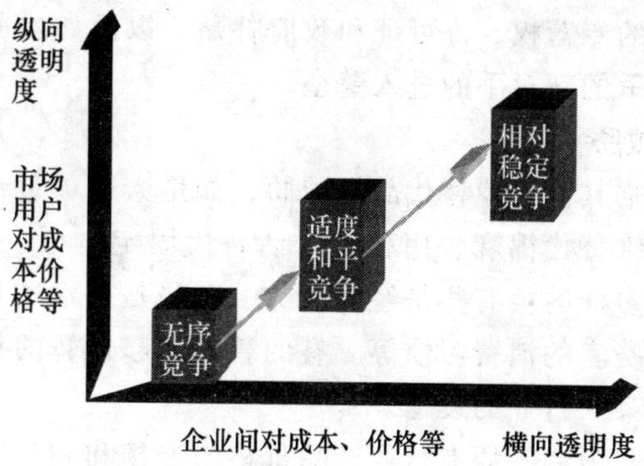

图 2-18 行业内的横向与纵向透明度

当现有企业间竞争更为激烈时，行业效益下降，有时候会降到使该行业完全失去投资吸引力。

（二）加入竞争的新对手

若某一行业，特别是新兴行业获得高额利润时，不仅会刺激行业内现有企业增加投资，以提高生产能力，而且会吸引行业外企业进入该行业。每当新的竞争者可以容易地进入时，该行业内的竞争程度将提高。然而，很多因素都可构成进入壁垒，包括规模经济、产品差异、资本需求、转换成本、销售渠道和其他因素。

（1）规模经济。规模经济能阻止新竞争对手的加入，因为规模经济迫使新进入者采取大规模的方式进入并甘冒现有厂商会作出强烈反击的风险；或者以小规模的方式进入，并面临高成本的劣势。对于已具有规模经济的行业，新进入者都难以接受上述两种方式。规模经济可以表现在企业生产经营的各个方面，包括制造、采购、研发、营销等方面。

（2）产品差异。产品差异是指已立足于某行业的现有企业拥有受到确认的品牌和客户的忠诚度，这些均基于现有企业以往的广告宣传、客户服务、产品多样化等营销努力，或者仅由于首先进入该行业的其他优势所致。现有企业的产品差异优势形成了对新进入者的障碍，它迫使新进入者要耗费大量资金树立自己的信誉和品牌形象，去征服消费者对现有企业的客户忠诚。这种努力在进入的初始阶段很容易发生亏损，建立一个品牌的投资又有很大风险，如果进入失败，投资将全部丧失。

（3）资本需求。资本需求是指在一个行业经营的企业，不仅需要大量的资金（用于固定资产投入或作为流动资金），而且风险很大。新进入者必须有大量的资本，冒很大的风险才敢进入。例如在复印行业，美国施乐公司一开始选择出租复印机而不是痛快地销售复印机时，由于这种做法需要大量的流动资金，因而对欲新进入复印机行业者造成了较大的资本障碍。

（4）销售渠道。在某种程度上，产品的理想销售渠道已被行业中现有企业占有。新进入企业要想利用这些渠道，必须通过让价，协同分摊广告费、售后服务费等流通费用，渠道中的中间商才会接受，这样便会大大降低新进入企业的利润率。可见，已被行业中现有企业占有的销售渠道也成为新进入企业的障碍。

（5）其他因素。其他因素还包括行业中原有企业的专利权、资源独占权、特有的生产技术、政治法律方面的专营权、许可证和政府补贴，以及如前所述的消费者的转换成本等，都构成了加入竞争的新对手的进入壁垒。

（三）替代产品的威胁

几乎所有行业都面临其他行业替代品的威胁，如用人造革替代皮革、用电子表替代机械表、用各种化学纤维替代棉麻、用移动电话替代固定电话、用玻璃钢替代钢材等。导致替代的因素是多种多样的：有些是经济性的、有些是技术进步、有些是由原材料短缺引起的，还有些是消费者的消费习惯等。有的替代只起短暂的补充作用，而有的可能是永久性的并可能导致某一行业的衰退。

由于替代品的威胁，限制了原有行业产品价格的上扬和利润减少。所以替代是决定行业利润率的五个竞争因素之一。虽然替代品是广泛存在的，但对不同行业其影响作用不一。当一个行业只有少数几家企业，且市场范围有限或难以迅速增加供给时，替代品的影响更加突出。因为在这种情况下，企业通常希望通过涨价来实现利润的自然增长，但替代品的存在却限制了价格的上扬和利润的增长。

当替代品的价格下降或顾客改用替代品的转换成本低时，替代品带来的竞争压力也会增大。衡量替代品竞争优势的最好尺度是替代品进入市场所得到的市场份额，以及竞争公司增加生产能力和加强市场渗透的计划。

（四）供应方的讨价还价

供应方是由向企业及其竞争对手供应各种所需资源的供应商组成。它们的砍价能力如何会影响行业的竞争程度，从而对企业的经营活动产生巨大影响。以下情形会使供应方变得更强有力。

（1）供应方是由几家供应商控制，即资源的集中度和垄断性比其销售对象的行业更强。它们通常能够对价格、质量和贸易条件等方面施加相当大的影响。

（2）供应方出售的资源没有其他替代产品，其销售对象行业中的企业只能接受供应方的价格和其他交易条件，以维持其生产经营活动。如果供应方出售的资源有其他替代产品与之竞争的话，那么即使再大、再强有力的供应商，其讨价还价能力也会受到牵制。

（3）如果供应方销售对象的行业并不是其重要客户，供应商更倾向于运用讨价还价能力。若供应方销售对象的行业是其一个重要客户，那么供应方的命运将同该行业紧密地联系在一起，从而供应方将会通过合理定价以维持双方的长远合作关系。

（4）供应方所提供的资源对其销售对象中的企业的生产制造过程和产品质量有重要的影响，而购买企业又依赖于供应商的技术与咨询。

（5）供应商间提供的资源已有明显的差异化，且购买者的转换成本高。

（6）供应方可以同其销售对象中的企业的竞争对手实现前向一体化。

（五）顾客的讨价还价

顾客是企业产品的购买者，是企业服务的对象。顾客可以是国内外的个人消费者、家庭或组织和政府。限制顾客的讨价还价能力和分析他们的购买行为及特点是企业成功经营的基础与前提（详见第四章）。

实际上，顾客采取何种行为与其讨价还价能力有很大关系。以下情形会使顾客具有更强的讨价还价能力。

(1) 相对于供应方而言，顾客的数量小，需求规模大，或者说顾客非常集中。失去这类顾客很难有类似的大宗交易。

(2) 顾客的转换成本低，比较容易找到其他供应商或其他替代品。

(3) 顾客从供应方买的产品是标准化产品，缺少差异化，而且顾客对价格非常敏感。

(4) 顾客具有后向一体化的资源和能力。

(5) 顾客充分了解供应商的产品信息，信息透明度高，如制造过程、成本与价格，甚至了解供应商与其他竞争对手的交易时间与条件。

三、市场内部关系

可以将上述微观环境中的各因素之间的关系归纳为市场内部关系，一方面表现为商品间的关系；另一方面表现为市场参加者之间的关系。为叙述方便，人们将市场内部的诸关系按相对的可见度分为可见的和不可见的关系两大类（见表 2－7）。企业了解市场内的诸关系，可以对市场形势有个清晰的估计，并作出相应的营销对策。

表 2－7　市场内部关系

关系		横向	纵向
市场内部的可见关系	(1) 物质内部关系	物—物 ……	物—货币—物 货币—名义货币
	(2) 信息交流关系	供应商间 消费者间 中间商间 ……	消费者—供应者 厂商—中间商 ……
	(3) 协作关系	供应商间 消费者间 ……	厂商—中间商
市场内部的不可见关系	(1) 竞争关系	供方：厂家间 需方：消费者间	供—需 厂商—中间商 零售商—批发商
	(2) 势力关系	供方间：大企业 需方间：大用户	
	(3) 功能关系	厂商—中间商	

(一) 市场内部的可见关系

市场内部的可见关系主要包括商品、货币和价值在内的物质内部关系、信息交流关系和协作关系。

(1) 物质内部关系。从经济学的角度看，能为人类解决问题或具有解决问题潜能的一切东西均可称之为物质财富（见图 2－19）。

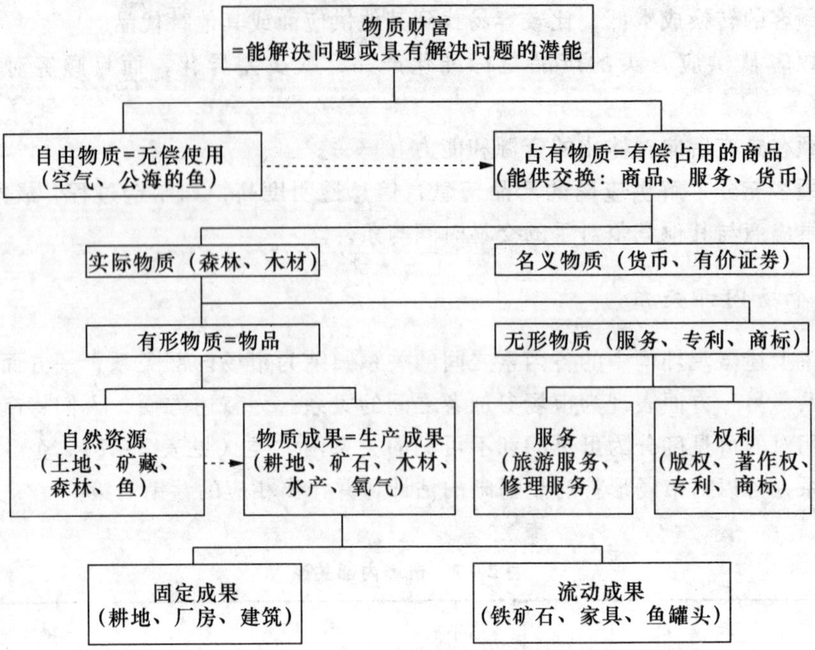

图 2－19 物质财富分类

而一旦物质被人占有，其他人要享用，就必须有偿使用，即在市场中通过等价交换获得使用权或占有权才可享用，所以可称为商品（W）。在货币（G）出现之后，货币作为一般等价物进入流通领域，商品交换不再是 W—W 之间的交换，而是 W—G—W 之间的交换。货币不光是商品交换的工具，而且本身也成了商品。所以物质内部的关系，说得确切些，则是商品之间的关系。它可分为两种：一是实际物质之间的关系，它一方面体现了各自的属性关系，另一方面则体现了商品间价值量的关系。二是商品与名义物质（货币和其他有价证券）之间的关系，即商品的价值与货币所代表的价值量之间的关系。

（2）信息交流关系。市场中的任何一次交易过程，无论是供方或需方，都必须互相交流信息。需求者在需要一定的商品时，他一定要寻找有关供应商和商品的信息。他要了解哪些供应商能提供所需商品；各供应商所供商品情况如何；必要时，他可直接向供应商或售货员了解信息；有时他要让亲朋好友当参谋；遇到所买商品有缺陷，他要找供应商进行交涉、索赔；只有了解信息，才能有所比较，选择决定购买商品以满足自己的需要。同样供应商若要在市场上提供商品，他要了解哪些人是他的顾客；这些顾客的购买行为；必要时他要和顾客交谈，赠送样品，介绍其商品质量和价格的合理性，介绍产品的性能、规格。同时，他还要了解竞争者的情况及市场内外的其他因素。因此，供应商也要借助信息交流使得商品得以销售。当然，这种市场内部的信息交流关系，在所有市场参加者中都是存在的，且相互交叉在一起。

（3）协作关系。市场内部的协作关系是指市场参加者以口头或书面协议形式，有时只是默契配合的一种关系，旨在共同理智行事，共同得到或改善他们的经济利益。通常这种协作形式可分为横向的和纵向的协作关系。横向协作关系指同一类型的市场参加者之间建立的协作关系。如生产者之间的各种协会、共同的销售渠道、共同搞广告宣传等，消费者的消费者协会、联合购买团体等。纵向协作关系主要表现在如一家或多家生产者同一个或多个中间商之间的协作关系。如工、商之间，农、商之间及工、农、商之间的联合销售、共同举办展览会、展销会、商店里的专柜及共同做广告等。

（二）市场内部的不可见关系

市场内部的不可见关系平常很难从表面上立即被觉察到，但事实上却又存在，主要有竞争关系、势力关系和功能关系。

（1）竞争关系。竞争关系是一个市场参加者在取得自己的成果的同时，却使其他市场参加者增加了负担和压力的一种关系。竞争就是争夺、较量、竞赛，“优胜劣汰”。市场竞争是商品经济的客观规律。只要有商品生产、商品交换和营销活动就有竞争。市场的竞争关系也可分为横向与纵向竞争两种。横向竞争是指同一类型的市场参加者之间的竞争。当一种商品供大于求时，就是买方市场，在该市场中是供应者之间的竞争。相反，当一种商品供不应求时，就是卖方市场，在该市场中是需求者之间的竞争。这好比一块蛋糕的瓜分，竞争各方都想获得一块蛋糕中最大的一部分。如在买方市场中，生产者要采取各种营销措施，开拓市场，争夺消费者，争夺销路。他们都期望得到市场这块蛋糕中最大的一部分市场占有率。在卖方市场中，消费者为了寻找商品生产者，占有商品，争夺货源而竞争。中间商之间的竞争具有上述两种竞争的双重特点。纵向竞争是指不同类型的市场参加者之间的竞争。如生产者（或中间商）与消费者之间的竞争。这种竞争反映在价格、质量、服务及供货条件等方面，主要是争夺货币。生产者与中间商之间的竞争，则主要体现在对销售利润的分配方面。

（2）势力关系。表明一个市场参加者促使另一个市场参加者发生行为的一种关系。无论后者的行为是主动的还是被动的，实际上也体现了一种影响力，接受他人的意图作为自己行为的基础。促使势力关系产生的原因，主要是具有势力的市场参加者想占据市场的优势。势力大小虽很难测定，但可以通过影响势力关系的各种因素来加以确定。比如在一定的市场内，某一类市场参加者的数量、一个市场参加者只参加了一个市场还是多个市场、该市场容量的大小、市场中商品交易条件的优点如何、有无法律或其他限制条件（如专利、合同或契约等）。势力关系也有横向的和纵向的势力关系之分。横向势力关系是指同一类型的市场参加者中的势力关系。如果在同一类市场参加者中的一个占有绝对优势，就可称之为该市场中的市场领导者。如德国工商界人士认为，如果一个企业的市场占有率超过1/3，且营业额超过15亿欧元，那就具有市场领导者的竞争地位与影响力、支配力。纵向势力关系是指不同类型的市场参加者之间的势力关系。如果任一类型的市场参加者中，有一类市场参加者占绝对优势，就称之为具有领导力量的市场营销者。最为典型的是石油输出国组织在1973年所扮演的世界第一次能源危机中的主宰角色，使其他石油生产者及石油消费者都受到了重大影响。

（3）功能关系。主要表现在市场内部纵向的生产者与中间商之间的关系，即指在从生产者到达消费者手中的过程中，商品要经过流通领域，在流通领域内的一系列活动（如商品的储存、运输、集中、品种组合、扩散、商标的采用直至标价、广告宣传等一系列功能）由谁来承担的问题。尽管由于人类社会的第三次大分工，即专门从事商业的商人的产生，使生产的范围更加扩大，市场的设施和服务日趋完善，并能调节供需在空间、时间和数量上的矛盾。但是这种分工并不能使生产者和经商者的功能完全分离。工商企业总要为争取或推卸一些职能而发生冲突。如商品的商标是采用生产者的还是中间商的；商品的缺陷应由谁负责；展览会、展销会由谁来举办；广告应由谁做等。有的生产者希望自己来销售，而中间商则希望介入。这些争议，有的是为了本企业的信誉，而更多的则是涉及流通领域中的费用。因为流通领域中每一功能的实施，均涉及费用问题。如果事先具有明确的协议，则较易解决这些矛盾。但若事先没有具有协议或协议不具体，则是导致生产者和中间商矛盾的主要原因之一。

市场上的势力与功能关系，从某种角度看，也体现了市场的竞争关系，但又不全是竞争关系。它们相辅相成、互相交叉、复杂地在市场参加者内部发挥作用 。

第三章　营销战略

随着全球经济一体化的进程，科学技术日新月异，新的经营方式不断涌现，需求结构不断变化，资源短缺、突发事件不断出现，信息交流过程发生根本性的变革，全球竞争日趋激烈。这些特点使企业外部成为特别庞大的、复杂的、不熟悉的、变化频繁的、难以预料的竞争环境，使企业经常面临着许多生死攸关的挑战。企业仅靠推断型的管理，再也不能保证自己的生存与发展了，而必须对新的环境进行深入分析，作出新的相应抉择，采用新的管理方式，以提高自己的应变能力，谋求自己的生存与发展。企业战略就是在这种条件下应运而生的。

作为营销战略的出发点与归宿，本章将在介绍企业战略的基本概念的基础上，简单介绍与营销管理密切相关的企业的基本战略、投资组合决策战略和新业务发展战略。

第一节　企业战略

一、企业战略概述

“战略”一词来源于希腊字母“strategos”，本意是指将军。当时，这个词的意义是指指挥军队的艺术和科学。随着人类社会的发展，战略应用的范围逐渐扩大，在不同领域又被赋予不同的内涵，如今在企业经营中运用这个词，就产生了企业战略。它是用来描述一个企业打算如何实现它的目标和使命，泛指重点的、带全局性或决定全局的谋划，即企业战略是确定企业长远的发展目标，以及为实现此目标的任务（使命）与行动方案。

企业战略的概念来源于管理实践。不同的学者和企业高层领导由于自身的经历和认识不同，对企业战略给出了不同的概念。以下仅举两位学者的观点便于大家对企业战略概念的理解：

美国哈佛商学院教授安德鲁斯（K. Andrews）认为：“企业战略是目标、意图或目的，以及为达到这些目的而制定的主要方针和计划的一种模式。这种模式界定企业正在从事的，或者应该从事的经营业务，以及界定着企业所属的或者应该属于的经营类型。”安德鲁斯的企业战略的概念，从本质上分析，是想通过一种模式，把企业的目的、方针、政策和经营活动有机地结合起来，使企业形成自己的特殊战略属性与竞争优势，经将不确定的环境更加明确化，以便比较容易地解决这些问题。

美国著名战略学家安索夫（I. Ansoff）对企业战略学的重要贡献是他的企业战略概念提出后，西方战略界将企业战略分成总体战略和经营战略。企业总体战略考虑的是：企业应该选择进入何种类型的行业；经营战略考虑的则是企业一旦选定了某种类型的行业之后，确定应该如何在这一领域里进行运行与竞争。安索夫认为，战略关心企业外部胜于企业内部，特别是关系到企业生产的产品构成和销售市场，决定企业干什么事业，以及是否要干。战略是贯穿于企业经营与生产和市场之间的一条“共同经营主线”，决定着企业从事的或者计划从事的经营业务的基本性质。这条“共同经营主线”应由四个要素构成：①产品与市场范围，是指企业所生产的产品和竞争所在的市场。②增加向量，是指企业计划对其产品和市场范围进行变动的方向。③竞争优势，是指那些可以使企业处于强有力竞争地位的产品和市场的特征。④协同作用，是指企业内部联合协作可以达到的效果，即“1 +1 >2”的现象。

（一）战略管理的概念及特点

企业战略管理的概念为：企业确定其使命，根据企业内外部环境分析设定战略目标，为保证目标的正确落实和实现而进行谋划，并依靠企业的资源与能力把这种谋划付诸实施，对实施过程进行合理和有效控制的动态过程。

企业战略管理具有全局性、长远性、竞争性、效益性等特点，也是企业各级经理人从战略的高度所应具备的经营理念：

(1) 全局性：企业战略管理是以企业整体系统为对象，根据企业整体发展需要而制定的企业战略。不仅表现在企业系统自身内部的全局，同时还要保持与系统外部国家的经济、技术、社会发展战略以及整个世界的经济、技术发展相适应。

从企业内部各个层面来看，企业战略应渗透到企业内部的各个环节。如图 3 –1 所示，一个多元化企业的总体战略要考虑三个层次：

公司层战略（Corporate Strategy）：主要决定企业应当进入哪些领域，从事哪些战略业务单位和战略业务单位的组合（详见本章第三、四节），如何合理配置资源。

经营层战略（Business Strategy）：将总公司战略中规定的目标、方向和意图具体化，形成所选定的战略业务单位（产品事业部）更加明确的目标和与对手展开有效竞争的战略方案。

职能层战略（Functional Strategy）：如何从各个职能角度来支撑经营层战略，从而提高企业的效率和效益。因此，营销战略只是企业战略的一个职能层面的战略。营销战略必须符合企业战略的需要。

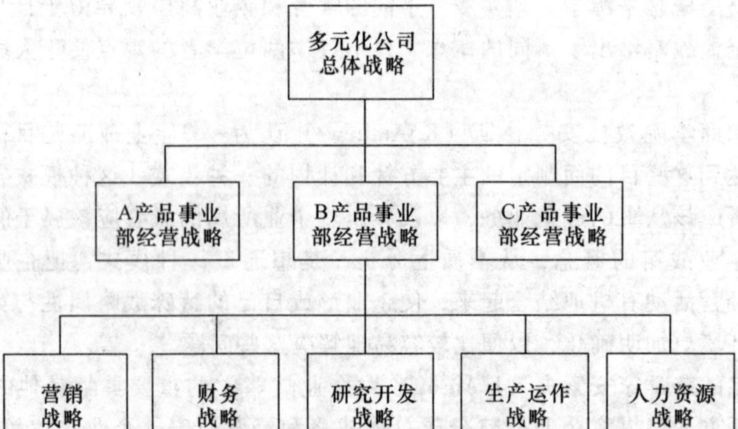

图 3 –1　企业总体战略的三个层次

（2）长远性：企业战略管理既是企业谋取长远发展要求的反映，又是企业对未来较长时期（一般为3~5年）内生存发展的通盘筹划。虽然它的制定是以企业外部条件和内部条件的当前情况为基础，并对企业当前市场经营活动有指导和限制作用，但这一切都是为了更长远的发展，是长远发展的起点。更主要的是，战略的制定还要预测企业内外环境的变化趋势。同时在实施中，在保证相对稳定的前提下，要根据实际内外环境的变化，作出适当的调整。

（3）竞争性：竞争是市场经济发展的强大动力，竞争使企业优胜劣汰。企业战略也是关于企业在激烈的竞争中，如何与竞争对手抗衡的行动纲领。因此，在决策的时间和时机方面，都要随时了解和面对竞争对手的挑战，考验企业决策者的抗争与应变的能力。企业战略的制定就是为了获取竞争优势而战胜竞争对手，使自己得以生存与发展。

（4）效益性：企业的主要任务是向消费者提供所需产品的同时还应获取利润。表现在企业战略的制定上，要在充分考虑经济效益的前提下对企业人、财、物、信息和时间等内外部资源进行统筹规划、优化配置。同时，局部利益服从全局利益，短期利益服从长远利益。

（二）战略管理过程

战略管理过程一般分为三个阶段，即战略分析、战略制定、战略实施和评估控制，见图3－2。

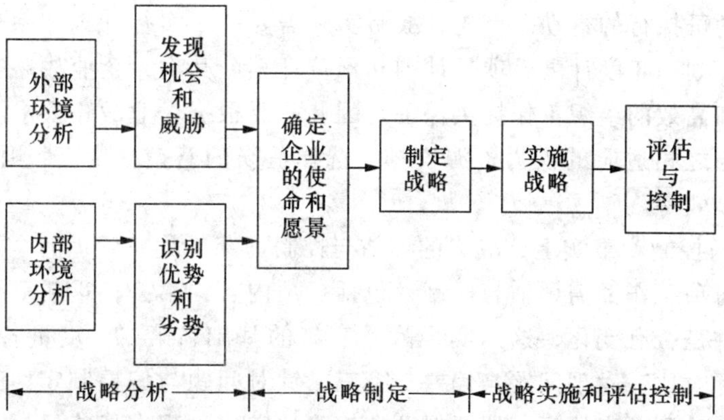

图3－2　战略管理过程

1. 战略分析

战略分析是指对企业内、外部环境的状况作出分析，以有利于企业对环境变化作出比较准确的预测，是知己知彼的过程，是战略制定与选择的前提，也是战略实施条件的假设。企业外部环境包括宏观营销环境、除企业本身以外的微观营销环境和行业竞争环境（详见本书第二章）。企业内部环境包括企业的组织结构、技术水平、管理能力以及生产能力、营销能力和财务能力、各种资源状况等。通过环境分析，应该明确外部环境带来的机会与威胁，内部环境的优势与劣势所在，为制定利用机会、发挥优势、回避威胁、扬弃劣势的战略奠定有利基础。具体分析方法见本节企业SWOT战略分析部分。

2. 战略制定

战略制定主要包括以下几项工作：

（1）确定企业使命（Mission）。企业的使命是对企业存在意义的一般表述，包括企业哲学和企业宗旨。企业哲学是为企业将要经营其业务的方式规定的价值观、信念和指导原则。企业宗旨是决定企业去执行或打算执行的活动，以及现在或期望的组织类型。

对企业使命的描述，一般应体现三个明显的特征：一是它们集中在有限的目标上；二是强调企业想要遵守的主要政策和价值观；三是应明确一个企业要参与的主要竞争范围。

（2）建立企业愿景（Vision）。愿景是指事业成功后景象的生动描述，即与使命保持一致的企业未来长期目标。长期目标具有前瞻性，规定企业执行其使命是所预期的成果。长期目标不能含糊与抽象，它是特定的、具体的和可以衡量的具体定性与定量的结果。如果企业要成功实现它的使命，就必须取得这些结果。

（3）战略方案优选决策。在企业环境分析、企业宗旨及长期目标确定的基础上，要确定适应企业环境、执行企业使命、实现长期目标的战略方案。首先要研究分析各种战略，组合几个可行的战略方案，并对可行战略方案进行全面评价。然后从中选择较为满意的方案作为执行的战略方案。战略方案选择应考虑解决确定企业的经营范围和确定自己的竞争优势两个问题 。

3. 战略实施和评估控制

（1）战略实施。战略实施就是将企业战略转化为行动的过程。通过全面的战略分析，选择一个好的战略固然重要，但同样重要的是通过切实可行的步骤和方法将企业战略转化为具体的可执行的行动。首先，战略实施需要一个实行计划体系作为手段。计划体系包括中期计划、年度计划、项目计划和预算计划。其次，企业战略实施需要通过合理的组织结构和高效的组织工作提供保证。因此，要根据企业战略要求，调整企业的组织结构，做好与之相适应的人力资源安排，选择适当的营销、生产、财务与研发战略，以提高实施的高效率。

（2）评估与控制。事实上，战略的评估与控制贯穿于战略管理的全过程。战略管理的每个阶段、每项工作都需评估与控制，包括三项内容：第一，重新审视分析企业外部条件与内部条件是否有变化，这是实现战略实施的基础；第二，度量各项工作的业绩、成果，并与目标对比，发现问题与偏差；第三，针对问题与偏差制定纠正措施，以保证战略顺利实施，达到预定目标，即要保证在战略的实施过程中战略目标、企业外部环境与内部环境三者的动态平衡。

（三）企业战略目标

要制定正确的企业战略，仅仅确定合适的企业使命还不够，还必须将企业使命、良好愿景与构想转化为战略目标。因为企业使命比较抽象，战略目标较为具体。

企业战略目标指的是企业对某一时间段内完成企业使命所要达到的一个最终的预期结果，即企业在什么时候完成什么任务。战略目标是企业战略的核心，它较为具体地表达了企业的经营哲学和宗旨，表达了企业未来某时间段内的具体期望，应获得的成果，不能含糊和抽象，是特定的、可以衡量的结果。如果企业要成功地实现它的使命，就必须取得这些成果。企业战略目标规定了企业生产经营活动的方向。而企业战略目标的制定首先要对企业的外部环境因素和内部条件作出充分的分析，就是通过对影响企业经营活动的各种内外因素和作用予以确定、评价，使企业的决策者能审时度势，适时地采取对策，并使目标与内外条件保持动态的平衡，增加企业的应变能力。

企业战略目标一般可以从以下四方面考虑：①盈利能力；②为顾客、委托人或其他对象服务；③员工的需要和福利；④社会责任。

具体可以分为以下两种类型：

（1）经济性目标：显然是以提高经济效益为主要目的，即以较小的投入，获得较大的产出。可用定量的产品方面的目标，如产量、品种数量、质量、增加值等；销售方面的目标，如销售量、销售额和市场占有率等；收益方面的目标，如成本、利润、投资收益率、销售利润率等；社会效益方面的目标，如环保方面的排放目标；以及工作成效方面的目标，革新方面的目标等经济性指标来衡量。

（2）非经济性目标：可用形象、知名度、美誉度、信誉度等非经济性指标来衡量。非经济性目标是企业为获得经济性目标而必不可少的保障条件。

各种目标之间具有相互联系、相互依存又相互矛盾的关系。例如扩大市场的目的是增加利润，但利润率将受到限制。有时为了长远和全局的利益，不得不牺牲一些暂时的和局部的利益。因此，企业往往是根据相互联系又相互矛盾的多元目标进行决策。

企业目标可以分为愿景、战略目标、战术目标和作业目标四个层次（见图3-3），可见企业战略目标位于较高层次。企业战略目标分解落实到各职能部门，其目标体系如图3-4所示。营销战略目标只是企业总体目标的一个组成部分。

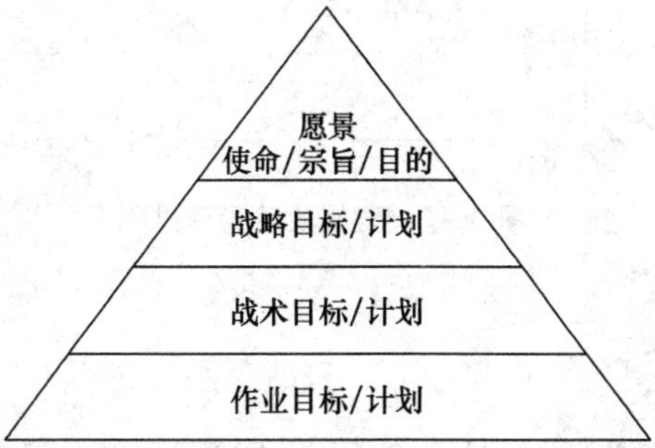

图3-3　企业目标层次

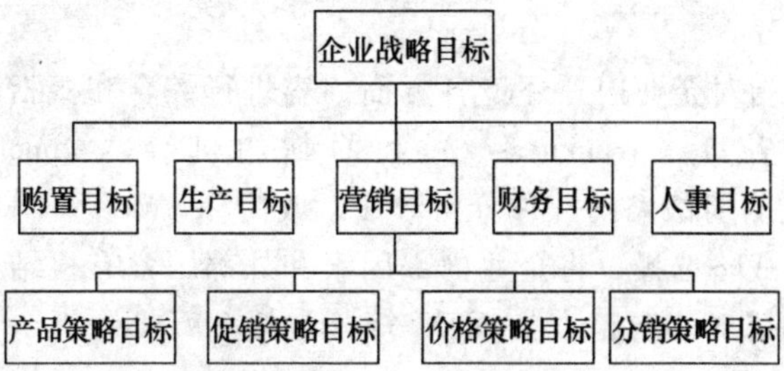

图3-4　企业战略目标体系

（四）营销战略管理过程

营销战略是企业战略的一个组成部分，即一个职能战略，它是按照企业战略规定的目标，确定营销部门相应的长远发展目标，以及为实现此目标的任务与行动方案。

营销战略管理过程如图3－5所示。显然图中前两个框内的工作是企业战略管理过程，也是制定营销战略不能跨越的前提工作。其他各阶段的内容，均在本书以后各章节展开介绍。

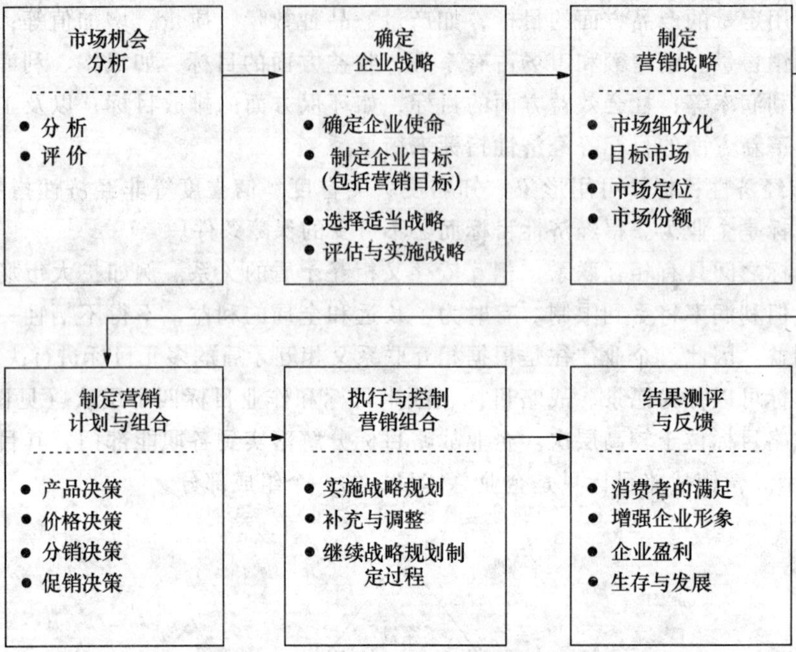

图3－5 营销战略管理过程

二、企业SWOT战略分析

SWOT分析方法是哈佛商学院的K. J. 安德鲁斯于1971年在其《公司战略概念》一书中首次提出的。这种方法在战略决策分析、市场策略、个人设计等领域得到广泛应用，显示出其强大的功能。SWOT方法的客观性、合理性决定了其是制定战略决策的最佳分析方法。

SWOT分析法是指对企业内外环境各方面内容进行综合和概括，分析企业所具有的优势（Strengths）、劣势（Weaknesses）和面临的机会（Opportunities）以及威胁(Threats)，进而制定自身战略的一种分析方法，或简称SWOT矩阵（见图3－6）。通过SWOT矩阵的制定与战略选择，将企业内部因素和外部因素有机结合，使企业领导方向明确，抓住重点，节省时间与精力。SWOT矩阵包括SWOT分析与SWOT战略选择两个步骤。

1. SWOT分析

(1) 列出企业内部主要的优势S、劣势W的因素于图3－6内。企业的优势是指企业所擅长的东西，企业的劣势是指企业所欠缺的东西。优势、劣势的因素主要表现在与竞争对手相比，本企业在组织结构、企业文化、人力资源、管理水平、资源供应、资金实力、技术装备、生产能力、研发能力、技术诀窍、产品质量、市场定位、市场占有率、营销能力、客户关系等方面的优势、劣势状况。

（2）列出企业外部主要的机会 O、威胁 T 的因素于图 3－6 内。企业的外部机会或威胁分别指一切有利于或不利于企业生存与发展的因素。包括企业外部宏观、微观环境因素和行业竞争结构、竞争对手的状况。如政府支持或限制、技术老化或高新技术的应用、进入新市场的可能性、新竞争对手出现的可能性、市场增长或衰退、有无替代品的威胁、供应商和购买上的讨价还价能力如何、消费者讨价还价能力的提高与否，以及竞争对手的长远目标、现行战略和能力等。

2. SWOT 战略选择

将企业内部条件的优势与劣势同企业外部环境的机会与威胁进行组合，可形成图 3－6 内的四种不同的可供选择的战略，即 SO 战略、WO 战略、ST 战略、WT 战略。与之相匹配的具体战略名称如图 3－7 所示。

内部条件 战略分类 外部环境	优势S 列出的优势 因素 ……	劣势W 列出的劣势 因素 ……
机会O 列出的机会 因素 ……	SO战略 发挥优势 抓住机会 ……	WO战略 利用机会 克服劣势 ……
威胁T 列出的威胁 因素 ……	ST战略 发挥优势 回避威胁 ……	WT战略 减少劣势 回避威胁 ……

图 3－6　SWOT 战略分析矩阵

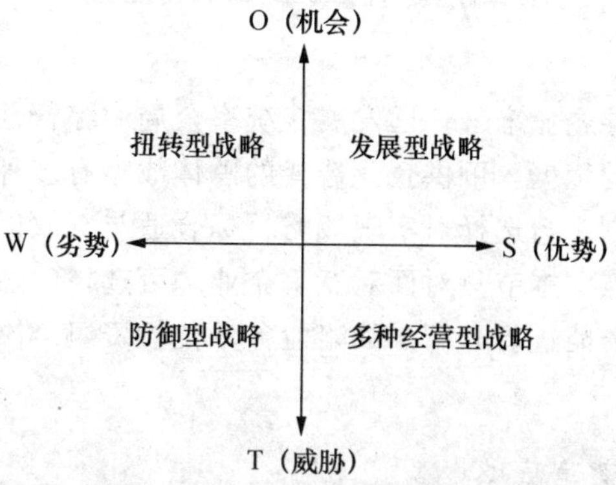

图 3－7　SWOT 战略分析图

(1) 优势—机会(SO)战略。这是企业发挥内部优势并利用外部机会的战略。有良好的内部优势和众多的外部机会,企业领导者都十分希望企业处于这种状态。外部环境为企业提供了很好的机会,而且企业也具有利用外部机会的内部优势,使企业有条件制定与选择发展型战略或增长型战略(详见本章第四节)。如现在已进入了信息时代的快速发展时期,这样就有利于研究与开发实力雄厚的信息型企业的大发展。

(2) 劣势—机会(WO)战略。这是企业利用外部机会来改善企业内部劣势的战略。如外部环境为企业的发展提供了机会,但企业内部的劣势存在使得企业难以立即利用这些外部机会,可以选择扭转型战略。同样比如,现在网络经济发展迅速,为企业营销带来革命性的变化,若能充分利用网络营销,将会极大地促进企业市场经营快速发展。但是,当前多数企业缺乏网络营销的人才,这就要求加强这方面人才的培养或引进,使企业具备搞好网络营销的能力。

(3) 优势—威胁(ST)战略。这是利用企业自身优势,回避或降低威胁的战略。内有优势外有威胁是一种多元化发展型战略(详见本章第四节)。如在20世纪70年代初世界爆发了石油危机,油价大涨,对汽车工业造成了极大的冲击,而日本汽车行业凭借节油、小型化的优势,打入并扩大了欧美市场。

(4) 劣势—威胁(WT)战略。这是一种能克服内部劣势和防止外部威胁的战略。目的是使劣势和威胁能够弱化,是防御型战略。防御型战略是指企业把最具优势的资源集中到最有力的产品市场中,以确保企业的生存,主要包括抽资转向、调整战略、放弃战略、清算战略。处于这种状况的企业是最困难的,内忧外患、生存面临威胁,可能要采取合并、收缩战略,或者宣布破产、清算。

在应用SWOT矩阵过程中,将企业内外环境合理组成四种战略,需要客观分析和良好的判断能力。形成的各种战略是可供选择的可行战略,为以后决策选择提供最满意的战略奠定基础。在使用SWOT矩阵时,所选因素和相应战略不要过于笼统,并要在所组合的战略后加注相应的内部优势或劣势,外部机会或威胁的具体因素标记,如"优势1"、"机会2"分别标记为"S1"、"O2",其他同。

第二节 企业战略选择

企业总体战略是指导企业未来长远发展,统率全局的综合性战略,它是制定包括营销战略在内的职能战略的依据。可供企业选择的总体战略有多种,各种战略的适应范围和作用不同。因此,要制定与选择对实现战略目标合适与有效的总体战略,必须充分认识各种战略的内容与特点。本节只对面对竞争企业均可选择的通用的竞争战略和与企业市场地位相匹配的营销战略进行介绍。战略业务单位投资组合决策和新业务发展战略将在本章第三节介绍。

一、企业通用的竞争战略

低成本战略、差异化战略和集中战略三种通用(或称之为一般)竞争战略是美国著名战略管理学家波特提出的。竞争战略的核心思想是根据企业内部现有资源条件和外部环境，特别是行业市场竞争结构状况，在不同的竞争范围，选择合适的竞争战略，以获取竞争优势，战胜对手。

企业战略的目的是运用资源和独特能力获得竞争优势。三大通用竞争战略与竞争优势的关系如图 3－8 所示。

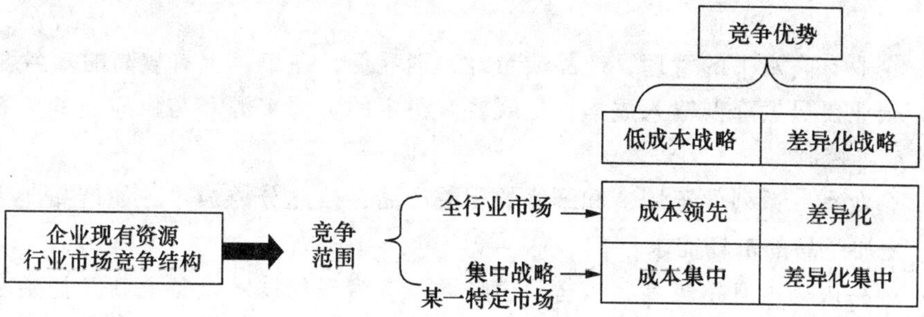

图 3－8 三种通用竞争战略与竞争优势的关系

（一）低成本战略

低成本战略也称之为“总成本领先”战略，使企业比其他竞争者以更低的成本设计、生产、销售其产品，谋求全行业范围内最低成本领导者的地位。

低成本战略适合价格竞争占主导地位的行业，如钢铁、机械、石油化工、电子、家电等行业。这些行业的产品都已经标准化，产品实体之间差异不大，价格竞争成为这些行业竞争的主要方式。由于顾客愿意购买物美价廉的产品，而且顾客易从价格高的产品转向购买价格低的产品，且发生的转换费用低，所以该战略实施成效快，效果显著。

1. 低成本战略的主要优点

若企业在行业范围内取得成本领先地位，则将拥有以下优势和益处：

（1）有利于进一步强化企业资源基础，企业自身在战略选择上有更大的主动权。

（2）有利于有效预防竞争对手的抗争，在价格竞争中击败对手。低成本是进行价格竞争的基础。只有低成本才能用低价格向竞争对手进攻，从竞争者手中夺取市场，扩大市场占有率，使竞争对手因丧失市场、库存增加、利润减少而失去市场竞争优势。

（3）有利于有效应付替代品的竞争和对抗买方讨价还价能力，争取更多的顾客。因为在产品差异不大的情况下，顾客愿意购买价格低的产品。这样，低成本战略能留住老顾客，吸引新顾客，也使原来购买量少的顾客增加购买量，从而增强企业的竞争优势。

（4）有利于给潜在进入者造成进入障碍。

（5）有利于争取供应商。由于企业产品成本低、利润高，与竞争对手相比，对原材料、零部件的供应价格有较大的承受能力。企业产品产量大，对原材料、零部件的需求量大，还能获得供应商的价格优惠，稳定与供应商的关系。

2. 成本领先战略的风险

（1）企业需要大量投资，以保持生产设备的先进性，进行高效率、高质量的大批量生产，以应对一旦新技术、新设备、新产品出现时的转变，否则可能会使企业突然丧失竞争优势而遭重创。

（2）由于企业把主要精力投入低成本战略，而忽视顾客其他方面的需要，容易被竞争对手用其他战略击败。

（3）生产技术和设备过于专一化，灵活性、适应性差。

3. 低成本战略对企业的要求

（1）企业设备要先进，采用先进工艺并进行大批量生产，产销量要达到或超过经济规模。

（2）企业有高水平的管理，产品质量好，消耗低，在市场上有较高的知名度。

（3）企业要尽量降低输入成本，即既要有稳定的资源来源和与供应商的关系，又要强化物流成本控制。

（4）企业有一系列便于制造和维修的相关产品，彼此分摊成本，使产品能为多数顾客使用，增加产品的市场需求量。

（5）产品市场占有率较高，销售渠道畅通，有为现代技术设备更新及初始亏损进行大量预先投资的能力。

（二）差异化战略

差异化战略也称之为“独树一帜”战略，是指向用户提供的产品或服务在行业范围内独具特色，能为用户创造价值。这些独特性可以表现在产品结构、产品形象、产品名称、销售渠道、服务方式等一方面或多个方面（详见第六章第三节）。由此获得顾客的向往与依赖，而其他企业在短期内很难模仿，从而在行业内具有竞争优势。

1. 差异化战略的优点

（1）独树一帜的产品能够满足某些消费群体的特定需要，而这种差异化是其他竞争对手所不能提供的，因而有利于培养顾客对这些差异化产品品牌的信赖和忠诚，并降低对价格的敏感性，从而削弱了顾客的讨价还价能力。

（2）由于产品独树一帜，其他企业一时又很难模仿，形成了企业独家经营的垄断局面，产品既能以较高价格出售，又能保持较大的销售量，使企业保持竞争优势，获得更多的利润，从而使企业不必去追求成本领先地位。产品差异化程度越大，所具有的特色或功能越难以替代与模仿，顾客越愿意为这种差异化支付较高的费用，企业获得的差异化优势也就越大。

（3）采用差异化的企业在对付替代品竞争时比竞争对手处于更有利的地位。独树一帜的产品增加了替代产品的竞争难度，这也是由于购买差异化产品的顾客对价格的敏感性低，更注重品牌和形象，一般情况下不愿意接受替代品。

2. 差异化战略的风险

（1）现在的顾客变得更加成熟，顾客对差异化产品愿意支付的额外费用是有一定限度的。若支付的额外费用超出顾客的（心理的或经济的）承受能力，顾客可能转向购买其他低价格的产品。然而，这种额外费用的限度又是企业不易把握的，有时可能因产品定价过高而被顾客抛弃，使企业陷于困境。

（2）为使产品独树一帜，企业要增加研究与发展的投资，改进设计，应用新技术、新设备和新原材料，往往会加大生产成本而失去价格优势。

（3）竞争对手的模仿会降低和缩小差异化的程度，这是行业发展进入成熟期而发生的一种普遍现象。

因此，差异化战略比较适用于生产生活消费品（生活资料）的企业，对生产消费品（生产资料）的企业不太适用。因为大多生产消费品的结构性能都已标准化，产品之间的差异性较小，专门创造独树一帜产品的难度很大。当然，通过产品实体以外的营销手段和策略也能达到产品差异化。

（三）集中战略

集中战略也称之为“专一化战略”，是指将企业资源集中于某一特定的市场，即某一或一组特定的消费者群体。与成本领先战略和差异化战略不同的是，集中战略，不在于达到全行业范围内的目标市场，而是围绕一个特定的目标市场开展经营和服务。

集中战略有两种形式（见图 3－8）：成本集中战略（特定目标市场上的低成本战略）和差异化集中战略（特定目标市场上的差异化战略）。

采用集中战略的依据是，企业能比竞争对手更有效地为其狭窄的消费者群体服务，即企业或由于更好地满足其特定目标市场消费者的需要而取得产品差异（差异化集中战略）；或能为目标市场消费者的服务过程降低成本（成本集中战略）；或两种兼而有之。从总体市场上看，也许集中战略并未取得成本领先或差异化优势，但它却在较窄的市场范围内取得了上述一种或两种地位，从而具有集中优势。

1. 集中战略的优点

（1）了解目标市场中的消费者，能更好地为之服务。对竞争对手情况熟悉，能确定合适的集中战略，提高企业竞争力。

（2）生产高度专业化，有利于提高规模经济，降低成本，增加效益。

（3）因集中使用企业的人财物资源，统一管理搞好某一产品的生产，进行专门技术研究，从而确保生产技术水平高，产品质优价廉。

2. 集中战略的风险

（1）集中战略的风险是环境适应能力差。当顾客偏好发生变化、新技术或替代品出现或竞争者打入了企业选定的市场，就会导致销量大幅下降，竞争能力减弱，企业受到严重冲击而陷于困境之中。

（2）若采用更为集中化的战略，过于狭窄的目标市场将导致需求容量小，体现不出规模经济，从而会面临高成本低效益的风险。

因此集中战略比较适合中小企业，船小好调头、设备灵活、便于转产、以专补缺、以小补大、以质取胜，满足狭小市场顾客的需求。

以上三种通用战略，是和竞争对手在市场中直接进行竞争的战略。因此，使用这三种战略时，必须明确竞争对手是谁，不能搞错竞争对手。然后对竞争对手进行周密的调查研究，了解竞争对手的生产规模、技术水平、质量状况、成本高低、资本多少、发展方向、竞争战略、领导决策水平及领导风格等详细资料，以选择和制定能够发挥企业优势，攻击竞争对手劣势的竞争战略。另外，这三种战略一般不能同时使用，要审时度势，交叉和变换使用。

二、企业市场地位与营销战略

任何企业在其所在的行业目标市场中，都将位于以下六种竞争地位中的一种：

（1）主导的竞争地位。这类企业支配着其他竞争对手的行为，并且在战略选择上具有广泛的余地。

（2）强大的竞争地位。这类企业可以独立运作，并且不会危及本企业的长期市场地位，无论竞争者如何行动，它们都能保持自己的地位。

（3）有利的竞争地位。这类企业有力量执行自己的特定策略，并且拥有较多的机会来改善其市场地位。

（4）守得住的竞争地位。这类企业自身经营得当，足以维持营业。但它们的存在是在那些占有优势地位的企业默认许可下的，改善其市场地位的机会较少。

（5）极弱的竞争地位。这类企业的经营状况不佳，但仍不乏改善的机会，它们必须进行革新，否则将被迫退出市场。

（6）无法生存的竞争地位。这类企业的经营状况极差，而且没有转机。

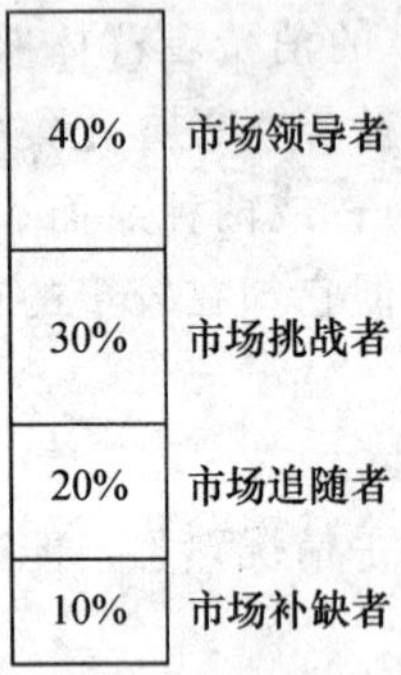

图 3－9　假设的市场结构

根据企业在目标市场上所起的作用的不同，将企业分成市场领导者、挑战者、追随者和补缺者四类。假设一个行业市场由这些企业占据（见图 3－9），其中 40% 掌握在市场领导者手中，它们占有最大的市场份额；另外 30% 掌握在市场挑战者手中，这些企业仅次于市场领导者，正在奋力争取扩大市场份额；还有 20% 为市场追随者掌握，它们居于第三位，并想维持其市场份额，不希望破坏现状；剩下的 10% 由几个补缺者分享，这些企业只能为大企业不屑一顾的小的细分市场提供服务。

下面将讨论市场领导者、挑战者、追随者和补缺者所面临的不同的营销挑战与应相应采取的战略对策。

（一）市场领导者战略

市场领导者是指在相关的市场中市场占有率最大的企业。一般说来，大多数行业都有一家企业被公认为市场领导者。该企业在价格变动、新产品开发、分销覆盖面和促销强度上对其他企业起着领导作用。无论这一领导者是否会受到赞赏或尊敬，其他企业都会承认其统治地位。作为领导者，该企业往往会成为竞争者的众矢之的，竞争者或者向其发起进攻，或者模仿它，或者避免与其冲突。众所周知的某些行业著名的市场领导者比如有：微软公司（电脑软件）、可口可乐公司（软饮料）、麦当劳（快餐）、柯达公司（照相）、尼康公司（照相机）、通用汽车公司（汽车）、吉列公司（剃须刀）等。

市场领导者如果没有享有合法的独占权（专利权、知识产权等），必然面临其他竞争企业的无情挑战。因此，必须随时保持警惕并采取适当的战略，否则会沦为第二位或第三位。比如或许由富有创新的企业推出的创新型产品、替代品会危及市场领导者现有产品与市场；或由于跟不上环境的变化，在投资上、市场开拓上过于保守，而挑战者却在投资上毫不吝惜，与富有朝气的新对手相比，处于领导者地位的企业显得老迈过时；或由于处于领导者地位的企业成本控制不善而危及收益。

处于领导者地位的企业要想继续保持领先，在营销管理上，必须从以下三方面进行努力。

（1）必须扩大整个市场的总需求。即通过市场渗透战略或市场开发战略（详见本章第四节密集增长战略）寻找其产品的新用户、新用途，或促使老用户更多地使用该产品来扩大整个市场的总需求。

（2）必须保护现有的市场占有率。即采取有效的防卫措施和攻击行动，以保护现有的市场占有率。保护现有的市场占有率的防御策略最有效的措施就是领导者必须不断地创新。领导者不应满足现状，更应成为本行业新产品创意、顾客服务、分销效益和成本降低等方面创新的领先者。

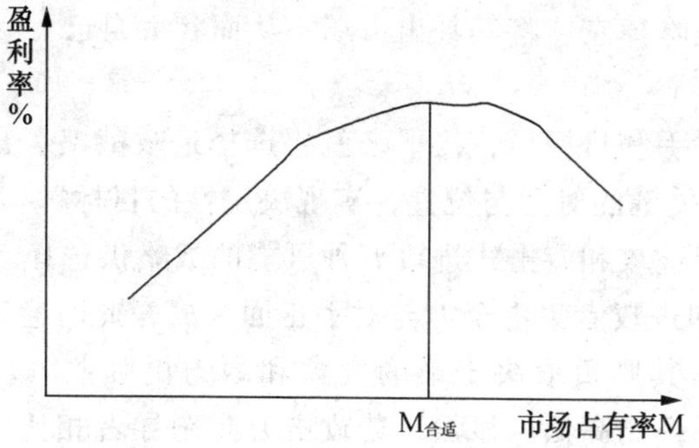

图 3－10　企业盈利水平与市场占有率之间的关系示意图

（3）努力进一步扩大市场占有率。在保持市场规模不变的情况下，也要努力进一步扩大市场占有率。一般来说，由于规模经济的原因，增加市场占有率可以增加企业盈利。但不是市场占有率越高越好，一方面如图 3－10 所示，过高的市场占有率会因过度的竞争导致营销费用的增加而影响企业盈利水平（当然，会因行业的不同而有别）；另一方面，要避免可能的垄断嫌疑所带来的麻烦。

（二）市场挑战者战略

在行业位居第二、第三或更靠后的企业可称之为居次者或追赶企业，其中也不乏颇具竞争力的企业。这些居次者企业有两种战略可供选择：一是向市场领导者和其他竞争对手发起进攻，以夺取更大的市场占有率（此时，称之为市场挑战者）；二是小心谨慎、维持原状，以免自身难保（此时，称之为市场追随者）。

若作为市场挑战者需考虑两方面的因素：

1. 确定战略目标和竞争对手

一个市场挑战者首先必须确定其战略目标。大多数市场挑战者的战略目标是增加其市场占有率，它们认为这样会带来更大的利润。但这必然涉及选择向谁进攻。有三种进攻战略可供挑战者选择。

（1）可以攻击市场领导者。这一战略风险较大，但潜在收益也很大。当市场挑战者具备了一定的规模和实力，尤其是在市场领导者“出现失误”，其服务市场的效果欠佳，而自己又有把握取得进攻的胜利并稳操胜券时，可以向市场领导者发起进攻并取而代之，这一战略的效果更佳。但要特别注意，切不可贸然行事，引火烧身。

（2）可以攻击其他市场挑战者或跟随者。这些是与自己规模相同，但经营不佳、资金不足的企业。这些企业产品过时、价格过高，或在某些方面顾客不满意。市场挑战者甚至正面进攻也可能获得成功，以壮大自己的实力，大幅度提升企业的市场地位。

（3）可以攻击和吃掉一些地区性的小企业。这是些规模不大、经营不善、资金缺乏的企业。这类情况相当普遍，即虽然不是市场领导者，但是实力雄厚的外国大企业进入市场后，便击败了那些当地弱小企业，据此使自己的实力不断壮大，使自己的市场地位不断得到巩固。

因此，选择对手和选择目标两个问题相互影响。如果市场挑战者的目标是市场领导者，那么其最终目的是为了夺取市场份额，成为市场领导者。如果其攻击对象是一家小型企业，那么其目的是吃掉它，将其赶出市场，从而壮大自己。

2. 选择进攻战略

在已确定了竞争对手和目标后，接下来就要选择进攻战略。出发点是“数量优势原则”，即“集中兵力于关键的时间与位置，实现决定性的目标”。通常有正面进攻、侧翼进攻、包围进攻、迂回进攻和游击式进攻五种可能的战略供选择。

（1）正面进攻。即进攻者集中全力与对手正面交战，此时它攻击的是对手的强势部位而不是其不足之处。其胜负取决于谁的实力和耐力更强些。攻击者力图在产品、广告、价格等方面与对手一比高低。显然，若攻击方与领导者相比没有什么优势，那么想获胜几乎不可能。

（2）侧翼进攻。一个等待受攻击的对手其正面往往是最强大的，但其侧翼或后方的力量就薄弱多了。因此，其弱点自然成为进攻者的首要目标，即集中兵力打击对手的弱点。可以从地理和细分市场两个方面向对手的侧翼发动攻击：

1）地理方面的攻击是指挑战者向竞争对手在全国乃至全球经营薄弱的地区发起攻击。

2）细分市场方面的攻击是指挑战者将市场定位于尚未被领导者占据的细分市场，并迅速将其发展成为强大的细分市场。

侧翼进攻成功的概率高于正面进攻。

（3）包围进攻。运用多方面的“闪电战术”以期夺取对手的大片市场。它是指进攻者在几条战线上发动进攻，迫使对手腹背受敌，必须进行全面防御。进攻者可以向市场提供对手所能提供的一切产品，甚至还要多，使其无法被消费者拒绝。这一战略的成功，要求进攻者调动起更丰富的资源，而且要确保这种迅速包围能够击垮对手的意志，使其无还手之力。包围进攻战略的基础是市场细分，如果不存在市场空隙，或者无法通过差异化细分来产生市场空隙，就不可能形成包围进攻而取胜，相反成了正面进攻了。

（4）迂回进攻。这种战略避开了与对手正面交锋而通过进攻较为容易的市场来扩大自己的资源基础。有三种推行迂回进攻战略的方法：一是多元化地经营与本行业无关的产品（产品开发），这是领导者鞭长莫及的。二是将现有产品打入新地区市场来开展多元化经营（市场开发），使其远离领导者。三是可以采取所谓的蛙跳式战略而跃入新技术领域以替代现有产品，特别是在高技术领域，这种技术蛙跳式战略极为普遍。即挑战者不是愚蠢地效仿竞争对手的产品发动耗资巨大的正面进攻，而是耐心地研究和开发新一代的技术并发动进攻，这样，就可以把商战燃烧到自己占优势的领域中去取胜。

（5）游击式进攻。这种战略适用于资金不足的小企业。游击战是指向对方的不同部位发动小规模的、时断时续的攻击，使对手的消耗超过进攻者。在商战中进攻者可以运用传统的和非传统的方法进攻，包括选择性销价、猛烈的促销攻势，偶尔也可以通过法律行动。问题的关键在于小块地区的集中攻击。一般来说，小企业试图撼动大企业时，常常采用游击式进攻。

（三）市场追随者战略

大多数企业喜欢追随而不是向市场领导者挑战，特别是在资本密集的同质产品如钢铁、肥料和化工等行业。因为，在这些行业，产品差异化和形象差异化的机会很低，服务质量经常相仿，价格敏感性很高，且价格战随时都可能爆发。这些行业的基调是反对夺取对手短期市场份额的做法，因为这只会招致报复。大多数企业通常不互相抢夺走对方的顾客，它们常常效仿市场领导者，为消费者提供相似的产品，以求保持相对稳定的市场份额。但是，市场追随者同时又是挑战者攻击的主要目标，因此，市场追随者必须懂得如何保持低制造成本和高产品质量，努力为其目标市场带来如地点、服务、融资等新的利益，造就有特色的优势，以留住现有顾客和争取新顾客，从而保持一个满意的市场份额。当新市场开辟时，市场追随者也必须进入。追随不等于被动挨打，或是单纯模仿领导者，市场追随者必须确定一条不会引起竞争性报复的成长路线。对此，有以下追随战略可供选择：

（1）紧密跟随。追随者在各个细分市场和营销组合方面，尽可能模仿市场领导者，紧跟其后。这种追随者有时好像是挑战者，但只要它不从根本上侵犯领先者的地位，就不会发生直接冲突，有些甚至被看成是靠拾取领先者残余谋生的寄生者，但其往往能够轻而易举地获得一定的市场占有率。

（2）距离跟随。这种追随者在某些事情上仿效领导者，如进入同类市场、提供同类产品、仿效分销方式等，但在外观形状、包装风格、广告宣传、价格水平等方面又与之保持一定的差异。如果模仿者不对领导者发起挑战，领导者也不会对其介意，其可以不动声色地实现自己的目的。

（3）选择跟随。这种追随者对领导者的产品进行学习与改进，甚至有所提高。一般这种追随者会选择不同的市场销售其产品，以避免与领导者正面交锋。选择追随者通过把别处生产的产品加以改进提高，其自身因此不断发展壮大，戚为将来潜在的挑战者。

（四）市场补缺者战略

如果企业不想在较大的市场上做市场追随者，那么可以争取在较小的市场上或者在其他更适合的补缺市场上成为领导者。如果较小的企业想尽量避免与大企业竞争，那么通常要将目标定在大企业不屑一顾的小市场上。

一般来说，理想的补缺市场具有以下特征：

（1）该市场具有足够的规模和购买力，能够盈利；

（2）该市场具备发展潜力；

（3）强大的竞争对手对该市场不屑一顾；

（4）补缺者企业具备所必需的能力和资源以向该市场提供优质服务；

（5）补缺者企业已在顾客中建立了良好的声誉，能够以此抵挡强大竞争者的入侵。

市场补缺的关键因素是专业化。市场补缺者一般选择在最终用途、渠道垂直层次、小顾客规模群、特殊顾客群、地理区域、产品或产品线、产品特征、加工服务、质量与价格水平、服务及分销渠道方面成为专业化企业。

作为补缺者要完成三个任务：创造补缺市场、扩大补缺市场和保护补缺市场。实践证明，因为市场补缺者更能了解顾客，因此，会根据顾客的需要所增加的产品的附加值超过了实际成本而能获得较高的边际收益，而大众化营销只能取得高销售量。

市场补缺者战略面临的最大风险是补缺市场会逐渐枯竭或者遭到攻击。因此，企业应该注意到补缺市场也不是一劳永逸的市场，它会逐渐衰弱的。企业必须不断地进行拾遗补缺。开辟多头补缺市场要比单一补缺市场好得多。通过多方面的拾遗补缺，可以减少风险，增加企业的生存与发展机会。

第三节　战略业务单位投资组合决策

大多数企业都经营着几项业务。一项业务必须被看做是一个顾客满足的过程，而不是一个产品生产过程。每项业务都要有自己的战略，美国通用电气公司将此称之为战略业务单位 SBU（Strategic Business Units)。根据使命所确定的要参与的主要竞争范围，一个战略业务单位要么大到不同的行业范围，小到产品与应用范围；要么是根据市场细分标准、供应链上下游，或是企业本身的能力范围来划分。但是，一个战略业务单位均应可以从要为之服务的顾客群、顾客的需要、技术三方面进行界定（见图 3－11)。比如，一个企业要为学校设计一个教学用的多媒体，那么顾客群就是学校中上课的师生，顾客的需要是上课时的视听效果，用来满足此需要的可替代技术是多媒体技术。

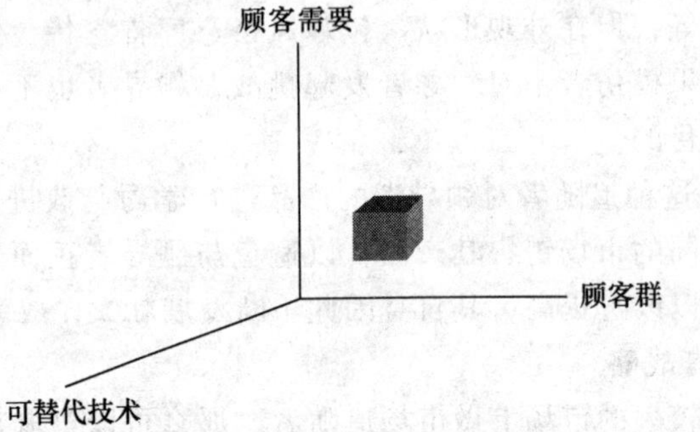

图 3－11　战略业务单位示意图

因此，对企业来说，一个战略业务单位应具备三个特征：

(1) 它是一项独立的业务或相关业务的集合体，但在计划上能与企业其他业务分开而独立运作；

(2) 它有自己的竞争对手；

(3) 它有一个经理负责战略计划、利润业绩，且有能力控制影响利润的大多数因素，即形成独立的利润中心。

战略业务单位投资组合决策实际上是在多个战略业务单位之间如何配置资源的决策。

对战略业务单位投资组合决策涉及评价战略业务单位的标准和评价战略业务单位组合的方法。

一、评价战略业务单位的标准

评价战略业务单位优劣的主要标准为市场引力和企业实力两方面的指标。企业要是进入富有吸引力的市场，并拥有在该市场获胜所需的实力，则可稳操胜券。如果缺一个条件，则很难收到显著的效果，即便是实力雄厚的企业，既不可能在夕阳行业中大展宏图，也不可能在一个朝阳行业中大有作为。

1. 市场引力

市场引力是指在某战略业务单位的市场中可能获得的经济效益对企业的吸引力。一般包括市场容量、市场增长率、盈利率和竞争程度、技术难度等其他环境因素。

（1）市场容量就是该战略业务单位市场中的需求量，可用销售量（额）表示。

（2）市场增长率就是该战略业务单位市场中需求量的增长情况，可用销售增长率来表示。

（3）盈利率反映在该战略业务单位市场中盈利的水平之高低。通常可用该战略业务单位的利润率、临界收益率、投资回报率（ROI）等来表示。

2. 企业实力

企业实力是反映企业在该战略业务单位市场中的竞争力。一般包括营销能力、生产能力、财务能力和管理水平、应变能力、其他资源（人力资源、原材料等）获取的能力等。

（1）营销能力实际上反映了企业了解市场、开拓市场、推销和促销的能力，通常用市场占有率表示，市场占有率高，竞争力就强，满足市场需要的能力就大。

$$\text{市场占有率}=\frac{\text{本企业某产品在某地某时的销售量}}{\text{该地该时该产品的全部销售量}}\times 100\%$$

（2）生产能力反映了企业能否提供或满足该市场需求的能力，包括技术设备方面（如设备的先进性、灵活性，技术开发力量等）和经济方面（生产率、产品质量、品种，产品成本结构和水平）的能力。

（3）财务能力反映了企业资金筹措和使用的能力。

战略业务单位组合具体评价的方法有：①静态的定量的方法。包括投资报酬率、投资回收期法和产品结构优化；②动态的定量方法。动态的定量方法是基于资金的时间价值的净现值、净将来值、年度等值和内部收益率法。本教材只介绍著名的投资业务组合评价模型波士顿（咨询公司）矩阵法和通用电气公司法。

二、波士顿矩阵法

波士顿矩阵法是由美国波士顿公司（Bosten Consulting Grop，BCG）于1970年首创，也称BCG模型或四象限法，为以后在许多国家广为传播的评价战略业务单位组合优劣的方法。

1. 图示方法

此方法主要以市场引力中的市场增长率为纵坐标，以企业实力中的相对市场占有率为横坐标，将现有战略业务单位逐一定位于坐标内（如图3－12所示的战略业务单位A、B、C、D、E、F）。图中的R为各战略业务单位的资金流，+代表净流入，－代表净流出。

纵坐标中的中线 b，通常取 10% 的市场增长率（或所有战略业务单位市场增长率中最大和最小的平均数），大于 b 线的为高增长率，小于 b 线的为低增长率。

横坐标中的中线 a 通常取 1（或所有战略业务单位中企业相对市场占有率最大和最小的平均数），大于 a 的相对市场占有率高，小于 a 的相对市场占有率低。

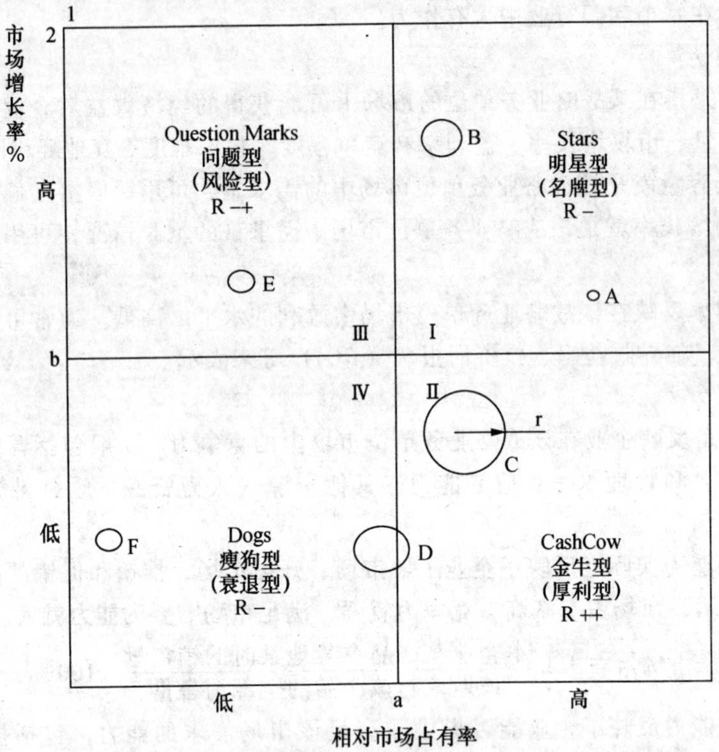

图 3-12 波士顿矩阵

图中各战略业务单位横、纵坐标的参数，即圆心位置按以下公式确定：

$$相对市场占有率=\frac{本企业某战略业务单位的市场占有率}{最大竞争对手该战略业务单位的市场占有率}$$

$$市场增长率=\left[\frac{某战略业务单位本期在市场上的销售量（额）}{该战略业务单位上期在市场上的销售量（额）}-1\right]\times 100\%$$

图中的 r 为圆的半径，各战略业务单位圆的大小，与其业务金额成比例，反映了在企业中它们各自的经营规模（销售额）的大小。

$$r=\sqrt{\frac{本企业该战略业务单位本期的销售额（量）}{\pi}}$$

为了使不同战略业务单位间具有可比性，建议都采用销售额为计量单位。

2. 分析与对策

坐标中的 a、b 两线将坐标图划分成了Ⅰ、Ⅱ、Ⅲ、Ⅳ四个象限，分别称之为明星型、金牛型、问题型和瘦狗型，这样便可对位于不同象限中的各战略业务单位进行评价：

(1) 明星型（Stars）。位于Ⅰ象限的战略业务单位（如图中业务 A、B）的市场增长率和相对市场占有率均高，表明该战略业务单位市场发展潜力大，销售增长快，一般处于产品市场生命周期的成长期。同时，企业竞争力强，是企业的明星型业务。其财务特点是具有一般水平的利润率和负债比率，又因为对这类业务应多投资，扩大规模以支持其迅速发展而显得资金不足，所以有时现金流为“－”，但利润是增长的，待增长率放慢后，这类业务将转入Ⅱ象限，可望提高企业的收益。对这类业务采用的发展战略是：积极扩大经济规模和市场机会，以长远利益为目标，提高市场占有率，加强市场地位。一个企业若没有明星型业务，长远发展就会成问题，应给予足够的重视。

(2) 金牛型（Cash Cow）。位于Ⅱ象限的战略业务单位（如图中业务 C）的市场增长率低，但相对市场占有率高，表明该战略业务单位市场发展趋缓，一般处于产品市场生命周期的成熟或饱和期。但企业竞争力强，能为企业带来很大的利润，负债比率低，可以为企业提供资金，而且由于增长率低，也无须增大投资，是企业目前的主要收入来源，现金流为“＋　＋”，是企业的金牛型或厚利型业务，即吃的是草，挤出的是牛奶。对这类业务，可以采取收获战略，即所投入的资源以达到短期收益最大化为限，应尽量减少设备和其他投资，采取合理改造、维持现状的策略；同时，因金牛型业务还享有规模经济和较高利润优势，可争取在短期内获取更多的利润，为其他业务提供资金。企业应拥有较多的金牛型业务。

(3) 问题型（Question Marks）。位于Ⅲ象限的战略业务单位（图中如业务 E），市场增长率高，相对市场占有率低，表明该战略业务单位的市场发展潜力虽大，处于产品市场生命周期的投入至成长期，但企业的竞争力弱，企业尚未形成优势，带有较大的经营风险，是企业的问题型业务。大多数业务都从问题型业务开始，企业力图进入一个高速成长的市场，其中已有市场领导者。问题型业务要求投入大量资金，因为企业必须扩大投资规模，以跟上迅速成长的市场需求。此外，它还要赶超领导者。其财务特点是利润率较低，负债率高，所需资金不足，资金流趋向零“－　＋”。对这类业务要慎重分析形势，小心确定，并应采用选择性投资战略。即根据技术经济论证结果，决定是否多投资，提高竞争力，使其成为明星型业务；或及时摆脱、撤离该业务所在的市场。通常企业有一两个问题型业务足矣。

(4) 瘦狗型（Dogs）。位于Ⅳ象限的战略业务单位（如图中业务 F、D），其市场增长率和相对市场占有率都低，表明该战略业务单位处于产品市场生命周期的衰退期，是企业的瘦狗型业务。其财务特点是该类业务一般获利微薄，处于保本或亏损边缘，负债率高。对这类业务应采取撤退战略，即首先应尽量减少批量，逐渐撤退。对那些销售增长率和市场占有率均极低的业务，一旦无利可图，则应果断而有计划地予以淘汰，从战略上转移。企业瘦狗型业务的数量不宜多。

把企业所有的战略业务单位在波士顿矩阵图上定位后，企业可以判定其业务组合是否合理。

企业的所有战略业务单位在波士顿矩阵中的分布如果呈顿号“、”型（见图 3－13 中左图），即明星和金牛型业务多，较少问题和瘦狗型业务，企业经营业务结构合理，运行良好；

反之，如果分布呈倒半月型（见图3－13中右图），即问题和瘦狗型业务过多，而主要收入来源的金牛型业务又少和缺乏有发展潜力的明星业务，则经营业务结构不合理，须立即加以纠正。

一般战略为“挤奶、养猫、杀狗、向明星”的9字方针。即多挤奶、快挤奶；养好猫、调教好；杀瘦狗、淘汰掉；向明星、求发展。

具体来说，可供企业对每个战略业务单位进行选择的战略有：

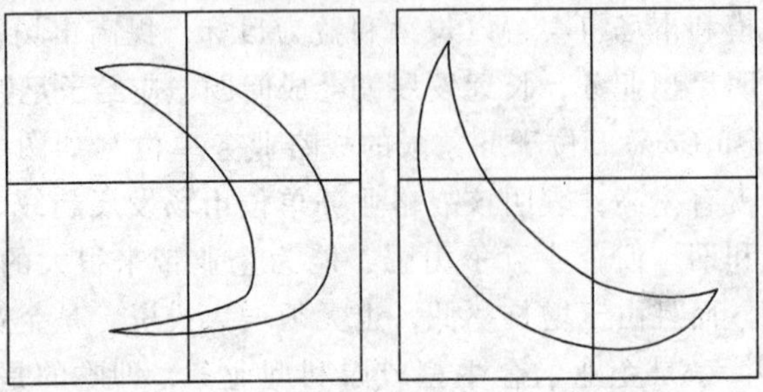

图3－13　波士顿矩阵中战略业务单位的不同分布

（1）发展战略。采用这一战略的目的是扩大战略业务单位的市场占有率，甚至不惜废弃近期收入来达到此目标。发展战略特别适合于问题型业务，如果它们要成为明星型业务，其市场占有率必须有较大的增长。发展战略也适合于明星型业务。

（2）维持战略。采用这一战略的目的是为了保持战略业务单位的市场占有率。这一战略适用于强大的金牛型业务，因为这类业务能够为企业挣得大量的现金。

（3）收获战略。采用这一战略的目的在于增加短期现金收入，而不考虑长期影响。这一战略适用于处境不佳的金牛型业务，这类业务前景暗淡而又需要从它身上获得大量现金收入。收获战略也适合于问题型和瘦狗型业务。

（4）撤退战略。采用这一战略的目的是在于出售和清理某些业务，以便将资源转移到更有潜力的领域。它适合于问题和瘦狗型业务，因为这些业务常常拖企业盈利的后腿。

值得注意的是，随着时间的推移，一个业务在波士顿矩阵中的位置也会发生变化。成功的业务有一个完整的生命周期。它从问题型开始，转向明星型，然后成为金牛型，最终成为瘦狗型，从而走向生命周期的终点。因此，一个企业不能仅仅注意其业务在波士顿矩阵中现有的位置（犹如一张快照），还要注意它变化着的位置（犹如一部动画）。对每个业务都应回顾它的去年、前年以至更久以前处在哪里，还要展望它的明年、后年以至更远的年份大概将处在哪里。如果某一业务的预期轨迹不大令人满意，企业就应该调整其战略。

三、通用电气公司法（PPM）

通用电气公司法是美国通用电气公司（GE）在波士顿矩阵法的基础上创立的，也称GE模型，或九象限法、PPM法（Product Portfolio Management），评价战略业务单位组合优劣的方法。

不同于波士顿矩阵法，通用电气公司法更全面地按本章第三节中评价战略业务单位的标准，即从企业实力和市场引力两方面的多因素标准，对全部战略业务单位及其组合进行评价。克服了波士顿矩阵法中只靠单因素标准来评价战略业务单位的不足。

1. 图示方法

各企业可根据实际情况按以下步骤，将全部战略业务单位定位于坐标图内：

（1）选择并列出企业实力和市场引力两方面具体的多因素标准指标体系（见表3－1）。

表3－1　A业务市场引力和企业实力基本要素表

	因素	权重	评分等级（1～5）	得分
市场引力	市场容量	0.2	4	0.80
	年市场增长率	0.2	5	1.00
	历史盈利率	0.15	4	0.60
	竞争密集程度	0.15	2	0.30
	技术要求	0.15	4	0.60
	通货膨胀	0.05	3	0.15
	能源要求	0.05	2	0.10
	环境影响	0.05	3	0.15
	社会/政治/法律	必须是可接受的		
合计		1.00		3.70
企业实力	市场份额	0.10	4	0.40
	份额增长	0.15	3	0.45
	产品质量	0.10	4	0.40
	品牌知名度	0.10	5	0.50
	分销网	0.05	4	0.20
	促销效率	0.05	4	0.20
	生产能力	0.05	5	0.25
	生产效率	0.05	4	0.20
	单位成本	0.15	5	0.75
	物资供应	0.05	5	0.25
	开发研究绩效	0.10	4	0.40
	管理人员	0.05	4	0.20
合计		1.00		4.20

（2）对选定的因素给定评分等级（1～5分）。

（3）按重要程度分别给予不同的权重（所有因素权重之和为1）。

(4) 求出各因素相应的得分（为评分等级与权重之积），并将各因素得分求和，如表3-1所示，A业务的市场引力和企业实力的总分分别为3.70、4.20。

(5) 据此可决定A业务在九象限图（先分别将横、纵坐标1-5的刻度分为三等份）中的圆心位置（见图3-14）。

(6) 确定圆圈，圆圈的大小表示各战略业务单位的市场容量，而不是企业经营的规模，所以圆的半径r为：

$$r=\sqrt{\frac{\text{该战略业务单位的总市场容量}}{\pi}}$$

圆中阴影部分表示企业的市场占有率（如A业务的市场占有率为35%）。以同样的方法，可以将企业所有战略业务单位定位于图内（如图3-14）。

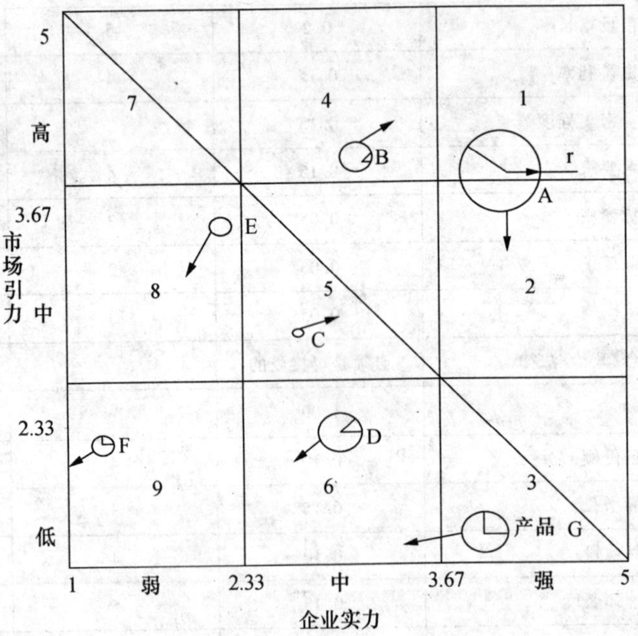

图3-14 通用电气公司法分析图

2. 分析与对策

从左上角到右下角画一对角线，把矩阵中的九个方格分为三个区域：

(1) 旺盛区（或叫绿色区），即对角线右上角的区域（1、2、4区域），市场引力很高，企业实力很强，企业应向其投资，促使其增长。

(2) 风险区（或叫黄色区），即对角线穿过的区域（3、5、7区域），要么市场引力很高，但企业实力极弱；要么市场引力很低，而企业实力很强；要么市场引力和企业实力均一般，因此企业应有选择地发展或收缩。

(3) 脆弱区（或叫红色区），即对角线左下角的区域（6、8、9区域），市场引力和企业实力都不好，是适宜收缩或放弃的阵地。

具体对各象限内的各个业务可供的选择战略见表3-2。应使得总体上旺盛区的业务应多，保持风险区内有一定的业务，而脆弱区内的业务应尽量地少。

表 3-2 企业对策参考表

		企业实力		
		弱	中	强
市场引力	高	7 提高份额，选择投资	4 加强扩大，甘冒风险	1 发挥优势，积极投资
	中	8 选择投资或者淘汰	5 稳定策略，重视平衡	2 维持现状，争获厚利
	低	9 计划撤退，减少损失	6 选择少投或停止投资	3 回收资金，选优少投

企业营销分析人员还可以在现行战略下，根据各方面的信息，动态地对今后 3～5 年各业务的企业实力和市场引力发展趋势作出预测，并用箭头（矢量）在九象限图中标出，矢量的方向和长度，表示了此预测结果（如图 3-14 中各业务黑箭头所示）。

第四节 新业务成长战略

通过以上对企业所经营的战略业务单位组合的分析，决定了可供企业规划的重点和投资方向。如果将企业所有战略业务单位成果汇总，便是该企业的总销售额和总利润。动态预期的总销售额和总利润经常低于企业所希望达到的水平，如果在未来所希望的销售水平和预期销售水平之间有缺口，企业必须制定一个获得新增业务的战略，以解决如何进一步成长与发展的问题。即企业如何进一步根据本身的优势和在市场中的位置，采取什么样的增长战略，如何寻找新的增长点，以有效地利用资源，满足需求，获得盈利。

企业可以通过三个途径来规划新业务发展战略，以实现新的增长：第一，在企业现有业务领域里寻找未来发展机会（密集型成长战略）；第二，建立或收购与目前企业业务有关的业务（一体化成长战略）；第三，增加与目前企业业务无关的富有吸引力的业务（多样化成长战略）。

一、密集型成长战略

密集型成长战略是指企业在原有生产范围内充分利用在产品和市场方面的潜力来求得成长与发展。安索夫的产品—市场扩展图对规划新的战略业务单位（产品）有很好的导向作用（见图 3-15）。密集型成长战略包括了安索夫的产品—市场扩展图内的①市场渗透战略、②产品开发战略、③市场开发战略三种形式。其中的④多样化战略不属于密集型成长战略，将在多样化成长战略部分讨论。

市场 \ 产品	现有产品	新产品
现有市场	①市场渗透战略	②产品开发战略
新市场	③市场开发战略	④多样化战略

图 3-15 安索夫的产品—市场扩展图

因此，密集型成长战略的应用条件是：现有产品和现有市场尚未完全开发，仍存在机会。

（一）市场渗透

市场渗透是指现有产品在现有市场上加强营销攻势，进一步增强渗透力，力争提高市场占有率，具体措施有三种：

（1）促使现有顾客多买自己的产品。通常保住老顾客的代价比吸引一个新顾客的代价要少得多，有学者认为是1:6。因此，促使现有顾客多买自己的产品是市场渗透的首选。可以给老顾客不同的优惠（比如给老顾客以数量折扣、付款折扣等优惠；以累计购买额为档次，年底给老顾客分红；会员制商店的优惠等），以鼓励现有顾客多买自己的产品。或通过宣传新的消费观念，使现有顾客多消费自己的产品。如矿泉水通常是供外出的游人购买（小瓶，偶尔喝）；而在宣传了矿泉水方便、卫生、健康后，人们在室内也喜欢喝了，不光是瓶装的，而且还有桶装的，从家庭发展到团体，且天天喝，使得消费量激增。

（2）把竞争对手的顾客吸引过来。通过加强企业的促销活动，提供比竞争对手的产品质量更好，或价格更便宜，或服务更周到，广告做得更好的产品，使竞争对手的顾客更能对本企业与产品了解与信任，即让他们知道使用本企业的产品更具有顾客价值的优势。

当然，要把竞争对手的顾客吸引过来的代价要比让现有顾客多买自己的产品的代价大得多。

（3）增加新用户。寻找企业产品的新用户。每类产品总有其吸引消费者的潜力，有的消费者没有购买的原因要么是消费者根本不知道有此类产品，要么因价格不合理或缺少某些特点所致。因而企业可以在以下三个群体中寻找其产品的新用户：①不知道本企业产品而未使用者；②想使用，但未使用者；③不想使用，且未使用者。要使没有用过此类产品的人购买本企业的产品，有时须花大气力进行宣传，而促使消费者改变观念的代价更大，因为改变观念后的消费者不只选用你公司的产品。

（二）市场开发

市场开发是指用现有产品去开发新市场。在现有市场上加强渗透所需要的费用，有时比开辟新市场低，但在现有市场渗透潜力不大的情况下，同时当新市场的发展潜力更大，或新市场的竞争相对缓和时，企业则应考虑采用市场开发战略。

市场开发包括进入新的细分市场，为产品开发新的用途，或者将产品推广到新的地理区域等。运用市场开发战略，首先要分析哪里有潜在的用户，如能将其需求刺激起来，只要自己的销售渠道可到达的地方，同样可以以较少的投资取得好的收益。如尼龙绳第二次世界大战间用于军用降落伞，第二次世界大战后，转向民用市场，潜力很大；20世纪80年代，日本家电进军中国及其他国家市场；目前，我国家电企业也走出国门，如1999年开始，长虹与俄罗斯签约合作生产；2003年3月20日美国攻打伊拉克，4月下旬，长虹就出口到伊拉克20万美元的彩电，抢占市场；海尔现在美国设厂占领市场；TCL2002年以全资买下了德国的AEG电器公司等，都是运用市场开发战略的典型例子。

（三）产品开发

产品开发是指用改进原有产品或开发新产品的办法来增加企业在原有市场中的销

售，因为企业在原有市场的老用户中享有好的信誉和美誉度，所以新产品容易被老用户接受。即向原有市场提供新产品，满足该市场消费者的其他需求，这些产品可以是原有产品在规格、式样、功能和用途方面的改进（如：手动剃须刀→电动旋转式→电动推进式），也可以是全新的产品，以满足原有目标市场消费者不断变化的需求。

产品开发和市场开发往往是同步或相继进行的，二者有非常紧密的联系。一方面，进入新的细分市场（市场开发）要求开发出现有产品的替代品或具有新的功能特性的产品（产品开发）；另一方面，产品的更新和再设计也需要新的细分市场的支撑。因为很多产品，尤其是耐用家电以及高档时装有比较长的使用期，这些产品的老用户不会短期或经常更换，而新顾客却已从老用户处了解到了现有产品的特点和不足，并对产品性能等提出了新的更高的要求。所以，企业必须设计出新产品或对现有产品进行改进才能满足新市场中的新用户的要求。即产品开发和市场开发往往是交替进行的。

一般说来，技术和生产导向型的企业，更乐于通过产品开发来寻找增长，这些企业或具有较强的研发和开发能力，或者其市场开发能力较弱。但无论出于何种原因，一旦产品开发获得成功，往往可以给企业带来较丰厚的利润。

二、一体化成长战略

一体化是指企业处理那些与当前业务有关的竞争性业务活动（水平一体化）和上下游业务活动（纵向一体化）的关系问题。一体化成长战略的应用条件是基本行业很有发展前途，而在供产、产销实现一体化能提高效率，加强控制，扩大销售，即供产销一条龙。

一般说来，一体化成长战略有后向一体化、前向一体化和水平一体化三种选择机会。

（一）后向一体化

后向一体化、前向一体化视由本行业内物流方向而定，顺方向为前向，逆方向为后向，两者都属于纵向一体化。例如：

冶金行业：前向→（采矿→烧结→炼铁→炼钢→轧钢→深加工→销售）←后向；

服装行业：前向→（化纤或棉花→纺织→面料→成衣→销售）←后向；

房地产行业：前向→（购地或建材→盖房→销售→装饰→物业管理）←后向。

后向一体化是一种按销、产、供为序实现一体化而获得成长的战略。具体表现为企业通过自办、契约、联营或兼并等形式，对它的供给来源取得了控制权或干脆拥有其所有权。如上例中各行业从右向左的业务发展，如一家钢铁企业，过去一直购买铁矿石，现在决定自办矿山，自行开采。还比如商业企业向生产方向发展，如同仁堂是以卖药成名的，现在决定自行生产药，或进一步向种植中草药来开发原料基地：（中草药原料基地←生产药←卖药）←后向。

（二）前向一体化

前向一体化正好与后向一体化相反，是一种按供、产、销为序实现一体化而获得成长的战略。具体表现为企业通过一定形式，对其产品的加工或销售单位取得了控制权或干脆拥有其所有权。如上例中各行业从左向右的业务发展，如一家矿山企业，过去一直销售铁矿石，现在决定自办炼铁、炼钢、轧钢生产与销售钢材。还比如生产企业向商业方向发展，如在北京第一至第四制药厂基础上改制而成的北京双鹤药业，以前只生产药，现在已决定并在自行销售药：前向→（生产药→卖药）。

（三）水平一体化

水平一体化（也叫横向一体化），即开展那些与企业当前业务相竞争性的或相互补充的业务活动。企业可以通过兼并与收购它的竞争对手（同行业中的中小企业），或者与同类企业合资经营，或者运用自身的力量扩大原有生产经营活动业务的规模，来寻找成长的机会。企业生产或者销售与原有生产经营活动业务相关的业务，如钢铁企业向房地产商除提供建筑用钢外，还提供水泥（用高炉水渣制成）；北京双鹤药业除生产与销售药品外，还提供保健、健身等产品或咨询服务等都属于水平一体化成长战略。

三、多样化成长战略

所谓多样化成长（又称多角化经营、多元化经营或多种经营）是指企业利用目前经营业务范围以外的市场机会，新增与现有产品业务有一定联系或毫无联系的产品业务，实行跨行业的多样化生产经营活动。以实现企业业务的成长。多样化成长包括两种含义：一种是指企业同时在两个或两个以上的行业中拥有业务，进行着生产经营活动。当然，随着社会分工越来越细，实际上传统行业内已扩展出许多截然不同的业务。另一种是指企业同时生产或提供两种或两种以上产品或服务，这一含义的范围似乎过于窄小。

多样化成长战略是首先由安索夫在其产品—市场扩展图（见图 3－15）中提出的。多样化成长战略的应用条件是：①原有市场、原有产品已无潜力可挖；②随市场环境变化及原有业务在国民经济中的重要性发生变化，为规避单一的经营风险，寻求新产品占领新市场所进行的生产经营活动。即在前述波士顿四象限或通用电气公司九象限图内增加了新的战略业务单位。

多样化成长战略包括同心多样化、水平多样化和集团多样化三种。

（一）同心多样化

同心多样化是指利用原有核心技术、特长、经验或与营销有协同的关系来开发新产品，增加产品门类与品种。例如海尔的核心技术之一是其制冷技术。先生产的冰箱、冰柜和后生产的各种空调以及为体育馆提供室内滑冰场的制冰设备，都基于其制冷技术（见图 3－16）。同心多样化有利于发挥企业原有的资源优势，风险较少，易于成功。

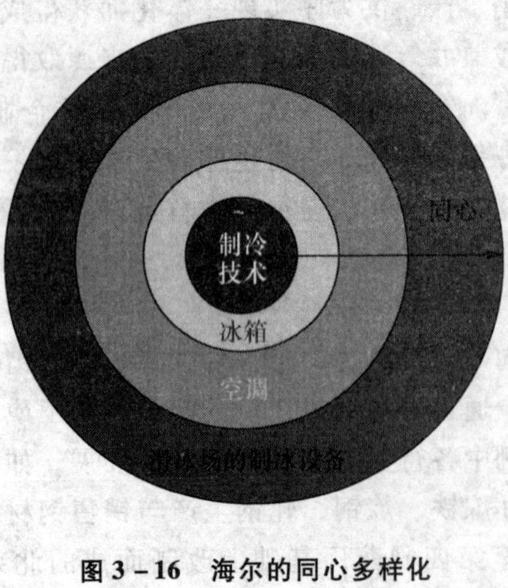

图 3－16　海尔的同心多样化

（二）水平多样化

水平多样化是指针对现有市场（顾客）的其他需要，增添新的物质技术力量开发新产品，以扩大业务经营范围，寻求新的增长。这就意味着企业向现有产品的顾客提供他们所需要的其他产品。例如，一家农机制造企业，是为农民提供农业生产所需的农机的，现在决定增设一个化肥厂，实行跨行业经营，但仍然是为农民的农业生产服务。实行水平多样化战略，意味着向其他行业投资，有一定的风险，企业应具相当实力；但由于为原有顾客服务，易于开拓市场，有利于塑造强有力的企业形象。

（三）集团多样化

集团多样化是指企业通过投资或兼并等形式，把经营业务的范围扩展到其他行业，组成混合型企业集团，开展与现有技术、现有产品、现有市场无联系的多样化生产经营活动，以寻求新的增长点。实行集团多样化成长战略又有两种情况：一是仍以原有产品业务为主，兼营别样。如美国柯达公司，除经营摄影器材外，还兼营食品、石油、化工和保险公司。二是一业为主已不太明显。如美国国际电话电报公司，主营业务原是电话电报，但它却收购了一家庞大的旅馆集团。

实行集团多样化成长战略有财务上的原因，例如为了在现时的经营中抵补季节性或周期性的各种波动；但更多的是出于战略上的考虑，如合理调配资金，或者避免能源危机、行业退化、政局变动给企业造成的威胁等，是为了长远的发展。然而，利用集团多样化的机会来寻求企业业务的增长，是要冒极大风险的。对大多数企业，尤其是中小企业来说，一般不宜采用，或只能在低层次、小范围内采用。采用集团多样化成长战略的企业，一般都是财力雄厚、拥有各种专家和其他优质资源和具有相当声望的大企业。

总之，成长战略的任务就是寻找机会和新的增长点，以适应企业生存与发展的需要。

第四章　购买者行为研究

市场是企业赖以生存的基础，企业一切营销活动的目的都是使市场接受并满意自己的产品和服务。有一定的购买力、购买意愿的顾客群体构成市场。按照顾客购买目的或用途的不同，市场可以分为消费者市场和组织市场两种类型。

消费者市场是个人或家庭为了生活消费而购买产品或服务的市场。组织市场是指以某种组织为购买单位的购买者所构成的市场，购买的目的是为了生产、销售、维持组织运作或执行组织职能。组织市场包括产业市场、中间商市场、政府市场和其他非营利性组织市场。

第一节　消费者行为分析

一、消费者与消费者市场

（一）消费者与消费者市场的概念

1. 消费者

狭义的消费者是指购买、使用各种消费品或服务的个人与家庭。广义的消费者是指购买、使用各种产品与服务的个人或组织。本节主要是从狭义的角度讨论消费者、消费者市场及消费者行为。

在现实生活中，同一消费品或服务的购买决策者、购买者、使用者可能是同一个人，也可能是不同的人。例如，大多数成人消费者，很可能由使用者自己制定购买决策并实施，而大多数儿童用品的使用者、购买者与决策者则很有可能是分离的。如果把产品的购买决策、实际购买和使用视为一个统一的过程，那么，处于这一过程任一阶段的人，都可以被称作消费者。

2. 消费者市场

消费者市场是个人或家庭为了生活消费而购买产品或服务的市场。生活消费是产品和服务流通的终点，因而消费者市场也称之为最终消费者市场、消费品市场或生活资料市场。消费者市场的商品购买者是消费者个人，购买的商品是最终产品，主要是生活资料；购买活动是经常的、零星的或少量的，并且由于商品的消费是可以相互替代的，因而购买活动具有一定的弹性；购买者一般缺乏专门的商品知识，服务质量的高低对商品的销售量影响极大。

消费者市场是市场体系的基础，是起决定作用的市场。成功的营销者是那些能够有效地开发对消费者有价值的产品，并运用具有吸引力和说服力的方法将产品有效地呈现给消费者的企业和个人。

以最终消费者为销售对象的企业必须重视研究消费者，必须深刻了解消费者市场的特点，把握消费者行为、影响消费者行为的因素及消费者的购买决策过程的特点。

（二）消费者市场的特点

消费者市场是现代营销理论研究的主要对象。消费者市场具有以下主要特点：

（1）广泛性和分散性。生活中的每一个人都不可避免地会发生消费行为或消费品购买行为，成为消费者市场中的一员。由于消费者市场的购买单位是个人或家庭，所以虽然市场购买者众多，成交次数频繁，但交易数量较少。

（2）复杂性。消费者受到多种因素的影响而具有不同的消费需求和消费行为，所购商品的品种、规格、质量、花色和价格千差万别。

（3）易变性。消费品市场的购买者大多缺乏相应的商品知识和市场知识，其购买行为属于非专业性购买，对产品的选择受广告宣传和推销活动的影响较大。消费者要求产品的款式、品种不断地翻新，有新鲜感。许多消费者对某一新品种、新款式的共同偏好就形成了消费风潮。随着市场商品供应的丰富和企业竞争的加剧，消费风潮的变化速度加快，商品的流行周期缩短，往往令人难以把握。

（4）伸缩性。消费需求受消费者收入、生活方式、商品价格和储蓄利率影响较大，在购买数量和品种选择上表现出较大的需求弹性或伸缩性。

（5）替代性。消费品种类繁多，不同品牌甚至不同品种之间往往可以相互替代。消费者在有限购买力的约束下，对满足哪些需要以及选择哪些品牌来满足需要的决策慎重且经常变换，导致购买力在不同产品、品牌和企业之间流动。

（三）消费品的分类

在消费者市场中，消费者所面对的购买对象是多种多样的。如果以消费者的购买习惯为标准，消费者的购买对象一般分为三类，即便利品、选购品和特购品。

（1）便利品。便利品又称日用品，是指消费者日常生活所需、需要经常购买、单价较低、购买风险较小的商品，诸如牙膏、肥皂、洗衣粉、油、盐等。消费者在购买这类商品时，已经熟悉该产品的性能和用途，一般不愿花很多的时间比较价格和质量。因此，便利品的生产者，应注意分销的广泛性和经销网点的合理分布，以便消费者能及时就近购买。

（2）选购品。是指价格比便利品要贵，消费者购买时愿花较多的时间对不同商家的产品的适用性、价格、品质及样式进行比较之后才决定购买的商品。如高级服装、家电等。消费者在购买前，对这类商品了解不多，因而在决定购买前总是要对同一类商品从价格、款式、质量等方面进行比较。选购品的生产者应该将销售网点设在商业网点较多的商业区，并将同类商品的销售点相对集中，以便顾客进行比较和选择。

（3）特购品。是指那些具有独特的性能和使用方法，消费者对其有特殊的偏好并愿意花较多时间与精力去购买的商品，如电视机、电冰箱、化妆品等。消费者在购买前对这类商品有一定的认识，偏爱特定的品牌和厂家，不愿意接受替代品。所以，企业应争取创建名牌产品，以赢得消费者的青睐，要加强广告宣传，扩大本企业产品的知名度，同时要切实做好售后服务和维修工作。

按商品的耐用程度和使用频率分类，消费者的购买对象可分为耐用品和非耐用品。

(1) 耐用品。指能多次使用、寿命较长的商品。如电视机、电冰箱、音箱、电脑等。消费者购买这类商品时，决策较为慎重。生产这类商品的企业，要注意技术创新，提高产品质量，同时要做好售后服务，满足消费者的购买需求。

(2) 非耐用品。指使用次数较少，消费者需经常购买的商品。如食品等。生产这类商品的企业，除应保证产品质量外，要特别注意销售点的设置，以方便消费者的购买。

二、消费者行为模式

消费者每天都会作出大量的消费决策，而且大多数家庭习惯于经常购物。许多大型公司通过更加详细的咨询来了解消费者买什么、在什么地方买、买多少、什么时候买和为什么购买等问题，对消费者的购买决策制定进行研究。营销者可以通过研究消费者的实际购买来找出他们买什么，在哪里买和买多少等问题。但是，要了解消费者购买的原因就不是那么容易了，因为问题的答案通常深藏在消费者的头脑中。

营销者最核心的问题是了解消费者对公司可能采取的各种营销手段将会有什么样的反应。研究消费者购买行为的理论中最具有代表性的是刺激—反应模式。营销因素和市场环境因素的刺激进入购买者的意识，购买者根据自己的特性处理这些信息，一定的决策过程导致了购买决定（研究的起点是图 4 – 1 消费者购买行为模式。该图表明营销刺激和其他刺激因素进入消费者的“黑匣子”，然后产生某些消费者的反应）。

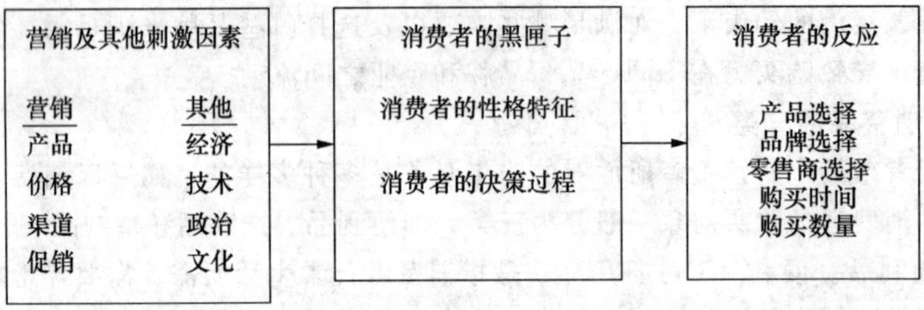

图 4 – 1 消费者购买行为模式

营销刺激因素包括 4P：产品、价格、渠道和促销。其他刺激因素包括消费者所处的环境中一些外部力量和事件，如经济、技术、政治和文化环境。所有这些因素进入消费者的黑匣子，然后转换成一系列可以观察到的消费者反应：产品选择、品牌选择、零售商选择、购买时间和购买数量等。

营销者想知道这些因素是如何在黑匣子里面被转换成消费者反应的。黑匣子由两部分组成：第一，消费者的性格特征影响着他如何观察这些刺激因素并做出反应；第二，消费者的决策过程本身也影响其行为。

要分析消费者购买模式，事实上需要描述消费者购买行为的 5W1H。5W1H 是指谁买（WHO），为什么买（WHY），在何处买（WHERE），何时买（WHEN），买什么（WHAT），如何买（HOW）。

1. 谁买（WHO）

实际上要回答两个主要的问题：谁是我们的主要消费者，谁参与了购买决策。

（1）谁是我们的主要消费者。企业必须明确产品的目标消费者，以及他们有什么样的特征。辨别主要消费者的有效方法就是市场细分（详见第六章）。

（2）谁参与了购买决策。购买决策是一项复杂的行为，金额越大，复杂度就越高，参与的意见就越多，决策的时间就越长。在一般的购买决策中，人们可能扮演的角色有五种。如图 4－2 所示，包括发起者、影响者、决策者、购买者和使用者。

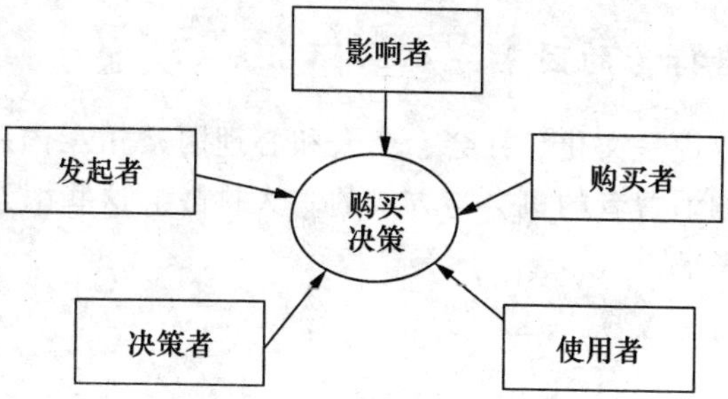

图 4－2 购买决策中所扮演的角色

其中，发起者：第一个想到购买某种产品的人；影响者：对最后购买决策具有影响力的人；决策者：能决策全部或部分购买的人；购买者：实际从事购买行为的人；使用者：实际使用该种商品或服务的人。

2. 为什么买（WHY）

消费者为什么购买某个特定的产品，为什么购买这一个品牌而不购买另一个品牌的产品？实践中要求企业明确消费者的购买动机，我们的产品或服务能满足什么购买动机，能给他们哪些好处与方便，然后创造出与之适应的“产品利益”去迎合他们。

3. 在何处买（WHERE）

要明确消费者习惯在何处购买，在何处使用，何处是可能的与最好的销售渠道，如何能扩大产品的使用空间。

4. 何时买（WHEN）

要了解消费者在什么时候购买，多久买一次，以及一次买多少，还要进一步了解消费者使用产品的速度，属于哪一级使用者。例如，消费者往往认为牛奶是早晨的饮料，汽水是下午的饮料，酒是晚上的饮料，雪碧和果珍是夏季的饮料。因此如果能掌握消费者对产品的时间概念，再加上配合与引导，必然能增加产品的销量。

了解购买频率与购买数量，可以推算出市场容量，可以当做促销时间长短与方式的参考依据，还可以做有意义的市场细分，是了解消费者行为的重要因素。

5. 买什么（WHAT）

在进行购买行为时，消费者一般是从一些品牌中选择出最适合自己的产品。在选择的过程中，一定会涉及价值判定与比较，这些消费者用以判定品牌任务的评估标准正是企业所要关注的信息。事实上，有些产品属性虽然非常重要，但在购买决策上发挥不了影响力，如饮料产品，其解渴功能和营养价值非常重要，但消费者选择时主要是考虑口感如何。因此，一种饮品哪怕营养价值再高，如口感不符合消费者的要求，也肯定不能被市场接受。企业在了解消费者的产品评估标准时，一定要把重要因素与决定因素分开，才不会误导营销努力的方向与沟通语言的设计。

6. 如何买（HOW）

如何买实质上是研究消费者购买某种产品行为习惯的问题。以消费者的购买习惯为基础，可以依照他们所购买的产品的类别，而区分成三种购买行为：便利品购买、选购品购买和特购品购买。

三、影响消费者行为的因素

消费者的选择可以说是文化、社会、个人和心理因素相互作用的结果，对这些因素深入了解，是找到影响消费者的机会与方式的一大挑战。这些因素是企业不大可能控制的，但又必须要加以考虑。

（一）文化因素

1. 文化

对于消费者行为而言，文化因素的影响力既广又深，其中尤其以本身所处的文化、次文化及社会阶层最为重要。文化是消费者欲望与行为的基本决定因素。文化是代代相传的价值观、信仰、偏好和味觉，包括知识、艺术、道德、法律、风俗习惯及宗教等。每一位消费者的决策行为背后，其实隐含着许多文化因素的影响。

2. 亚文化

每个核心基础文化中多包含着更小的团体所形成的亚文化，他们提供团体成员更特定的认同对象和社会化作用，并对人们造成更直接的影响。比如以地区为例，中国南方人和北方人属于两个不同的亚文化群，他们都有自己的爱好特征和消费习惯，然而不同的亚文化群又都有整个中华民族文化的主导性、基本的、共同的信仰、价值观和习俗。从消费心理角度分析，亚文化相对文化更为重要、更能影响和决定消费者的行为。

3. 社会阶层

社会阶层是具有相对同质性和持久性的群体，他们依据职业、收入、所受教育及居住地区等排列，同一阶层成员具有类似的价值观、兴趣爱好和行为方式。从社会阶层的角度掌握消费者的心理，有以下三点值得注意：①希望被同一阶层的成员接受的“认同心理”，人们经常会依循该阶层的消费模式行事。②“别掉价”心理，人们大多抗拒较低层消费模式。③“攀比心理”，人们往往喜欢做一些“超级”的消费行为。以满足“一刹那”的虚荣心。

（二）社会因素

社会因素是指消费者周围的人对他所产生的影响，其中以相关群体，家庭因素，以及角色与地位最为重要。

1. 相关群体

相关群体是指影响一个人的态度、价值观或行为的所有群体，它包括血缘的、社会的、经济的、职业的和爱好的等类型的组织。相关群体分为两种：①成员群体——自己身为成员之一的团体。如家庭、亲朋好友、同事或同学等。②理想群体——自己虽然不是成员，但愿意归属的群体，如追星族、运动明星和影视明星等对消费者行为有相当的影响力。

相关群体影响人们对事物的看法和意见，并影响人们的自我概念，甚至会产生“从众心理压力”，影响人们对消费产品与品牌的选择，使他们刻意迎合群体的选择，这些压力以潜移默化或以模仿偶像等形式出现。

相关群体对消费者影响要关注以下几点：

（1）人们对群体的认同程度越高，越容易受群体意见的影响。

（2）人们购买的商品与群体关系越密切，越容易受群体意见的影响。

（3）人们消费信心越低，越容易受群体的影响。

2. 家庭因素

购买者家庭成员对购买者行为影响很大。比如：每个人都从其父母那里得到有关政治、经济、个人抱负、自我价值和爱情等方面的指导，即使购买者与他的双亲已经分开居住，双亲对购买者无意识的购买行为的影响仍然很重要。尤其在中国，子女的独立意识较差，与父母一起生活的时间较长，父母的影响力就更大了。另外，夫妻之间、祖辈与第三代之间等不同家庭成员之间相互作用，相互影响，均值得深入研究。

产品类别与购买决策影响层面有关，在认知风险越高、金额越大、影响越广、产品使用期越长的购买决策中，家庭成员参与意见的情况会越多，深入程度也越大。反之，如果是例行性、低金额便利品，可能家庭主妇一个人就可以决定如何购买了。当然，商品价值的高低只是影响风险大小的因素之一，而非唯一的决定因素。

一般而言，认知风险的高低，视支出金额、消费者对产品的了解程度、消费者的自信程度以及购买行为结果影响层面的大小等因素而定。当认知风险偏高，人们就会多方打听比较，通过收集信息、听取专家意见、信任名牌、寻求卖方的保证等降低风险。

3. 角色与地位

一个人会身处不同的团体，在社会上扮演不同的角色。如孩子的母亲、太太、父母的女儿、学生的老师、学校的校长或研究会的理事等。周围的人都会对每个角色所从事的行动抱着某种期望，并对他的购买行为有所影响。地位是随着角色而来的，两者是一体两面的；每一种身份又都附有一种地位，反映社会对他的一般尊重。人们常常以选择产品的方式表明他们的社会身份与地位。

（三）个人因素

个人的某些特质当然会对购买行为有所影响，特别是购买者的年龄与性别、经济能力、生活方式以及个性和自我。

1. 年龄和性别

不同年龄的人有不同的消费心理和购买行为。

（1）婴儿时期（0～4岁），该时期消费需要的是婴儿用品和婴儿玩具，由于只是“使用者”而非购买者，故销售婴儿用品与玩具，应掌握家长的心理，而不是婴儿的心理。

（2）儿童时期（5～11岁），该消费心理和购买行为表现为，消费能力不高，但已经能够自行选择品牌。儿童的品牌忠诚度颇高，换言之，他们一旦爱上某牌子的商品,就会买之不腻。儿童消费者的模仿性很大，看到别人有些什么，自己就想要些什么。

（3）青少年时期（12～19岁），其消费心理和购买行为表现为，是最“不忠诚”的消费者，喜欢新鲜刺激，消费口味变化多端，难以把握。一方面积极“追求自我”，喜欢突出自己；另一方面对同辈团体有很高的认同性，喜欢做每个年轻人都做的事情。青少年商品的营销策略必须兼顾“自我”与“群体”，对青少年强调“有自己的一套”的商品，又是“人人都想要”的东西。

（4）青年时期（20～34岁），其消费心理和购买行为表现为：面对“成家立业”的压力，消费方式逐渐变得理性化和规律化，对流行商品的反应不像青少年那么快速。与青少年追求的与其他人“不一样”的消费方式不同，青年消费追求的是“比别人好”。

（5）中年时期（35～54岁），这阶段的特点是安逸，职业与薪水处于人生的顶峰，储蓄也渐增，形成了极大的消费潜力，高价位的家庭用品、休闲活动、医疗保险服务等都以中年消费者为主要客户。

（6）老年时期（55岁以上），其特点是一方面渴求身体和生活上的保障，另一方面休闲的时间增多，需寻找消遣娱乐。

需要注意的是，以上的划分并非绝对，在当代社会中，由于大众媒体的信息扩散能力与影响力惊人，使不同年龄段的人在信息获得上、心态上或行为上趋同，年龄界限逐渐模糊。营销中应该注重心理年龄，而非生理年龄。

2. 经济能力

经济能力对于购买行为的影响更为直接。经济能力包括收入情况、储蓄与资产、负债和借款能力、对花费与存钱的态度等。经济能力越强，消费能力就越强，对商品的品质要求越高。经济能力对于消费者行为的影响是显而易见的。

3. 生活方式

生活方式是人们支配时间、金钱以及精力的方式，是一个人的生活模式。近年来，生活方式对消费行为影响力越来越大。来自相同的亚文化、社会阶层和职业的人们可能有着很不相同的生活方式。如20世纪90年代以来，在我国人民开始重视健康与保持身材的生活方式下，就伴随了保健品市场、健身器材市场以及减肥品市场的快速成长。生活、工作节奏的加快，使各种品牌的方便面、速冻食品等也大量进入家庭。不同生活方式显然有不同的需求特征与消费行为，如有人的生活方式属于“事业型”，有的人属于“娱乐型”，其支配时间和金钱的方式肯定大不相同。

4. 个性和自我

每个人都有其独特的个性，该个性影响其购买行为。个性是指一个人所特有的心理特征，它导致一个对他所处环境的相对一致和持续不断的反应。其主要由个人的气质、性格、兴趣和经验所构成。一个人的个性通常可用自信、支配、自主、顺从、交际、保守和适应等性格特征来加以描绘。不同的个性，自然会有不同的购买行为。

四、消费者购买行为类型

不同消费者购买过程的复杂程度不同，究其原因，是受诸多因素影响，其中最主要的是参与程度与品牌差异大小。同类产品不同品牌之间的差异越大，产品价格越昂贵，消费者越是缺乏产品知识和购买经验，感受到的风险越大，购买过程就越复杂。例如，购买牙膏、香皂与电脑、轿车之间的购买复杂程度显然是不同的。根据购买者的参与程度和产品品牌差异程度区分出四种购买类型（见表4-1）。

表 4-1　购买行为的四种类型

品牌差异程度＼购买参与程度	高	低
大	复杂的购买行为	多样性的购买行为
小	减少失调感的购买行为	习惯性的购买行为

1. 复杂的购买行为

如果消费者属于高度参与，并且了解现有各品牌、品种和规格之间具有显著的差异，则会产生复杂的购买行为。复杂的购买行为是指消费者购买过程完整，要经历大量的信息收集、全面的产品评估、慎重的购买决策和认真的购后评价等阶段。

对于复杂的购买行为，营销者应制定策略帮助购买者掌握产品知识，运用印刷媒体和销售人员宣传本品牌的优点，发动商店营业员和购买者的亲友影响最终购买决定，简化购买过程。

2. 减少失调感的购买行为

如果消费者属于高度参与，但是并不认为各品牌之间有显著的差异，则会产生减少失调感的购买行为。减少失调感的购买行为指消费者并不广泛收集产品信息，并不精心挑选产品，购买过程迅速而简单，但是在购买后会认为自己所买产品具有某些缺陷或其他同类产品有更多的优点而产生失调感，怀疑原先购买决策的正确性。地毯、房内装饰材料、服装、首饰、家具等商品的购买大多属于减少失调感的购买行为。

对于这类购买行为，营销者要提供完善的售后服务，通过各种途径经常提供有利于本企业的产品信息，使顾客相信自己的购买决定是正确的。

3. 习惯性的购买行为

如果消费者属于低度参与并认为各品牌之间没有什么显著的差异，就会产生习惯性购买行为。习惯性购买行为是指消费者并未深入收集信息和评估品牌，只是习惯于购买自己熟悉的品牌，在购买后可能评价也可能不评价产品。

4. 多样性的购买行为

如果消费者属于低度参与并了解现有品牌和品种之间具有显著差异，则会产生多样性的购买行为。多样性的购买行为指消费者购买产品有很大的随意性，并不深入收集信息和评估比较就决定购买某一品牌，在消费时才加以评估，但是在下次购买时又选择其他品牌。选择其他品牌的原因是厌倦原来口味或想试试新口味，是寻求产品的多样性而不一定有不满意之处。

对于寻求多样性的购买行为，市场领导者和挑战者的营销策略是不同的。市场领导者力图通过占有货架，避免脱销和提醒购买的广告来鼓励消费者形成习惯性购买行为。而挑战者则以较低的价格、折扣、赠券、免费赠送样品和强调试用新产品的广告来鼓励消费者改变原习惯性购买行为。

五、消费者购买决策过程

（一）消费者购买决策过程的参与者

消费者虽然是以一个家庭为单位，但参与购买决策的通常并非一个家庭的全体成员，许多时候是一个家庭的某个成员或某几个成员，而且由几个家庭成员组成的购买决策层，其各自扮演的角色也是有区别的。人们在一项购买决策过程中可能充当以下角色：

（1）发起者：首先想到或提议购买某种产品或服务的人。

（2）影响者：其看法或意见对最终决策具有直接或间接影响的人。

（3）决定者：能够对买不买、买什么、买多少、何时买、何处买等问题作出全部或部分的最后决定的人。

（4）购买者：实际采购的人。

（5）使用者：直接消费或使用所购买商品或服务的人。

了解每一种参与者在购买决策中扮演的角色，并针对其角色地位与特性，采取有针对性的营销策略，就可以较好地实现其营销目标。比如，买一台空调，提出这一要求的是孩子，是否购买，由谁买，由夫妻共同决定。而丈夫对空调的品牌做出决定，这样空调公司就可以对丈夫做更多有关品牌的宣传，以引起丈夫对本企业生产的空调的注意和兴趣；至于妻子对空调的外观、色调等方面有较大的决策权，公司可以设计一些在造型、色调等方面受妻子喜爱的产品。只有这样了解了购买决策过程中的参与者的作用及其特点，公司才能够制定出有效的生产计划和营销计划。

（二）消费者购买决策过程

消费者的购买决策过程包含五个阶段：需求识别、信息收集、备选产品评估、购买决策和购后行为。如图 4－3 所示，购买过程早在实际购买发生之前就开始了，并且还会在购买后持续很久。营销者应该关注整个购买过程，而不是只注意购买决策。

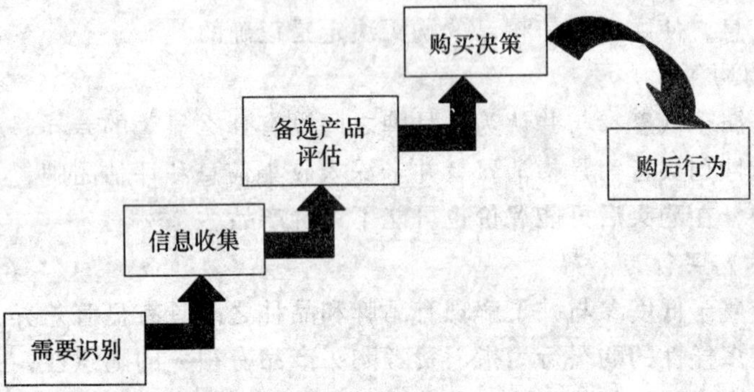

图 4－3　消费者购买决策过程

1. 需要识别

购买过程从需要识别开始——购买者认识到一个问题或一种需要。需要是购买活动的起点，这种需要可以由内部刺激引发，例如当一个人的基本需要——饥饿、干渴等上升到一定程度变成一种驱动力时，驱使人们采取行动去予以满足。需要也可以由外部刺激引发。

2. 信息收集

一个有兴趣的消费者可能会搜寻更多的信息，也可能不会。如果一个消费者的驱动力强烈，而且眼前就有一个令人满意的产品，这个消费者很有可能就会购买这个产品。

如果不是这样，消费者就会记住这个需要并且开始进行和这个需要相关的信息搜集。

在这一阶段，营销人员的主要任务包括：①了解消费者的信息来源。消费者可以从下列任何一种来源中获取信息：个人来源（家庭、朋友、邻居或熟人）；商业来源（广告、销售人员、零售商等）；公共来源（大众媒体或消费者组织）；亲身经历来源（处理、检查或使用商品）。②了解不同信息来源对消费者的影响程度。这些信息来源的相对影响会随着产品或购买者的变化而变化。总的来说，消费者从商业来源那里获得的产品信息最多——那些被营销者掌控的信息来源。然而，最有效的信息来源是个人来源。商业信息来源通常只能告知购买者，而个人信息来源则为购买者评估商品。③设计信息传播策略。除利用商业来源传播信息外，还要设法利用和刺激公共来源、个人来源和经验来源，也可以多种渠道同时使用，以加强信息的影响力或有效性。

3. 备选产品评估

消费者在获得全面的信息后就会根据这些信息和一定的评估方法对同类产品的不同品牌加以评价并决定选择。一般而言，消费者的评价行为涉及几个方面：

（1）产品属性。是指产品所具有的能够满足消费者需要的特性。产品在消费者心中表现为一系列基本属性的集合。在价格不变的条件下，一个产品有更多的属性将更吸引顾客购买，但是会增加企业的成本。营销人员应了解顾客主要对哪些属性感兴趣以确定本企业产品所应具有的属性。

（2）品牌信念。指消费者对该品牌优劣程度总的看法。每一品牌都有一些属性，消费者对每一属性实际达到了何种水准给予评价，然后将这些评价连贯起来，就构成了他对该品牌优劣程度总的看法，即他对该品牌的信念。

（3）效用要求。指消费者对该品牌每一属性的效用功能应当达到何种水准的要求。或者说，该品牌每一属性的效用功能必须达到何种水准他才会接受。

（4）评价模式。明确了上述三个问题后，消费者就会有意无意地运用一些评价方法对不同的品牌进行评价和选择。

4. 购买决策

消费者经过产品评估后会形成一种购买意向，但是不一定导致实际购买，从购买意向到实际购买还有以下因素介入其中：

（1）他人态度。他人态度的影响力取决于三个因素：①他人否定态度的强烈程度。否定态度越强烈，影响力越大。②他人与消费者的关系。关系越亲密，影响力越大。③他人的权威性。他人对此类产品的专业水准越高，则影响力越大。

（2）意外因素。消费者购买意向是以一些预期条件为基础形成的，如预期收入、预期价格、预期质量、预期服务等。如果这些预期条件受到一些意外因素的影响而发生变化，购买意向就可能改变。例如，预期的奖金收入没有得到，原定的商品价格突然提高，购买时销售人员态度恶劣等都可能导致顾客购买意向的改变。

5. 购后行为

产品卖出以后，营销者的任务并没有结束。购买产品以后，消费者将觉得满意或者是不满意，并且会开始采取与营销者利益相关的购后行为。什么因素决定了消费者对一次购买是满意还是不满意呢？答案在于消费者的期望和产品的感知表现之间的关系。如果产品没有达到预期，消费者就会失望；如果能同预期相符，消费者就会满意；如果超出预期，消费者就会非常喜悦。

预期和表现之间的差距越大，消费者就会越不满意。这就要求销售者必须在产品实际性能的基础上进行诚实的宣传，这样消费者才会满意。一些销售者甚至会刻意保守地宣传产品的性能水平来增加消费者的满意感。

（三）购买动机

购买动机是使消费者做出购买某种商品决策的内在驱动力，是引起购买行为的前提，也就是引起行为的缘由。有什么样的动机就有什么样的行为。

如图 4－4 所示，动机分为两类：第一类是生理性的，如前面提到的，肚子饿了会产生对食物的需要，口渴了会产生对水的需要。这些都属于生理需要，企业改变不了，也不是营销研究的对象，而只能去适应它。第二类是心理性的。顾客想不想买，是可以通过营销努力来改变的。这是我们研究的重点。

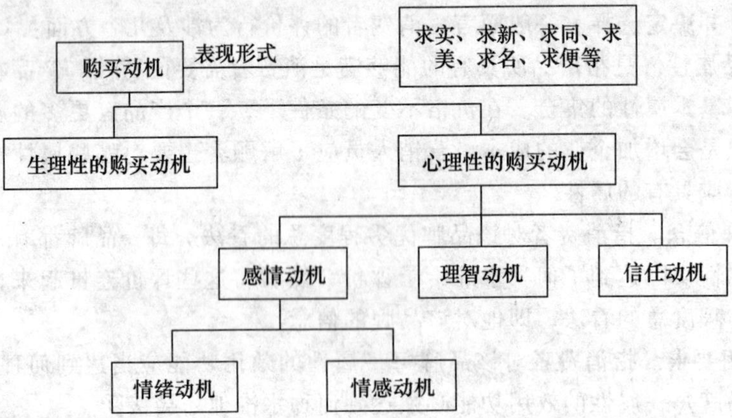

图 4－4　消费者购买动机示意图

心理性购买动机可以分为三种——感情动机、理智动机、信任动机（如图 4－4 所示）。

1. 感情动机

感情动机就是由人的感情需要而引发的购买欲望。感情动机可以细分为两种情况：一种是情绪动机，另一种是情感动机。情绪动机是由人们情绪的喜、怒、哀、乐的变化所引起的购买欲望。针对这种购买动机，在促销时就要营造顾客可以接受的情绪背景。情感动机就是由人们的道德感、友谊感等情感需要所引发的动机。比如说，为了友谊的需要而购买礼品，用于馈赠亲朋好友等。

2. 理智动机

理智动机就是消费者对某种商品有了清醒的了解和认知，在对这个商品比较熟悉的基础上所进行的理性抉择和做出的购买行为。拥有理智动机的往往是那些具有比较丰富的生活阅历、有一定的文化修养、比较成熟的中年人。他们在生活实践中养成了爱思考的习惯，并把这种习惯转化到商品的购买当中。正如很多小商小贩说的，现在最难对付的就是中年妇女。

3. 信任动机

信任动机就是基于对某个品牌、某个产品或者某个企业的信任所产生的重复性的购买动机。

具体而言，在现实经济生活中，这三种动机还呈现出一些不同的表现形式，如求实、求新、求同、求美、求名、求便等。这些不同的购买动机带来不同的购买行为，企业应该根据消费者的动机来了解他的购买行为，按照他的购买行为来进行营销决策。

第二节 产业市场行为分析

一、产业市场的概念和类型

产业市场也称工业品市场或生产资料市场，它是组织市场的一个组成部分。它是由这样的个体和组织所构成：它们采购货物或劳务的目的是为了加工生产其他产品供出售或出租，以从中获利。换言之，这个市场购买者的目的是为了通过加工来盈利，而不是为了个人消费。组成产业市场的主要行业是农业、林业、渔业、采矿业、制造业、建筑业、运输业、通信业、公共事业、金融业、服务业。

二、产业市场的特点

在某些方面，产业市场与消费者市场具有相似性，两者都有人为满足某种需要而担当购买者角色、制定购买决策等共同点。然而，产业市场在市场结构与需求、购买单位、决策类型与决策过程及其他各方面，又与消费者市场有着明显差异。与消费者市场相比，产业市场具有以下主要特征：

（1）产业市场和消费者市场比较，产业市场上购买者的数量较少，购买者的规模较大。在消费者市场上，购买者是消费者个人或家庭，购买者必然为数众多，但规模很小。在产业市场上，购买者绝大多数都是企业单位，购买者的数目必然比消费者市场少得多，购买者的规模也必然大得多。而且，由于企业的主要设备若干年才买一次，原材料、零配件则根据供货合同定期供应。为了保证企业生产的顺利进行，企业总是要保证合理的储备，因此，每一次总是批量采购，而且在产业市场上的绝大部分产品都是由少数几个买主购买。另外，由于资本和生产集中，许多行业的产业市场都由少数几家或一家大公司的大买主所垄断。例如，美国固特异轮胎公司在产业市场上的购买者主要是通用汽车公司、福特汽车公司、克莱斯勒汽车公司和美国汽车公司；在消费者市场上，它的购买者是1亿多汽车所有者。

（2）产业市场上的购买者往往集中在少数地区。如美国半数以上的产业购买者都集中在纽约、加利福尼亚、宾夕法尼亚、伊利诺伊、俄亥俄、新泽西和密执安这七个州（石油、橡胶、钢铁工业企业在地区上更为集中）。农产品的产地也很集中，大部分农产品都是由少数几个州生产的（烟草、柑橘等农产品的产区更为集中）。正因为这样，企业把产业用品卖给产业购买者的费用就可以降低。在我国，工业客户主要集中在东北、华北、东南沿海一带。

(3) 产业市场的需求是引申需求。这就是说，产业购买者对产业用品的需求，归根结底是从消费者对消费品的需求引申出来的。例如，兽皮商将兽皮卖给制革商，制革商把皮革卖给制鞋商，制鞋商把皮鞋卖给批发商，批发商把皮鞋转卖给零售商，零售商将皮鞋销售给消费者。制革商要购买兽皮，制鞋商要购买皮革，归根结底是因为消费者要去鞋店（零售商那里）购买皮鞋。如果消费者不需要皮鞋，就必然会引起连锁反应：零售商不会向批发商购买皮鞋，批发商不会向制鞋商购买皮鞋，而制鞋商也就不会向制革商购买皮革，制革商也就不会向兽皮商购买兽皮。

(4) 产业市场的需求是缺乏弹性的需求。在产业市场上，产业购买者对产业用品和劳务的需求受价格变动的影响不大。如汽车生产者不会因为汽车轮胎的涨价而少购进轮胎。造成这种现象的主要原因是产业市场的需求取决于其生产工艺过程与生产特点，企业在短期内不可能很快变更其生产方式和产品种类。又如，如果皮革的价格下降，制鞋商不会购买很多的皮革，除非：①皮鞋成本是制鞋成本的主要部分；②制鞋商要大幅度降低皮鞋价格；③消费者要购买更多皮鞋。如果皮革价格上涨，制鞋商也不会大量减少皮革的购买量，除非：①制鞋商发现了节省原料的方法；②制鞋商发现了皮革的代用品。此外，如果原材料的价值很小，这种原材料成本在制成品的整个成本中所占的比重很小，那么这种原材料的需求也缺乏弹性。如假设金属鞋眼的价格上涨了，这不会影响金属鞋眼的需求水平。但是，在这种情况下，制鞋商要看哪个金属鞋眼制造商的产品较为价廉物美，然后决定从哪里进货。

(5) 产业市场的需求是波动的需求。产业购买者对于产业用品和劳务的需求比消费者的需求更容易发生变化。在现代市场经济条件下，工厂设备等资本货物的行情波动会加速原料的行情波动。如上所说，产业市场的需求是“引申需求”。消费者需求的少量增加能导致产业购买者需求的大大增加。这种必然性，西方经济学者称之为“加速理论”。有时消费者需求只增减10%，就能使下期产业购买者需求出现200%的增减。因为产业市场的需求变化很大，所以生产产业用品的企业往往实行多元化经营，尽可能增加产品品种，扩大企业经营范围，以减少风险。

(6) 专业人员购买。由于产业用品特别是主要设备的技术性强，企业通常都雇有经过训练的、内行的专业人员负责采购工作。企业采购主要设备的工作较复杂，参与决策的人员比消费者市场要多，决策过程更为规范，通常由若干技术专家和最高管理层组成采购委员会领导采购工作。

(7) 直接购买。产业购买者往往向生产者直接采购所需产业用品（特别是那些单价高、有高度技术性的机器设备），而不通过中间商采购。

(8) 互惠。产业购买者往往这样选择供应商：“你买我的产品，我就买你的产品。”这种习惯的做法叫互惠。互惠有时表现为三角形或多角形。例如，假设有A、B、C三家公司，C是A的顾客，A就可能提出这种互惠条件：如果B购买C的产品，A就购买B的产品。

(9) 产业购买者往往通过租赁方式取得产业用品。机器设备、车辆、飞机等产业用品单价高，用户通常需要融资才能购买，而且技术设备更新快，因此企业所需要的机器设备等有越来越多的部分不采取完全购买方式，而是通过租赁方式取得。

三、产业购买者行为分析

（一）购买过程的特点

购买过程主要体现以下几方面的特点：

（1）供求谈判时间长。工业品的购买涉及厂房、建筑、能源、机器、设备、交通工具、各种规格型号的原材料、各种辅助设备、标准件等，投入的资金大，有的设备使用时间长，购买者不仅要考虑设备的物质寿命，而且要考虑技术寿命和经济寿命，导致谈判协商时间长。

（2）高尖技术设备和定制设备的购买，一般是供需直接见面。因为需要根据购买者提出的技术要求进行设计和制造。

（3）原材料及次要的小设备、标准件，一般通过批发商或零售商购买。

（4）购买次数较少。如设备一次购入，使用多年；原材料、标准件按企业预先制定的经济订购批量和采购次数进行采购或一次合同分批分期交货；生产者客户比消费者客户要少。

（5）需要提供产品服务。有部分工业产品，如大型设备、工业锅炉等的购买需要提供技术服务，为购买者提供安装、维修、操作培训等多方面服务，才能激发购买者的购买动机。

（6）在工业品的质量和供应时间上有一定的要求。工业品的质量直接影响着生产者产品的质量，工业品的质量要符合化学的、物理的性能要求。供应时间是保证生产者进行正常生产经营的条件，既不能推迟，也不能过早。

（7）生产者购买决策复杂。工业品的购买不是由采购人员一人所能决定的，它通常要根据计划提出的品种、规格、型号、材质、数量和期限购买物资，有关技术要求、货款的支付还要同主管领导、工程技术人员、财会人员和厂长商榷之后才能最后决定。

除此之外，还有购买的批量大、金额大等特点。生产者购买比消费者购买要复杂得多。

（二）购买行为的特点

产业购买者的购买行为有其自身的特点，主要体现为：

（1）购买的目的性。生产者购买的目的是为了生产出市场需要的产品。要根据市场的需求量确定生产量，进而决定所需购买的数量。采购的物资既不能多，也不能少，否则会影响生产者的经济效益。

（2）购买的理智性。生产者所购买的工业品必须考虑质量、品种、规格、价格、供货期及售后服务。如果某几种工业品质量与功能相似，生产者会购买价格低的产品；在质量上，则需购买符合技术特性要求的生产设备和原材料。生产者的购买是技术性很强的理智性业务活动，涉及由生产者的产品质量而引起的人身安全、假冒伪劣产品等法律问题，不可轻易购买。

（3）购买的组织性。购买的组织性是指企业内部的组织体系。生产者的购买要根据每个购买组织自己的目标、政策、程序、组织结构及组织系统的要求而进行。营销者应当了解生产者（购买者）企业组织体系结构，了解有多少人参加购买决策，哪些人参加购买决策，购买标准是什么，购买企业有哪些政策会影响购买行为。

（4）个人动机性。因为参加购买决策的每一个人的年龄、收入、受教育程度、职业、个性及对风险的态度不同，导致每个人的购买动机不同。营销者要善于抓住和引导正确动机，使营销顺利成功。

（5）购买的环境性。生产者购买时受当时的经济、技术、政治环境及文化、竞争环境的影响，其中最主要的是经济、技术环境，也就是经济、技术前景因素的影响。当代，科技飞速发展，产品更新换代常常在3～5年，生产者怕购回的工业品是即将换代产品，或是即将降价的处理品。营销者要恰如其分地介绍有关经济技术的前景，便于加速销售。

（三）影响生产者购买行为的因素

同消费者购买行为一样，生产者的购买行为也同样会受到各种因素的影响。美国的韦伯斯特和温德将影响生产者购买行为的各种因素概括为四个主要因素，即环境因素、组织因素、人际因素和个人因素。

1. 环境因素

在影响生产者购买行为的诸多因素中，经济环境是主要的。生产资料购买者受当前经济状况和预期经济状况的严重影响，当经济不景气或前景不佳时，生产者就会缩减投资，减少采购，压缩原材料的库存和采购。此外，生产资料购买者也受科技、政治和竞争发展的影响。营销者要密切关注这些环境因素的作用，力争将问题变成机遇。

2. 组织因素

每个企业的采购部门都会有自己的目标、政策、工作程序和组织结构。产业营销者应了解并掌握购买者企业内部的采购部门在它的企业里处于什么地位——是一般的参谋部门，还是专业职能部门；它们的购买决策权是集中决定还是分散决定；在决定购买的过程中，哪些部门参与最后的决策等。只有对这些问题做到心中有数，才能使自己的营销有的放矢。

3. 人际因素

生产资料购买的决定，是由公司各个部门和各个不同层次的人员组成的“采购中心”作出的。“采购中心”的成员由质量管理者、采购申请者、财务主管者、工程技术人员等组成。这些成员的地位不同、权力有异、说服力有区别，他们之间的关系亦有所不同，而且对生产资料的采购决定所起的作用也不同，因而在购买决定上呈现较纷繁复杂的人际关系。

4. 个人因素

产业市场的购买行为虽为理性活动，但参加采购决策的仍然是一个具体的人，而每个人在作出决定和采取行动时，都不可避免地受其年龄、收入、所受教育、职位和个人特性以及对风险的态度的影响。因此，营销人员应了解产业市场采购员的个人情况，以便采取“因人而异”的营销措施。

（四）生产者购买决策

1. 购买决策的参与者

产业用品供货企业不仅要了解谁在市场上购买和产业市场的特点，而且要了解谁参与产业购买者的购买决策过程，他们在购买决策过程中充当什么角色，起什么作用，也就是说要了解其顾客的采购组织。

各企业采购组织有所不同。小企业只有几个采购人员，大公司有很大的采购部门，由一位副总裁主管。有些公司的采购经理有权决定采购什么规格的产品、由谁供应；有些采购经理只负责把订货单交给供应商。通常，采购经理只对小产业用品有决策权，至于主要设备的采购，采购经理只能按照决策者的意图办事。

在任何一个企业中，除了专职的采购人员之外，还有一些其他人员也参与购买决策过程。所有参与购买决策过程的人员构成采购组织的决策单位，营销学称之为“采购中心”。企业的“采购中心”一般由下列五种人组成：

（1）使用者。即具体使用欲购买的某种产业用品的人员。公司要购买实验室用的电脑，其使用者是实验室的技术人员；要购买打字机，其使用者是办公室的秘书。使用者往往是最初提出购买某种产业用品意见的人，他们在计划购买产品的品种、规格中起着重要作用。

（2）影响者。这是从企业的内部和外部直接或间接影响购买决策的人。他们常协助企业确定产品规格。在众多的影响者中，企业外部的咨询机构和企业内部的技术人员影响最大。

（3）采购者。指企业中具体执行采购决定的人。他们是企业里有组织采购工作正式职权的人员，其主要任务是交易谈判和选择供应者。在较复杂的采购工作中，采购者还包括企业的高层管理人员。

（4）决定者。指企业里有权决定购买产品和供应者的人。在通常的采购中，采购者就是决定者。而在复杂的采购中，决定者通常是公司的主管。

（5）控制者。指控制企业外界信息流向的人，诸如采购代理商、技术人员、秘书等，他们可以阻止供应者的推销人员与使用者和决定者见面。

应该指出的是，并不是所有的企业采购任何产品都必须上述五种人员参加决策。一个企业的采购中心的规模和参加的人员，会因欲购产品种类的不同和企业自身规模的大小及企业组织结构不同而有所区别。如企业欲购一部传真机和买一部普通电话，前者由于技术性强，价格较高，因而参与决策的人较多，采购中心的规模较大，而后者因其技术性和价格都没有其特殊之处，属普通购买，因此其决策者可能就是采购者，采购中心的人员较少，规模亦较小。在一些企业，采购的中心成员只有一人或几人，而另一些企业则由数人或数十人组成，有的企业还设有专管采购的副总裁。

对生产资料供应者的营销人员来说，关键是了解一个企业的采购中心的组成人员，他们各自所具有的相对决定权，以及采购中心的决策方式，以便采取富有针对性的营销措施。供货企业的营销人员必须了解谁是主要的决策参与者，以便影响最有影响力的重要人物。对采购中心成员较多的企业，营销人员可以只针对几个主要成员做工作，如果本企业的实力较强，则可采取分层次、分轻重、层层推进、步步深入的营销方针。

2. 购买决策的过程

生产消费者和生活消费者一样，也有决策过程，供货企业的最高管理层和营销人员还要了解其顾客购买过程的各个阶段的情况，并采取适当措施，以适应顾客在各个阶段的需要，才能成为现实的卖主。产业购买者购买过程的阶段多少，也取决于产业购买者购买情况的复杂程度。在直接重购这种最简单的购买情况下，产业购买者的购买过程的阶段最少；在修正重购情况下，购买过程的阶段多一些；而在新购这种最复杂的情况下，购买过程的阶段最多，要经过八个阶段。

(1) 提出需求。提出需求是生产者购买决策过程的起点。需求的提出，既可以是内部的刺激，也可以是外部的刺激引起的。如内部的刺激，或因企业决定生产新产品，需要新的设备和原材料；或因存货水平开始下降，需要购进生产资料；或因发现过去采购的原料质量不好，需更换供应者。外部刺激诸如商品广告、营销人员的上门推销等，使采购人员发现了质量更好价格更低的产品，促使他们提出采购需求。

(2) 确定需求。指确定所需产品的数量和规格。简单的采购，由采购人员直接决定，而复杂的采购，则须由企业内部的使用者和工程技术人员共同决定。包括对设备的确认需求。为生产某种新产品，提高某种老产品的质量、产量或降低消耗，经研究需购置某种设备，并已被厂务会批准购置若干台。对原材料、标准件的确认需求。根据企业计划产量和定额资料可以确定某种原材料、标准件的需要量，再查阅该物资的库存量，进而确定需购买的数量。

企业的采购组织确定需要以后，要指定专家小组，对所需品种进行价值分析，作出详细的技术说明。价值分析是美国通用电气公司采购经理迈尔斯 1947 年发明的。1954 年美国国防部开始采用价值分析技术，并改称之为价值工程。价值分析中所说的“价值”，是指某种产品的“功能”与这种产品所耗费的资源（即成本或费用）之间的比例关系，也就是经营效益（或经营效果）。其公式为：

$$V（价值）=F/C$$

公式中的 F（功能）是指产品的用途、效用、作用，也就是产品的使用价值；C 为成本或费用。

(3) 产品规格。指由专业技术人员对所需产品的规格、型号、功能等技术指标作具体分析，并作出详细的说明，供采购人员作参考。在对产品进行分析时，一般采用价值分析法。企业通过对某一产品的价值分析，明确某产品可能产生的经济效益，从而为采购者选购产品作指南。

(4) 物色供应商。为了选购满意的产品，采购人员要通过工商企业名录等途径，物色服务周到、产品质量高、声誉好的供应商。生产者对所需原材料、标准件及外协件的供应者，必须做深入的调查、了解、分析和比较后才能确定。对原材料、标准件供应商，主要从产品的质量、价格、信誉及售后服务方面进行分析、比较。对大批量外协件供应商的了解内容除上述的几个方面外，还必须深入到提供外协件的各企业内部，调查了解该企业的生产技术检验水平及企业管理的能力，经分析、比较后再确定。供货企业应通过促销等信息交流方式，努力提高企业在市场上的知名度。

(5) 征求建议。对已物色的多个候选供应商，购买者应请他们提交供应建议书，尤其是对价值高、价格贵的产品，还应该要求他们写出详细的说明。对经过筛选后留下的供应商，要他们提出正式的说明。因此，供应商的营销人员应根据市场情况，写出实事求是而又能别出心裁、打动人心的产品说明，力求全面而形象地表达所推销产品的优点和特性，力争在众多的竞争者中获得成功。

(6) 选择供应商。在收到多个供应商的有关资料后，采购者将根据资料选择比较满意的供应商。在选择供应商时，不仅要考虑其技术能力，还要考虑其能否及时供货，能否提供必要的服务。其遴选的主要条件是：交货快慢、产品质量、产品价格、企业信誉、产品品种、技术能力和生产设备、服务质量、付款结算方式、财务状况和地理位置。

根据上述条件遴选出数个供应商，企业在最后确定供应商之前，有时还要和供应商面谈，争取更优惠的条件。不少企业最后确定的供应商，不限于一个，其目的在于：一方面有多个供应商，以免受制于人；另一方面，也可以通过几个供应商的竞争，促使他们改进服务质量。当然，企业在确定的几个供应商中，必定要以一个为主，其他几个为辅。比如购买者最后确定了三个供应商，便向为主的供应商购买所需产品总量的60%，向为辅的两个供应商分别购买所需产品总量的30%和10%。

（7）发出正式订单。企业的采购中心最后选定供应商以后，第七步是采购经理开订货单给选定的供应商，在订货单上列举技术说明、需要数量、期望交货期等。现在许多企业日趋采用“一揽子合同”，即和某一供应商建立长期的供货关系，这个供应商允许只要购买者需要购买时，供应商就会按原定的价格条件及时供货。这种“一揽子合同”给供求双方都带来了方便。对采购者而言，不但减少了多次购买签约的麻烦和由此增加的费用，也减轻了库存的压力——因为这一“合同”，实际上购买者将存货放在了供应商的库里。如果需要进货时，只需用计算机自动打印或电传一份订单给供应商。因此“一揽子合同”又称之为“无库存采购计划”。就供应商而言，他的产品有了固定的销路，减轻了竞争的压力。

（8）绩效评价。产品购进后，采购者还会及时向使用者了解其对产品的评价，考察各个供应商的履约情况，并根据了解和考察的结果，决定今后是否继续采购某供应商的产品。为此，供应商在产品销售出去以后，要加强追踪调查和售后服务，以赢得采购者的信任，保持长久的供求关系。同时，对本次购买活动进行总结。有两个方面的内容：一方面对购买的工业品的质量要验证，看是否符合明细表和设计图纸的要求；另一方面对所付出的购买金额和差旅费等进行分析，是超出还是节余，查明原因，以利继续购买或改换供应单位。

第三节 其他组织购买行为研究

各种形式的组织往往也是企业产品和服务的主要购买者。组织市场是以某种正规组织为购买者所构成的市场。组织市场主要包括：中间商市场、政府市场和非营利性组织市场。

（1）中间商市场，也被称之为转卖者市场，是指购买产品用于转售或租赁以获取利润的单位和个人，包括批发商和零售商。

（2）政府市场是指各级政府为执行政府职能而购买或租用产品的市场。各级政府通过税收、财政预算掌握了相当部分的国民收入，形成了潜力极大的政府采购市场。

（3）非营利性组织是指所有不以营利为目的、不从事营利性活动的组织。我国通常把非营利性组织称之为“机关团体或事业单位”。非营利性组织市场是指为了维持正常运作和履行职能而购买产品和服务的各类其他非营利性组织所构成的市场。

一、中间商市场

（一）中间商的购买类型

（1）新产品采购。指中间商对是否购进以及向谁购进以前未经营过的某一新产品作出决策。即首先考虑“买”与“不买”，然后再考虑“向谁购买”。中间商会通过对该产品的进价、售价、市场需求和市场风险等因素分析后作出决定。

（2）最佳供应商选择。指中间商已经确定需要购进的产品，在寻求最合适的供应商。这种购买类型的发生往往与下列情况有关：各种品牌货源充裕，但是中间商缺乏足够的经营场地，只能选择经营某些品牌。若中间商打算用自创的品牌销售产品，则选择愿意为自己制造定牌产品的生产企业。

（3）改善交易条件的采购。指中间商希望现有的供应商在原交易条件上再做些让步，使自己得到更多的利益。如果同类产品的供应增多或其他供应商提出了更有诱惑力的价格或供货条件，中间商就会要求现有供应商加大折扣、增加服务或给予信贷优惠等。他们并不想更换供应商，但是会作为一种施加压力的手段。

（4）直接重购。指中间商的采购部门按照过去的订货目录和交易条件继续向原先的供应商购买产品。中间商会对以往的供应商进行评估，选择感到满意的作为直接重购的供应商，在商品库存低于规定水平时就按照常规续购。

（二）中间商购买过程的参与者

中间商购买过程参与者的多少与商店规模和类型有关。在大公司里，有专人或专门的组织从事采购工作，重要的项目有更高层次和更多的人员参与。这些人和组织分别扮演着七种角色中的一种或几种。虽然不同类型的中间商如百货公司、超级市场、杂货批发商等采购方式不同，同类中间商的采购方式也有差别，但是其中也有很多共性。以连锁超市为例，参与购买过程的人员和组织主要包括：

1. 商品经理

商品经理是连锁超市公司总部的专职采购人员，分别负责各类商品的采购任务，收集同类产品不同品牌的信息，选择适当的品种和品牌。有些商品经理被赋予较大的权力，可以自行决定接受或拒绝某种新产品或新品牌。有些商品经理权力较小，只是负责审查等，然后向公司的采购委员会提出接受或拒绝的建议。

2. 采购委员会

采购委员会通常由公司总部的各部门经理和商品经理组成，负责审查商品经理提出的新产品采购建议，作出购买与否的决策。由于商品经理控制信息和提出建议，事实上具有决定性作用。采购委员会只是起到平衡各种意见的作用，在新产品评估和购买决策方面产生重要影响，并代替商品经理向供应商提出购买的理由，充当两者之间的调节者。

3. 分店经理

分店经理是连锁超市下属各分店的负责人，掌握着分店一级的采购权。美国连锁超市各个分店的货源有2/3是由分店经理自行决定采购的。即使某种产品被连锁公司总部的采购委员会接受，也不一定被各个分店接受，这就加大了制造商的推销难度。

（三）中间商购买决策过程

中间商完整的购买过程分为八个阶段，即认识需要、确定需要、说明需要、物色供应商、征求供应建议书、选择供应商、签订合约和绩效评价。

1. 认识需要

认识需要是指中间商认识自己的需要，明确所要解决的问题。认识需要可以由内在刺激和外在刺激引起。内在刺激是指中间商通过销售业绩分析，认为目前经营的品种陈旧落后，不适应市场需求潮流，从而主动寻求购进新产品，改善产品结构。外在刺激是指中间商在采购人员通过广告、展销会、供应商的推销人员或消费者等途径了解到有更加适销对路的新产品，产生购买欲望。

2. 确定需要

确定需要是指中间商根据产品组合策略确定购进产品的品牌规格和数量。批发商和零售商的产品组合策略主要有四种。

（1）独家产品。即所销售的不同花色品种的同类产品都是同一品牌或同一厂家生产。

（2）深度产品。即所销售的不同花色品种的同类产品是由不同品牌或不同厂家搭配而成。

（3）广度产品。即经营某一行业的多系列多品种的产品。如电器商店经营电视机、电冰箱、洗衣机、收录机、VCD、DVD 等。

（4）混合产品。即跨行业经营多种互不相关的产品。例如某商店经营电视机、电冰箱、服装、食品、鞋帽等。

3. 说明需要

说明所购买产品的品种、规格、质量、价格、数量和购进时间，写出详细的采购说明书，作为采购人员的采购依据。中间商为了减少"买进卖出"带来的风险，对产品购进时间的要求极其严格，或者要求立即购进以赶上消费潮流，或者把购进时间一拖再拖以看清消费趋向。中间商决定购买数量的主要依据是现在的存货水平、预期的需求水平和成本/效益的比较。当大量进货能够获得较大折扣时，则大量进货；当小量进货能够减少存货成本时，则小量进货。供应商应了解中间商的购买意图，采取相应的营销策略。

4. 物色供应商

采购人员根据采购说明书的要求通过多种途径收集信息，寻找最佳供应商。

如果新产品采购或所需品种复杂，这项工作量就大些。

5. 征求供应建议书

邀请合格的供应商提交供应建议书，筛选后留下少数选择对象。

6. 选择供应商

采购部门和决策部门分析评价供应建议书，确定所购产品的供应商。中间商的购买多属专家购买、理性购买，希望从供应商那里得到最大限度的优惠条件。选择供应商主要考虑的因素是：有强烈的合作欲望和良好的合作态度；产品质量可靠，适销对路，与本店的经营风格一致；价格低廉，折扣大，可以推迟付款；信用保证，减少中间商进货风险，补偿因商品滞销、跌价而产生的损失；交货及时；给予广告支持或广告津贴；提供完善的售后服务，有专门的维修点，可以退换有缺陷破损的商品，遇到顾客投诉或产品质量事故等纠纷无条件地承担责任等。

7. 签订合约

中间商根据采购说明书和有关交易条件与供应商签订订单。他们也倾向于签订长期有效的合同，以保证货源稳定，供货及时，减少库存成本。

8. 绩效评价

中间商对各个供应商的绩效、信誉、合作诚意等因素进行评价，以决定下一步是否继续合作。

（四）影响中间商购买行为的主要因素

中间商的购买行为也受到环境因素、组织因素、人际因素和个人因素的影响。此外，采购者个人的购买风格的影响也不可忽视。狄克森（Roger A. Dickinson）把采购者个人的购买风格分为七类。

（1）忠诚的采购者。指长期忠实地从某一供应商处进货的采购者。这种采购者对供应商是最有利的，供应商应当分析能够使采购者保持“忠实”的原因，采取有效的措施使现有的忠实采购者保持忠实，将其他采购者转变为忠实的采购者。

（2）随机型采购者。这类采购者事先选择若干符合采购要求、满足自己长期利益的供应商，然后随机地确定交易对象并经常更换。他们喜欢变换和不断地尝试，对任一供应商都没有长期的合作关系和感情基础，也不认为某一供应商的产品和交易条件优于他人。对于这类采购者，供应商在保证产品质量的前提下提供理想的交易条件，同时增进交流，帮助解决业务的和个人的有关困难，加强感情投资，使之成为忠实的采购者。

（3）最佳交易采购者。指力图在一定时间和场合中实现最佳交易条件的采购者。这类采购者在与某一供应商保持业务关系的同时，还会不断地收集其他供应商的信息，一旦发现产品或交易条件更佳的供应商，就立即转换购买。他们一般不会成为某一供应商的长期顾客，除非该供应商始终保持其他竞争对手无法比拟的交易条件。这类采购者的购买行为理智性强，不太受情感因素支配，供应商若单纯依靠感情投资来强化联系则难以奏效，最重要的是提供比竞争对手更多的利益。

（4）创造性的采购者。指经常对交易条件提出一些创造性的想法并要求供应商接受的采购者。这类采购者有思想，爱动脑，喜欢创新，常常提出一些新的尝试性的交易办法，在执行决策部门制定的采购方案时，最大限度地利用自己的权限，按照自己的想法去做。对于交易中的矛盾分歧能提出多种解决方案以使双方接受，如果实在无法调和，则更换供应商。对于这类采购者，供应商要给予充分尊重，对好的想法给予鼓励和配合，不成熟的想法也不要讥笑，在不损害自己根本利益的前提下，要尽可能地接受他们的意见和想法。

（5）追求广告支持的采购者。指把获得广告补贴作为每笔交易的一个组成部分，甚至是首要目标的采购者。这些要求符合买卖双方的利益，在力所能及或合理的限度内，供应商可考虑给予满足。

（6）斤斤计较的采购者。指每笔交易都反复地讨价还价，力图得到最大折扣的采购者。这类采购者只选择价格最低或折扣最大的供应商。与这类采购者打交道是比较困难的，让步太多则无利可图，让步太少则丢了生意。供应商在谈判过程中要有耐心和忍让的态度，以大量的事实和数据说明自己已经作出了最大限度的让步，争取达成交易。

（7）琐碎的采购者。这类采购者每次购买的总量不大，但品种繁多，重视不同品种的搭配，力图实现最佳的产品组合。供应商与这类采购者打交道会增加许多工作量，如算账、开单、包装和送货等，应当提供细致周到的服务，不能有丝毫厌烦之意。

二、政府市场

（一）政府市场的购买目的

政府采购的范围极其广泛，按照用途可以分为军事装备、通信设备、交通运输工具、办公用品、日常消费品、劳保福利用品和其他劳务需求等。政府采购的目的不像工商企业那样是为了营利，也不像消费者那样是为了满足生活需要，而是为了维护国家安全和社会公众的利益。具体的购买目的包括：加强国防与军事力量；维持政府的正常运转；稳定市场，政府有调控经济、调节供求、稳定物价的职能，常常支付大量的财政补贴以合理的价格购买和储存商品；对外国的商业性、政治性或人道性的援助。

（二）政府市场购买过程的参与者

各个国家、各级政府都设有采购组织，一般分为两大类：

（1）行政部门的购买组织。如国务院各部、委、局；省、直辖市、自治区所属各厅、局；市、县所属的各科、局等。这些机构的采购经费主要由财政部门拨款，各级政府机构的采购办公室具体经办。

（2）军事部门的购买组织。军事部门采购的军需品包括军事装备和一般军需品。各国军队都有国防部和国防后勤部，国防部主要采购军事装备，国防后勤部主要采购一般军需品。在我国，国防部负责重要军事装备的采购和分配，解放军总后勤部负责采购和分配一般军需品。此外，各大军区也设有后勤部负责采购军需品。

（三）影响政府购买行为的主要因素

与中间商市场一样，政府市场也受到环境因素、组织因素、人际因素和个人因素的影响，但在以下方面有所不同。

（1）受到政府公众的监督。虽然各国的政治经济制度不同，但是政府采购工作都受到各个方面的监督。主要的监督者包括：国家权力机关和政治协商会议；传播媒体；公民和民间团体。

（2）受到国际国内政治形势的影响。例如在国家安全受到威胁或出于某种原因发动对外战争时，军备开支和军需品需求变大；和平时期用于建设和社会福利的开支就大。

（3）受到国际国内经济形势的影响。经济疲软时期，政府会缩减支出，经济高涨时期则增加支出。国家经济形势不同，政府用于调控经济的支出也会随之增减。

（4）受到自然因素的影响。各类自然灾害会使政府用于救灾的资金和物资大量增加。

（四）政府购买方式

与其他非营利性组织一样，政府购买方式有公开招标选购、议价合约选购和日常性采购三种。其中公开招标是最主要的方式，政府要制定文件说明对所需产品的要求和对供应商能力与信誉的要求。议价合约的采购方式通常发生在复杂的购买项目中，往往涉及巨大的研究开发费用与风险。

由于政府支出受到公众的关注，为确保采购的正确性，政府采购组织会要求供应商准备大量的说明产品与性能的书面文件，决策过程可能涉及繁多的规章制度、复杂的决策程序、较长的时间、采购人员更换，因此受到一些供应商的抱怨。政府机构也会经常地采取改革措施简化采购过程，并把采购系统、采购程序和注意事项提供给供应商。供应商必须了解这个系统并投入相当的时间、资金和其他资源来制定有竞争力的标书。政府采购比较重视价格，供应商应当尽量通过降低成本来降低价格。有实力的供应商常预测政府需求，设计适当的产品和服务，以争取中标。

三、非营利性组织市场

（一）非营利性组织市场的类型

按照不同的职能，非营利性组织可分为三类：

（1）履行国家职能的非营利性组织。是指服务于国家和社会，以实现社会整体利益为目标的有关组织，包括各级政府和下属各部门、保卫国家安全的军队、保障社会公共安全的警察和消防队、管制和改造罪犯的监狱等。

（2）促进群体交流的非营利性组织。是指促进某群体内成员之间的交流，沟通思想和情感，宣传普及各种知识和观念，推动某项事业的发展，维护群体利益的各种组织，包括各种职业团体、业余团体、宗教组织、专业学会和行业协会等。

（3）提供社会服务的非营性组织。指为某些公众的特定需要提供服务的非营利性组织，包括学校、医院、红十字会、新闻机构、图书馆、博物馆、基金会、福利和慈善机构。

（二）非营利性组织的购买特点和方式

1. 非营利性组织的购买特点

（1）价格低廉。非营利性组织大多数不具有富裕的经费，在采购中要求商品价格低廉。政府采购用的是纳税人的钱，更会仔细计算，用较少的钱办较多的事。

（2）保证质量。非营利性组织购买商品不是为了转售，也不是使成本最小化，而是维持组织运行和履行组织职能，所购产品的质量和性能必须保证实现这一目的。

（3）受到控制。为了使有限的资金发挥更大的效用，非营利性组织采购人员受到较多的控制，只能按照规定的条件购买，缺乏自主性。

（4）程序复杂。非营利性组织购买过程的参与者多，程序也比较复杂。

2. 非营利性组织的购买方式

（1）公开招标选购。即非营利性组织的采购部门通过传播媒体发布广告或信函，说明拟采购商品的名称、规格、数量和有关要求。邀请供应商在规定的期限内投标。有意争取这笔业务的企业要在规定的时间内填写标书，密封后送交非营利性组织的采购部门。招标单位在规定的日期开标，选择报价最低且其他方面符合要求的供应商作为中标单位。采用这种方法，非营利性组织处于主动地位，供应商之间却会产生激烈竞争。

（2）议价合约选购。即非营利性组织的采购部门同时和若干供应商就某一采购项目的价格和有关交易条件展开谈判，最后与符合要求的供应商签订合同，达成交易。这种方式适用于复杂的工程项目，因为它们涉及重大的研究开发费用和风险。

（3）日常性采购。指非营利性组织为了维持日常办公和组织运行的需要而进行采购。这类采购金额较少，一般是即期付款，即期交货，如购买办公桌椅、纸张文具、小型办公设备等。

第五章　市场调查和预测

企业在营销过程中会遇到很多问题，同样也可能面临诸多机会，尤其是在当今竞争激烈的市场环境下，企业经营决策的正确与否将对企业的命运起到决定性作用。“没有调查就没有发言权”，市场调查与预测对企业经营决策制定起着重要的、不可替代的作用。市场调查与预测是市场情报反馈过程的一部分，可以向决策者提供关于市场及营销组合有效性的信息，同时市场调查与预测也是探索新的市场机会的基本工具，有利于企业识别最有利可图的市场机会。

第一节　营销信息系统

营销信息系统是一个由人员、机器设备和计算机程序所组成的相互作用的复合系统，它连续有序地收集、挑选、分析、评估和分配恰当的、及时的和准确的营销信息，为企业营销管理人员制订、改进、执行和控制营销计划提供依据。它由内部报告系统、营销情报系统、营销研究系统和营销决策支持系统组成（如图 5－1 所示）。

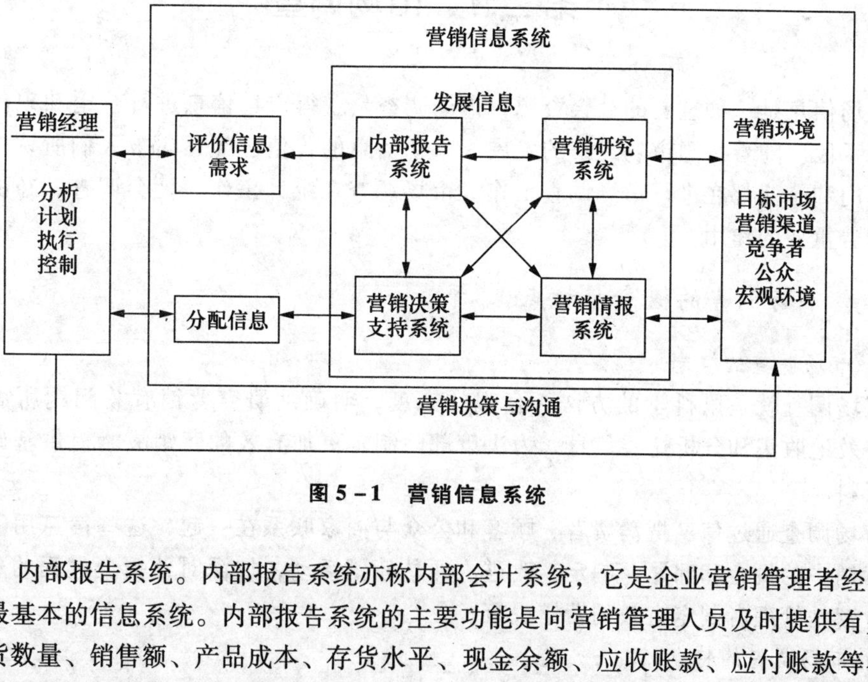

图 5－1　营销信息系统

（1）内部报告系统。内部报告系统亦称内部会计系统，它是企业营销管理者经常要使用的、最基本的信息系统。内部报告系统的主要功能是向营销管理人员及时提供有关企业内部订货数量、销售额、产品成本、存货水平、现金余额、应收账款、应付账款等各种反映企业经营状况的信息。通过对这些信息的分析，营销管理人员能够发现市场机会、找出管理中的问题，同时可以比较实际状况与预期水准之间的差异。其中订货、发货、开出收款账单这一循环是内部报告系统的核心。销售报告是营销管理人员最迫切需要的信息。

（2）营销情报系统。营销情报系统是指营销管理人员用以获得日常的有关企业外部营销环境发展趋势的恰当信息的一整套程序和来源。它的任务是利用各种方法收集、侦察和提供企业营销环境最新发展的信息。营销情报系统与内部报告系统的主要区别在于后者为营销管理人员提供事件发生以后的结果数据，而前者为营销管理人员提供正在发生和变化中的数据。

（3）营销研究系统。内部报告系统和营销情报系统的功能都是收集、传递和报告有关日常的和经常性的情报信息，但是企业有时候还需要经常对营销活动中出现的某些特定的问题进行研究。例如，企业希望测定某一产品广告的效果。营销研究系统的任务就是系统客观地识别、收集、分析和传递有关营销活动各方面的信息，提出与企业所面临的特定的营销问题有关的研究报告，以帮助营销管理者制定有效的营销决策。营销研究系统不同于营销信息系统，它主要侧重于企业营销活动中某些特定问题分析研究和提供解决的途径。

（4）营销决策支持系统。营销决策支持系统也称营销管理科学系统，它通过对复杂现象的统计分析、建立数学模型，帮助营销管理人员分析复杂的营销问题，做出最佳的营销决策。营销决策支持系统由两个部分组成，一个是统计库，另一个是模型库。其中统计库的功能是采用各种统计分析技术从大量数据中提取有意义的信息。模型库包含了由管理科学家建立的解决各种营销决策问题的数学模型，如新产品销售预测模型、广告预算模型、厂址选择模型、竞争策略模型、产品定价模型以及最佳营销组合模型等。

第二节　市场调查

市场信息是一种重要的社会资源，市场调查是获得市场信息进行营销和现代化管理的重要手段。随着我国市场经济的发展，市场信息的价值已经逐渐被人们所认知。许多经济部门和企业都在进行市场调查工作。市场调查在统计工作、社会调查、经济调查中都发挥着重要的作用。

一、市场调查的概念与特点

1. 市场调查的概念

市场调查就是以科学的方法、客观的态度，明确地研究营销有关问题所需要的信息，有效地收集和分析这些信息，为决策部门制定更加有效的营销战略提供基础性的数据和资料。

市场调查通过信息把消费者、顾客和公众与商家联系在一起，这些信息用于识别和定义营销中的机会和问题，制定、改进、评估营销活动，加深对营销全过程的理解，帮助企业营销管理者制定有效的营销决策。

2. 市场调查的特点

作为企业营销活动的基础，市场调查执行着自己特殊的职能和任务，市场调查主要包括以下几方面的特点：

(1) 系统性。市场调查是一项系统工程，有规范的操作程序，市场调查人员必须严格依照操作程序进行运作。

(2) 针对性。市场调查工作费时、费力，还要有费用的支出，所以调查工作不能盲目地进行，必须依据企业所要生产或经营的产品进行调查。即市场调查的针对性是由企业经营活动的目的性所决定的。

(3) 客观性。市场调查活动不能仅靠调查人员个人的经验或主观的猜测，应该以客观实际情况为依据，借助现代科学技术手段，采用正确的方法，经过一系列严密的程序，在科学分析的基础之上得出结论。

(4) 调查结果的不确定性。被调查者千变万化的心理状态会增加对市场调查结果进行分析的难度，如果市场调查人员仅仅根据那些可以找到的有关销售方面的统计数字来研究问题，所得的结果肯定与实际有差距。即使是考虑了消费者的心理因素，但由于顾客亲自购买时对商品的态度和选择与被调查时有意识的回答问题时的心理状态有所不同，也会导致调查结果与实际状况有所偏差。

(5) 时效性。由于市场是开放的，变化的。一定时期热销的产品会在一时无人问津，而滞销的产品很有可能在一段时期后再次成为热销的产品，所以必须考虑市场调查的时效性。

二、市场调查的内容

市场调查的内容是相当广泛的，但不同企业和不同的行业，相同的企业在不同的时期对市场调查的内容会因需要的不同而有所侧重和选择。一般来说，市场调查的内容主要涉及以下四个方面：社会环境调查、市场需求调查、产品调查、营销活动调查。

（一）社会环境调查

消费者的任何活动都离不开所处的社会环境，企业的生产经营活动也是一样。一个地区的社会环境是由政治、经济、文化、气候、地理等因素所组成。

1. 政治环境

(1) 政府的经济政策。一般来说，政府的经济政策是为了适应本国的经济条件和利益而制定的。在我国，由于各地区的生产力水平、经济发展程度的不同，政府对各地区的经济政策也不同，有些地区的经济政策宽松些，有的严格些；对行业也采取倾斜政策，对不同的行业采取不同的优惠、扶持或限制政策。

(2) 政治体制。这些方面的调查是进入国际市场的企业需要认真考虑的问题。外国的体制是否与本国相同，是资本主义还是社会主义，是民主制还是专制，其政党是多党制、一党制，还是两党轮流制。各派的政见不同、地位不同等，对国家的经济政策、法规的制定和实施都会产生影响。

(3) 政策的连续性和政府的稳定性。政策的连续性对于企业有一个良好的外部环境具有重要作用。政策随着时间和条件的改变会有所变化，但相对的稳定性是必需的。当地政府的稳定性直接影响对外经济政策的连续性，由于政府的不断更迭所引起的政策多变、换届政府不继续履行上届政府的诺言或政策等会直接影响外国投资的收回和利益。

2. 经济环境

(1) 经济发展水平。经济发展水平主要影响市场容量和市场需求结构，其增长快，就业人口就会相应增加。而失业率低，企业开工率高及经济形式的宽松，必然引起消费需求的增加和消费结构的改变；反之，需求量就会减少。

(2) 经济特征。它包括某一地区或国家的人口、收入、自然资源及经济基础等，这些因素都会在不同程度上影响市场。例如，某一地区或国家由于资源条件的不同，总是对缺乏的资源或产品产生需求；此外，重工业区、农业区等某种行业比较集中的地区，因其市场需求也有自己的特点，所以，某种产品的适用程度也会有所不同。

(3) 贸易政策和法规。国外市场的贸易政策和法规是进入国际市场的企业必须了解的。有关的贸易政策和法规包括该国的关税情况、配额分配情况、国内税收及货币管制措施等。

3. 文化环境

每一个地区或国家都有自己传统的思想意识、风俗习惯、思维方式、宗教信仰、价值观等，这些构成了该地区或国家的文化并直接影响人们的生活方式和消费习惯。在构成文化的诸多因素中，知识水平能影响人的需求构成及对产品的评判能力。价格便宜的产品在知识水平低的国家能找到很好的销路。在文化因素中，还有一个不容忽视的方面，即宗教信仰及传统的风俗习惯。营销活动应该尊重当地的宗教信仰，否则可能导致营销活动的失败。

4. 气候、地理环境

气候会影响消费者的饮食习惯、衣着、住房等。某种气候条件下，消费者的商品选择会带有一定的针对性，这种情况并不是人为因素造成的，所以同样的产品在不同的气候条件下，会有截然相反的需求状况，销售方面当然也会有很大的差别。地理因素也就是各地区的地理环境，如山区、平原、高原、江河湖海等。地理环境决定了地区之间资源、消费习惯分布状况结构及消费方式的不同，因而产品在不同的地理环境下适用程度和需求程度会有很大差别，从而引起销售量、销售结构及销售方式的不同。

(二) 市场需求调查

由于市场需求的大小制约着企业生产和经营的规模。需求变化，生产也会随之发生变化。市场需求的调查主要应侧重以下几方面：

1. 消费需求量调查

消费需求量直接决定市场规模的大小，除上面所提到的社会环境对需求量的影响作用之外，影响需求量的因素还有以下两方面：

(1) 货币收入。消费者需求数量的大小要取决于其货币收入的多少。在拥有一定货币收入的情况下，消费者才可能挑选和购买自己所需的商品。货币收入主要来自于以下几方面：

1) 劳动收入，如职工的工资收入、奖金；农民出售农产品所获得的收入；从事兼职工作所获得的工资以外的收入；有偿转让或出售自己的发明专利所获得的收入；等等。

2) 从财政信贷系统获得的收入，如助学金、奖学金、救济金和储蓄利息等。

3) 其他方面的来源，如股息收入、亲属的赠与、接受的遗产等。

(2) 人口数量。人口数量是计算需求量时必须考虑的因素。因为人口数量多，对商品的需求量就大。但在考察某一产品的市场销量可能有多大时，还需将人口因素与货币收入联系在一起。人口数量大并不一定意味着对所有产品的需求潜力大。在低工资、低收入或货币收入增长缓慢的情况下，尽管人口数量大，但对某种产品并不一定形成购买力。此外，在考虑人口数量时，也要把流动人口考虑进去，有些地区是人口流入量大于流出量，有些地区则相反。流动人口的比例大，需求量也就大，需求增长量也就多，所以这一因素是不能忽视的。

2. 消费结构调查

消费结构，是指消费者将货币收入用于不同商品的比例。它决定了消费者的消费投向，对消费者结构的调查主要包括以下几方面的内容：.

（1）人口构成。由于人口的性别、年龄、职业、文化程度、民族等的不同，其消费投向会有很大的差异。例如，就消费者的性别而言，女性消费者在美容、服装、零食的开销较大；而男性消费者则在烟酒、社交方面的开销较大。就年龄而言，儿童在食品玩具方面的支出占很大比重；青年则崇尚时髦和新奇的商品，对新产品的认可过程很快；老年人则更注重商品的实用性和营养、保健方面的功能。因此，在市场调查中，为了更准确地瞄准目标市场，必须把人口特征作为重要的调查内容来考虑，从中了解不同特征的消费者对商品的看法和偏好，以此为依据来确定应面对的消费群体，并针对这部分人的消费意愿进行产品的设计和营销活动。

（2）家庭规模和构成。家庭规模也就是家庭的人口数。家庭人口数多，对商品的需求量就大。但购买力的大小则要视就业人口在家庭总人口的比重而定。目前，我国家庭规模呈逐渐缩小的趋势，两个大人一个子女的家庭类型已具有普遍性。由于家庭人口不多，但两个人只负担一个孩子，所以这样的三口之家其购买力的潜力就很大，尤其是独生子女上的开销更大。此外，用于耐用消费品、奢侈品等方面的开支也在不断增加。

（3）收入增长状况。经济增长，收入水平也会随之相应增加。根据恩格尔系数所测算的消费结构的比重变化，当人们收入增加时，用于吃、穿方面的比重会逐渐下降，而用于住、用方面的开支会呈上升的趋势。

（4）商品供应状况以及价格变化。商品供应状况是指市场上商品的供应是否充足。当商品由于某种原因供应不足或限量供应时，消费者会将其消费投向转移到哪种产品上去呢？当商品价格提高到一定程度以后，消费者又会转移到哪种产品上？这种调查，一方面使企业了解由于供应和价格变动，会引起什么样的需求变动；另一方面也为那些生产替代产品的厂家提供了一定的参考依据。

3. 消费者行为调查

消费者是市场调查中较难把握，而又带有不确定性的因素。它受多方面因素影响，如消费者心理、性格、宗教信仰、文化程度、消费习惯、个人偏好和周围环境等。这些因素都可以在一定程度上促成消费者的购买行为。消费者行为调查就是要了解这些主客观因素及发展变化对消费者购买行为的影响。

（1）消费者心理需要。消费者心理需要是促成消费者购买行为的关键因素。消费者的心理需要表现为：习俗心理需要、同步心理需要、偏爱心理需要、经济心理需要、好奇心理需要、便利心理需要、美观心理需要、求名心理需要。在促成消费者发生购买行为的过程中，可能是一种也可能是几种心理需要发挥了作用，如果能抓住起关键作用的几种心理因素，在产品设计、外观包装、广告宣传等方面强化某种效果，就会达到促成购买、吸引顾客的目的。

（2）购买行为的类型。根据消费者购买行为的不同态度所进行的分类，主要包括：习惯型购买，即根据以往形成的习惯效仿他人的经验而决定购买，表现为长期惠顾于一种型号的商品或某家商场而不易受外界的干扰；理智型购买，即根据自己的经验和学识判别商品，对商品进行认真的分析、比较和衡量才做出决定，而且不愿意外人介入；感情型购买，即购买时因感情因素的支配，容易受到某种宣传和广告的吸引，经常以商品是否能符合感情的需要进行购买；冲动型购买，即消费者为商品的某一方面（商标、样式或价格）所强烈吸引，迅速做出购买决策，而不愿意对商品作反复的比较；经济型购买，即消费者从经济方面着眼考虑购买，特别是对价格非常敏感，购买高级商品以求好，购买低级商品以求廉的购买行为；随意型购买，即消费者缺乏购买经验，或随大溜或奉命购买，并乐于听取别人的指教。

（三）产品调查

对任何一家企业来说，产品必须要适合消费者的需求，才能促使消费者进行购买。然而这样还不够，还要使产品能够得到越来越多的消费者的认可并购买，这才称得上是成功的产品。推出一种成功的产品，既可以在原产品的基础上进行改良，也可以另创一种崭新的产品，究竟应采取哪种方法，这就需要对有关产品的诸多方面进行调查。

1. 产品的生产能力调查

生产能力与市场商品的可供量直接相关，同时也关系到企业产品未来发展的潜力，对生产能力的调查主要包括：

（1）原材料来源。是否能保证按时供应，充分供应。

（2）生产设施的现代化程度，机器设备的先进程度。

（3）技术水平情况。采用的是否是先进的技术，在同行业中技术水平处于什么样的地位。

（4）资金状况。生产成本与利润，贷款与自有资金的比例，负债情况，资金周转等。

（5）人员素质。包括管理人员、设计人员及实际操作人员的资历、学历和经验。

2. 产品实体调查

产品实体调查是对产品本身各种性能好坏程度所做的调查。它包括：

（1）产品的规格。会在不同的消费者中有不同的反应，对于一个特定的市场，产品规格必须适合当地人的习惯爱好。例如，有些市场需要产品的所有规格，越齐全越好，而有些市场可能只青睐某种或某几种规格。

（2）产品的颜色及图案。颜色在不同的地区会有不同的象征意义，人们对颜色的偏好也会因地制宜，而消费者对颜色的偏好会直接影响产品的销售。

（3）味道。不同消费者对产品味道的反应是多种多样的，在不同的地区，消费者会偏好不同的味道。所以人与人之间，地区与地区之间普遍存在对各种味道或口味的不同偏好。如果在这些方面不能符合消费者的需求，产品就可能出现滞销问题。

（4）式样和类型。对许多服装和日用品而言，式样和类型的要求在不同的地区也存在差异，如城市和农村之间、国家之间和地区之间等。此外，式样和类型也易于因时尚的改变而迅速发生变化，因此必须了解各地区之间存在的差异及未来可能发生的变化。

（5）原料。产品的原料构成会因地区、国家的不同而存在不同的需求。如有些国家喜爱纯天然原料制成的衣服；有些习惯于用混纺原料；有些国家或地区则喜欢用化纤作为原料，不同的需求和习惯会对某些商品产生不同的市场容量。

（6）产品的性能。产品的性能是消费者最为关注的问题之一。产品的耐用性、功率的大小、发热量、防水功能、能源损耗和方便保养等都是消费者在购买商品时会考虑的问题，但不同的消费者对产品的某个或某几个性能的关注程度会有很大的差异。有些消费者注重产品的耐用性，有些消费者关注的是维修是否方便，而有些消费者则关心功率及能源损耗方面的性能如何。

3. 产品包装调查

产品的包装应该既美观、结实，又便于运输和装卸。所以根据包装所起的作用，应该进行以下方面的调查。

（1）销售包装。针对包装所起的作用（详见第七章第二节），可在调查中查明：①包装与当地的推销环境是否一致，或是否显得突出。②消费者对何种图案或颜色有特殊的偏好。③在同类产品中顾客认为最好，最受欢迎的包装造型。④竞争产品的包装样式。⑤包装上是否需要详尽的说明。除此之外，也要对各地消费者对包装规格的要求进行调查。

对于工业品的包装，需要有下列调查内容：①包装是否易于储存、拆封。②包装是否牢固、便于运输。③包装是否便于识别商品。④外包装是否有利于再利用、回收等。

（2）运输包装。在运输过程中，商品包装是否能适应运输方式的要求以保证商品的使用价值不受损害、包装材料不破损；不同的运输工具要求什么样的包装形式。

（3）产品包装的附带性调查。是指针对产品包装上的商标和标签而言的。好的商标既有维护和传扬厂方名声的作用，也有独特、吸引人的作用。因此要做的调查包括：①商品名称和标志是否与其他产品相同或类似。②商品名称和标签在消费者心中的影响是否深刻。③商标名称是否与当地人的心理相协调。

4. 产品的生命周期调查

任何进入市场的产品都有其市场寿命，也被称之为产品的生命周期，它包括产品的引入期、增长期、成熟期和衰退期四个阶段。企业首先要明确自己所生产经营的产品处于生命周期的哪个阶段，所以需要在产品的销售量、利润率、经营者和消费者对产品的兴趣等方面进行调查。

例如，当产品处于引入期时，这时产品初次进入市场，带有一定的风险性，必须经消费者认可才能在市场上站住脚跟。此时，市场调查的重点应该是：①消费者选择此产品的动机；②消费者对此种产品价格的承受力；③市场上有无类似产品；④消费者对此种产品的需求程度；⑤产品的特殊优势。

5. 产品的价格调查

产品进入市场，必须要考虑成本与利润。制定产品价格的意义不仅在于弥补成本和费用支出，并获取利润，而且与竞争密切相关的价格竞争仍然是占有市场的有效手段。产品定价除了需要考虑本企业产品的生产成本及费用支出的多少以外，还要视市场及竞争情况而定。定价高，利润也高，但销售量会减少。在销售旺季，可适当提价，淡季适当降价。但由于产品的价格弹性不同，调价会带来不同的效果。除此之外，定价的高低与目标市场消费者的购买力高低也有关系，目标市场消费水平高的顾客与消费水平低的顾客所承受的价格变动有很大的不同，前者更注重体现身份，后者更注重价廉物美（详见第九章）。在定价方面，需要调查的主要内容包括：

（1）目标市场的不同阶层顾客对产品的需求程度；

（2）竞争产品的定价水平及销售量；

（3）采用浮动价格是否适合，提价和降价的反应；

（4）目标市场的不同消费者对产品价格的要求；

（5）现有定价能否使企业盈利及在同类企业中居于什么样的地位。

这些项目的调查，可使企业及时了解定价水平的高低，应何时调价等。

（四）营销活动调查

营销组合包括产品、定价、分销渠道与促销四个部分。调查的内容包括：

1. 竞争对手调查

任何产品在市场上都会遇到竞争对手，当产品进入销售旺季时，竞争对手会更多。竞争可以是直接竞争，如生产或经营同类产品的厂家；也可以是间接竞争，即产品不同，但用途相同的产品，如矿泉水制造厂家对生产果汁、汽水的厂家来说就构成了间接竞争。无论何种竞争，竞争对手的实力如何，要想使自己处于有利的地位，首先要对竞争对手进行调查，以确定企业的竞争策略。需要调查的内容有：竞争者产品的优势在什么地方；竞争者所占的市场份额有多大；竞争者的生产能力和市场计划；竞争者对分销渠道的控制程度；竞争者是直接竞争还是间接竞争；在竞争中，主要的竞争者是谁，他们对市场的控制力有多大，消费者对主要竞争对手的产品的认可程度；竞争者产品的缺陷；竞争者还有哪些要求未在竞争产品中体现出来。

2. 分销渠道调查

分销渠道是指商品从生产领域进入消费领域所经过的通道。需求是分销渠道形成的前提，在现代经济社会中，大多数商品不能直接送到消费者手中，而只能通过中间环节，即商品经营者（如经销商、代理人等中间商）来完成商品从生产到消费的转移。所以分销渠道的选择和控制、寻找什么样的中间商、中间商能否将产品渗透到市场中去是企业能否成功地进入市场，尤其是能否成功地打入国际市场的关键所在。

营销活动中，大体上有三种分销渠道可供选择：①直接卖给用户；②通过商品经销商卖给用户；③委托代理商负责推销。

以上三种方式哪一种最能有效地辐射商品，使更多的商品进入市场，并能为更多的消费者了解和认可，通常需要做下面的调查：此类商品最常见的流通渠道和分销渠道的情况，是直接供应用户还是通过中间商；现行分销渠道中最成功的类型；市场上是否存在分销此种产品的权威性机构，如果存在，它们在市场上所占的份额；市场上经营此种产品的经销商，尤其是主要经销商，是否愿意或有无能力再接受新的货源；市场上经营此种产品的经销商，尤其是主要的经销商，经营此种产品的要求和条件；经销商除了经销商品以外是否还承担其他促销业务，如广告宣传和售后服务等；经销商的一般库存量有多大；产品在每一环节的加价或折扣是多少。

在掌握了上述调查项目的资料之后，企业就可以针对应该选择的分销渠道做出决策。在选择分销渠道时，还要考虑到自己的目标市场，有些经销商力量较强，但可能不屑于或不愿意花费更多的人力、物力向该企业的目标顾客进行推销；而有些经销商尽管实力不太雄厚，但却被目标顾客所接受和欢迎，他们也会全力去推销产品。

3. 服务调查

在我国，商品售前、售中、售后服务已经日益成为广大消费者购买商品时考虑的重要因素。在生活水平提高的情况下，小件商品的售后服务并不被人们特别地看重，而在耐用家电和一些技术性产品的购买上，服务是非常重要的考虑内容。正因为如此，企业之间的竞争往往在服务上做文章。针对服务应该进行以下几方面的调查：消费者或供应对象希望在哪些方面得益于服务；消费者公认的服务好的同类产品有哪些；竞争者提供的服务有哪些；有哪些方面的缺陷和不足。

4. 促销活动调查

促销活动包括广告宣传、公关活动、现场演示、优惠或有奖销售等一系列活动。在产品的不同生命周期或不同季节的情况下，采用哪一种或几种方式更能促销，需要依据调查资料来进行决策。

（1）广告调查。在所有促销活动中，广告被公认是效果好、影响面广的一种形式，它被消费者广泛接受，而且对消费者购买动机的形成有重要的促进作用。作为一个好的广告，应具备如下条件：①在广告播出的几秒钟内抓住顾客的视线，并能让顾客从中体会到美感；②广告要使人相信，看后将广告中的商品作为考虑对象；③广告词应该易于记忆，可以长时间保留在观众的脑海里。

由于广告本身应该具备这些条件，因而在制作广告前要对消费者和商品的情况进行调查，并计算费用情况，以确定广告的创意和制作过程。在制作广告前应进行的调查活动包括：①消费者调查：广告的诉求对象就是商品的消费者，因此必须调查消费者的收入情况、需求水平、心理特征、知识水平、风俗习惯等。在同类产品已经出现的情况下，还应调查消费者使用商品的情况和要求。②商品调查：主要调查和研究同类产品中，此种商品的独特之处，以确定向消费者强调商品的哪一部分功效来吸引更多的顾客。

根据对上述两项内容的调查，可以进一步分析消费者的需求水平、潜在需求、购买时间和地点等，从而决定采用什么样的广告主题和广告媒体，并估算广告制作、发布的费用。

（2）其他促销活动的调查。促销活动除了广告之外，还有降价、优惠销售、有奖销售、现场演示、馈赠礼品等方式。促销活动的调查主要包括以下内容：①进行优惠、赠品、有奖销售等方法以后，销售额的增加幅度，消费者的反应是积极的还是漠不关心。②有多少使用其他品牌的消费者在以上促销活动进行以后，改用本公司的产品。③改用本公司产品的顾客其反应程度如何。④促销活动展开以后市场占有率的变化，在竞争中的地位是否发生变化。

各企业的促销活动应该有自己的特点，并能在消费者心中形成一种固定的形象。尤为重要的是，由于消费者的习惯、生活方式和价值观的不同，因而不宜采用固定的促销形式。而对促销活动的调查，可以使企业掌握促销活动的使用程度如何，实际效果和长远效果，并及时就出现的问题对促销方式进行调整和完善。

三、市场调查的类型

1. 按市场调查的目的分类

市场调查按其目的的不同，可以分为描述性调查、因果关系调查和趋势预测性调查。

(1) 描述性调查，是为了收集描述客观现象基本情况的统计资料而采用的调查方法。例如，通过人口普查收集得到大量的基本统计数据，用于描述人口现象的基本状况。针对市场潜力和市场占有率、产品的消费群结构、竞争企业状况的调查也属于描述性调查。描述性调查注重搜集大量的第一手资料，注重调查资料的客观性、全面性和系统性，以便起到描述客观事物现状的作用。

(2) 因果关系调查，是为了收集、反映引起客观事物变化原因的统计资料而采用的调查方法。因果关系调查注重搜集具有相关关系的统计资料，进而分析其因果关系。例如，在某一阶段，许多商业企业都遇到了市场疲软的问题，商品的销售量下降，企业的利润减少。这是什么原因造成的呢？因果关系市场调查的目的是找出关联现象或经济变量之间的因果关系。描述性市场调查可以说明某些现象或变量之间相互关联，但要说明某个变量是否引起或决定着其他变量的变化，就得用到因果关系市场调查。因果关系市场调查的目的就是寻找足够的证据来验证这一假设。

(3) 趋势预测性调查，是指为了推测事物未来变化情况而进行的市场调查。这种调查是预见性的，是通过对事物现实情况的调查，去预测事物未来发展趋势的市场调查。例如，为了预测未来市场占有率，首先要调查现实的市场占有率，再去进行预测。

2. 按市场调查时间的连续性分类

市场调查按调查时间的连续性分类，分为经常性调查和一次性调查。

(1) 经常性调查，是指对时期现象所进行的调查，它要随着现象的不断变化，随时将变化的情况进行连续不断的调查登记。例如，对企业产品产量、材料消耗量等项目的调查就需要采用经常性调查。

(2) 一次性调查，是指对时点现象所进行的调查，他是对现象在某一时点上的存量进行的一次性调查登记。例如，对人口数，在校学生数就需要采用一次性调查。由一次性调查取得的资料往往是一种横断面的数字资料。一次性调查，既可以是定期地进行调查，也可以是不定期地进行调查。

3. 按购买目的分类

按购买目的分类，可分为消费者市场调查和生产者市场调查。这两种类型的市场，不论是从购买商品的对象、购买的商品来看，还是从购买活动的特点来看都有所不同。

(1) 消费者市场，是指消费者为满足个人或家庭消费需要而购买生活资料或劳务的市场，又称生活资料市场。

(2) 生产者市场，是指生产者为满足生产活动需要而购买生产资料或劳务的市场，又称生产资料市场。

4. 按市场调查的区域分类

按调查的区域分类，有全国性市场调查、区域性市场调查。

5. 按市场调查的组织形式分类

按市场调查的组织形式分类，有专项调查、连续性调查和搭车调查。

（1）专项调查，是指受某个客户的委托，针对某些问题进行一次性的调查，即从给定的总体中一次性地抽取样本进行调查，并且只从样本中获取一次性信息。专项调查研究可以是定量的，也可以是定性的。

（2）连续性调查，是指对一个（或几个）固定的样本进行定期的、反复的调查。样本中被调查对象（个人或组织）一般不随调查时间的变化而变化。例如，消费者固定样本或其他固定样本调查，连续地跟踪研究和品牌测试、零售调查研究等都属于连续性调查。

（3）搭车调查，是指多个客户共同利用一个样本进行调查，就像大家一起搭乘一辆公共汽车。根据各个客户搭车调查问题的个数和类型，来决定客户的费用。一般有搭车调查业务的公司，每年实施搭车调查的时间和价格都是固定的。例如，每月实施一次或每周实施一次。由于搭车调查的实施一般都是固定的，因此，经常将搭车调查归入连续性调查类。但是，要注意的是搭车调查每次使用的样本不一定是固定的。

6. 按市场调查分析的方法分类

按市场调查分析的方法分类，有定量调查和定性调查。

（1）定量调查，是利用现有的数据资料，通过统计方法和数学模型来说明市场未来发展的趋势。

（2）定性调查，是根据已有的历史资料和现实资料，依靠个人的判断能力和综合分析能力，对市场未来的变化趋势做出估计。

四、市场调查的步骤

市场调查是一项十分复杂的工作，要顺利地完成市场调查任务，必须有计划、有组织、有步骤地进行。但是，市场调查并没有一个固定的程序可循。一般而言，根据调查活动中各项工作的自然顺序和逻辑关系，市场调查可分为以下几个阶段：

1. 准备阶段

市场调查准备阶段的主要任务包括：

（1）明确调查目的，确定调查课题。发现问题、提出问题是解决问题的前提，因此明确调查目的，确定调查课题是做好市场调查的首要前提。

（2）设计调查方案。包括调查总体方案和设计以及调查指标的设计，如调查的内容和调查的工具、调查的范围、调查的时间、调查的对象、调查的方法、调查人员的构成、调查经费的预算等。

（3）落实调查人员和组织。认真选拔人员，组建调查团队是顺利完成任务的基本保证。应该选拔专业能力强、善于沟通协调的人员参与调查。

2. 实施阶段

调查实施阶段的主要任务就是把市场调查计划付诸实施，这是市场调查工作的一个非常重要的阶段。主要包括采取各种调查方法，按照调查设计的要求，系统地收集资料。

3. 研究阶段

该阶段的主要工作包括：

（1）鉴别整理资料。对所收集的资料进行全面审核，以保证资料的真实、准确和完整。

(2) 进行统计分析。运用统计学的原理和方法研究市场现象的数量关系，为进一步开展理论研究提供准确而系统的数据资料。

4. 总结阶段

该阶段的主要任务包括：

(1) 撰写调查报告。调查报告的内容包括调查的目的、被调查对象的基本情况、所调查的问题、调查过程、调查的结论和建议等。

(2) 总结调查工作。包括整个市场调查工作的总结和每个参与者的个人总结。

(3) 评估调查成果。一方面对调查所提供的事实和数据资料、理论观点、调查研究方法等作出客观的评价；另一方面要对市场调查的结论对实际工作的指导作用，作出实事求是的估计。

在实际的调查工作中，以上四个阶段是互相连接，互相交错的，他们构成了市场调查的完整过程。

五、市场调查的方法

在市场调查的设计和执行阶段，要根据市场调查的目的和具体的研究目标，选择合适的调查对象，采用适当的调查方法和技术，获取完整可靠的信息。这些在实践中发展起来的方法和技术，既包含一些基本的操作程序，又涉及研究者的运用技巧，各自都有其适用的范围和优缺点。市场调查方法一般分为以下几类，即资料调查、实地调查、实验调查、抽样调查和问卷调查。

(一) 资料调查法

1. 资料调查的含义

利用公开资料进行市场调查，称之为资料调查，又称文案调查或第二手调查。市场调查活动中，时时要面对调查方式和调查方法的选择，而资料调查是一种常用的调查方式，具有省时、省人工、省费用的特点。但也具有片面性、时效性差的不足之处。

2. 资料调查的一般来源

(1) 国际互联网。国际互联网是个全球互相连接的网络，它联结服务器同时也把互联的企业、科研院所、商贸协会、政府部门、医疗机构、科学设施以及个人连接起来。

(2) 在线数据库。存放在世界各地的服务器上的文章与报告的数据库可用计算机与调制解调器很容易地搜索。市场调查所需要的许多信息，在在线数据库上都有现成的。但是这些数据库不管是按公开价还是按用量收费都会比较高。与国际互联网相比，搜索在线数据库花费较昂贵。

(3) 综合性文献。国家统计部门定期发布的统计公报，定期出版的各类统计年鉴等。

(4) 各种经济信息部门、行业协会等提供的定期或不定期的信息公报。

(5) 国内外相关的报纸、杂志、电视及其他大众传播媒介提供的各种形式的市场信息资料。

(6) 工商企业的内部档案，如企业名录、企业各项财务报表、销售记录、同业资料等。

（7）各种博览会、交易会、展销订货会，以及专业性、学术性会议上获取的文件资料。

3. 资料调查的局限性

资料调查的方式众多，但它也有它的局限性。并且可能只提供项目所需信息的一部分。资料调查的局限性主要体现在以下几方面：①不可预见性。至少对于新手和不熟悉的主题领域，可能无法确定资料调研将得到什么以及留下什么空白。②资料调查得到的某些信息原则上是不可用的。一般来说，这包括大多数态度类型的资料，特别是当主题是关于顾客的特定态度而不是一般意见时，要考虑信息的可用性。

（二）实地调查法

1. 询问法

询问法，是调查人员以询问为手段，从调查对象的回答中获取信息资料的一种方法，是市场调查中最常用的方法之一。在实际运用中，按询问的方法不同，可以分为面谈调查法、电话调查法和邮寄调查法。

（1）面谈调查法。面谈调查法是指访问者通过面对面地询问和观察被访问者而获取市场信息的方法。其是市场调查中最通用和最灵活的一种调查方法。访问中需要事先设计好问卷或调查提纲，调查者可依顺序提问，也可以围绕调查问题自由交谈、个人面谈或小组面谈。

1）个人面谈：通过调查者和被调查者个人交流获得信息，如入户访谈、街上拦截访谈等。

2）小组访谈：一个小组的被调查人员共同出席座谈会，在座谈过程中，相互启发思路，集思广益，调查人员从中获得信息。

优点：富于伸缩性。该方法具有高度的伸缩性，可采取任何一种问卷询问，如果被询问者同意，还可以利用录音机进行访问，一旦发现被调查者不符合样本条件，可以立即取消访问；具有激励效果；可获得较多资料，资料多意味着偏差小，真实性强；能控制问题的次序；有观察的机会。

缺点：费用高，时间长；询问偏见；管理困难。

（2）电话调查法。电话调查法是指通过电话向被调查者询问有关调查内容和征询市场反映的一种调查方法。这是为解决带有普遍性的急需问题所采用的一种调查方法。电话调查具有经济、快速与节省时间、容易控制等优点。但由于电话调查使用的时间不能过长，所以往往调查问题不能深入。

（3）邮寄调查法。邮寄调查法是指将设计印制好的调查问卷或调查表格，通过邮寄的方式寄给选定的被调查者，由被调查者按照要求填写回答后再寄回来，然后对寄回的资料进行整理分析，得到相关的市场信息。

邮寄调查法具有费用低、调查面广、调查双方能充分表达自己意见的优点。但邮寄时间有可能过长，影响资料的时效性，且调查对象不确定，对资料的回收和资料的质量都很难保证。为了克服邮寄调查的这些不足，使调查顺利进行，提高回收率和准确性，要注意调查问卷或表格设计的科学性，并在邮寄的信封里附上回信的邮资等，以提高被调查者的积极性。

2. 观察法

观察法是指调查者在现场对被调查者的情况直接观察，以取得市场资料信息的方法。一般而言，调查者不与被调查者直接接触，而是借助某些摄像设备或仪器，跟踪、记录和考察被调查者的活动，来获取某些重要的市场信息。所以具有客观、直接、自然、全面的特点。具体包括人工观察法和机器观察法。

(1) 人工观察法：调查者置身于被调查者中间，亲临其间，开展调查，记录市场中发生有关事情的真相及前景，取得更全面的市场资料和信息。在进行这类调查过程中要注意，一般不要让被调查者了解自己的身份，另外要始终保持客观的态度，避免主观意志影响调查结果。

(2) 机器观察法：由于种种原因，很多场合并不适合或不需要调查人员亲临现场，则可采取机器观察的方法，即根据调查的要求、目的，在调查现场设置摄像机等设备自动采集有关信息。这种方法有操作简便、节约人工费、使用时间长的优点。但也有应用范围小，一次性投资大的缺陷。

（三）实验调查法

实验调查法是通过科学设计的实验收集市场信息，并进行统计分析和假设检验。

1. 实验调查法的特点

(1) 实验结果的对比性。即必须将实验结果资料与实验对象纵向的或横向的或纵横结合的资料进行比较分析，通过比较分析，找出事物之间的因果关系。

(2) 实验事件的可控性。即调查人员可以有效地控制所选择的自变量并测量其对因变量的影响。有意识地使调查对象在相同条件下重复出现，进行实验对比。

(3) 实验条件的相同性。运用实验所选择的调查对象，进行实验的试验组与控制组或非控制组，或推广应用范围的具体情况，以保证实验调查的成功和实验结果推广应用的有效性。

2. 实验法的分类

按照实验的场所，可以分为实验室实验和现场实验。

(1) 实验室实验，指在人为的环境中进行实验，研究人员可以进行高水平的实验控制，比较容易操作，所需时间较短，费用也比较低。实验室实验的内部有效性一般较高，即观察和测量值比较准确，可以比较准确地判断变量间的因果关系。

(2) 现场实验，指在实际环境中进行实验，研究人员不太容易对实验进行严格的高水平的控制，比较难操作，所需时间较长，费用也相对较高。现场实验的内部有效性虽然较低，但外部有效性一般都比较高，即实验结果具有较强的实践意义。

3. 实验法的步骤

实验调查法的工作步骤包括：

(1) 实验设计。对实验调查的范围、实验对象、实验时间、实验场所、实验方法等问题作出安排。

(2) 选择实验对象和实验场所。

(3) 进行实验。记录和收集实验资料。

(4) 整理实验材料。进行对比分析，作出实验结论，提出决策意见。

（四）抽样调查法

大多数的市场调查是抽样调查，即从调查对象总体中选取具有代表性的部分个体或样本进行调查，并根据样本的调查结果去推断总体。抽样方法按照是否遵循随机原则分为随机抽样和非随机抽样。

1. 随机抽样方法

随机抽样就是按照随机原则进行抽样，即调查总体中每一个个体被抽到的可能性都是一样的，是一种客观的抽样方法。随机抽样方法主要有：简单随机抽样、等距抽样、分层抽样和分群抽样。

2. 非随机抽样方法

常用的非随机抽样主要有：

（1）任意抽样。任意抽样也称便利抽样，这是纯粹以便利为基础的一种抽样方法。街头访问是这种抽样最普遍的应用。这种方法抽样偏差很大，结果极不可靠。一般用于准备性调查，在正式调查阶段很少采用。

（2）判断抽样。判断抽样是根据要求样本设计者的判断进行抽样的一种方法，它要求设计者对母体有关特征有相当的了解。在利用判断抽样选取样本时，应避免抽取“极端”类型，而应选择“普通型”或“平均型”的个体作为样本，以增加样本的代表性。

（3）配额抽样。配额抽样与分层抽样法类似，要先把总体按特征分类，根据每一类的大小规定样本的配额，然后由调查人员在每一类中进行非随机的抽样。这种方法比较简单，又可以保证各类样本的比例，比任意抽样和判断抽样样本的代表性都强，因此实际上应用较多。

（五）问卷调查法

调查问卷是市场调查的重要工具之一。在大多数市场调查中，研究者都要依据研究的目的设计某种形式的问卷。问卷设计没有统一的、固定的格式和程序，一般来说有以下几个步骤：

（1）确定需要的信息。在问卷设计之初，研究者首先要考虑的就是要达到研究目的、检验研究假设所需要的信息，从而在问卷中提出一些必要的问题以获取这些信息。

（2）确定问题的内容。确定了需要的信息之后，就要确定在问卷中要提出哪些问题或包含哪些调查项目。在保证能够获取所需信息的前提下，要尽量减少问题的数量，降低回答问题的难度。

（3）确定问题的类型。问题的类型一般分为以下三类：

1）自由问题：这种回答问题的方式可以获得较多的较真实的信息。但是被调查人因受不同因素的影响，各抒己见，使资料难以整理。

2）多项选择题：这种问题应答者回答简单，资料和结果也便于整理。需要注意的问题是选择题要包含所有可能的答案，又要避免过多和重复。

3）二分问题：二分问题回答简单也易于整理，但有时可能不能完全表达出应答者的意见。

（4）确定问题的词句。问题的词句或字眼对应答者的影响很大，有些表面上看差异不大的问题，由于字眼不同应答者就会做出不同的反应。因此问题的字眼或词句必须斟酌使用，以免引起不正确的回答。

(5) 确定问题的顺序。问题的顺序会对应答者产生影响，因此，在问卷设计时问题的顺序也必须加以考虑。原则上开始的问题应该容易回答并具有趣味性，以提高应答者的兴趣。涉及应答者个人的资料应在最后提出。

(6) 问卷的试答。一般在正式调查之前，设计好的问卷应该选择小样本进行预试，其目的是发现问卷的缺点，改善提高问卷的质量。

第三节 市场预测

一、市场预测的含义

市场预测则是在市场调查的基础上，运用科学的方法对市场需求和企业需求以及影响市场需求变化的诸因素进行分析研究，对未来的发展趋势做出判断和推测，为企业制定正确的营销决策提供依据。

二、市场预测的基本原理

市场预测的基本原理是以唯物辩证法为指导，以预测理论和方法为基础，以市场状况为对象，阐明人们运用各种预测方法对市场状况的发展趋势作出估测的理论基础。市场预测的基本原理包括：

(1) 可知性。市场预测对象的未来发展趋势是可知的，人们可以通过对市场规律的认识，并运用科学的方法对市场未来的发展进行预测。

(2) 连续性。众所周知，没有一种事物的发展会与其过去行为没有任何联系，过去的行为不仅影响现在，还将影响未来。企业进行市场预测时，必须首先从收集过去和现在的资料入手，然后推测出将来的发展变化趋势。

(3) 类推性。许多事物相互之间在发展变化上有类似之处。在掌握了预测对象与其他事物在表现上有类似之处的特点，就有可能根据已知事物的特点，通过类推的方法对今后发展事物的前景作出预测。

(4) 相关性。各种事物之间都存在着直接或间接的联系，事物之间或构成某一事物的诸多因素之间存在或大或小的相互依存、相互制约的关系。任何事物的发展变化都不是孤立的，都是与其他事物的发展变化相互联系、相互影响的。

三、市场预测的内容

市场是商品各种关系的总和，也是国民经济的综合反映。市场变化涉及社会生产、需求、供应、价格、政治形式、消费心理、社会风尚等各个方面。因此，市场预测涉及的范围非常广泛，同整个国民经济的预测密切相关。由于各个预测主体对市场预测的目的、要求不同，也就使内容各有不同的侧重点。

在市场经济条件下，市场向所有商品生产者和经营者开放，向所有购买者开放，不受地理区域的限制，打破地区封锁，向外地开放，向全国开放，扩大国际市场。市场的这种开放性，决定了必须重视宏观预测。宏观预测对观察和预计市场供求发展趋势具有决定性意义。市场预测的主要内容大致包括以下几个方面：

（一）市场需求预测

需求是消费者购买愿望与购买能力的统一体，缺少其中的任何一个条件，都不能构成需求。经济学理论将需求分为个别需求和市场需求。个别需求是指个别消费者在一定时期内的每一个价格水平愿意而且能够购买某种产品的数量。影响消费者对一种产品需求量的主要因素有：产品本身的价格、相关产品的价格、消费者的收入水平、消费者嗜好、消费者对未来的预测、政府的消费政策等。市场需求则是所有消费者对某种产品的需求总量，即个别需求的总和。

市场需求规律一般表现为：对于正常产品，其价格高时，顾客愿意购买的数量就少；价格低时，则顾客愿意购买的数量就多。若在直角坐标上将商品价格在纵轴上表示，需求量在横轴上表示，画成需求曲线，则其形状是由左上方向右下方延伸的曲线。若以需求函数表示，则需求量是价格的减函数。

在实际工作中，市场总需求预测往往通过购买力及投向的计算来预测。市场需求的变化，除了研究现实社会在销售市场上购买商品的货币支付能力外，还应当研究社会中有可能实现的潜在支付能力。

就微观预测而言，企业往往要了解市场潜量。所谓市场潜量，是指在一定的市场环境下，通过本行业内的经营努力，市场对某种产品的最高需求水平。这是一个代表市场机会的指标。

（二）市场供给预测

经济学理论把供给分为个别供给和市场供给。个别供给是指个别生产者在一定时期内，在每一个价格水平上愿意而且能够提供的产品数量。市场供给则是所有个别生产者提供产品的总和。影响一种产品供给量的主要因素包括：产品本身的价格、相关产品的价格、技术水平的变化、生产要素的价格、生产者对未来的预期，以及政府的财政、税收等政策。

市场供给规律一般表现为：一种产品的价格高，其供给量增加；价格低，其供给量减少。若以纵轴为价格、横轴为数量的供给曲线表示，则是一条由左下方向右上方延伸的曲线。如果用供给函数表示，则产品供给量是价格的增函数。

在实际工作中，市场供给预测主要从宏观角度对社会商品的可供量及其发展趋势进行预测，以便研究社会商品购买力与商品可供量的平衡。同时，还要进行供给结构和单项商品可供量的预测，以便研究供需结构的平衡和单项商品的供需平衡。

从微观角度考虑，企业需要进行产品生命周期预测，特别是生命周期各阶段转折点的预测，本企业销售量和市场占有率的预测，市场行情的预测，销售渠道发展的预测，以及成本、费用、利润的预测等。

（三）营销环境的预测

企业的生产经营活动总是在一定的环境中进行的，与环境的各个方面有着密切的联系。环境的变化，必然对企业的经营产生影响。构成企业营销环境的各种外部因素，诸如政治环境、经济环境、科技环境、社会环境、文化环境等，对企业来说是不可控制的，是不依企业主观意愿为转移的，但是，这些外部因素对企业的影响，又是可认识、可预测的。

四、市场预测的类型

在市场经济条件下，为了使企业生产经营活动适应瞬息万变的市场需求，市场预测工作必须做到经常化和多样化，必须进行多种类型的预测。

市场预测，从不同角度可分为以下几种不同的种类：

1. 按预测要求质与量的侧重点不同，可分为定性预测和定量预测

（1）定性预测，指就预测对象目标运动的内在机理进行质的分析，据以判断未来质的变化情况，并辅以量的表述。

（2）定量预测，指运用一套严格的预测理论和根据这些理论所建立的数学模型，对预测对象目标运动质的规律进行描述，据以预测未来量的变化程度。

2. 按时间层次，市场预测按未来一定时间期限的长短，分为短期、近期、中期、长期四种预测

（1）短期预测，预测期一般在半年以下至一周，主要是为企业日常经营决策服务，讲究预测时效性。

（2）近期预测，预测期一般在半年以上至两年之内，主要是预算年度需求量，为企业编制年度计划、安排市场、组织货源提供依据。

（3）中期预测，预测期一般在两年以上五年以内，一般是对政治、经济、技术、社会等影响市场发展起长期作用的因素，在调查分析后，作出未来市场发展趋势预测，为企业制定中期规划提供依据。

（4）长期预测，预测期一般在五年以上，是为企业制定发展的长期规划提供依据。

预测的准确性随着预测期的长短而不同，预测期越长，误差就越大，准确性就越差。预测期的长短服从于企业决策的需要，一般企业的市场预测常常分短、近、中三种预测。

3. 按空间层次，可以分为国内市场预测和国外市场预测

（1）国内市场预测，是指我国统一市场需求的发展变化及其趋势预测。在国内市场范围内还可以进行地区性市场预测、当地市场预测和市场占有率预测。

（2）国外市场预测，是指对我国商品在世界其他国家的市场需求的发展变化及其趋势的预测。

五、市场预测的步骤

市场预测要遵循一定的程序和步骤，一般而言包括以下几个步骤：

（1）确定预测目标。市场预测首先要确定预测目标，明确目标之后，才能根据预测的目标去选择预测的方法、决定收集资料的范围与内容，做到有的放矢。

（2）选择预测方法。预测的方法很多，各种方法都有其优点和缺点，有各自的适用场合，因此必须在预测开始时根据预测的目标和目的，根据企业的人力、财力以及企业可以获得的资料，确定预测的方法。

（3）收集市场资料。按照预测方法的不同确定要收集的资料，这是市场预测的一个重要阶段。

（4）进行预测。此阶段就是按照选定的预测方法，利用已经获得的资料进行预测，

计算预测结果。

（5）预测结果评价。预测结果得到以后，还要通过对预测数字与实际数字的差距分析比较以及对预测模型进行理论分析，对预测结果的准确和可靠程度给出评价。

（6）预测结果报告。预测结果的报告从结果的表述形式上看，可以分成点值预测和区间预测。点值预测的结果形式上就是一个数值，例如某行业市场潜量预计达到5个亿，就属于点值预测。区间预测不是给出预测对象的一个具体的数值，而是给出预测值的一个可能的区间范围和预测结果的可靠程度。例如，95%的置信度下，某企业产品销售额的预测值在5500万~6500万元之间。

六、市场预测方法

市场预测方法是指在全面、系统、准确地占有相关数据资料的基础上，对预测目标进行的定量和定性分析、测算、推断的各种技术和方法的总称。

（一）直观判断预测法

1. 直观判断预测法的含义和种类

直观判断预测法是指预测者根据占有的广泛的历史资料和现实资料，凭借自己的直觉、主观经验和综合分析判断能力，对市场某种现象的未来变化规律及其发展趋势所做出的预见和推断。这种方法一般要将定性和定量相结合，但以定性为主。其主要特点是从直观素材和分散的主观经验中找出市场现象的规律性，使主观经验有据可查，使主观估计有量可测。直观判断预测法具有广泛的适用性和较强的灵活性。

直观判断法作为一种传统而古老的预测方法，有人认为：这种方法只有在商品经济不发达的时代才是可行的。实际上，在目前我国市场经济时代，这种方法仍然是行之有效的。经历了近几十年的发展，直观判断法已经不是简单地依靠个人或少数人，而是依靠一个掌握了现代经济理论、科学方法和先进预测方法的群体，已经形成了一整套科学的预测方法。如集体判断法、德尔菲法、主观概率预测法、类比法等。显然现代的直观判断预测法有了明显的定量分析特征，在现代市场经济条件下，直观判断预测法在市场预测中占有重要地位，是不能被其他方法所替代的。

2. 直观判断预测法的优缺点

（1）直观判断预测法的优点主要有：对预测者不需要高深的数学知识，又具有一定的科学性；适用范围广，简便实用，直接可靠；市场预测快速敏捷，预测费用低，时效性强；对市场行情变化错综复杂、缺乏数据资料或资料杂乱无章、市场现象模糊不清难于进行定量分析的情况，此方法具有独特的功能。

（2）直观判断预测法的缺点主要有：对复杂的数量变动关系单凭人脑记忆和判断，容易出现疏漏和失误；容易受预测者心理、情绪、个人素质等因素的影响，产生主观片面性；对现象的数量分析不够精确。

（二）数学模型预测法

1. 数学模型预测法的含义和种类

数学模型预测法是指依据历史和现实的数据资料，利用统计方法和数学模型近似地揭示预测对象的数量变化程度及其结构关系，并据此对预测对象做出定量测定的方法。数学模型预测法实质上是定性分析和定量分析结合，并以定量分析为主的预测方法。

数学模型预测法主要可分为两大类：一是依据连续性原理，利用预测目标的历史统计数据时间序列资料，分析预测目标未来发展趋势的时间序列预测法（详见本章第三节）。二是依据相关性原理，分析预测目标与其他相关现象之间因果联系的预测法（详见本章第三节）。

2. 数学模型预测法的优缺点

（1）数学模型预测法的优点主要有：具有较强的科学依据，其量化的预测值通常比较精确，还可以预定预测的误差范围，能较好地反映客观经济现象数量变动的规律性；在预测目标历史和现实的数据较完整的前提下，可以直接将历史和现实数据资料代入数学模型，计算出的预测结果精确、省时、省力，且预测的效率高。

（2）数学模型预测的缺点主要有：具有一定的局限性，如某些经济现象：人们的消费心理、消费习惯、社会文化习俗等都不容易用数量关系表示，数学模型中就不能将这些因素容纳进去，所以计算过程是科学的，但影响因素未能全部包括在内，使预测对象的预测结果不一定精确；这种预测方法是建立在占有完整、系统、准确的数据资料基础上的，要获得这些资料的难度大、成本高、工作复杂，甚至某些数据资料无法取得，致使这种方法难以操作。

（三）个人判断法

1. 个人判断法的含义

个人判断法是指预测者根据掌握的情报资料，凭借自己的知识和经验，对预测目标做出符合客观实际的估计和判断。在企业的市场预测中，运用这种方法的大多是经营管理人员、销售人员和市场分析专家等。

2. 个人判断法的特点

个人判断法的特点主要有：①它是一种定性的主观推断，对事物未来发展状况的预测完全凭借预测者的主观判断能力，而不借用或很少借用数学模型，这就使得预测结果带有浓重的主观色彩。②它的预测结果取决于预测者的知识经验。因为这种方法是一种主观预测方法，其预测结果的取得与预测者的判断推测能力有极大的关系，而预测者的判断能力又取决于预测者对事物的认识能力、分析能力、逻辑推理水平、工作经验等，甚至与预测者的气质、性格等基本素质也有很大的关联。不同的预测者，由于知识经验的不同，其预测结果的差异较大。所以，要取得较好的预测结果，就要重视和尊重经验丰富、知识水平较高的专家的推测。③推测过程简单。个人推断是以预测者的个人判断推测为主，由于预测者对所需预测的目标及相关情况掌握得比较透彻，不需去进行调查摸底，同时其分析判断也主要是依靠自己的思维，而不是数学模型，故其预测过程较其他方法简便，预测所需时间也相对较短。

由于个人判断法有以上特点，所以，它适用于近期或短期市场预测，尤其适用于那些急需对市场某一方面情况做出大致估计的预测分析。

（四）集体判断法

1. 集体判断法的概念和形式

集体判断法是相对于个人判断法而言的。由于个人判断法主要是依靠预测者个人的智慧和能力进行预测，其结果难免有失偏颇之处。对企业重大的市场预测目标来说，预测正确与否直接关系到企业的生存与发展，责任巨大，需要集思广益，摸清市场发展趋势，具体研究与预测目标有关的各种问题，所以企业就要征求更多专家的意见，并请他们发表意见，力求取得较为一致的结果，为企业正确决策提供良好的依据。

集体判断法是指通过会议的形式，邀请与预测目标有关的各方面人员，在会议上大家围绕预测目标，对收集的各种资料进行集体的分析判断，提出预测意见并进行评价，通过一次或多次会议，逐步统一认识，并将预测者的个人预测通过加权平均而汇集成集体预测值的方法。

在集体判断法的会议组织形式上有两种方法：一种是召集会议的企业先提出一个意见，然后参加会议的人员加以评判，经过共同的商讨，统一认识，做出预测结果；另一种是参加会议的人员先提出各自的预测意见，然后由会议组织讨论，得出统一的预测结果。

2. 集体判断法的特点

集体判断法的特点表现在：①集体判断法参加的人数多，较个人判断法拥有的信息量多，考虑的因素也更多。②集体判断法有具体的预测方案，较个人判断法的预测结果更可靠、客观。③集体判断法是在综合各预测者的意见后得出的预测结果，可以避免个人判断法的主观性和片面性。④集体判断法虽然有时难以得到统一的预测结果，但并不意味着预测的失败，而恰恰说明这种预测方法考虑问题的多重性、多面性。⑤集体判断法可以同时对几个预测目标进行分析、预测，这是个人判断法不能做到的。

3. 集体判断法的预测步骤

（1）通过会议征询各类人员的预测意见；

（2）计算各个预测人员的预测期望值和各类人员的平均预测值；

（3）计算集体预测值。

[例 5-1] 某企业为使下一年度的销售计划制定得更为科学，组织了一次销售预测，由经理主持。参与预测的有销售科、财务科、计划科、信息科的科长，他们的预测估计如表 5-1 所示。若四人的权数分别为：销售科长 6，财务科长 5，计划科长 5，信息科长 7。计算该企业下一年销售额的最终预测值。

表 5-1 某企业销售预测情况表

预测人员	销售额估计值						
	最高销售额	概率	最可能销售额	概率	最低销售额	概率	预测期望值
销售科长	4000	0.3	3600	0.6	3200	0.1	3680
财务科长	4200	0.2	3700	0.7	3200	0.1	3750
计划科长	3900	0.1	3500	0.7	3000	0.2	3440
信息科长	4100	0.2	3600	0.6	3100	0.2	3600

该题的计算方法如下：

销售科长的预测期望值 $=4000\times0.3+3600\times0.6+3200\times0.1=3680$（万元）

财务科长 $=4200\times0.2+3700\times0.7+3200\times0.1=3750$（万元）

计划科长 $=3900\times0.1+3500\times0.7+3000\times0.2=3440$（万元）

信息科长 = $4100 \times 0.2 + 3600 \times 0.6 + 3100 \times 0.2 = 3600$（万元）

下一年销售额的最终预测值：$= (3680 \times 6 + 3750 \times 5 + 3440 \times 5 + 3600 \times 7) / (6 + 5 + 5 + 7)$

$= 3618.7$（万元）

4. 集体判断法的局限性

集体判断法也存在一些局限性，主要包括：①感情因素。参加会议的人员中，有权威、上级、前辈、同学、同事等各种关系存在，出于感情考虑，有不同意见者不好意思当面提出。②个性因素。人的个性本身是复杂的，有的善辩，有的寡言；有的谦虚，有的傲慢；有的投机取巧，有的固执己见。这些都不利于会上意见的充分发表和统一。③时间因素。由于集体判断法要通过会议来完成，有时所邀请的会议代表在时间上会不一致，这就会给会议的时间确定带来麻烦。而且，会议上由于意见的不统一，可能造成会议的时间过长。④利益因素。当与会人员的意见同自己的利益有关时，往往有些人员不会轻易发表其观点，使预测结果难以达到预期的目的。⑤会议主持人因素。在集体判断法中，由于要通过会议来完成预测结果，会议主持人的能力非常重要，并直接影响到这种方法的成功与否。

（五）头脑风暴法

1. 头脑风暴法的含义

头脑风暴法是指根据预测目标的要求，组织各类专家相互交流，在头脑中进行智力碰撞，产生新的思维和观点，使专家的论点不断精华、集中，从而得到最优预测结果。它实际上是集体判断法的进一步发展，可以分为直接头脑风暴法和质疑头脑风暴法。

2. 头脑风暴法的特点

头脑风暴法的主要特点包括：

（1）会议就预测目标提出具体要求，并严格规定提出设想时所用的术语，以便限制讨论问题的范围，使参加者将注意力集中在所讨论的问题上。

（2）参加会议的人员不能对别人的意见提出质疑，不能放弃或终止讨论中的任何一个设想，而是要分析研究任何一种设想，而不管这种设想是否适当或可行。

（3）会议主持人鼓励与会人员对已经提出的设想进行改进，并为修改自己设想的人提供优先的发言权。

（4）会议主持人要支持和鼓励参与预测的专家解除思想顾虑，创造一种自由的气氛，激励参与者的积极性。

（5）会议专家的发言不能是事先经过准备的发言稿，且发言要精练，不必详细论述。

因此，利用头脑风暴法对企业市场进行预测，通过专家之间直接交换信息，充分发挥每位专家的创造性思维，有可能在比较短的时间内得到卓有成效的结果。

3. 直接头脑风暴法

直接头脑风暴是指通过对预测问题的共同讨论，直接鼓励专家进行创造性思维活动，提出专家集体预测结果的方法。在具体组织时，要禁止评估已经提出的设想；限制每一位专家的发言时间；一个人可以多次发言。其操作步骤为：

（1）确定参加会议的专家名单、人数和会议时间，为了提供创造性思维的环境，参会人员尽量互不认识，尽量不选领导参加，会议人员一般在10人左右，会议时间以1小时为好。

（2）会议主持人要创造一种自由、活跃、民主的讨论气氛，支持和鼓励不同意见，激发参加者进行讨论的积极性。

（3）会议发言不可以宣读事先准备好的发言稿，提倡即兴发言，发言要精练，切忌长篇大论并详细论述。

（4）会议主持人将各种设想进行归类、比较和评价。即对所有提出的设想编制意见一览表；用专业术语表述每一种设想的内容和特点；找出重复或互为补充的设想进行比较分析，并形成一种较为完整的综合设想；分组编制不同设想的一览表，并对每一种设想提出评价意见。

4. 质疑头脑风暴法

质疑头脑风暴法是指对直接头脑风暴法提出的已经系统化的预测方案进行质疑分析的预测方法。一般要组织召开两个会议：第一个会议完全按照直接头脑风暴法的方式进行；第二个会议则完全是对第一个会议的设想进行质疑。与直接头脑风暴法相比，其重点不仅放在会议提出问题的设想上，而且对设想转化为现实的可能性进行质疑，避免了直接头脑风暴法只重设想，不重实践的纯思维创造的做法，从而可以保证预测结果的可靠性，维护决策的可行性和正确性。其操作步骤为：

（1）参加会议者对预测问题提出的设想提出质疑，并进行全面评论，评论的重点放在有碍设想实现的问题。

（2）根据每一组或每一个设想，编制意见一览表和可行设想一览表。

（3）对质疑过程中提出的评价意见进行处理。

5. 其他头脑风暴法

（1）有控制地产生设想的方法。这种方法是利用定向智力活动作用于产生设想的过程。在企业市场预测中，常常运用于市场开拓和新产品开发的预测。

（2）鼓励观察的方法。这种方法是指在一定的限制条件下，对所预测的问题寻找合理的方案。在企业市场预测中，常常运用于市场现有产品销路的扩大、销售方式和销售渠道的改善等方面的预测。

（3）对比创造的方法。这种方法是一种针对竞争对手的状况，寻找一个可行的对策方案。在企业市场预测中，常常运用此方法来对付竞争对手，根据对方采取的营销策略的不同而相应改变自己的策略，以使自己在激烈的市场竞争中立于不败之地。

（六）德尔菲法

1. 德尔菲法的由来

德尔菲法又称专家小组法，它是20世纪40年代由美国兰德公司首创和使用的，50年代以后在西方盛行起来。德尔菲是阿波罗神殿所在地的古希腊古城之名。

德尔菲法主要是用函数的形式，依靠专家小组背对背地作出判断分析，来代替面对面的会议，使不同专家意见分歧的幅度和理由都能充分地表达出来，经过客观的分析，以求达到比较符合市场发展规律的一致意见。

2. 德尔菲法的特点

（1）匿名性。预测单位的负责人，一般采用通信的方式，背靠背地分头对专家征询意见。参加预测组的专家互不见面，姓名保密，只同预测单位负责人保持联系。采取这种背靠背的匿名方式，比召开专家会议面对面的讨论好，使专家能够打消思想顾虑，能够独立思考判断，既依靠了专家，又克服了专家会议的缺点。

（2）反馈性。采用德尔菲法要多次轮看征询意见。每次征询，都必须把预测主持者的要求和已经参加应答的专家意见反馈给他们。经过多次反馈，既使专家们了解各种不同意见，又使各位专家能够在掌握全局情况的基础上，开拓思路，提出独立的创新见解，并不断修正预测意见，使预测结果比较准确可靠。

（3）集中性。在整个预测过程中，每一轮都将上一轮的许多意见和信息进行汇总和反馈，可以使专家们在背靠背的情况下，能充分了解各方面的客观情况和别人的意见以及持不同意见的理由，有助于专家们开阔思路，集思广益。

（4）统计性。这种方法重视对专家意见和预测结果作出定量化的统计归纳。它对各种不同类型的预测问题，采用相应的统计处理方法。专家的意见经过几轮的反馈后，可能趋向集中。

德尔菲法的主要缺点是：主要凭借专家的主观判断，缺乏客观标准，预测需要的时间较长；预测组的专家中途退出将对预测产生不良的影响。因此，这种方法一般用于缺乏历史资料和数据的长期预测以及总额预测，而对不同种类商品的销售和不同顾客的购买意向预测，其可靠程度较低。

3. 德尔菲法的原理

（1）问题要集中，要有针对性。问题要按等级排队，先简单，后复杂；先综合，后局部，这样容易引起专家回答问题的兴趣。

（2）调查单位和调查小组的意见不应强加于调查的意见之中，要防止出现诱导现象，使专家的评价向领导小组靠拢，从而得出迎合领导小组观点的预测结果。

（3）避免组合事件。如果一个事件包括两个方面：一方面是专家同意的；另一方面则是专家不同意的，这样，专家就难以作出回答。

4. 德尔菲法的预测步骤

第一，准备阶段。

（1）成立预测领导小组，确定预测课题。领导小组是预测的主持者，应由公司、企业领导人、各业务部门负责人和预测工作人员所组成，负责组织领导预测工作。预测课题的目标要明确，应根据决策和计划的要求，选择对业务发展有重要影响的问题作为课题。

（2）选定专家，准备背景资料。应聘请见多识广、经验丰富、有真才实学、分析判断能力强、同预测问题有关的业务内行做专家。专家的人数要根据预测课题的复杂程度而定。我国通常选择10～50人，多的可达百人。为了防止有些专家中断工作，专家人选应考虑专家本人是否乐意接受任务和有无足够的时间参加预测工作。为了使选定的专家有代表性，专家的涉及面应适当广泛一些，可以从本部门、本企业内外挑选，既包括技术专家，又包括经营管理人员。

（3）设计征询表。征询表应紧紧围绕预测课题，从各个侧面提出有针对性的问题；内容要简明扼要，问题数目不宜过多，含义要明确；为使专家了解预测组的意图，对各项问题应有说明。在征询过程中，为满足实际需要，还应对征询表不断修正调整。应向专家提供有关的背景资料。如与预测课题直接有关的国内外的统计调查资料和经济信息资料，事前应搜集、整理、准备好，以便及时发给专家，供他们参考。

第二，征询阶段。

准备阶段完成后，即可进入征询阶段。

第一轮，预测小组将预测课题、征询表和背景资料，提交给专家小组中每一位专家，并向其征询意见。要求每一位专家根据自己的依据，提出个人初步预测结果的论据和进一步研究所需要的资料。在规定时间内专家意见收回后，把搜集到的专家的不同意见进行汇总整理，并准备下一轮的预测要求。

第二轮，将第一轮汇总整理的意见、预测组的要求和补充的背景资料，再反馈给专家进行第二轮征询意见。请他们对别人的预测意见加以评论，对自己的预测意见加以补充说明。专家们收到有关资料后，可以全局考虑，或附和其他专家的意见，或根据新的信息，做出新的判断，修改自己原有的意见，提出新的看法。在规定时间内收回专家意见、汇总整理和准备第三轮的预测要求。

第三轮，将第二轮汇总的意见、补充资料和预测要求，再反馈给各位专家，进行第三轮征询意见。要求每位专家根据收到的资料，深入思考，进一步评论别人的意见和修正自己的意见。在规定时间内收回、整理后，准备进行下一轮的征询。

第四轮，对专家意见经过反复修正、汇总后，再反馈给各位专家，要求每位专家在前几次预测基础上，根据预测组提供的全部背景资料，提出个人最后预测结果及其依据。在规定时间内将专家意见汇总、整理，并分析、判断定案。

在实际运用德尔菲法的过程中，一般经过 2～3 轮的反馈，专家们的预测意见基本会收敛于一个比较理想的区间。

第三，数据处理阶段。

在征询意见过程中或在意见征询终结时，为了归纳出有代表性的意见、预测值的典型水平，可以用统计方法加以集中整理。常用的有中位数法和加权算术平均法。

（七）时间序列法

时间序列法是指将过去的历史资料和数据，按时间顺序排列起来的一组数字序列。即根据历史统计资料的时间序列，预测事物发展的趋势。例如，按年度排列起来的年产量，按季度或月份排列起来的企业产品销售量等。

时间序列法假定影响未来市场需求和销售量的各种因素与过去的影响因素大体相似，并且产品的需求形态有一定的规律。只要将时间序列的倾向性进行统计分析，加以延伸，便可以推测出市场需求的变化趋势，从而作出预测。由于经济事件的未来状态不可能是过去的简单重复，因此，这种方法适用于中短期预测。

时间序列法主要包括以下几种：

1. 简单平均法

简单平均法是根据过去多期历史资料计算其平均值，以此作为下一期的预测值。预测公式为：

$$\hat{x}_{n+1}=\frac{x_1+x_2+\cdots+x_n}{n}=\frac{1}{n}\sum_{t=1}^{n}x_i \qquad (5-1)$$

公式（5－1）中：$\hat{x}_{n+1}$：n＋1 期的预测值；

x_i：i 期的实际值；

n：实际值的个数。

2. 加权平均法

根据实际值时间距预测期的远近程度，给实际值以不同的权数。实际值距预测期的远近不同，给予的权数也不同。其预测公式为：

$$\hat{x}_{n+1}=\frac{x_1W_1+x_2W_2+\cdots+x_nW_n}{W_1+W_2+\cdots+W_n}=\frac{1}{\sum_{i=1}^{n}W_i}\sum_{t=1}^{n}x_iW_i \tag{5-2}$$

公式（5-2）中：W_i 为第 i 期实际值 x_i 的权数。

3. 指数平滑法

此方法也称指数移动平均法，是以预测目标的本期实际值和本期预测值为基础，分别给两者以不同的权数，计算出下期预测值的一种预测方法。

指数平滑法的预测公式为：

$$\hat{x}_{t+1}=\alpha\times x_t+(1+\alpha)\times\hat{x}_t \tag{5-3}$$

公式（5-3）中：$\hat{x}_{t+1}$：t+1 期预测值；

x_t：t 期的实际值；

$\hat{x}_t$：t 期的预测值；

α 称之为平滑系数（0≤α≤1）。

正确选取 α 值可提高预测结果的准确性，通过变化指数平滑法预测公式形式，可以清楚地看出这一点。

4. 季节性波动分析

当产品的市场需求呈明显的季节性波动时，用平均法进行销售预测就不能正确地反映销售量的波动，此时需要采用计算季节指数的办法来预测季节性波动。

季节性波动预测计算方法如下：

$$\text{某年各季平均需要量}=\text{当年市场销售量}/4 \tag{5-4}$$

$$\text{某季市场需要量的季节指数}=\frac{\text{某季的市场销售量}}{\text{当年各季平均销售量}}\times100\% \tag{5-5}$$

$$\text{某季预测需求量}=\frac{\text{年需要量}}{4}\times\text{平均季节指数} \tag{5-6}$$

（八）回归分析预测法

“回归”这个概念，是1877年美国遗传学家高尔顿（F. Gaolton）提出来的。他是在研究人类身高的遗传性时，发现父母身高在子女身高遗传上有回归现象。此后，回归的含义被进一步扩大，现在被广泛地用于变量间的数量关系分析。

1. 回归分析预测法的含义

回归分析预测法是预测学的基本方法，它是在分析因变量与自变量之间的相互关系，建立变量间的数量关系近似表达的函数方程，并进行参数估计和显著性检验以后，运用回归方程式预测因变量数值变化的方法。其中，表达经济变量间数学表达式称之为回归方程。

2. 回归分析预测法的基本步骤

（1）确定预测目标和影响因素。通常情况下，市场预测的目标必定是因变量，研究者可根据研究预测的目的确定。例如，以预测未来五年家电需求为目的的市场预测，它的因变量就是未来五年家电的需求量。而对于影响和制约预测目标的因素——自变量的确定，则相对较困难。

确定自变量，预测者既要对历史资料和现实调查资料进行分析，又要根据自己的理论水平、专业知识和时间经验进行科学性分析，必要时还可以运用假设技术，先进行假设再进行检验，以确定主要的影响因素。

（2）进行相关分析。所谓的相关分析，就是对变量间的相关关系进行分析和研究。这一过程主要包括两个方面：一是确定变量间有无相关关系，即确定变量间是否存在不具有数值对应关系的非确定性依存关系。换句话说，当自变量的确定值为 X，与其具有相关关系的对应值为 Y 并不确定。这是相关分析，也是回归分析的前提。二是确定相关关系的密切程度，这是相关分析的主要目的和内容。相关关系的密切程度通常用相关系数或相关指数来衡量。

相关系数计算公式为：

$$r=\frac{\sum(X-\bar{X})(Y-\bar{Y})}{\sqrt{\sum(X-\bar{X})^2}\sqrt{\sum(Y-\bar{Y})^2}}=\frac{\bar{XY}-\bar{X}\cdot\bar{Y}}{\sqrt{\bar{X^2}-(\bar{X})^2}\cdot\sqrt{\bar{Y^2}-(\bar{Y})^2}} \qquad (5-7)$$

公式（5－7）中：r：相关系数；

X：自变量的值；

$\bar{X}$：自变量的平均数；

Y：因变量的值；

$\bar{Y}$：因变量的平均数。

相关系数，$-1\leqq r\leqq 1$ 即 $|r|\leqq 1$。当变量 X 与 Y 呈线性相关时，$|r|$ 越接近 1，表明变量间的线性相关程度越高；$|r|$ 越接近 0，表明变量间的线性相关程度越低。$r>0$ 时表明为正相关；$r<0$ 时表明为负相关。当呈现较强的非线性相关时，相关系数 $|r|$ 值或许趋近于 0，或许很大，并不确定。

（3）建立回归预测模型。建立回归预测模型，就是建立回归方程，依据变量之间的相关关系，用恰当的数学表达式加以表示。

线性回归方程的一般表达式为：

$$Y=a+b_1x_1+b_2x_2+\cdots+b_nx_n \qquad (5-8)$$

当线性回归只有一个自变量与一个因变量间的回归，称之为一元线性回归或简单线性回归，可简写为：$Y=a+bx$。

其他形式的线性回归则称之为多元线性回归。

当变量间不呈线性关系时，则需根据曲线的形状建立相应的非线性回归方程。方程的参数通常使用最小平方法计算求得，然后代入方程用于预测。

（4）回归预测模型的检验。建立回归方程的根本目的在于预测，将方程用于预测之前需要检验回归方程的拟合优度和回归参数的显著性，只有通过了有关的检验后，回归方程方可用于经济预测。例如，进行相关系数显著性检验和标准差检验。

（5）进行实际预测。运用通过检验的回归方程，将需要预测的自变量 X 带入方程并计算，即可取得所要求的预测值。

预测通常有两种情况：一个是点预测，就是所求的预测值为一个数值；另一个是区间预测，所求的预测值有一个数值范围。通常用正态分布的原理测算其估计标准误差，求得预测值的置信区间。

3. 一元线性回归分析预测法

(1) 一元线性回归分析预测法的含义。一元线性回归分析预测法，是根据自变量 x 和因变量 Y 的相关关系，建立 x 与 Y 的线性回归方程进行预测的方法。由于市场现象一般是受多种因素的影响，而并不是仅仅受一种因素的影响。所以应用一元线性回归分析预测法，必须对影响市场现象的多种因素做全面分析。只有当诸多的影响因素中，确实存在一个对因变量影响作用明显高于其他因素的变量，才能将它作为自变量，应用一元相关回归分析市场预测法进行预测。

(2) 一元线性回归分析法的预测模型为：

$$\hat{Y}_t = a + bx_t \quad (5-9)$$

公式 (5-9) 中：x_t：t 期自变量的值；

$\hat{Y}_t$：t 期因变量的预测值；

a，b 代表一元线性回归方程的参数。

a，b 参数由下列公式求得（用 $\sum$ 代表 $\sum_{i-1}^{n}$ ）：

$$\begin{cases} a = \dfrac{\sum Y_i}{n} - b\dfrac{\sum X_i}{n} \\ b = \dfrac{n\sum X_i Y_i - \sum X_i \sum Y_i}{n\sum X_i^2 - (\sum X_i)^2} \end{cases}$$

将 a，b 代入一元线性回归方程 $\hat{Y}_t = a + bx_t$，就可以建立预测模型，那么，只要给定 x_t 值，即可求出预测值 $\hat{Y}_t$。

[例 5-2] 根据表 5-2 中的资料，建立回归方程，并预测当居民年可支配收入达 120 千元时，消费支出为多少元?

表 5-2 基本数据

可支配收入（千元）X	消费支出（千元）Y	X^2	Y^2	XY
18	15	324	225	270
25	20	625	400	500
45	30	2025	900	1350
60	40	3600	1600	2400
62	42	3844	1764	2604
75	53	5625	2809	3975
88	60	7744	3600	5280
92	65	8464	4225	5980
98	78	9801	4900	6930
99	70	9604	6084	7644
662	473	57656	26507	36933

1）将表中的有关数据代入公式

$$\begin{cases} a = \dfrac{\sum Y_i}{n} - b\dfrac{\sum X_i}{n} \\ b = \dfrac{n\sum X_iY_i - \sum X_i \sum Y_i}{n\sum X_i^2 - (\sum X_i)^2} \end{cases}$$

可以求出：$a = -0.36$

$b = 0.72$

则直线回归方程为：$\hat{Y}_t = -0.36 + 0.72x$

2）当 $x = 120$ 时，$\hat{Y}_t = 0.36 + 0.72 \times 120 = 86.04$（千元）

即当居民可支配收入达到120千元时，消费支出为86.04千元。

4. 多元线性回归分析预测法

（1）多元线性回归分析预测法概述 。在市场经济活动中，经常会遇到某一市场现象的发展和变化取决于几个影响因素的情况，也就是一个因变量和几个自变量有依存关系的情况。而且有时几个影响因素主次难以区分，或者有的因素虽属次要，但也不能略去其作用。例如，某一商品的销售量既与人口的增长变化有关，也与商品价格变化有关。这时预测采用一元线性回归预测是难以奏效的，需要采用多元回归分析预测法。

多元回归分析预测法，是指通过对两个或两个以上的自变量与一个因变量的相关分析，建立预测模型进行预测的方法。当自变量与因变量之间存在线性关系时，称之为多元线性回归分析。

（2）多元线性回归预测模型的公式。多元线性回归预测模型一般公式为：

$$\hat{Y}_t = a + b_1x_1 + b_2x_2 + b_3x_3 + \cdots + b_nx_n$$

多元线性回归模型中最简单的是只有两个自变量（$n = 2$）的二元线性回归模型，如公式（5－10）。

下面以二元线性回归分析预测法为例，说明多元线性回归分析预测法的应用。二元线性回归分析预测法根据两个自变量与一个因变量的相关关系进行预测的方法。二元线性回归方程的公式为：

$$\hat{Y}_t = a + b_1x_1 + b_2x_2 \tag{5-10}$$

公式（5－10）中：$\hat{Y}_t$：因变量；

x_1，x_2：两个不同自变量，即与因变量有紧密联系的影响因素；

a，b_1，b_2：线性回归方程的参数。

a，b_1，b_2 可以通过解下列的方程组来得到。

$$\begin{aligned} \sum Y &= na + b_1\sum X_1 + b_2\sum X_2 \\ \sum X_1Y &= a\sum X_1 + b_1\sum X_1^2 + b_2\sum X_1X_2 \\ \sum X_2Y &= a\sum X_2 + b_1\sum X_1X_2 + b_2\sum X_2^2 \end{aligned} \tag{5-11}$$

（3）多元线性回归模型的检验 。多元线性回归模型与一元线性回归模型一样，在计算出回归模型之后，要对模型进行检验。例如，利用相关系数检验回归方程整体显著性检验和标准差检验。

1）整体显著性检验：

$$r=\sqrt{1-\frac{\sum(Y_t-\hat{Y}_t)^2}{\sum(Y_t-\bar{Y}_t)^2}} \quad (5-12)$$

当 $r=0$ 时，Y 的变化与 x 无关；当 $0<|r|<1$ 时，Y 与 x 存在线性相关；当 $|r|=1$ 时，Y 与 x 完全线性相关。

2）回归标准差检验：

$$SE=\sqrt{\frac{\sum(Y-\hat{Y})^2}{n-3}} \quad (5-13)$$

S 越大，实际值 Y 与回归直线的离散程度越大；反之，S 越小，实际值 Y 与回归直线的离散程度越小。

若 $\frac{S}{Y}<15\%$，说明线性回归方程应用精确度高；若 $\frac{S}{Y}>15\%$，说明线性回归方程应用精确度低。

[例 5-3] 某地区通过市场调查发现电冰箱销售量同居民新结婚户数相关，还和居民户均收入水平相关。该地区近年电冰箱销售量、新结婚户数和居民户均收入水平见表 5-3。

若预计 2003 年该地区居民新婚户数为 30.2 千户，居民户均收入为 62.5 千元。用二元回归分析预测法预测该地区 2003 年电冰箱需求量。

表 5-3 各年份基本数据

年份	电冰箱销售量 Y（千台）	新结婚户数 x_1（千户）	居民户均收入 x_2（千元）
1995	20	22	28.5
1996	26	22.5	34.0
1997	30	23.1	38.6
1998	34	23.4	40.0
1999	40	24	42.5
2000	44	24.5	46.0
2001	49	26	50.2
2002	55	28.5	54.8

从表 5-3 中可以看出电冰箱销售量同居民新结婚户数和居民户均收入有一定关系，可使用二元线性回归预测法进行预测。其具体预测过程如下：

1）列表计算有关数据：

表 5-4 各年份相关数据

年份	Y	x_1	x_2	x_1^2	x_2^2	x_1Y	x_2Y	x_1x_2
1995	20	22	28.5	484	812.3	440	570	627

续表

年份	Y	x_1	x_2	x_1^2	x_2^2	x_1Y	x_2Y	x_1x_2
1996	26	22.5	34.0	506.3	1156	585	884	765
1997	30	23.1	38.6	533.6	1490	693	1158	891.7
1998	34	23.4	40.0	547.6	1600	795.6	1360	936
1999	40	24	42.5	576	1806.3	960	1700	1020
2000	44	24.5	46.0	600.3	2116	1078	2024	1127
2001	49	26	50.2	676	2520	1274	2459.8	1305.2
2002	55	28.5	54.8	812.3	3003	1567.5	3014	1561.8
合计	298	194	334.6	4736.1	14503.6	7393.1	13169.8	8233.7

表5－4中：Y：电冰箱销售量（单位：千台）；

x_1：居民新结婚户数（单位：千户）；

x_2：居民户均收入（单位：千元）。

2）解下列方程组，求 a、b_1、b_2 参数：

把表5－3有关数据代入下列方程组，

$$\begin{cases} \sum Y = na + b_1 \sum x_1 + b_2 \sum x_2 \\ \sum x_1 y = a \sum x_1 + b_1 \sum x_1^2 + b_2 \sum x_1 x_2 \\ \sum x_2 y = a \sum x_2 + b_1 \sum x_1 x_2 + b_2 \sum x_2^2 \end{cases}$$

得

$$\begin{cases} 298 = 8a + 194b_1 + 334.6b_2 \\ 7393.1 = 194a + 4736.1b_1 + 8233.7b_2 \\ 13169.8 = 334.6a + 8233.7b_1 + 14503.6b_2 \end{cases}$$

解方程组得：

$$\begin{cases} a = 20.8387 \\ b_1 = -0.0002 \\ b_2 = 1.3889 \end{cases}$$

由此建立的二元线性回归方程为：

$$\hat{Y} = a + b_1x_1 + b_2x_2 = -20.8387 - 0.002x_1 + 1.3887x_2$$

这个回归方程必须经过检验才能作为预测模型。

3）求相关系数，作相关分析。二元线性回归方程的相关系数公式如下：

$$r = \sqrt{1 - \frac{\sum (Y_t - \hat{Y}_t)^2}{\sum (Y_t - \bar{Y}_t)^2}}$$

为了计算相关系数 r，需列表计算 $\sum (Y - \hat{Y})^2$ 和 $\sum (Y - \bar{Y})^2$：

表 5-5 相关分析数据 1

年序号	Y_t	$\hat{Y}_t$	$Y_t-\hat{Y}_t$	$(Y_t-\hat{Y}_t)^2$
1（1995 年）	20	18.74	1.26	1.59
2（1996 年）	26	26.38	-0.38	0.14
3（1997 年）	30	32.77	-2.77	7.67
4（1998 年）	34	34.71	-0.71	0.50
5（1999 年）	40	38.18	1.82	3.31
6（2000 年）	44	43.05	0.95	0.90
7（2001 年）	49	48.88	0.12	0.01
8（2002 年）	55	55.27	-0.27	0.07
合 计				14.19

$\hat{Y}_t = -20.8387 - 0.0002x_1 + 1.3889x_2$

$\hat{Y}_1 = -20.8387 - 0.0002 \times 22 + 1.3889 \times 28.5 = 18.74$（千台）

$\hat{Y}_2 = -20.8387 - 0.0002 \times 22.5 + 1.3889 \times 34 = 26.38$（千台）

……

$\hat{Y}_8 = -20.8387 - 0.0002 \times 28.5 + 1.3889 \times 54.8 = 55.27$（千台）

表 5-6 相关分析数据 2

年序号	Y_t	$Y_t-\bar{Y}_t$	$(Y_t-\bar{Y}_t)^2$
1（1995 年）	20	-17.25	297.56
2（1996 年）	26	-11.25	126.56
3（1997 年）	30	-7.25	52.56
4（1998 年）	34	-3.25	10.56
5（1999 年）	40	2.75	7.56
6（2000 年）	44	6.75	45.56
7（2001 年）	49	11.75	138.06
8（2002 年）	55	17.75	315.06
合 计	298		993.48

$$\left(\bar{Y}_t = \frac{\sum Y_t}{n} = \frac{298}{8} = 37.25\right)$$

把表 5-5、表 5-6 有关数据代入

$$r = \sqrt{1 - \frac{\sum (Y_t - \hat{Y}_t)^2}{\sum (Y_t - \bar{Y}_t)^2}} = \sqrt{1 - \frac{14.19}{993.48}} = \sqrt{1 - 0.014} = 0.993$$

相关系数为 0.993，说明自变量 x_1、x_2 与因变量 Y 之间有高度相关关系。

4）作回归标准差检验：

$$S=\sqrt{\frac{\sum(Y_t-\hat{Y}_t)^2}{n-3}}=\sqrt{\frac{14.19}{8-3}}=1.685$$

$$\frac{S}{\bar{Y}}=\frac{1.685}{37.25}=0.045=4.5\%<15\%$$

由此说明二元线性回归方程 $Y=-20.8387-0.0002x_1+1.3889x_2$ 用于预测，有较高的精确度。

5）计算预测值：

依据题意，$x_1=30.2$，$x_2=62.5$，将它们代入二元线性回归方程。

$$\begin{aligned}\hat{Y}_{2003}&=-20.8387-0.0002x_1+1.3889x_2\\&=-20.8387-0.0002\times30.2+1.3889\times62.5\\&=65.96\text{（千台）}\end{aligned}$$

当居民新结婚户数为 30.2 千户，户均收入为 62.5 千元时，2003 年该地区电冰箱需求量预测值为 65.96 千台。

第四节　市场调查分析报告

市场调查分析报告是根据市场调查所收集、整理的商品供求等市场信息，进行科学的分析研究，探索市场经济规律的书面报告。它是市场调查结果的文字表达形式，是企业经营决策的重要参考依据。

一、市场调查分析报告的特点

1. 客观性

市场调查分析报告应该是市场调查情况及结果的真实反映。由于市场调查是以科学的方法、客观的态度，明确地研究营销有关问题所需要的信息，有效地收集和分析这些信息，以便为决策部门制定更加有效的营销战略和策略提供基础性的数据和资料。所以最终形成的市场调查分析报告也必须科学、客观，必须以市场调查获取的资料作为撰写市场调查报告的主要依据，必须遵循客观规律，符合客观实际情况。

2. 典型性

由于市场调查的范围非常广泛，而市场调查又需要一定的人力、物力和财力。所以在进行市场调查时，就要注意选取具有代表性的调查问题和调查对象。市场调查报告中要选择具有典型意义的材料，解决市场经济活动中带有普遍性的问题。

3. 陈述性

市场调查报告的目的是对市场现象进行科学的推断，总结出市场发展的一定的规律性所在。但是这种推断，必须依据市场调查所获取的材料来进行，是在叙述和说明通过市场调查所反映的市场客观情况的基础上进行的适当的分析。尽管市场调查报告具有一定的说理性，但陈述性是市场调查报告在写作方面的主要特征，陈述是说理的基础和前提，说理往往与陈述紧密结合。

4. 时效性

市场环境是时刻变化的，市场调查报告必须准确而快速地反映市场变化，及时为企业的决策部门提供决策依据。过时的市场调查报告，资料再翔实，分析再有理，对企业决策部门来讲都已经没有很大的实用价值了。

二、市场调查分析报告的结构

一份完整的市场调查分析报告通常由标题、摘要、序言、正文和附录等部分构成。但简短的市场调查报告也可以只有标题和正文部分，不需要摘要、序言和附录。尤其是反映市场动态的市场调查报告，正文部分的结构都可以非常简短，只要求说明市场调查分析的结果，揭示市场变化的动态即可。

1. 标题

市场调查报告的标题，必须准确地说明市场调查分析的对象、范围，揭示市场调查报告的主题思想，一般应当概括市场调查分析的主要结果或结论，帮助读者快速把握市场调查报告的精髓和市场变化的重要信息。

市场调查报告的标题，写法灵活多样，但从形式上看，主要有单标题和双标题两种。

（1）单标题。单标题，就是只有一个标题。市场调查报告的单标题形式，写法是多种多样的，主要有公文式、问题式和观点式三种。

1）公文式标题是一种表明市场调查对象、范围和调查报告这种文章体式的标题形式，一般表述形式为“×××××的调查报告”或“×××××的调查”，如“关于大学生就业现状的调查报告”。

2）问题式标题，是一种揭示市场调查分析的问题，帮助读者了解市场调查报告内容侧重点的标题形式。表述形式一般是“××××的×××”，“的”前说明调查对象，“的”后说明调查问题所涉及的方面，有点类似于把公文式标题中的“调查报告”或“调查”字样省略，“的”也可以不要。如“关于大学生就业现状的调查报告”也可以改成问题式标题“大学生就业现状”。

3）观点式标题，是一种直接揭示市场调查分析结论，阐明市场调查分析者观点、看法的标题形式，在表述上，要直接针对调查问题明确回答“怎么样”。如“绿色消费品受消费者青睐”。

（2）双标题。双标题就是市场调查报告的标题有正标题和副标题两个。正标题表述市场调查报告的主题，副题说明市场调查的对象和问题。在书面上，正题和副题各占一行位置，且副题前用连接号“——”作标志。正题一般采用问题式或观点式标题的写法，副题采用公文式标题的写法。如“绿色消费品受消费者青睐——城市居民绿色消费观念及消费行为的专题调查”。

以上几种标题形式各有所长，但双标题形式的意思表达最为完整，功能也最强。但不管采用哪种形式，市场调查报告的标题都应当简洁凝练，题文相符，能体现市场调查报告的文体特点，并力求写得新颖、醒目，具有较强的吸引力。

2. 摘要

篇幅较长的市场调查报告，一般在标题下、正文之前有一段内容摘要，概括说明报告的主要内容，使读者对整个报告先有一个大致的了解，以便于文件检索。特别是研究性的市场调查报告，因其有一定的学术性，要求按照学术论文的标准来拟写内容摘要，有的还要求标出关键词。

3. 序言

序言也叫前言、引言，是市场调查报告的开头部分，通常用一段文字简要说明市场调查的基本概况，包括市场调查的目的、时间、对象、范围、方法和调查样本情况等。大多数情况下，还要说明市场调查分析的结果，表明报告的基本理论。

序言的写法，根据市场调查的情况和报告的需要可以不拘一格，或用叙述式，陈述调查的基本情况，概括报告的主要内容；或用论述式，阐明调查的意义，揭示调查的结论；或用提问式，抓住调查的关键问题设问，以引起读者注意。但多数情况下，综合运用几种写法，围绕着为什么进行市场调查、怎样进行市场调查和市场调查的结果如何来写作，给读者一个比较完整的认识。

4. 正文

正文是除序言部分的市场调查报告的主要部分，一般由主体部分和结尾部分组成，是市场调查报告的核心部分，决定着市场调查报告的质量和作用。

市场调查报告的主体，主要依据市场调查所获取的资料，进行分析论述，说明被调查对象的现实状况，研究其存在的问题，揭示其发生、发展变化的影响因素，预测其发展趋势，提出调查研究者的意见和建议。

市场调查的目的主要是了解市场的现状，研究和解决市场存在的问题，所以，市场调查报告的主体部分，一般按照人们发现问题、分析问题、解决问题的认识规律和习惯，由情况部分、分析部分和结论或建议部分组成。

但市场调查报告的主体部分的分析部分往往可以与情况部分结合起来，在陈述情况的同时进行分析，也可以在分析议论的基础上提出见解和建议，将分析部分和建议部分合在一起。不管采用何种写法，市场调查报告的主体要特别注意观点和材料的统一，即观点要恰如其分地涵盖材料所包含的意义，材料要能充分说明观点。不能观点与材料所包含的意义范围大小不一致，更不能观点与材料脱节，即观点与材料之间没有必然的联系。

5. 附录

市场调查报告的附录，主要用来说明报告序言、正文部分不能提及但又与报告密切相关，需要附加说明的内容，如数据汇总表、工作技术报告、原始背景材料、调查机构名称、主要执笔人、完成时间等。除调查机构名称，执笔人、报告完成时间等可以在标题下或报告正文内容结束后标明外，其他一般作为报告的附件，收录在整个报告文本后。

第六章　目标市场营销战略

在消费者需求日趋多样化、个性化、复杂化，市场竞争日益激烈的今天，企业如果不了解市场，不掌握消费者的具体需求，没有明确的目标与主攻方向，就不能卓有成效地开展营销活动，并取得预期的效果。因此，任何企业在进行经营时，都必须进行市场分析，明确本企业的市场在何处，为满足哪些消费者的哪些需求而开展业务活动，这就是本章所要解决的问题。在营销观念导向下的市场细分（Segmenting）、目标市场选择（Targeting）和市场定位（Positioning）三项活动，简称STP目标市场营销战略三步曲，是制定营销4P策略的重要基础（参见图6-1）。

第一步是市场细分，即把市场分割为具有不同需要、性格或行为的消费者群体（细分市场），并对不同的细分市场，描述其各自相应的特征；第二步是目标市场选择，即估计各细分市场的吸引力程度，选择进入一个或若干个细分市场；第三步是市场定位，即对企业及其产品进行有别于竞争对手的定位，并制定相应的详细的营销组合策略。

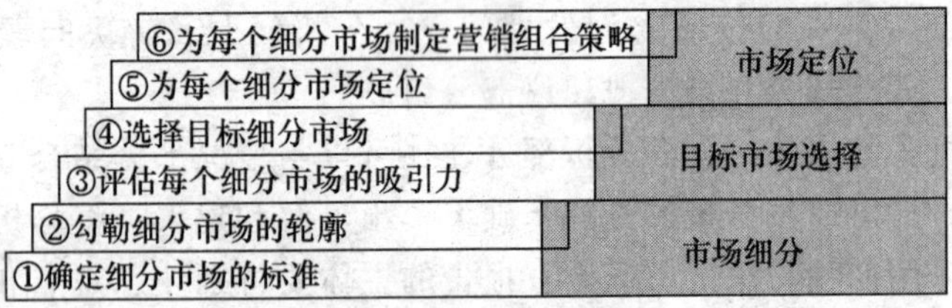

图6-1　STP营销战略三步曲

第一节　市场细分

一般分析市场的方法有两大类：一是按市场的结构类型对市场进行分类（参见图6-2），称静态市场分析；二是对市场中的消费者进行分类，即“市场细分”，称动态市场分析。

一、市场细分概述

（一）市场细分的概念

随着商品经济的不断发展，社会分工日趋细化，企业间的竞争也日趋激烈，特别是在买方市场形成后，各企业都逐渐认识到，无论是生活消费者，还是生产消费者的需求都越来越多样化，即需求的差异性。任何一个企业，即便是很有实力的大型跨国集团，或

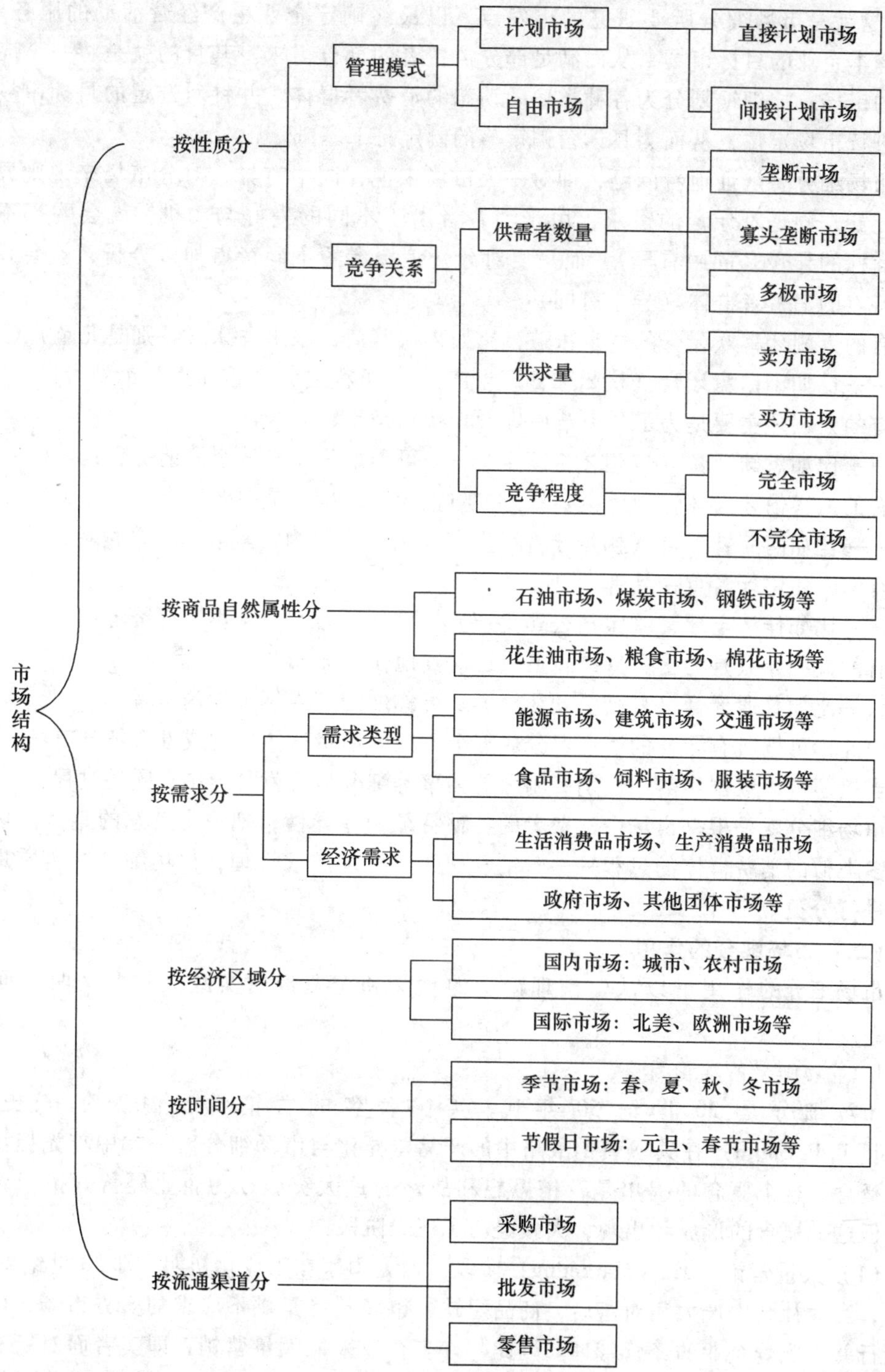

图 6－2　市场结构类型

世界上的500强企业，由于它们所掌握资源的有限性，都不可能提供和满足总体市场上所有消费者的所有需求，而只能满足部分消费者的部分需求。

对具体的一个企业来说，应满足哪部分消费者的哪部分需求（有针对性、有的放矢），这就是市场细分所要研究的出发点，以最终确定企业生产经营活动的服务对象，即选择本企业的目标市场，从而满足部分消费者的部分需求。其目的就是将一个庞大而多变的市场，详细地划分为各种类型的动态的消费者群体，并针对选定的目标市场的特点，进行市场定位，从而为具体营销策略的制定打下基础。

市场细分要辩证地看问题，即对一大市场来说，同中有异，对分市场来说则异中有同。比如，同是对牙膏的需求，由于消费者出于不同的爱好与动机，就会购买不同类型、商标的牙膏（同中有异），而只要对牙膏消费者的不同特点加以分析，就会找出有相同特点的消费者群体（异中有同）：

有的人刷牙喜欢牙膏的特定味道，比如喜欢薄荷、水果香味（特别是儿童）

——比如小白兔牙膏（杭州牙膏厂生产）→ 可称之为“重味型”消费者；

有的人刷牙主要是为了牙齿洁白好看，特别是年轻人

——比如黑妹牙膏（广州牙膏厂生产）→可称之为“仪表型”消费者；

有的人害怕牙齿坏，刷牙主要是为了防止牙病，特别是中老年人

——比如两面针牙膏（柳州牙膏厂生产）→可称之为“药物型”消费者；

有的人使用牙膏重在品牌

——比如佳洁士牙膏（宝洁公司生产）→可称之为“时髦型”消费者；

有的人刷牙只是为了保持口腔卫生，对其他作用无所谓

——比如普通牙膏（任何公司生产）→可称之为“普通型”消费者。

由此，可把所有牙膏的消费者分成五个不同的消费群体，构成五个细分市场。

当然还可以根据年龄、性别、刷牙的频率等细分，也就是异中有同的过程。

市场细分就是根据市场中消费者的各种特征的差异性，把一个动态的整体市场划分为许多类似的消费群体的过程——营销管理的实质是需求管理，市场细分的实质是对消费者进行分类。

（二）市场细分的作用

市场细分的作用可以从营销理论上的意义和企业经营实践上的意义两方面分别阐述。

1. 市场细分的理论意义

市场细分是20世纪50年代，美国著名的营销学家温德尔·史密斯（Wendell. R. Smith）在其《营销战略中的产品差异化与市场细分》一文中首先提出的一个新概念。这个概念的提出是营销思想和战略的重大突破，为企业经营开拓了新的视野。但这一概念的形成和出现，大致经历了三个阶段：

（1）大量营销（Mass Marketing）阶段。西方国家在工业化初期，即20世纪20年代以前，当时社会生产力相对落后，商品短缺，市场趋势是供不应求的卖方市场，生产观念盛行并支配着企业的经营管理。因此，许多企业采取大量营销，即卖者面对所有的买者不加区别，大量生产，分销和促销单一产品，试图以单一产品吸引市场上所有消费者。如美国可口可乐公司曾经向整个市场仅推出一种饮料。大量营销的理由是：采用这种做法将导致费用最少和价格最低，从而创造最大的潜在市场。

（2）产品差异营销（Product - Differentiated Marketing）阶段。欧美一些国家在20世纪20年代末至50年代以前，由于社会生产力和科技水平有了很大的提高，产品数量

和品种迅速增加，市场发展的趋势是由卖方市场逐步向买方市场过渡，卖者之间的竞争日趋激烈，而价格竞争的结果导致企业利润率的下降。由于同一行业中各个企业产品雷同，卖者难以控制其产品价格。于是，有些企业开始认识到产品差异的潜在价值。一些企业也因而开始实行产品差异营销，即向市场提供两种或两种以上的外观、质量、式样、规格等方面具有不同特点的产品。例如，可口可乐公司后来生产出几种饮料，它们被包装在大小不同的容器里。这样做的目的是为了向消费者提供多样化的产品，而不是为了吸引不同的细分市场。

（3）目标营销（Targeting Marketing）。“二战”后，随着第三次科技革命的出现，社会生产力迅猛发展，产品数量剧增，产品花色品种多样化，形成了名副其实的买方市场。从而迫使许多企业清醒认识并接受了营销观念，开始实行目标营销，即卖者首先识别众多消费者之间需要的差别，将市场细分为若干个分市场。并从中选择一个或一个以上细分市场作为目标市场，进行市场定位，制定出相适应的营销组合，以满足目标市场的需要。

从大量营销、产品差异营销到今天的目标营销，是营销思想和战略的新发展。今天的企业要想进行大量营销越来越困难。大规模市场正经历着“非大规模化”。消费者再也不仅仅收看三个电视台的节目，他们都能享受有线且数字化的电视服务，在数十个电视台中选看任何节目。消费者也不是仅从一些大型超市连锁店和百货店那里购买商品，而是从成百上千家商店购买商品。

2. 市场细分的实践意义

市场细分对于企业的生产经营实践具有重要作用，其意义在于：

（1）分析市场机会，发挥企业优势。在市场细分的基础上，企业可以深入分析各分市场的需求特性和竞争对手的情况。通过比较，依据企业自身特长进入最合适的分市场，从而避开竞争锋芒，最大限度地发挥企业优势。

（2）选择目标市场，满足市场需求。企业可根据不同市场的特点和企业本身的实力选定目标市场。在目标市场上，企业较易认识和掌握顾客需求及其变化趋势，更好地联结生产和消费，满足市场需求。

（3）合理营销组合，提高经济效益。在目标市场上，企业可以根据目标市场特点，更加合理地采取营销策略组合，集中有限的资源，发挥更大的经济效益。

（4）开拓新的市场，满足潜在需求。在进行市场细分时，企业必须加强市场调研工作，根据消费者需求的发展趋势，及时分析潜在需求，这有助于开发新产品和开拓新市场。这样，企业不仅可以针对消费者的现实需求，而且可以根据消费者的潜在需求，有所创造、革新，满足不断变化着的新的市场需求，扩大企业所经营业务的范围。

二、市场细分标准

把一个庞大、复杂、多变的市场予以细分，要按一定的划分标准。消费者许多特征因素可作为细分标准。不同消费者的不同特征均会直接影响其消费需求。本书选择消费者的人口统计、社会经济、心理和行为四大类因素作为细分标准。因为这些特征因素不是静止的，而是变化的，故也可以称之为细分变量。表 6－1 是以生活消费者和生产消费者为例，列出此四大类细分标准下的子因素（标准分项）及相应的特征举例，其思路对诸如中间商、政府、协会、学校等其他团体购买者的细分均适用。

表 6－1　市场细分化标准

消费者	生活消费者		生产消费者	
细分标准	标准分项	主要特征举例	标准分项	主要特征举例
人口统计因素	●年龄 ●性别 ●婚姻状况 ●居住地	老年、中年、青年、少年 男、女 未婚、已婚、离婚、丧偶 城市、农村、国际、国内	●企业历史 ●企业制度 ●所有制性质 ●所在行业 ●厂址	新建企业、扩建企业、老企业 个体、合作制、股份制 国有、私有 冶金、石化、家电、服装、IT、金融 同左居住地外，还包括与资源、销售市场远近
社会经济因素	●家庭大小 ●收入 ●社会阶层 ●家产	人数、几代人同住 人均收入、可支配收入：高、中、低 职业、文化程度、宗教、民族 房产、土地、是否有私有企业、股份	●企业规模 ●行业地位 ●企业地位 ●生产能力 ●营销能力 ●财务能力 ●职工队伍	注册资本、人数、产值 在国民经济中重要、一般、不重要 领导者、挑战者、跟随者、补缺者 设备先进程度与灵活性、产量、品种、产值 市场占有率、销售量、销售额、知名度 资金筹措、流动资金、利润率 人员素质、各类人员的比例
心理因素	●个性 ●知识 ●兴趣 ●看法 ●意图（动机）	理智、情感或意志型；随和或倔犟 知识面宽窄、对商品知识了解程度 社交型、业余喜好、对商品的兴趣 对某一专题、对商品、对品牌忠诚度 成就欲、领导欲、对商品的占有欲	●领导特征 ●知识 ●兴趣 ●看法 ●意图（动机）	高层领导及各级领导个性，或采购员个性 科技水平、科技力量、对商品的熟悉程度 对科技、对产品质量、对广告、对公益活动 对社会各专题评论，对企业信誉、形象 成就欲、创名牌、达先进，对商品的占有欲
行为因素	●信息行为 ●购买行为 ●使用行为 ●生活方式	主动或依赖他人、积累或临时寻找信息 购买量多少、使用频率高低、选价格 不用、轻度或重度使用；初用、常用 传统或活泼、时髦或勤俭、清洁或邋遢	●信息行为 ●购买行为 ●使用行为 ●生产方式	信息来源途径、收集、积累情况 供应商选择方式、订货批量与频率 作原材料用、作设备维修用、偶尔或长期使用 流水线生产、批量生产

1. 在具体确定市场细分标准时应注意

(1) 深入调查研究，根据企业的具体经营业务及其范围，对消费者的不同需求（产品）要采取各自合适的细分标准，力图实现细分标准的最佳组合。

(2) 市场细分标准有许多是经常变化的，消费者的消费需求也是可变的。因此要在动态中加强市场调研工作，随时调整细分标准，以提高企业的适应与应变能力。

其他学者市场细分标准的观点如表 6－2 所示。

表 6－2　其他学者的市场细分标准

标准	生活消费者	生产消费者
①	人口统计因素	人口变量
②	地理环境因素	经营变量
③	心理因素	采购方法
④	行为因素	形势因素
⑤		个人特征

2. 市场细分标准的选择方法

可按下列方法选择表 6－1 四大类细分标准和相应的标准分项进行组合：

(1) 单因素法：包括单因素单标准分项或单因素多标准分项（如人口统计因素中的年龄或年龄＋性别）。

(2) 多因素法：包括多因素单标准分项或多因素多标准分项进行组合（如人口统计因素中的年龄＋社会经济因素中的收入或人口统计因素中的年龄与性别＋社会经济因素中的收入与职业）。

[例 6－1] 如图 6－3 是某企业对手机市场细分的例子。该企业要开发新一代的手机，但该类新手机应面向哪类消费者呢？为此，该企业进行了市场调查，共回收了问卷 2646 份。该企业首先按人口统计因素中的年龄对消费者进行分类，发现购买新手机欲望

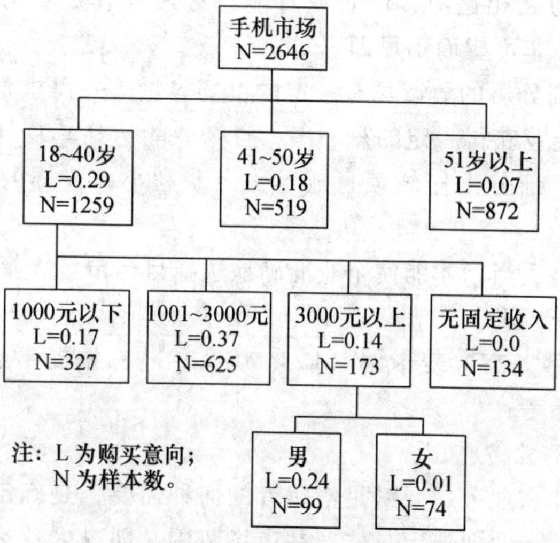

图 6－3　手机市场细分图

最强（29%）的是占样本1259名（47.51%）、年龄在18～40岁间的消费者。于是进一步按社会经济因素中的收入对此部分消费者进行分类，尽管月收入在1001～3000元的消费者无论从占样本的数量625名（49.64%），还是购买新手机欲望（37%）均最强。但该企业考虑到目前市场上同类型中、低档手机的竞争很激烈，为避开竞争锋芒，他们选择了收入在3000元以上的高端手机市场。据此对收入在3000元以上的消费者进一步按人口统计因素中的性别进行细分，发现占收入在3000元以上57.23%的男性消费者购买新手机欲望（29%）要比女性消费者强得多。因此，该企业选择年龄在18～40岁、收入在3000元以上的男性消费者作为目标市场，并开发适应这一消费群体需要的新手机产品。

三、市场细分原则和方法

（一）市场细分的原则

如前所述，企业可以根据不同的细分标准及其组合对市场进行细分。但由于消费者的特征及其需求千差万别，没有一个消费者与另一个消费者完全相同，不可能选用所有的差别（细分标准）来细分市场。因为细分标准越多，细分市场数目就增加，而细分市场中的消费者则越少；相反，细分标准越少，细分市场数目也就减少，而细分市场中的消费者则越多。那么，企业如何有效细分市场，寻找最有用的，具有实用价值的标准组合呢？有以下市场细分原则供参考：

（1）可衡量性。一方面是指所选消费者的不同特征（细分标准）信息，不仅能通过市场调研及时获得，而且还具有可衡量性；另一方面，消费者的不同特征会对产品、价格、广告等企业营销策略有明显的不同反应，以及导致消费者的需求有明显的差异且可测量，才值得细分。相反，消费者的特征本身对企业相应的营销策略没有明显的不同反应，并且消费者的需求也没有明显的差异，就不必进行市场细分。大米白面、油盐酱醋等生活必需品有时就不必太费力气去进行市场细分。

（2）可进入性。细分后的分市场对企业来说容易进入，且企业的生产经营能力（如生产、营销能力）能与之相适应，即企业有能力进入且有效吸引相应的细分市场的需求，能够有所作为，并非可望而不可即。

（3）可营利性。细分后的分市场有一定的市场容量——需求量，细分后的分市场有一定的规模，足以使企业获得一定的盈利率，且企业能达到其目标。若细分后的市场规模小，市场容量有限，细分工作烦琐且成本大，获利小，这样的细分市场对企业毫无意义。

总之，细分市场要适当，才能使企业准确地选择目标市场，提高营销效果。

（二）市场细分的步骤

美国营销学专家伊·杰·麦卡锡（E. J. MCcarty）首先提出了市场细分的七步法，可供企业市场细分时参考：

1. 选择企业经营的业务范围

企业要生产经营什么业务，要满足消费者的何种需要，是确定企业经营的业务范围的基础。在此基础上，企业要选定具体产品市场范围，即进入什么行业和各大类相应的产品层次。产品市场范围应以顾客的需求，而不是产品本身特性来确定。例如，某一房地产企业打算在乡间建造一幢简朴的住宅，若只考虑产品特征，该企业可能认为这幢住宅的出租对象是低收入顾客，但从市场需求角度看，高收入者也可能是这幢住宅的潜在顾客。因为高收入者在住腻了高楼大厦之后，恰恰可能向往乡间的清静，从而可能成为这种住宅的顾客。

2. 列出消费者的所有需求

不管竞争对手是如何做的，也不管市场上的产品究竟具备满足各种需求的能力与否，全面列出该市场范围内能满足消费者该种需要的该行业或各大类产品的所有可能需求。比如，上述公司可以通过调查，了解潜在消费者对前述住宅的基本需求。这些需求可能包括：遮风避雨、安全、方便、宁静、设计合理、室内陈设完备、工程质量好等。

3. 分析不同消费者的不同要求

企业可以根据人口统计因素结合其他因素进行抽样调查，交由消费者选择所列需求中最迫切的需求后，不同的消费者群体，即若干分市场也就显现出来了。比如，经济、安全、遮风避雨是所有顾客共同强调的，但有的用户可能特别重视生活的方便，另外一类用户则对环境的安静、内部装修等有很高的要求。通过这种差异比较，不同的顾客群体即可初步被识别出来。

4. 去掉消费者相同的要求

从根据调查所体现的潜在消费者的共同点和不同点中，去掉所有消费者相同的要求，尽管这些共性对企业营销组合决策有参考作用，但不能作为市场细分的基础。如遮风避雨、安全是每位用户的要求，就不能作为细分市场的标准，因而应该剔出。集中选择数个不同的特征作为市场细分的标准，并检验所选标准的可实施性。

5. 划分相应的消费者群体并命名

根据不同消费者的特征划分相应的群体为各细分市场，并为其命名。如前述对牙膏市场的分析，可命名为重味型、仪表型、药物型、时髦型和普通型。还比如，西方房地产公司常把购房的顾客分为好动者、老成者、新婚者、度假者等多个子市场，并据此采用不同的营销策略。

6. 进一步分析各潜在消费者群体的特征

进一步分析各潜在消费者群体（细分市场）的需求及购买行为，了解进入细分市场的新变量，以使企业适应之。

7. 测量不同细分市场的规模

对各细分市场的大小及消费者群体的需求潜力进行测量，即在调查基础上，估计每一细分市场的顾客数量、购买频率、平均每次的购买数量等，并对细分市场上产品竞争状况及发展趋势做出分析，从而选择合适的目标市场。

第二节　目标市场选择和策略

目标市场是指根据企业内部条件和外部环境的分析，在市场细分化的基础上，选择一个或数个细分市场作为自己的生产经营活动的服务对象。

一、选择目标市场的标准

企业在市场细分后，面临选择目标市场的问题。因为并不是每个细分市场都是值得或能够进入的。企业必须先对各细分市场进行评估，即了解相应的细分市场是否存在潜在需求，竞争状况及其趋势，是否有利可图，企业本身实力如何等。在分析判断的基础上决定选择最有利于企业的细分市场作为服务对象。因此，选择目标市场必须考虑以下基本的标准：

1. 有一定规模和发展潜力

首先，目标市场应具有一定的现实需求，足以实现企业预期的销售额。理想的目标市场应当与企业的实力相匹配。较小的市场，不利于较大企业发挥其潜力；过大的市场，对于实力较弱的企业，则难以有效控制与占领。其次，目标市场应存在未满足的潜在需求，有充分的发展空间与潜力。

2. 有足够的吸引力

有一定规模和发展潜力有时也未必是理想的目标市场。因为从经济效益和盈利的角度看，该市场或许企业难以进入，或许企业无法达到预期的市场占有率，因而缺乏内在的吸引力。市场有无足够的吸引力首先要看能否建立企业预期的需求。它通过一定的市场占有率来体现，受该企业营销努力的影响。市场占有率反映企业对市场的控制程度，不仅衡量企业的营销水平，也体现企业的市场定位如何。市场有无足够的吸引力，还要比较企业需求与企业成本。企业需求显示企业的收入潜力，企业成本是实现企业需求所需的支出与代价。企业需求固然可以通过营销努力加以刺激，但竞争的存在会导致营销费用的增加，削弱企业的盈利能力。

3. 符合企业的目标和能力

理想的目标市场还必须结合企业的目标和能力来考虑。某些分市场也许有较大的吸引力，但不符合企业长远目标，因而只有放弃。尽管这些分市场本身可能具有吸引力，但是却不能推动整个企业实现自己的目标，甚至分散企业精力，使之无法完成主要目标。同时，企业还要考虑是否拥有在该细分市场获胜所应具备的人财物资源、企业信誉及管理水平，即企业实力。无论什么样的市场，企业要想成功，就必须具备这些实力，否则只能放弃。有了必要的实力，企业还要发挥优势地位，以压倒竞争对手。如果无法在该市场创造某种形式的优势地位，就不应该贸然而入。

二、目标市场策略

企业在决定为多少个细分市场服务及相应的营销策略，即确定如何涵盖目标市场时，有三种目标市场营销策略可供选择：无差异性营销策略、差异性营销策略和集中性营销策略。

（一）无差异性营销策略

无差异性营销策略（Undifferentiated Marketing）是指把一个整体的产品市场看成是一个大的目标市场，设计一种产品和制定单一的营销组合策略，力求在一定程度上适应尽可能多的消费者的需求（见图6－4）。运用此策略的前提是，若企业面对的市场是同质市场，或企业推断即便消费者是有差异的，但其需求也有足够的相似之处，可以作为同质的目标市场加以对待，此时企业可选择无差异性营销策略。企业不进行市场细分，把整个市场看做自己的目标市场，且采取的营销策略都是相同的。

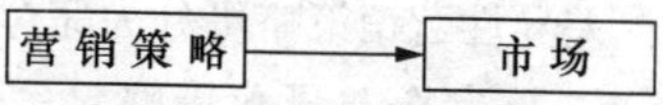

图6-4　无差异性策略

1. 无差异性营销策略的优点

（1）大大降低成本费用。这是无差异性营销策略的最大优点。首先，体现在生产的规模经济上，标准化和大批量生产可降低生产成本；其次可节约储存成本、运输成本、广告等销售费用；再次，它不必对各分市场进行研究和计划工作，可降低营销研究费用和产品管理成本。

（2）简单易行，便于管理。由于单一的营销策略组合，便于企业统一计划、组织实施和监督控制等管理活动，减少管理的复杂性，易于操作。

2. 无差异性营销策略的缺点

（1）忽略了消费者需求的差异性。因为市场的差异毕竟存在，单一产品以同样的方式广泛销售并受到消费者满意，这几乎是不可能的。何况消费者的需求还随时间的推移而变化。

（2）适用的产品面窄。大多数产品不宜采用，只适合于那些具有同质性的产品。

（3）易形成竞争，经营风险大。若众多企业都采用此策略，就会形成整体市场上激烈的竞争，经营风险大。不可能真正占领所有市场，同时细小的分市场上的需求往往被忽视而得不到满足。

（二）差异性营销策略

差异性营销策略（Differentiated Marketing）是指企业决定同时为几个分市场服务，设计不同的营销策略，即在产品、定价、渠道和促销等方面都加以相应的改变，以适应不同分市场的需求。

1. 差异性营销策略的优点

（1）针对性强，满足不同的需要。它可以通过不同的营销策略，服务于不同的分市场，从而满足不同的消费群体的需要。

（2）提高竞争力。若企业的产品种类在各分市场由于有别于其他竞争对手，特别是市场空当，而具有优势，就会大大增强消费者对企业的信任感，提升企业形象，进而提高重复购买率，争取到更多的品牌铁杆忠诚者，提高企业和品牌竞争力。

（3）大大提高销售额，提高经营业绩。由于通过多样化的产品和渠道，各分市场产品间会互相促进，常会有利于扩大企业的销售额，进而提高企业的经营业绩。

（4）由于产品分散在几个不同的分市场，从而分散并降低风险。

2. 差异性营销策略的缺点

（1）资源分散，大大增加经营成本。采用差异性营销策略，因营销策略的多样化，往往将资源分散在各个分市场，不能集中兵力，形不成规模经济。使得产品改进成本、生产成本、管理成本、存货成本和促销成本增加，进而大大增加总的经营成本。

（2）资源要求高，应用企业受限。由于采用差异性营销策略需要雄厚的人财物、信息等资源条件，相当一部分中小型企业无力采用此策略。倘若采用，也要认真进行市场调研和量、本、利分析。

3. 差异性营销策略的分类

差异性营销策略可分为完全差异化、产品专业化、市场专业化和选择性专业化四种策略：

(1) 完全差异化策略：完全差异化策略是指将整个市场细分为n个，相当于图6-5中的n趋向于无穷，企业用无穷个营销策略，为无穷个分市场提供服务。即企业趋向于向所有不同的消费者提供相应的不同产品和服务，以满足每个消费者的不同需要。这是一种理想状态，现实中企业因资源的有限性是不可能完全做到的。但是在有限的市场范围内，根据这一思想，企业可以去努力实现之。比如，20世纪末在全球迅速兴起的客户关系管理CRM中个性化的"一对一关系"服务的观念和做法（参见第一章第四节）就渗透了这一思想。

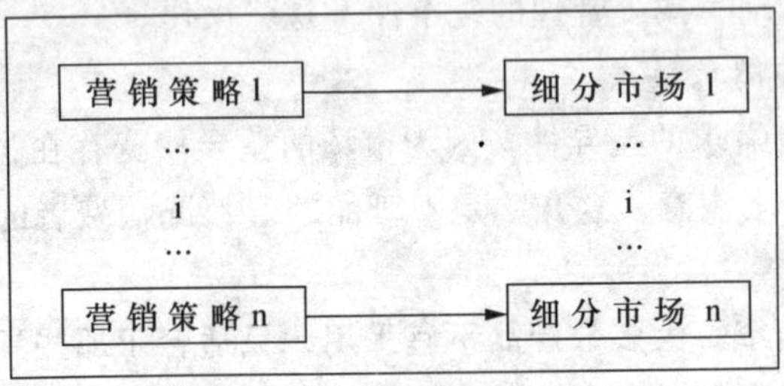

图6-5 完全差异化策略

当然，对于不具相当实力的企业，若实行这种"超细分战略"，即市场被过分地细分，而导致成本上升、价格不断增加，影响产销数量和利润规模。因此，有一种"反市场细分"的战略应运而生。反市场细分战略并不等于反对市场细分，而是将许多过于狭小的分市场重新组合起来，以便能以较低的市场价格去满足相应市场中的需求。当然其前提是，合并后的分市场，因销售额扩大而带来的利益，能够补偿或超过成本费用的增加。显然，理论要联系实际，具体企业要联系具体市场实际，在目标市场策略上作出明智的合理的选择。

(2) 产品专业化策略：产品专业化策略是指企业只生产某一个行业中的某类相同的产品，采用其他不同的有限N个营销策略组合，满足有限N个细分市场中各消费群体的需求（见图6-6）。尽管在产品档次、质量、款式方面有所不同，但本质差异不大，主要的差异体现在产品策略以外的价格、分销和促销策略的组合上。通过这种策略，既可以在有限的产品专业领域内发挥其生产、技术的潜能，并在相应产品领域内树立起较高的声誉，又可以分散经营风险。

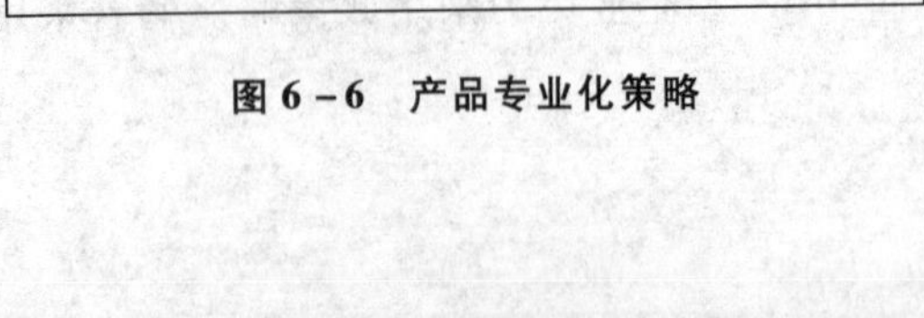

图6-6 产品专业化策略

（3）市场专业化策略：市场专业化策略是指企业向同一细分市场中的消费群体提供具有差异的有限 N 个不同类型的产品，而其他营销策略相同或相差无几，以满足同一细分市场中消费者的不同需要。这些产品可能是同行业中的不同类型的产品，也可能是完全跨行业的产品（见图 6－7）。采用这一策略的优点是企业既可以充分利用对该细分市场中的消费者熟悉和消费者对企业的忠诚的优势，为老客户提供不同的产品从而满足他们的不同需要，继而找到新的成长点；同时又能利用原有的分销渠道等营销资源，节约相应的营销费用，从而提高营销业绩。但是，若向该细分市场提供过于差异性的产品，特别是过于跨行业的产品，则生产成本会有大的提高。因此市场专业化策略更适合于生产劳动密集型的产品的企业。否则会因企业固定资产投入过高，或因同一细分市场中消费者的购买力下降，而导致企业收益下降，增加企业负担与风险。

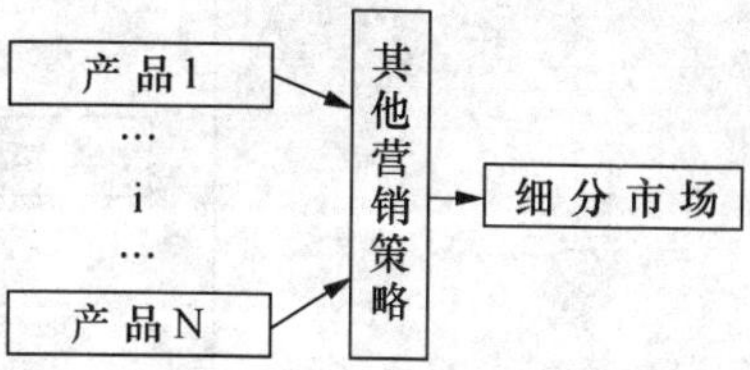

图 6－7　市场专业化策略

（4）选择性专业化策略：选择性专业化策略是指企业选择有限 N 个不同的细分市场，向各细分市场中的消费者群体提供不同的产品，这些产品可能是同行业中的不同类型的产品，也可能是完全跨行业的产品，但与市场专业化策略不同的是，选择性专业化策略的其他营销策略也因细分市场不同而有异（见图 6－8）。这是典型的差异化策略，向不同的消费者群体提供不一样的营销策略组合，从而可以较好地分散经营风险。若向各细分市场提供的不同产品是跨行业的产品，实际是一种集团多样化的经营模式。采用此模式一是企业要颇具实力，二是各细分市场均能为企业带来一定的效益。

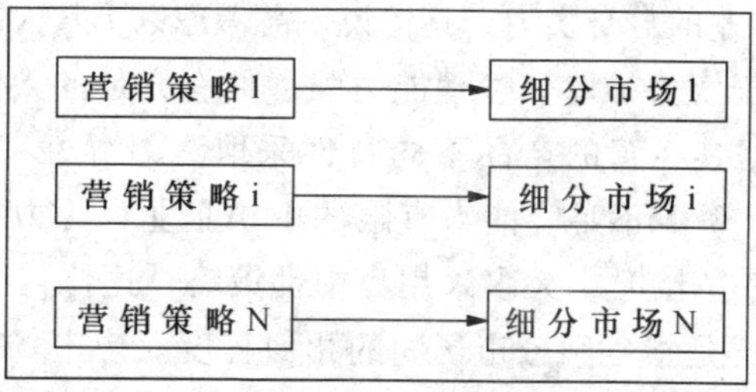

图 6－8　选择性专业化策略

（三）集中性营销策略

集中性（Concentrated Marketing）或叫密集性营销策略，是指企业集中全部力量，只选择一个或少数有限 N 个性质相似的细分市场作为目标市场，开发一种理想产品，实行高度专业化生产和营销，试图在较少的细分市场上占有较大的市场占有率（见图 6－9）。

1. 集中性营销策略的优点

（1）特别适用于那些有限资源的中小企业，或初次进入新市场的大企业。由于服务对象较集中，实行生产和营销专业化，特别是集中力量满足有限的市场空当需求，容易在较小的市场中取得较强的市场地位和获得较高的市场占有率。

（2）由于生产和营销的专业化，再加上细分市场选择得当，因而可大大节约生产和销售成本，提高企业的投资利润率。

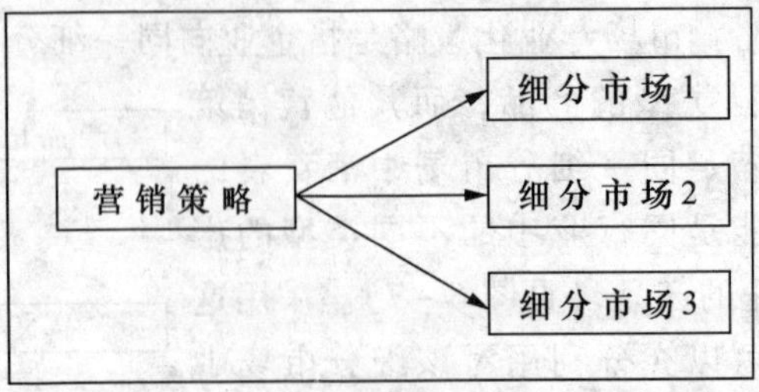

图6-9 集中性策略

(3) 信息灵敏度强。由于服务对象较集中，企业可对一个或几个特定的细分市场有较深入的了解，如需求量的大小和消费者对营销组合的反应，以及竞争对手强弱等信息企业容易掌握。

2. 集中性营销策略的缺点

集中性营销策略的最大缺点是“把鸡蛋放在一个篮子里”，具有较大的风险。因为该策略把企业生存、发展的希望全部集中在一个或有限个特定的细分市场上，一旦这一个（或几个）目标市场出现不景气，如消费者的需要或偏好发生突变，或出现了强有力的竞争者的加入，都可使企业陷入毫无回转余地的困境，甚至会面临全军覆没的危险。

三、选择目标市场策略的影响因素

以上三种目标市场策略各有利弊，在实践中，企业究竟选用何种目标市场策略，主要考虑产品与市场情况及企业的自身实力，具体说，需考虑以下六大因素（见表6-3）。

(1) 企业资源。对于实力雄厚、管理能力强、拥有充足的人财物和信息等各方面资源的大型企业，可以根据其经营的产品不同特性采取无差异性或差异性目标市场策略。而对那些企业实力不强、资源不足、能力有限的中小企业，无力把整个市场或几个细分市场作为自己经营的业务范围时，大多采用集中性策略，这比将力量分散更能奏效。

(2) 市场同质性。这是指各细分市场间的相似程度。当市场同质性高，即各细分市场的消费者的需求、偏好大致相同，对营销策略刺激的反应也相似，企业可以采用无差异性策略；反之，企业应采用差异性策略或集中性策略。

(3) 产品同质性。这是指消费者对产品特征及其满足自身需要感觉的相似程度。对满足消费者需要无多大差异的同质产品，如钢铁、大米、食盐等，比较适合采用无差异性策略。对那些满足消费者需要存在差异的异质产品，如服装、照相机、食品、汽车、家电等，则宜采用差异性策略或集中性策略。

(4) 产品在市场上所处的生命周期。企业的目标市场策略应根据产品在市场上所处的生命周期阶段的变化而变化。产品处于投入期，企业投入市场的一般只有一种或少数几种新产品，这时竞争者较少，企业主要探测市场需求和潜在消费者，发展消费者对所投入新产品的基本需求，对产品的品种尚不重视，适合采用无差异性策略或集中性策略。当产品进入成长和成熟期时，投入市场的产品种类增多，加入市场的竞争者也日趋增多，企业间竞争更激烈。企业为了在竞争角逐中取胜，应当采用差异性策略。当产品进入衰退期时，为了保存原有市场，延长产品生命周期，集中力量对付竞争者，应当采用集中性策略。

（5）竞争者的目标市场策略。当竞争对手进行市场细分，实施差异性策略或集中性策略时，企业应当立即进行更为有效的市场细分，寻找新的良机与突破口，采用差异性策略或集中性策略。相反地，竞争对手都实行无差异性策略时，企业除可采用无差异性策略外，若首先推行差异性策略或集中性策略必将大获其利。

（6）竞争者数目。当同一类产品的竞争对手很多时，消费者对产品的印象和态度很重要，为了使消费者了解企业产品的特有个性，使其发生兴趣和偏爱，增强企业的竞争力，往往采用差异性策略或集中性策略。反之，当同一类产品的竞争对手很少时，甚至不存在竞争者的独占状态，消费者只要求能满足需求，企业则可采用无差异性策略。

表 6-3 目标市场策略选择因素表

目标市场策略	企业资源	市场同质性	产品同质性	产品生命周期	竞争者策略	竞争者数目
无差异性策略	多	高	高	投入期	无差异	少
差异性策略	多	低	低	成长、成熟期	差异、无差异	多
集中性策略	少	低	低	投入、衰退期	无差异	多

第三节 定位和差异化策略

目标市场确定后，企业必须进行市场定位。因为在企业选定的目标市场上，往往还有其他企业的同种产品出现。或者，竞争者已在这个目标市场上捷足先登，甚至已占据了市场的有利地位。因此，企业为了出奇制胜，或巩固自己的地位，就必须了解竞争对手的实力、经营特点和市场地位，从而确定本企业进入目标市场的相应地位和以什么样的方式及特色确定企业本身及其产品在市场中的地位。

一、市场定位

市场定位就是根据所选定目标市场上的竞争者现有产品所处的位置和企业自身的条件，从各个方面为企业和产品创造一定的特色，塑造并树立一定的市场形象，以求在目标顾客心目中形成一种特殊的偏爱。

定位的特色可以通过有别于竞争对手的差异化策略（详见本章第三节）体现出来，可以是产品实体方面的如形状、构造、成分等；可以是企业营销的水准如价格水平、质量水平；也可以从消费者心理上反映出来，如舒适、典雅、豪华、朴素、时髦等；或者两方面共同作用而表现出来，如物美价廉、服务周到、技术先进等；也可以反映在企业形象的各个方面（详见本章第三节）。

（一）市场定位的方式

1. 初次定位与重新定位

（1）初次定位。也可以称潜在定位，是指新成立的企业初入市场，或企业新产品投放市场，或产品进入新市场时，企业必须从零开始，运用所有的营销组合，使产品特色符合所选目标市场。

但是，通常企业要进入目标市场时，往往是竞争者的产品已在市场露面或已形成了一定的市场格局。这时，企业就应认真研究同一类产品在目标市场上竞争对手的位置，从而确定本企业产品的有利位置。

[例6-2] 以汽车行业某企业初次市场定位图为例。该企业了解到其卡车的顾客最关心的两个特性即“规格大小”和“速度快慢”。该企业就以这两个特性作为市场定位的依据。假定该目标市场中已有四家竞争者A、B、C、D，它们的销售量高低不同，用圆圈大小表示（见图6-10）。

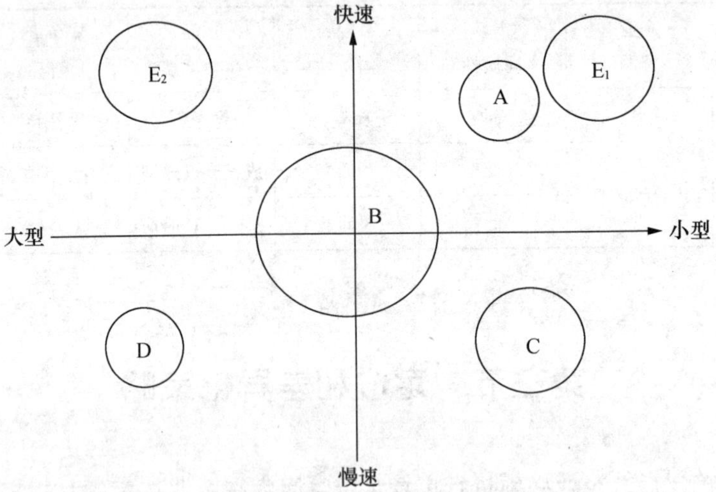

图6-10 某汽车企业卡车市场定位图

竞争者A的卡车是小型快速；竞争者B的卡车是中型中速；竞争者C的卡车是小型慢速；竞争者D的卡车是大型慢速。这家企业定位在何处较为合理？比如有以下两种选择：

一种是选择把本企业的产品定位在竞争者A附近，即生产小型快速卡车E_1和A争夺顾客。这样的定位必须具备以下条件：①本企业要比A生产出更好的产品；②市场潜力足以吸收两个竞争者的产品；③要比A拥有更多的资源；④这样的定位与本企业的信誉和特长相适应。若该企业经调查发现，小型快速卡车市场容量最大，本企业与A相比的确多方面占优势，那么这种定位是正确的。否则，就难以行得通。

另一种是选择把本企业的产品定位在图6-10左上方的空白处，即生产销售大型快速卡车E_2。根据市场调查结果分析，因为大型快速卡车在中远途运输上市场很大。而且目前尚无竞争者，又远离其他所有竞争者。这种定位是填补市场上还没有被占领的空白领地。它必须具备以下几个条件：①本企业有制造大型快速卡车的技术；②市场潜力足以吸收本企业的产品；③在价格水平上销售这种卡车仍有利可图。

（2）重新定位。也可称二次定位或再定位。它是指企业改变产品特色以改变目标市场中的消费者对其原有产品的印象，使目标市场中的消费者对其产品新形象有一个重新的认识过程。市场重新定位对于企业适应市场环境变化，调整营销战略时必不可少。一般来说，企业产品在市场上的初次定位即使很恰当，在出现以下情况时也需考虑重新定位：①在本企业产品定位附近出现了强大的竞争者，侵占了本企业品牌的部分市场，导致本企业产品市场萎缩和产品品牌的目标市场占有率的下降；②消费者偏好发生变化，从喜爱本企业品牌转移到喜爱竞争者的品牌。

但是，企业在重新定位前必须慎重考虑两个问题：①企业将自己的品牌定位从一个细分市场转移到另一个细分市场时付出的全部代价有多大；②企业将自己的品牌定在新位置上的营业收入究竟会有多大。这又要取决于该细分市场上的消费者和竞争者状况以及在该细分市场上销售价格能定多高等。经过慎重论证后，重新定位可以进行的基本条件是以至少能确保一定量的总利润为原则。

如前例，若该企业先采取第一种定位的选择，经营若干年后发现：小型快速卡车市场竞争激烈，企业扩大销售很困难，这时企业就该考虑重新定位。通常是采用拉开和竞争者距离的方法，进一步创造自己的特色，赋予产品更新的特点，以吸引新的消费者。如从第一种选择转向采取第二种选择就是重新定位。

2. 对峙性定位与回避性定位

（1）对峙性定位。又称竞争性定位或针对性定位。它指企业选择靠近于现有竞争对手或与其重合的市场位置，争夺消费者。彼此在产品、价格、分销及促销各个方面区别不大。

（2）回避性定位。又称创新式定位。它是指企业回避与目标市场上的竞争对手直接对抗，将其位置定在市场上远离竞争者的某空白处或“空隙”处，开发并销售目前市场上还没有的某种特色的产品，开拓新的市场。

3. 心理定位

心理定位是指企业从消费者需求心理出发，积极创造自己产品的特色，以自身最突出的优点来定位，从而达到在消费者心目中留下特殊影响和树立企业形象之目的。心理定位应贯穿于产品定位的始终，无论是初次定位还是重新定位，也无论是对峙性定位，还是回避性定位，都要考虑消费者的需求心理，赋予产品更新的特点和突出的优点。

心理定位一般有两种策略供选择，即廉价策略和偏好策略。

（1）廉价策略。它是指企业采取措施使单位产品成本与竞争对手的单位产品成本相比处于明显的领先优势，进而采取廉价策略，提高市场占有率。随着市场占有率的提高，可以发挥经验曲线（规模经济）的作用，使本来就比竞争对手低的单位产品成本进一步得到下降，从而保证比竞争对手的价格更有优势。

（2）偏好策略。它是指企业为其顾客提供特殊的利益，比竞争对手的产品更富有特色，使消费者觉得，该企业能够满足自己的偏好。主要定位方式有两种：①在具体产品特色上定位。例如，五星级的饭店就是突出五星级的特色，暗示自己的设施、服务是第一流的水准，在这里可以提供最佳的服务、最好的饭菜、最大的享受。普通餐馆应表明自己提供的饭菜是大众型的、实惠的，具有便民的特色。②在利益、解决问题或需求上定位。例如在轿车市场上，德国“大众”享有“货币的价值”之美誉，日本的“丰田”则侧重于“经济实惠”，瑞典的“沃尔沃”讲究“耐用”。一般情况下，越是在利益、解决问题的方法和需求上赋予产品竞争对手没有的属性，这样的定位就越好。

（二）市场定位的步骤

市场定位关键的问题就是企业要设法在自己的产品上建立起比竞争对手更强的竞争优势。竞争优势一般有两种类型：一是价格竞争优势，即在同样的条件下比竞争对手定出更低的价格，这就要求企业采取一切努力，力求降低单位成本；二是偏好竞争优势，即能提供确定的特色来满足消费者的特定偏好。这就要求企业采取一切努力在产品特色上下工夫。竞争优势的两种基本类型提供了市场定位的两条有利的途径。因此，企业市场定位的全过程可以通过以下三个步骤来完成：

1. 识别本企业可能的竞争优势

这一步骤的中心任务是要回答以下三大问题：

（1）竞争对手的产品定位如何？

（2）目标市场上足够数量的消费者欲望满足程度如何，以及确实还需要什么？

（3）针对竞争对手的市场定位和潜在消费者的真正需要的利益，企业应该和能够做什么？

要回答这三个问题，企业营销人员必须通过一切调研手段，系统地设计、搜索、分析并报告有关上述资料和研究结果。通过回答上述三个问题，企业就可以从中把握和识别自己的可能的竞争优势在何处，及如何提升本身的这种竞争优势（详见本章第三节）。

2. 准确地选择相对竞争优势

相对竞争优势表明企业能够胜过竞争对手的能力。这种能力既可以是现实的，也可以是潜在的。准确地选择相对竞争优势就是一个企业各方面实力与竞争对手的实力相比较的过程。比较的指标应是一个完整的体系。只有这样，才能准确地选择相对竞争优势。通常的方法是比较企业与竞争对手在以下七个方面究竟哪些是强项，哪些是弱项：

（1）经营管理方面，主要考察领导能力、决策水平、计划能力、组织能力以及个人应变的经验等指标。

（2）技术开发方面，主要分析技术资源（如专利、技术诀窍等）、技术手段、技术人员能力和相应资金来源是否充足等指标。

（3）采购方面，主要分析采购方法、储存及运输系统、供应商合作以及采购员能力等指标。

（4）生产方面，主要分析生产能力、技术装备、生产过程控制以及员工素质等指标。

（5）营销方面，主要分析销售能力、分销网络、市场研究、服务与营销战略、广告、相应资金来源是否充足以及营销人员的能力等指标。

（6）财务方面，主要考察长期资金和短期资金的来源及财务费用、支付能力、现金流量及财务制度与人员素质等指标。

（7）产品方面，主要考察可利用的特色、价格、质量、支付条件、包装、服务、市场占有率、信誉等指标。通过对上述指标体系的分析与比较，选出最适合本企业的优势项目。

3. 显示独特的竞争优势

在这一步骤中的主要任务是企业要通过一系列的宣传促销活动，使其独特的竞争优势准确传递给潜在消费者，并在消费者心目中留下深刻的印象。为此，企业首先应使目标消费者知道、了解、熟悉、认同、喜欢和偏爱本企业的市场定位，在消费者心目中建立起与该定位相一致的形象。其次，企业通过一切努力加深在目标消费者心目中的形象，保持目标消费者的了解，稳定目标消费者的态度和加深目标消费者的感情来巩固与市场定位相一致的形象。最后，企业应注意目标消费者对其市场定位理解出现的偏差或由于企业市场定位宣传上的失误而造成目标消费者理解模糊、混乱和误会，及时矫正与市场定位不一致的形象。

综上所述，市场细分的目的是为了寻找一个或几个细分市场作为企业的目标市场，这就为企业决定了它的消费者和一批竞争对手。而在目标市场上的定位决策则进一步限定了它的消费者和竞争对手。至此，有了完善的STP目标营销战略，就有可能制定有效的营销策略组合为其目标市场服务。

二、差异化

如前所述，企业为了进行市场定位可以创造出企业及其产品的特点，以增加企业的竞争优势，而其中很重要的特点就是推行与众不同、有别于竞争对手的差异化行动。(差异化战略的意义见第三章第二节)。

所谓差异化（Differentiation），是指设计一系列有意义的差别，以便使企业及其产品同竞争对手相区分，从而提高企业的竞争优势的行动。

并不是每个企业都能找到许多机会使自己的营销策略有别于竞争对手，从而赢得竞争优势的。不同的行业具有不同的差异化机会，有的行业差异化机会很多，而有的行业却很少。波士顿咨询集团根据市场上可获得竞争优势的数目和规模，将行业分为四种类型（见图6－11）。

取得竞争优势的数目

优势的规模	少	多
大	批量	专业化
小	僵滞	分块

图6－11 波士顿竞争优势矩阵

（1）批量行业（Volume Industry）。或叫强度行业，是指该行业内的企业只能取得少数的竞争优势，但其优势规模大。例如在建筑设备行业中，企业可以实现产品的低成本或高度的差异化定位，而且这两种定位都可大量盈利。由此可见，在批量行业中，企业的盈利水平与企业规模、市场占有率的关系极为密切。

（2）僵滞行业（Stalemated Industry）。或叫僵化行业，是指该行业内的企业除只能取得少数的竞争优势外，其优势规模也小。以钢铁行业为例，其产品和生产成本（在一定生产技术装备水平下）难以实现差异化。企业可通过尽量雇用更为优秀的销售人员、更大方地款待客户来提高销售量，但这些办法对提升竞争优势的作用都不大。在僵滞行业中，企业的盈利水平与企业规模、市场占有率的关系无关。

（3）分块行业（Fragmented Industry）。或叫裂化行业，是指该行业内的企业面临许多差异化的机会，以提升竞争优势，但每个机会的规模都很小。例如一家饭店可以在很多方面突出自己的差异，但最终却无法获得很高的市场占有率。饭店的盈利水平与其规模无关，大小饭店都可能盈利或亏损。

(4) 专业化行业 (Specialized Industry)。是指该行业内的企业面临许多差异化的机会，而且每种差异化的机会，也会有很高的盈利。例如为选定的细分市场生产专门机械的企业。在专业化行业中，大小企业均会有相同的盈利机会。

企业要突出自己和竞争对手之间的差异性，主要有以下产品、服务、人员和形象四个方面，如表 6 - 4 举例。当然，其他营销策略方面的差异化，也能提升企业的竞争优势。

表 6 - 4 差异化的因素举例

产品	服务	人员	形象
特色	订货方便	胜任	标志
性能	交货	礼貌	媒体
一致性质量	安装	诚实	氛围
耐用性	客户培训	可靠	事件
可靠性	客户咨询	责任心	
可维修性	维修保养	善于交流	
式样	其他服务		
设计			

(一) 产品差异化

这里讨论的是产品实体的差异化。一种极端的状况是产品高度标准化，以至于产品相互间的差异很小。如鸡及鸡蛋、同型号的钢材等。即便如此仍可以找到产品间实实在在的差异。比如家养的柴鸡与一般养鸡场的肉鸡及其鸡蛋。另一极端的状况是产品差异化程度很高。这时有更多的产品差异化的因素可供生产经营者选择，主要有：特色、性能、一致性、耐用性、可靠性、可维修性、式样和设计。

(1) 特色。产品特色是指对产品基本功能给予补充的特点。大多数产品都有不同的特色。率先推出某些有价值的新特色无疑是一个最有效的竞争手段。

一家企业如何去识别和选择适当的新特色呢？企业应该首先访问目前自己现有的顾客，向他们询问："你觉得这产品怎么样？是否可以增加些什么特点从而使你更满意？增加的每一个特色你愿意付出多少钱？其他顾客提到的那些特色你觉得怎么样？"企业的下一个任务就是决定从中选择哪些特色值。对每一个潜在的特色，企业应该估算其顾客价值与顾客成本。

(2) 性能（质量）(Performance Quality)。性能是指产品首要特征的运行水平。如果 IBM 笔记本电脑具有更快的处理速度和更大的内存，那么就要比东芝的工作效率高。消费者特别在购买价格较贵的产品时，通常要比较不同品牌之间的性能。只要产品性能更好，且价格不高出消费者所预期的范围时，消费者一般都愿意作为首选。

大多数产品的性能都处于以下四种中的一种：低、一般、高、超级。问题是较高的性能是否会产生较高的利润。美国战略计划研究所研究了两者之间的关系，发现产品性能（质量）和投资收益率之间存在着很高的正相关。生产高性能（质量）产品的企业要比生产低性能（质量）产品的企业获得更高的投资收益率。这是因为前者的优质产品使其能高价出售、有更多的重复购买，获得好的口碑和消费者的忠诚度高，而其成本却不比后者高出太多。但并不意味着企业要将产品的性能（质量）设计得越高越好。随着性能（质量）的进一步提高，成本也将进一步提高，导致投资收益率下降。

随着时间的推移，企业还必须决定如何来管理性能（质量）水平。是保持不变、逐步提高还是降低性能（质量）。

这都要求企业进行很好的分析，找到合适的性能（质量）水平和相应的投资收益率。

（3）一致性（质量）（Performance Quality）。它是指产品设计的特征与性能（质量）与预期的标准的吻合程度。消费者希望产品有高度的一致性（质量）。而往往许多目光短浅的企业做不到这一点。一致性（质量）低下，对消费者夸下的海口无法兑现，对消费者来讲，其对产品预期的特征与性能（质量）无法得到，这不但令消费者失望，同时也大大损害了企业的形象，甚至影响企业的存亡。

（4）耐用性（Durability）。它是指产品在自然或在一定条件下预期的使用寿命。消费者一般愿意对耐用的产品支付更高的价格。但这一点会受到一定的限制，特别是对技术更新较快的产品和流行性的产品，使得耐用性及相应的价格不能定得过高。正如消费者不希望一件流行服装能穿一辈子。

（5）可靠性（Reliability）。它是指衡量产品在一定时期内不会发生故障或无法工作的可能性。如果一年内奔驰汽车不会出现故障的概率为90%，美洲豹汽车为60%，则奔驰的可靠性要比美洲豹高。消费者通常愿意为质量可靠的产品支付较高的价格。他们希望避免因故障而承担修理时所形成的高修理费。

（6）可维修性（Repairability）。它是指产品失灵或无法工作时能易于并很快得到修理。理想的可维修性是指消费者可以少花或不花钱或时间，自己就可以动手修理好产品。一辆由标准化组装起来的汽车容易更换零部件，其可维修性也高。另外，企业有自己的产品维修咨询部或维修网点，它可以通过电话通知维修人员维修，或指导消费者自己修复。

（7）式样（风格）（Style）。它是指产品给予消费者的视觉和感觉效果。式样的优势在于创造了与仿制产品不同的差异。消费者通常愿意为颇具吸引力的式样多付一些钱，比如对时髦款式的服装。对有包装的产品来说，特别是食品、化妆品、卫生用品等快速消费品，包装的式样也很重要。包装是消费者对产品的第一印象，它能影响消费者"进入"或"退出"。

（8）设计（Design）。设计是从消费者的要求出发，能影响一种产品性能和性能的全部特征的组合。设计特别适用于销售耐用设备、服装、零售服务，甚至包装商品。所有在产品差异化下的因素都是设计参数。设计者必须在特色、性能、一致性质量、耐用性、可靠性、可维修性和式样等方面分别投入多少精力。从企业的角度看，设计良好的产品应是容易生产和销售的。按照消费者的观点，设计良好的产品应该看上去是令人愉快的，同时又是容易开启、容易安装、容易使用、可修理和处置的。设计者应兼顾一切，力求完美。

（二）服务差异化

除实体产品差异化外，企业还可以对实体产品以外的附加价值，即服务加以差异化。特别是在实行产品实体差异化有困难时，要取得竞争优势的关键常常取决于服务的数量和质量。区别服务差异化水平的主要因素有订货方便、交货、安装、客户培训、客户咨询、维修保养等。

(1) 订货方便。这是指如何使消费者能方便地向企业订货。随着科学技术的发展，除传统的销售渠道外，还有诸如电话、网上等可供企业销售的渠道。消费者在订货时，不仅要求有多渠道供其选择，还要求保证订货时快速方便，以提高效率。因此，企业应设法比竞争对手在向消费者提供订货渠道更多、更快捷方面具有特色，从而吸引消费者。

(2) 交货。这是指企业如何将产品和服务送到消费者手中，包括送货的速度、准确性和对产品的保护程度。消费者经常选择能按时送货的供应商。这种选择常取决于他们对供应商的送货速度和可靠性的预期。因此，企业可以不断地对生产过程进行调整，运用即时生产和仓库管理技术、现代物流技术来提高送货速度，以速度取胜。

(3) 安装。这是指将产品安放在计划位置上，使之开始运转。特别是那些重型设备的购买者都希望供应商能提供良好的安装服务。因而，对那些生产复杂产品的企业来说，向消费者提供安装便捷的产品和良好的安装服务已成为一个很好的卖点。

(4) 客户培训。这是指对购买者单位的员工进行培训，让他们能正确有效地使用供应商的设备。比如我国有的钢铁企业从德国购买的轧机，在设备未到货之前，轧机的操作与管理人员就要去德国供应商处接受数月的培训，以熟练掌握轧机，并解决轧制过程中出现的问题，使轧机发挥其应有的轧制效果。

(5) 客户咨询。这是指供应商向买方提供有关资料、信息，提出建议，给予指导等。这些咨询在消费者产品选择和供应商选择中具有举足轻重的地位。此外，良好的咨询服务不但有助于购买者参与相应行业的竞争，也使得其更加忠实于供应商。

(6) 维修保养。这是指企业向产品购买者提供的修理项目。比如一汽大众向汽车购买者承诺提供首次全方位的汽车保养且全部免费；以后的保养也给予消费者价格上的优惠；并向消费者耐心介绍汽车日常的维修保养知识；在每次保养前后会定时通过电话访谈，向消费者提示汽车应到的保养时间和收集对保养服务的意见。这些均获得了消费者的好评。

(7) 其他服务。企业还可以找到许多其他方法向消费者提供各种有别于竞争对手的服务项目，提高服务质量，如向消费者提供更优越的产品保证和维修合约，或设立顾客奖等，以增加产品的附加价值，从而增加企业的竞争优势。

(三) 人员差异化

企业可以通过聘用和培训比竞争对手更为优秀的员工，以获得强大的竞争优势。严格训练有素的员工应具有胜任、礼貌、诚实、可靠、有责任心和善于交流六方面的特征：

(1) 胜任。即员工具有必备的技能和知识。

(2) 礼貌。即员工对顾客的言行举止要文明、热情友好、充满敬意、体贴周到，做到为顾客着想。

(3) 诚实。即员工值得企业和顾客信任。

(4) 可靠。即员工能始终如一、准确无误地为顾客提供服务。

(5) 责任心。即员工能对顾客的需要和有关方面的问题迅速作出反应，尽心尽职地为顾客服务。

(6) 善于交流。即员工能力求理解顾客，并能准确地与顾客进行沟通。

(四) 形象差异化

即使竞争性产品看起来很相似，但消费者通常能从企业及其品牌形象方面得到一种与众不同的感觉。

品牌可以形成不同的"个性"，供消费者识别。成功的品牌个性不会自然地出现。它是企业有意个性创造的结果，由此创造出企业所期望的品牌形象。个性与形象是有区别的。个性是企业期望向公众展现的特征；而形象则是公众对企业的看法。企业设计个性是为了在公众心目中塑造形象。企业识别系统是塑造企业形象 CI（Corporate Image）的有效手段（详见本章第三节的企业识别系统）。

建立不同于竞争对手的企业及其品牌形象是提升企业竞争优势的重要举措。企业树立一个有效的形象需要做三件事：第一，企业要确立一种产品的特点及相应的价值（观）。第二，企业必须通过一种与众不同的媒体向消费者和社会大众传递这一特点和价值（观），以区别于竞争对手。第三，它必须产生某种感染力，从而触动消费者的内心感觉。企业必须利用可以利用的每一种与品牌相联系的传播手段。这些手段可以包括标志、媒体、氛围、事件等不同的形式。

(1) 标志。鲜明的形象应该包括由易于识别企业或品牌的一个或多个标志来体现。这种标志包括企业及其产品的品牌标识、标准颜色、声音或音乐等（详见本章第三节）。

(2) 媒体。在企业及其品牌个性的广告宣传中必须融入已选定的标志。同时广告宣传中要通过所策划的一个故事情节、一种情感、一条信息、一定质量水平和一种与众不同的表演来传递和塑造企业及其产品的形象。这种标志及广告信息不光经常发布在大众传媒上，而且也要反复地出现在诸如年度报告、宣传手册、产品目录等传播媒体上。企业的窗口性物品，包括企业的商业名片和办公用品等也可以设计成传递企业标志和形象的介质。

(3) 氛围。或称之为环境，即企业生产经营活动的一切空间，包括建筑物内外（如车间、商店）、厂区、门脸、车辆、员工服装等都是营造企业个性及其形象的途径。企业必须对这些静止的、流动的物品选择适当的设计、布局、材料和家具摆设等，营造出一种氛围，以突出企业个性与提升企业形象。

(4) 事件。企业也可以通过内外公共关系活动，比如由其赞助的各种活动来塑造和改善其个性及形象（详见本章第三节企业识别系统）。

三、企业识别系统（CIS）

(一) 企业竞争优势三要素

日本一家经济刊物曾对 200 家日本国内最大的制造企业首脑进行调查，内容是在 20 世纪 90 年代和 21 世纪国际市场竞争中制胜的关键因素是什么。结果有 80% 的回答是：优良的形象！

美国哈佛大学海斯教授也曾精辟地指出："15 年前，各公司在价格上竞争，今天在质量上竞争，明天将在形象上竞争。"

纵观世界工业发达国家近百年的发展，特别是第二次世界大战以后的60多年，其经济的复兴与腾飞，很大程度上得益于企业形象。如资源匮乏的日本，之所以能从美国人手上买走技术，尔后又从美国人手中夺走市场也是如此。

在市场经济发展过程中，企业间竞争大体经历了产品竞争、销售竞争、企业形象竞争三个时期。有人认为这是衡量当今一个企业营销竞争优势（竞争力）的三轴力要素，即产品力、销售力、形象力（如图6-12所示）。还有人把企业形象看成是企业拥有的除人、财、物以外的第四种资源。由此可以看出企业竞争力与企业发展、企业经营理念的改变是同步的（参见第一章第三节企业的经营理念）。

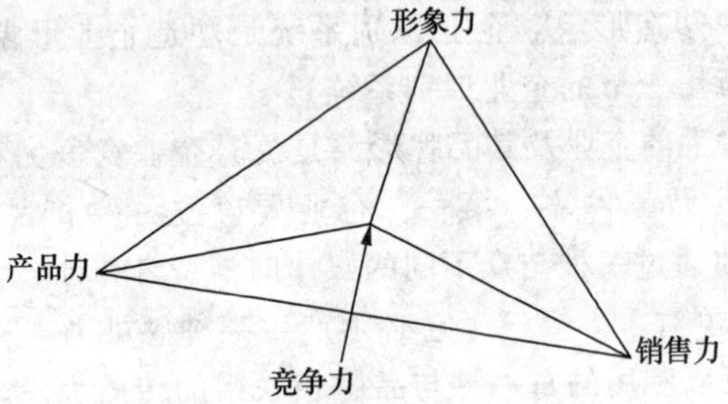

图6-12 企业竞争力三要素

（1）产品力。一要素取向时代，也是企业发展的最初阶段，在市场经济萌芽期，企业家只要着眼于生产“物美价廉”的产品，便可看成为一流的经营者，即生产导向阶段。产品力包括：丰富的品种、优等的质量、精美的包装和完善的保障（如保证、三包等）。

（2）销售力。二要素取向时代，“物美价廉的产品还要凭借多数推销员的努力来取胜”，是企业成功的法则，这是“产品力+销售力”阶段，即销售导向阶段。销售力包括：公关、广告、人员推销、价格等。

（3）形象力。三要素取向时代，即进入现代市场经济时代，以现代营销导向为经营理念的时代，企业必须有计划地合理强化企业竞争力的第三个要素——形象力阶段，这就是企业对形象的追求时代。形象力本身不仅可以提高企业声誉，提高企业竞争优势，促进销售，而且形象力本身就具有无形的价值（无形资产）。

形象力往往集中通过品牌价值表现出来，世界著名品牌价值的身价甚至高出该公司年经营额的数倍（详见第七章表7-1）。

（二）CIS的发展

如前所述，企业形象CI是公众对企业的看法。而企业形象的塑造是靠企业本身精心去打造的。

企业识别系统CIS（Corporate Identity System），也叫企业形象设计，是塑造企业形象的有效方法与手段。

企业形象力的形成是导入CIS的结果，反过来企业要拥有形象力就必须导入CIS。

一般认为，CIS的雏形以两桩事件作为标志。一个是1914年著名建筑家培德·贝伦斯（Peter Berhens）为德国AEG电器公司设计的商标，并应用于公司的所有便条纸和信封上。另一个是20世纪初意大利的奥利培帝牌打字机。奥利培帝为自己的工厂设计产品商标，并且十分注重商标的美感和标识的独特性。这意味着VI（视觉识别）的开端。在1933~1940年间，英国地铁的统一字体和系列海报设计使这一雏形得到进一步的发展。

1956年美国计算机巨人——国际商用机器公司（IBM）引入CIS的创举标志着CIS的正式兴起。随着IBM公司导入CIS的成功，美国的许多公司纷纷仿效，如东方航空公司、西屋电气公司、3M公司。而且导入CIS的企业纷纷刷新经营绩效，如克莱斯勒公司60年代初一下子把市场占有率提高了18%，东方航空公司原已濒临破产，结果又起死回生。

50年代是CIS的创立阶段。在这一阶段，几乎没有形成系统的理论。60年代，一位设计人员沃森·马格里斯正式提出CIS这个术语，企业的标识设计不再被看做单纯的工艺美术创作，而成为统一企业形象、表达企业精神经营战略的一部分。自此，CIS理论开始不断丰富和发展。

70年代是世界CIS运用的全盛时期。1970年，可口可乐公司导入CIS，革新了世界各地的可口可乐标志，从此在世界各地掀起了CIS的热潮。

60年代末期，CIS策划开始传入日本。但CIS的真正导入是从1971年东洋企业改名为“MAZDA”（马自达）开始的。日本的PAOS公司是日本第一家CIS策划公司，开发出“设计综合经营战略”简称DCMS（Design Coordination as a Management Strategy），马自达公司便是其第一个客户，PAOS公司给马自达公司设定蓝色的企业色彩，使之在汽车标识和红“海洋”中脱颖而出。自此企业界纷纷开展形象策划，变旧貌为新颜。

日本对CIS的理解是：CIS是一种科学地建立和明确地认知企业理念与企业文化的活动。它把企业理念和企业文化作为出发点，以视觉识别和行为识别来反映企业理念和企业文化，是一种视觉规范、行为规范和企业理念相统一的CIS战略，反映了企业塑造整体形象的要求。这极大地提高了CIS的使用范围和价值，使更多的企业将CIS战略视为基本的经营战略。日本对美国的CIS进行了发展，使其更为系统、完善和有效。CIS进入中国是在20世纪80年代中后期，最早接受CIS理论的是美术院校，最早导入CIS的企业是广东太阳神集团。

近几年，越来越多的企业导入CIS战略并取得了令人瞩目的成功，CIS战略以前所未有的速度得到了迅猛发展。

（三）CIS的内涵

CIS的突出特征就是具有自我统一性和人格统一性。企业和人是相同的，有个体和文化认知的差异。

人格统一性就是使企业的营销理念准确地传达企业的人格形象，在向公众的宣传中折射出企业对消费者的关切、厚爱、深情和周到的服务，使社会公众感受到企业美好、温馨、亲切、友善的情感传递（即以情动人）。

有人把麦当劳能够赚钱的因素归为四项：① 麦当劳汉堡；②麦当劳店堂环境；③麦当劳品牌；④麦当劳营业员的微笑。且这四项因素是顾客感受到的，也正是因为如此，我们才去享受。人们能说出一个麦当劳汉堡的价格，但谁能说出麦当劳营业员微笑的价格呢？如果说麦当劳营业员的微笑不值钱，那么它就不会有今天的成功。

CIS 的自我统一性，体现在其三个子系统上，即企业从理念识别和行为识别到视觉识别的表里如一上。

1. 理念识别

理念识别 MI（Mind Identity）是指以企业的经营理念为出发点，将企业的经营方针、经营思想、经营宗旨与企业存在的价值及外在的利益相结合。理念识别 MI 是 CIS 的"想法"，是企业的"心"，是企业中人（员工）理念的共识化。理念识别包括企业使命、企业精神、企业价值观、行为准则和道德规范。它可以通过企业行为准则、企业座右铭、精神信条、条例和守则、企业标语或口号、企业歌曲及广告等表现出来。

理念就是企业的"魂"，核心就是企业自身的价值观，即以一种共同的信念作为企业成员共同追求的目标。比如：

麦当劳的经营思想是"顾客永远是最重要的，服务是无价的，公司是大家的"。

美国杜邦的口号是"为了更好地生活，制造更好的化学产品！"

PHILIPS 公司的口号是"让我们做得更好！"

IBM 总裁华特生也特别强调要有精神，不管企业内外怎样变化，信念都不能变。他们的经营宗旨是"尊敬个人、服务顾客、追求完美。"

宁波雅戈尔的宗旨是"装点人生，还看今朝！"

三九企业集团的宗旨"敢于探索，不怕失败！"

台湾声宝公司的口号是"商标就是责任"。

赛特的企业精神：团结、实干、高效；赛特的人生哲学：创造、挑战、牺牲；赛特的 21 字经营方针：争效益，适度发展；抓服务，再塑形象；创新路，战略重组。

总之，企业的这种理念要通过"企业沟通"予以明确，它是企业形象定位与传播的原则，也是企业识别系统的中心架构。而这其中的关键是"沟通"（包括企业内外的沟通），"沟通"就是正视企业面临的真正难题与需求，寻找出沟通客户及其相关者的情报渠道，并进行协调。

2. 行为识别

行为识别 BI（Behaviour Identity）是指企业实现经营理念与创造企业文化的具体活动。行为识别 BI 是 CIS 的"做法"，是企业的"手"，是企业活动的环境化，就是把抽象的企业理念落实到具体的生产经营活动中去。

在理念识别的统率和指导下，行为识别从内容上看，可分为对内和对外两个方面。

一是对内活动。企业内部行为识别包括企业内部组织传播与行为规范化。企业内部组织传播，即将已确定的 CIS 理念普及、推广，从观念的接受、情感的内化，到行为的贯彻。其宗旨在于使企业理念价值共有化。企业内部传播内容的主要形式有：CIS 说明书、内部员工教育用幻灯片、公司报、CIS 消息、员工手册、企业内部的宣传海报、企业内部的沟通、促进自我启发、改进服务。企业行为规范化，即将企业的理念、价值观贯彻在企业的日常运作、员工行为中，关键的问题是规范、确立以及通过管理机制来实施这些规范。主要内容有：企业领导机构与组织系统的规范化，企业决策与计划系统的规范化，各项专业管理的规范化，部门工作与岗位工作的规范化，服务与礼仪的规范化等。

二是对外活动。包括运用正常的营销活动：市场调查、产品开发、促销活动、广告活动、竞争策略、公关关系活动（包括各种社会公益、文化等活动）等形式传达企业理念，取得消费者和社会大众的识别和认同，树立良好的形象。如企业参与的各种赈灾、义演活动；对办学（各种奖学金、希望小学）、体育、社会福利、残疾人等各种各样的赞助；在电视上开办的“长虹天天运动会”、“东芝动物乐园”、“正大剧场”、“大宝周日影院”、“小天鹅影院”等专栏节目都是企业为自身形象而做的公益和公关活动。

这一过程中最重要的是寻找“价值”，并将静止或隐藏于企业内部的资源向外部予以展现，形成最重要的形象概念，并据此再开发出新的资源。

3. 视觉识别

视觉识别 VI（Visual Identity）是指利用视觉传播力作感染媒体，将企业理念、文化特质、服务内容、企业规范等抽象语言转换成具体符号、概念。以标准化的视觉识别系统，塑造企业独特形象，凸显企业个性。视觉识别 VI 是 CIS 的“看法”，是企业的“脸”，是物的设计整合的需要，即将抽象的企业理念与价值观，通过静态的、具体化的、视觉化的传播系统，有计划、有组织、正确、快捷地传达给社会公众的各种方式。

企业视觉识别系统包括两个方面的因素：基本要素和应用要素。

（1）基本要素包括企业及其品牌的名称、标志、标准字、标准色、企业造型及其组合。

（2）应用要素包括企业的办公事务用品系列、产品包装系列、广告媒体与传播系列、服务系列、交通工具系列、环境空间与标识系列、其他用品系列等。

此中最重要的概念就是“创造”，也就是将企业的形象概念转化为具体可见的识别标志，通过形的展开（有形的识别）和行为的渗透（无形的识别），进而达到企业文化（风格）的共识。

（四）CIS 的导入

1. 企业导入 CIS 的目的

企业要明确导入 CIS 的目的是提升企业形象的需要。因此，要确立并明确企业的主体地位和有效地、快速地传递企业信息。

（1）确立并明确企业的主体地位。提升企业形象的 CIS 比一般广告、宣传更具竞争威力。确立并明确企业的主体性，这是 CIS 的内部整合功能。所谓的“主体性”，即企业的统一性，或自我的一致性，也就是把自我和他物区别清楚，并保持一贯的自我主张。如果企业名称、标志不能表现出企业的特性，传达的含义与企业的产品、服务理念相差甚远，或者群体成员对企业的信念、价值、目标认识不一致，成员对企业缺乏向心力等，那就缺乏“统一性”，亦即自我不一致。这样的企业就无法进行有效的信息传递活动。CIS 中的“Identity”即含有个性、认同、同一性等含义。CIS 的原则之一就是同一性。CIS 通过统一企业的文化理念，进而统一企业行为规范和视觉识别，来明确企业的主体个性和同一性，强化企业的存在价值，提高企业成员对企业的认同感、归属感和忠诚度，增强企业的凝聚力和向心力，激励士气。

（2）有效快速地传递企业信息。这是 CIS 的对外传播功能。企业信息的传递过程，也是企业形象的传递过程。企业与社会公众之间信息传递和沟通广泛，企业内部可向外部传递的信息很多，不同的部门向外传递的信息的侧重点不同，如果缺乏完整统一的识别系统，很容易使企业形象支离破碎。因此，对企业信息的传递必须有统一而系统的计划、安排，以统一的形式表现出来，以便于增强信息的可信度和识别性，塑造一致的企业形象，使社会公众对企业产生认同感。同时，企业信息和企业形象的传递必须保证效率和效果。CIS是满足这些要求的最佳信息传播途径和手段，它能够保证信息传播的统一化、规范化、系统化、程序化，并使传播更有效。

2. 企业导入CIS的一般原则

企业导入CIS的一般原则包括：系统性、统一性、差异性、长期性和操作性五个方面。

（1）系统性。导入CIS的系统性有两层含义：首先，CIS作为企业识别系统与整体形象战略，它是一个有机的整体，由三个相互联系的子系统构成。其次，导入CIS的系统性是指企业要把CIS的导入作为一项系统工程来实施，它涉及企业这个组织系统的全体员工、全部经营领域、全面职能部门以及相应的方法与手段。

（2）统一性，即同一性。CIS的三个子系统MI、BI、VI各自成体系，不仅要使三者内部各自统一、协调，而且要使整个CIS体系统一、协调，形成统一的企业识别系统，使企业形象在各个层面得到有效的统一。具体表现为企业理念、行为及视听传达的协调性，产品形象、经营策略与精神文明的和谐性。

（3）差异性。CIS的根本目的是塑造具有鲜明特色的个性形象，它归根结底是一种有别于竞争对手的差异性（个性化）战略。日本著名CI设计专家中西元男有句名言："CIS的要点，就是要创造企业个性。"

（4）长期性。CIS导入是一项艰巨的系统工程，它涉及企业的方方面面，是企业从"外表"到"灵魂"的革新。运用CIS来强化企业的统一精神，培育自我独特的企业文化，需要长时间的积累和培养。要使企业形象真正得到社会的认同也不是一朝一夕的工夫。导入CIS本身就包含策划、实施、完整地导入，国外企业一般周期在10年左右，即便只是部分导入，也往往需要3～5年的时间。

（5）操作性。CIS的操作性主要体现在四个方面：一是必须有一套贯彻宣传企业理念的具体方法；二是必须有一套可具体执行的行为规范；三是必须有一套能形象直观地体现理念的视听传达设计；四是CIS的每一个环节都必须是可操作的，对存在的问题必须有相应的解决措施。

3. 企业导入CIS的基本程序

企业导入CIS的基本程序包括准备阶段、调查分析阶段、策划阶段、设计阶段和实施阶段。

（1）准备阶段。这个阶段的主要任务是：确认导入CIS的动机目的，制定基本计划，落实人、财、物等条件，为正式启动导入计划做必要的准备。组建CI委员会。成员由企业主要负责人、部门负责人、CIS专业公司人员组成。主要任务是CIS计划的制定与实施，确立CIS的项目与日程安排，制定预算，进行必要的预备调查。然后提交一份规范的CIS提案书。CIS提案书内容：导入CIS的理由和背景、基本方针、计划项目与日程安排、负责机构、项目预算、预期效果等。

（2）调查分析阶段。这个阶段的任务是：确定调查内容、调查问题与问卷设计、调查对象、调查方法、调查程序与期限、调查结果分析。调查内容的重点：企业经营现状、企业形象及具体项目要素的调查，包括内部调查与外部调查。企业内部调查包括企业的经营状况、经营理念、企业精神、组织结构、员工素质、内部形象、现有视觉识别系统、企业的信息传播渠道等；外部调查主要着重于消费市场环境、相关企业形象、社会公众对企业形象的认知与评价等。

（3）策划阶段。在充分调研的基础上，深入分析企业内部和外部认知、市场环境和各种设计问题，进行企业未来的总概念定位，构筑理念系统，研讨形象塑造方案。在策划阶段，要对调查结果做出综合性结论，归纳整理出企业经营上的问题，并给予有效的回答；还要对本企业今后的思想、活动及形象构筑方向，提出新形象概念，设计出基础设计的方向，并根据总概念，构筑基本理念系统。本阶段结束要提交一个能表达总体策划思想和战略的总概念报告书，提出 CIS 计划的基本策略、理念系统构筑、开展设计的要领、未来管理作业的方向等。

（4）设计阶段。即将前面总概念书设定的基本概念、识别概念等转化为行为和视觉表达形式，以具体表达企业概念。企业行为设计既要有理论深度又要有可操作性。行为设计的最高要求是科学性、规律性、可操作性以及员工接受性。视觉识别设计可分为三个步骤：第一步，将识别性的抽象概念转换成象征性的视觉要素，并对其不断调查分析，直到设计概念明确化为止；第二步，创造以实体象征物为核心的设计体系，开发基本设计要素；第三步，以基本设计要素为基础，展开应用系统要素设计。

（5）实施阶段。这一阶段重点在于将设计规划完成的识别系统制成规范化、标准化的手册和文件，策划 CIS 的发表活动、宣传活动，建立 CIS 的推进小组和管理系统。在实施阶段一般应进行的活动包括：选择时机对内对外进行 CIS 计划的发表；推行 CIS 相关计划与活动；建立相应机构，监督 CIS 计划的执行，并对导入和推行 CIS 的效果进行测定和评估。

第七章　产品决策

第一节　产品的概念及分类

一、产品的概念

产品是指提供给市场进行交换，满足人们需要和欲望的任何东西。它既包括实体产品，也包括无形的服务，或者它们的组合。洗衣机、海边度假、美容美发、心理咨询等这些都是产品。

现代营销学对产品的外延正逐步推展。除了上述的实体产品、服务及其组合以外，广义上讲，实体产品、服务、体验、事件、人物、地点、财产、组织、信息和创意，或者它们的组合都可以称之为产品。由于服务与实体产品相比有着自身特有的规律，因此本书将分别阐述产品和服务决策。产品决策在本章的第一至第四节阐述，服务产品在第六节阐述。

二、产品层次

产品不仅指提供物本身，例如手机，不仅指它呈现的颜色、形状、功能，还涵盖更广泛的内容。现代营销学认为，产品是一个整体，包含五个层次，即核心产品、形式产品、期望产品、附加产品和潜在产品，如图 7－1 所示。

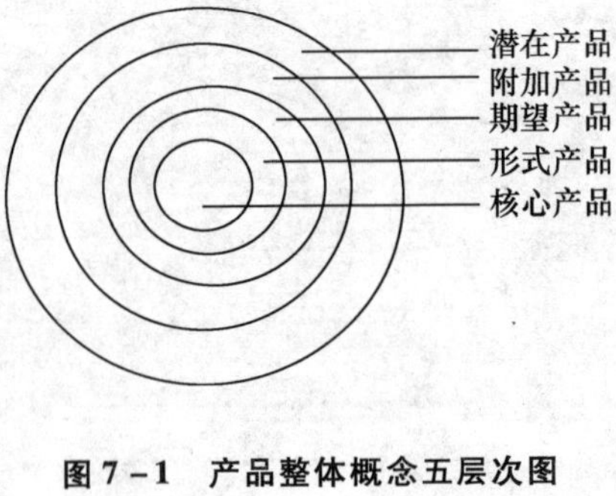

图 7－1　产品整体概念五层次图

1. 核心产品

核心产品是指向顾客提供的基本利益或效用。如旅店向顾客提供的核心产品是“休息与睡眠”，照相机提供的核心产品是“对过去的记忆”。

2. 形式产品

形式产品是指产品的基本形式。借助产品的基本形式，营销者向顾客提供核心利益，满足顾客需求。如一辆汽车的形式产品包括：发动机、制动系统、安全系统、坐椅、车身等。即使是服务性产品也一样需要形式产品，如一个旅店，它的形式产品包括床、浴室、毛巾、桌子、衣橱、厕所等。

3. 期望产品

期望产品是指购买者在购买产品时期望得到及默认的一组属性和条件。例如购买食品时，消费者期望它卫生；住宿时期望干净的床、新的毛巾、相对安静。如果大多数旅店都能满足这种最低的期望，旅客通常没有什么偏好，会找更方便或更便宜的旅店。

4. 附加产品

附加产品是指提供者提供产品时增加的服务和利益，它能够给顾客提供更大的利益和更多的满足。附加产品包括各种售前、售中、售后服务，如提供产品的送货、安装、维修、技术培训等。在竞争日益激烈的现代社会，企业的竞争更加集中在附加产品领域，只有能够正确发展附加产品的企业才能在竞争中取胜。

5. 潜在产品

潜在产品是指该产品最终可能实现的全部附加部分和将来会转换的部分。如传统的光驱为了适应播放 DVD 碟片的需要，发展成为新的 DVD 光驱，并逐步取代原有的光驱。

三、产品分类

根据产品的不同特征，产品可以分成不同类型。每一种产品类型需要不同的营销策略组合与之相适应。

（一）消费品与工业品

根据购买者的购买意图是用于个人还是组织消费，可以将产品分为消费品和工业品。

1. 消费品

消费品是指那些用于消费者个人消费的产品。根据消费者的购买习惯，消费品可以分成便利品、选购品、特殊品和非渴求品。

（1）便利品。是指消费者经常购买，较少比较和花精力挑选的产品。如肥皂、糖果和报纸。它们的价格通常较低，并且被置于许多销售点，随时等候顾客的购买。

（2）选购品。是指消费者在选购的过程中，会对产品的适用性、质量、价格和式样等进行仔细比较，购买频率较低的消费品。在购买选购品时，消费者花大量的时间和精力收集信息和进行比较。如服装、手机等。

（3）特殊品。是指具有独特的特征或品牌，购买者愿意花特殊的精力去购买。这类产品通常包括特殊品牌或特殊式样的花色产品，如保时捷跑车，购买者不惜远道购买它。

（4）非渴求品。是指消费者未曾听说过或即便是听说过一般也不想购买的产品。例如，人寿保险、墓地、百科全书等。非渴求品需要广告和人员推销的支持。

2. 工业品

工业品是指各类产业组织为了行业的再生产而购买的各种产品和服务。工业品可以分成三类：原材料和部件、装备和设备、供应品和服务。

（二）非耐用品、耐用品和服务

产品可以根据其耐用性和有形性，将其分为非耐用品、耐用品和服务三类。

1. 非耐用品

非耐用品是指只能使用一次或数次的低值易耗品，如香烟、糖果和鞭炮等。这类产品由于消耗速度快，购买频率高，消费者在购买时更注重便利性。因此，企业应当广设销售网点，以方便消费者购买。此外，企业还应加强广告以吸引顾客试用并形成偏好。

2. 耐用品

耐用品一般是指使用年限较长、价值较高的有形产品，如冰箱、洗衣机等。耐用品一般需要采用较多的人员推销和服务，需要提供较多的销售保证条件。

3. 服务

服务是指那些供交换的、无形的、非耐用的行为、活动和利益。如美容、电器修理等。服务需要更多的质量控制、供应者的信用能力和适用性。

第二节 产品决策的内容

营销者在三个层次上对产品做出决策即单个产品决策、产品线决策和产品组合决策。

一、单个产品决策

企业在开发和营销单个产品时要做出一系列的重要决策，如图 7－2 所示。

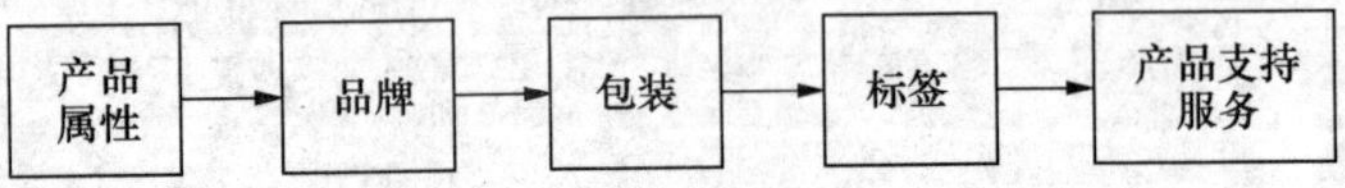

图 7－2 单个产品的决策

（一）产品属性

开发一个产品涉及定义它要提供的利益。这些利益由产品的属性如质量、特征、风格和设计体现出来。

产品质量从两个角度对营销产生重要的影响。首先，营销者必须选择可以在目标市场上支持该产品市场定位的质量水平。通常是高质与高档高价相连，低质与低档低价相连，企业应当选择一个能够与目标市场的需要和与竞争产品的质量水平相匹配的质量水平。一辆奥迪 A6 应当有比奇瑞 QQ 更高的质量水平，但应当与竞争品牌本田雅阁相当。其次，产品质量还意味着产品的各项性能指标必须符合国家的相关标准。从这个意义上讲，奇瑞和奥迪有同样的质量。

产品特征是将企业产品与竞争产品区别开来的工具。企业可以通过增加更多特征来创造高水准的产品式样。一个企业可以通过定期向使用过产品的顾客调查，以决定为产品添加哪些特征。

风格描述的是产品的外表。给人感观愉悦的风格可以引起人们的关注并带来愉快的美感，但却未必能够使产品性能提高。而设计则直接切入产品的中心。优秀的设计既有助于产品外观又能够提高产品的有用性。好的产品风格和设计能够吸引人们的注意，提高产品性能，降低生产成本并且赋予产品在目标市场上的强大竞争优势。

（二）品牌

1. 品牌的定义

品牌是一个名称、术语、标记、符号、图案或者是这些因素的组合，用来识别产品的制造商或销售商。它是卖方做出的不断为买方提供一系列产品的特点、利益和服务的承诺。品牌包括品牌名称和品牌标识两部分。

品牌名称是品牌中可以读出来的部分。如海尔、联想等名称。品牌标识是品牌中可以被识别，但不能读出来的部分，如海尔所用的字体。

品牌的要点是销售者向购买者长期提供一组特定的特点、利益和服务。好的品牌是质量的保证。除此以外，好的品牌还应当包含以下六层内容。

（1）品牌属性：是品牌所能带来的特定的品性，是制造精良还是实惠耐用。

（2）品牌利益：包括功能利益和情感利益，这些利益是由上述属性转化而成的。

（3）品牌价值：这是制造商的价值观。

（4）品牌文化：象征一定的文化。

（5）品牌个性：代表了人的某种个性。

（6）品牌使用者：体现购买或使用这种产品的是哪一类消费者。

一个品牌的属性是很容易被竞争者模仿的，持久的含义应当是它的价值、文化和个性。

2. 品牌化

一个产品是否需要建立品牌，是关于品牌的第一个决策，这就是我们在此所说的品牌化。

从品牌的起源和发展可以看出品牌化的主要目的在于识别产品和厂商。建立品牌在许多方面有利于购买者，即有助于消费者识别产品的生产者；有助于消费者选购商品，降低购买成本；如果消费者经常购买同一品牌的产品，并且每次都会买到同样质量的产品，消费者会信任这一品牌，形成品牌偏好，不仅降低了购买成本，还会获得一种满足。

品牌对企业的营销有着极为重要的作用，采用品牌有助于产品的宣传和推广，品牌资产的价值可以积累，一个有影响的品牌能为企业带来许多竞争优势，使企业在激烈的竞争中增强防御能力。一个优秀的品牌会在消费者中享有很高的知名度和忠诚度。利用这种美誉度，可以帮助企业拓展新产品的销售。强有力的品牌有利于建立企业形象。

如今，建立品牌非常重要，以致很少有产品不使用品牌，甚至连鸡蛋、苹果等农产品也有了自己的品牌。但是，品牌的建立和维护需要付出很大成本，这些成本会体现在产品价格上。作为反潮流，发达国家又出现了许多无品牌商品，通常是日常消费品，这些产品能达到质量标准，但在价格上低于同类产品20% ~40%，这类产品同样能取得较好的市场效果。

3. 品牌资产

品牌资产是品牌给产品带来的超越其功能的附加价值或附加利益。品牌资产是与某一特定品牌紧密联系的，如果品牌文字、图形改变，附属于品牌之上的财产将会部分或全部丧失。

品牌资产是一个系统概念，其外在表现形式是品牌名称和品牌标识，其实质内容包括了品牌知名度、品牌美誉度、品牌品质形象、品牌忠诚度、品牌联想和附着在品牌上的其他资产等一系列因素，如图 7－3 所示。品牌知名度、美誉度、忠诚度反映了消费者对品牌的知晓、满意和偏好的程度；品牌品质形象是消费者对一定品牌的总体质量感受；品牌联想是消费者对产品特征、效用、消费者利益、竞争者、企业的声誉以及品牌标志等在购买时的感觉，有助于增强消费者的购买信心；其他资产则包括对品牌增值能力有重大影响的专利、专有技术和分销渠道等。

品牌资产是企业长期经营的积累，是企业的无形资产。品牌资产的价值不是一成不变的，它会随着市场格局的变化而变化。表 7－1 是 2005～2007 年全球品牌价值对比表。

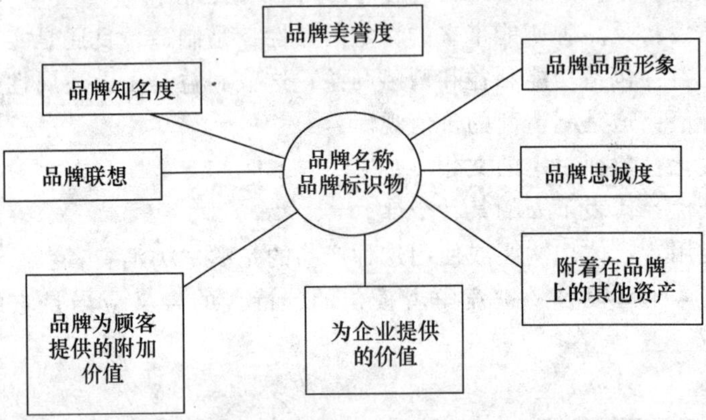

图 7－3　品牌资产组成图

表 7－1　2005～2007 年全球品牌前 10 强

2005 年排名	2005 年品牌价值（亿美元）	2006 年排名	2006 年品牌价值（亿美元）	2007 年排名	2007 年品牌价值（亿美元）
可口可乐	675	可口可乐	670	google	664
微软	599	微软	599	GE	619
IBM	533	IBM	562	微软	550
GE	499	GE	489	可口可乐	441
英特尔	355	英特尔	323	中国移动	412
诺基亚	264.5	诺基亚	301	万宝路	392
迪斯尼	264.4	丰田	279	沃尔玛	369
麦当劳	260	迪斯尼	278	花旗	337
丰田	248	麦当劳	275	IBM	336
万宝路	211	奔驰	218	丰田	334

（三）包装

1. 包装的含义

我国标准《包装术语基础》（GB/T4122.1—1996）将包装定义为“在流通过程中保护商品，方便储运，促进销售，按一定技术和方法而采用的容器、材料及辅助物等的总体名称。也是指为了达到上述目的而采用容器、材料和辅助物的过程中所采用的一定技术方法等操作活动”。根据这一定义，包装包含两层含义：一是指盛放或包裹产品的容器或包扎物，二是指盛装或包扎商品的技术活动。

2. 包装的种类

（1）按包装在流通过程中的作用不同，包装可分为运输包装和销售包装。运输包装又称外包装，主要用于保护产品品质安全和数量完整，适应储存、搬运过程的需要所进行的包装，如瓦楞纸箱、集装箱。销售包装又称内包装，是为了顾客便于携带、使用、陈列的产品包装，如易拉罐。销售包装一般美观大方，印刷精良。不仅能保护产品，而且还有美化、宣传产品的作用。

（2）按照包装技术可分为：防水包装、防潮包装、防锈包装、缓冲包装、真空包装等。

3. 包装的作用

（1）保护产品。产品包装最基本的功能是保护产品，便于储存和运输。有效的包装可以起到防潮、防挥发、防污染、保鲜、防变形等一系列保护产品的作用。

（2）促进销售。包装是产品的延伸，是整体产品的一部分。独特的包装，可使产品与竞争品产生区别。优良的包装，经精心设计与印制，不易被仿制、假冒和伪造，有利于保持企业信誉和形象。在商品陈列中，包装是货架上的广告，是“沉默的推销员”；设计优良的包装，其富有特色的图案和色彩会吸引消费者的眼球，激发购买欲望。

（3）增加利润。包装具有增值功能。优良的包装，能使商品树立起高贵的形象，使顾客愿意支付较高的价格购买产品。企业在实际营销中要注重包装的增值功能，避免“一等商品、二等包装、三等价格”的现象。同时，近年来市场上出现大量过度包装的产品，如天价的茶叶、月饼等，对市场造成了很坏的影响。

4. 包装的设计原则

传统意义上，包装的主要功能是盛装和保护产品。但随着市场竞争的日益激烈，包装越来越成为一个重要的营销工具，因此包装的设计除了必须考虑技术上的可行性以外，还必须与整体营销策略相配合。

（1）与品牌形象吻合。包装的整体设计要与品牌形象吻合。包装的具体元素如尺寸、形状、材料、颜色、内容和品牌标记，应当与产品的定位和营销战略相协调。

（2）创新性。一个富于创新的设计可以为企业提供高于竞争对手的优势。由于更加方便和整洁，按压式牙膏包装获得了巨大的市场份额。

（3）符合目标市场消费者的宗教信仰和审美习惯。如在韩国，红色、黑色和金色是非常有吸引力的。中国人的红色情结，对龙的崇拜等，使得将现代感与传统意识和谐融合成为中国市场产品包装的宗旨。

（4）安全性。这里说的安全性不仅指包装所用的原材料要安全无毒无害，而且指包装对儿童的安全性，一些特殊产品如药品食品要使用“儿童安全”包装。另外，安全性还指包装材料对环境要友好，减少使用对环境造成危害的包装材料。

5. 包装策略

包装是整体产品的一部分，因此包装的设计、生产要与企业的整体市场营销策略相配合，采取适当的包装策略。

（1）类似包装策略。类似包装策略亦称产品系列包装或统一包装。企业将其所生产的各种产品，在包装外形上采用相同的图案，近似的色彩，共同的特征，使顾客容易辨认是同一个企业的产品。类似包装策略的优点在于可节省设计费用，而且新产品上市时，采用类似包装能借助原有产品的信誉消除消费者对新产品的不信任感。但类似包装只适用于品质接近的产品，如果品质悬殊较大会稀释高档品种的价值，或造成定位混乱。

（2）配套包装策略。配套包装也称集聚包装，是把数种有关联的产品放在同一容器中，如工具箱、文具盒、急救箱等，方便购买、携带和使用，也可扩大产品的销售。在配套产品中如加入某种新产品，可使消费者不知不觉地习惯使用新产品，有利于新产品的上市和普及。

（3）再使用包装策略。再使用包装是指产品使用完后，包装物还有其他用途。如各种形状的酒瓶可以做装饰物或盛放其他液体。这种包装策略可使消费者感到一物多用而引起购买欲望，同时包装物的重复使用也起到了对产品的广告宣传作用。但是，企业要谨慎使用该策略，避免因成本加大而引起商品价格过高进而影响产品的销售。

（4）附赠品包装策略。附赠品包装有两种形式：一种是在商品包装物内附赠奖券或实物，以诱发消费者购买，如好丽友儿童食品蘑古力在包装里附赠儿童小玩具；另一种附赠包装是包装本身可以换取礼品，以引起顾客的惠顾效应，导致顾客重复购买。

（5）不同容器包装策略。不同容器包装是根据产品的性质及消费者的使用习惯，设计使用不同形式、不同重量、不同体积的包装，如将大米包装设计成5公斤装、10公斤装、20公斤装等不同重量的包装，适应了不同消费者的不同购买习惯。

（6）变换包装策略。变换包装策略是在不改变产品质量的前提下，通过改变包装来促进产品销售，有时这种方法能起到同改进产品质量相同的效果。特别是一些老产品，若其包装已使用多年，就应该推陈出新，变换包装。同时，在产品生命周期的不同阶段，也应该更换不同的包装，才有利于扩大产品销售。例如百事可乐就曾在1996年花费近6亿美元在全球发动了一场改变包装的革新。

（四）标签

产品标签是指附着或悬挂在产品上和产品包装上的文字、符号、图形、雕刻及其他说明物。产品标签是销售者传达产品信息，表现产品特色，推销产品的手段之一，是消费者选购产品，正确使用和保养产品的指南。

许多国家规定了产品标签必须标注的内容和项目。根据我国相关标准，产品标签的内容包括两部分：第一部分是必须标注的内容，指产品名称、生产者名称和地址，产品标准编号，产品质量检验合格证明、生产许可证标记，产品的规格、等级、数量、净含量，所含主要成分的名称和含量以及其他技术要求、生产日期和安全使用期或失效期，警示标志或中文警示说明，安装、维护和使用说明。第二部分是可以选择标注的内容，包括产品产地、认证标志、名优标志、商品条码。

(五) 产品支持服务

产品支持服务也叫产品销售服务，是为了更好地发挥核心产品的效用，企业向消费者提供的各种售前和售后服务，如安装调试、检测维修等。产品支持服务是产品整体概念的一部分。随着市场竞争的日益激烈和产品同质化程度的提高，产品支持服务越来越成为企业在竞争中取胜的法宝，如我国家电龙头企业海尔打出的就是“服务牌”。

产品支持服务的内容比较复杂，不同企业由于产品的性质不同提供的产品支持服务也各不相同。但概括起来产品服务无非是下列几种：①接待来访和访问用户；②业务技术咨询与服务；③质量“三包”服务，即包修、包换、包退；④安装和调试；⑤备品和配件的提供；⑥消费信用；⑦巡回检修。每种产品顾客对各项服务的重视程度不同，企业应当根据顾客的需要，同时考虑服务提供的成本，合理组合服务内容。

企业在提供产品支持服务的最初可能由自己建立的服务部门来完成，随着业务规模的增大，制造商将更多的产品支持服务转交给中间商，因为中间商更接近顾客，经营网点较多，所以服务更快捷。目前，更多的企业将服务外包给专门的服务公司。

二、产品线决策

产品线是指密切相关的一组系列产品。之所以构成一条产品线，是由于在产品功能的相似性、替代性、配套性等方面能提供给同一顾客群；或有同一销售渠道或类似的价格。有时，一条产品线会包括几条亚产品线。如某企业有日用品、服装和化妆品三条产品线，其中化妆品产品线又包括口红、眼线笔、粉饼三条亚产品线。

产品线决策主要指产品线长度决策和产品线的特色化和削减问题。产品线的长度决策是指产品线上产品项目数量的决策。产品线长度的判断标准是：如果企业通过增加项目能够提高利润，则生产线太短；如果企业通过放弃某些项目能够提高利润，则产品线过长。

产品线的长度受企业目标和资源的影响。想追求高市场份额和快增长的企业通常有较长的产品线，而热衷于高额短期利润的企业通常拥有经过精心挑选的较短的产品线。如果企业的生产能力过剩，企业可以开发新产品，增加产品线的长度，但是，产品项目增加后，一些特别的费用也会相应增加，如设计费、仓储费、运输费、订货处理费以及新产品项目的促销费。所以，对于产品项目的增加，决策人必须进行相应的市场分析和利润分析。

企业通常采用产品线扩展和产品线填补这两种方法来系统地增加产品线的长度。

(一) 产品线扩展

(1) 向下扩展，许多企业最初定位于市场的高端或中端，由于市场状况发生变化，想将其产品线向中端或低端发展，称其为向下扩展。企业向下扩展的原因可能是在低端市场发现一个巨大的成长机会，如果不采取行动会引来新的竞争者；也可能是回应竞争者在高端市场的攻击；或者是因为发现低端市场中存在更快的成长机会。如戴姆勒—克莱斯勒面对豪华轿车市场上低增长率和日本汽车生产商对其高端定位的攻击，引入梅赛德斯 C 型轿车，成功地将它的梅赛德斯产品线向下扩展。

(2) 向上扩展，处在市场中端或低端的企业，如打算进入高端或中端市场称之为向上扩展。企业向上扩展是为了提高当前产品的声望，或者被高端市场快速的增长率或高利润所吸引。如日本汽车导入高档市场，丰田推出雷克斯（Lexus），日产推出英菲尼迪（Infinity），本田推出欧歌（Accura）。

（3）双向扩展，定位于市场中端的企业可能会决定向下向上两个方向扩展其产品线，称之为双向扩展。如万豪国际酒店集团增加了万丽和万怡两个品牌向两端扩展它的酒店产品线，每个品牌针对不同的目标市场。万丽主要针对高级总裁，万豪的目标客户是中高层管理者，而万怡主要吸引销售人员。

在产品线向上、向下扩展的过程中，是否采用原有品牌是企业需要慎重决策的。一个原来定位于高档的产品向下扩展，采用原有品牌可能会稀释原有品牌的价值；一个原来定位于低端的产品向上扩展，顾客可能会怀疑其高端价值。企业实践中要结合多种因素综合考虑。

（二）产品线填补

产品线填补是指在现有产品线范围内增加一些产品项目，拉长原有产品线。采取产品线填补的原因很多：取得超额的利润；满足那些经常抱怨由于产品线不足而使销售额下降的经销商；充分利用剩余的生产能力；争取成为领先的产品线完整的企业；设法填补市场空缺，防止竞争者加入。如索尼公司生产多种产品来填补它的随身听产品线：太阳能和防水随身听、系在运动者吸汗带上的超轻型迷你随身听、CD 随身听以及可以直接从网上下载歌曲的记忆棒随身听。

企业的产品线并不是越长越好，在填补产品线时一定要注意每个产品项目间必须具备显著可见的差异，这样才不会在消费者心目中造成混乱，导致本企业新旧产品间相互残杀。福特公司在研制著名的埃德塞汽车时，只是考虑满足企业内部福特和林肯之间定位的需求，而不是满足市场的需求，从而损失了 3.5 亿美元。

（三）产品线现代化、特色化和削减

产品线现代化是指产品线的技术和设备更新的问题。面对不断变化的市场，企业的产品线不应该总是一副“老面孔”，应当进行更新。但不同的产品线和不同的企业，现代化的进程和方式可以不同。

一般来说，产品线的现代化采用两种方式进行：一种是渐进更新逐步现代化；另一种是全面更新，一并完成。两种方式各有利弊。渐进的方法可以使企业在改进整个产品线之前，观察顾客和经销商是否喜欢新式样的产品。逐步现代化可使企业的现金流量耗费较少。但是，它使竞争者有机会获得企业未来发展方向，并立即跟进。全面更新的方法可以一步到位，占领市场先机，避免竞争者短期内跟进，但会占用企业较多资金，风险大。此外，选择什么时机开始产品线的更新和现代化也是企业应该关注的问题。

在行业产品同质化程度比较高的情况下，产品经理可以考虑将产品线中的某些产品项目特色化，会起到提升产品档次，并区别于竞争者的不同的形象。如鄂尔多斯集团在羊绒市场出现价格恶性竞争的情况下，推出纳米羊绒，赋予了普通羊绒产品高科技的特色，取得了不错的市场效益。

对于一些无利可图的死亡产品线，企业应当考虑削减甚至剔除它们，削减的原则是对销售额和成本分析，留下销售额最大和对利润贡献最大的，剔除销量小、对利润无贡献的。

三、产品组合决策

（一）产品组合及其相关概念

1. 产品组合

产品组合是指一个企业提供给市场的全部产品线和产品项目的组合。如雅芳公司的产品组合包括四条主要的产品线：化妆品、首饰、时装和家居用品。每条产品线又包括数条子产品线。比如，化妆品分为唇线、眼线膏和香粉等。每条产品线和子产品线中又包括多种产品。如雅芳的产品线总共包括1300种产品。

2. 产品线

关于产品线的概念在本节第二部分中已经介绍。产品线是产品组合的重要组成部分，一个大型企业的产品组合通常包括多条产品线。

3. 产品项目

产品项目是指企业生产和销售的各产品线中的某一特定产品，也就是通常所说的某一产品的具体品名和型号。如宝洁公司的清洁剂产品线有汰渍、碧浪等不同的产品项目。

4. 产品组合的宽度

产品组合的宽度是指企业拥有多少条不同的产品线的数目。拥有的产品线越多，产品组合就越宽；产品线越少，产品组合就越窄。

5. 产品组合的长度

产品组合的长度是指产品组合中所有产品项目的总数。用这个总和除以产品线的数目，就得到该组合的平均长度。

6. 产品组合的深度

产品组合的深度是指一个企业各条产品线中所包含的产品项目的平均数。如佳洁士牌牙膏有三种规格和两种配方，佳洁士牌牙膏的深度就是6。通过计算宝洁公司每种品牌的产品品种数目，再除以产品线的个数，我们能得出该企业产品组合的平均深度。

7. 产品组合的黏度

产品组合的黏度也叫产品组合的相关性，是指各条产品线在最终用途、生产条件、分销渠道或者其他方面的相关程度。如果企业不同产品线的产品在同一销售渠道销售我们称之为有相关性。

（二）产品组合决策

产品组合决策主要是指企业在产品组合的宽度、长度、深度和黏度四个方面的决策。企业可以通过增加新的产品线，以扩大产品组合的宽度；可以延长现有的产品线，以增加产品组合的长度；可以增加每一产品的品种，以增加产品组合的深度；可以推出较强黏度的产品线，以充分利用企业现有资源。

拓宽产品组合的宽度，可以分散企业的投资风险；增加产品组合的长度，可以使产品线丰满充裕，成为全面的产品线企业；加深产品组合的深度，可以占领同类产品的更多细分市场，增加企业在行业中的竞争力；加强产品的黏度，可以增强企业的市场地位，发挥和提高企业在有关专业上的能力。

企业拓宽产品组合的宽度、长度，加深深度有可能促进销售、增加利润。但是，企业还必须综合考虑多方面的因素。首先，考虑企业拥有的资源，企业要充分利用其优势资源，并不是什么流行生产什么；其次，要考虑市场的需求状况，企业只能拓宽具有良好成长机会的产品线；最后，企业还需要考虑竞争状况，如果新增加的产品线有强大的竞争对手，利润的不确定性很大，加深原有的产品线比拓宽产品线更有利。因此，产品组合决策就是企业根据市场需求、竞争形势和企业自身能力对产品组合的宽度、长度、深度和相关性方面所作的决定。

（三）产品组合优化

产品组合优化是指通过分析、评价和调整现行的产品组合，决定是加强还是剔除某个产品线或产品项目。产品组合优化的目的是评价和选择企业产品的质的组合和量的比例，使其能适应市场需求和竞争，获取企业利润最大化。优化的方法主要有产品线销售额和利润分析法、产品项目市场地位分析法、波士顿集团法和通用电气公司法。由于波士顿集团法和通用电气公司法在第三章已经详细叙述，这里不再赘述，仅介绍前两种方法。

1. 产品线销售额和利润分析法

产品线销售额和利润分析法主要用于分析、评价产品线各个项目的销售额和利润水平，根据利润水平来衡量该产品项目在企业中的地位和发展策略。因此，首先要计算出产品销售额、利润额占企业销售额和利润额的比重，然后进行判断。如图 7－4 所示。

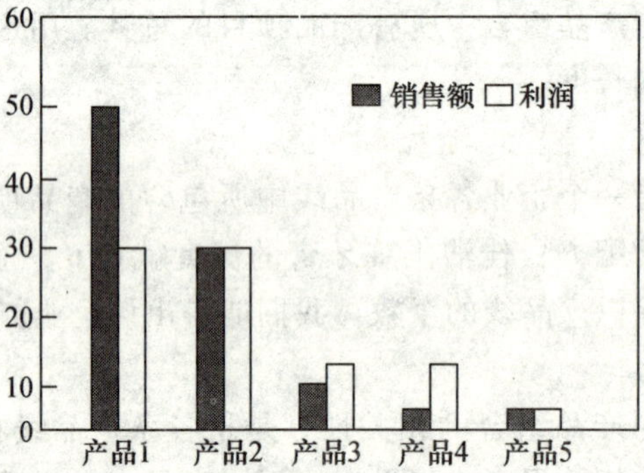

图 7－4 产品项目分析

图 7－4 列举了产品线上五个产品项目的销售额和利润情况。第一个产品项目的销售额占总销售额的 50%，占总利润的 30%，第二个产品项目的销售额和利润均占整个产品线销售额和利润的 30%。这两个产品项目的销售额占总销售额的 80%，利润占总利润的 60%，由此看来这两个产品项目在整个产品线中占据重要地位，是销售收入的主要来源。如果这两个产品项目遇到激烈的竞争，造成销售收入减少、利润下降，将会给企业造成严重的困难。为此，企业必须制定对付竞争的有效对策，以巩固企业在第一、第二个产品项目的市场地位及获利水平。另外，应当根据市场需求变化的情况，加强第三、第四个产品项目的营销。最后一个产品项目只占整个产品线销售额与利润的 5%，如无发展前景，可以剔除。

2. 产品项目市场地位分析法

产品项目市场地位分析法主要适用于各产品线的产品项目与竞争者同类产品项目的对比分析，全面衡量各产品项目与竞争者产品的市场地位。

[例 7-1] A 家具公司的一条产品线是沙发，顾客对沙发最重视的两个属性是价格和功能。价格分为高、中、低三个档次；功能分为单功能（只能坐），双功能（既能坐又能睡）、三功能（坐、睡和带箱子）。A 公司有 B、C 两个竞争者，B 公司生产两种沙发：高、中档单功能沙发；C 公司也生产两种沙发：低档的双功能和三功能沙发。A 公司根据市场竞争情况，权衡利弊，决定生产三种沙发：高档的双功能沙发、中档的双功能和三功能沙发，因为这三个市场没有竞争者。从图 7-5 可以看出，仍有两个市场空白点，各企业没有生产的原因，可能是目前生产这种沙发的费用太高或需求不足，或经济上暂无可行性等。

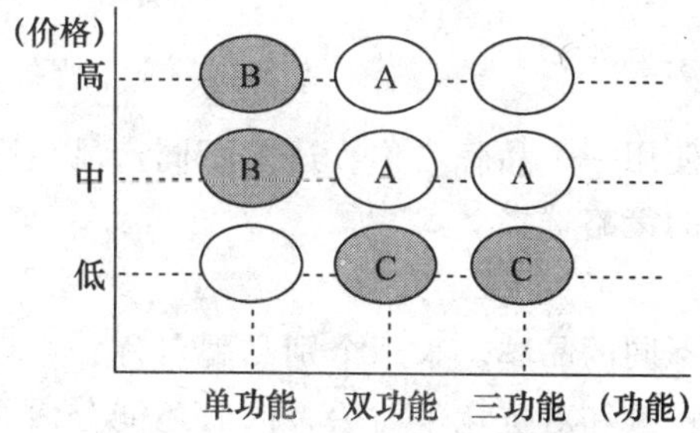

图 7-5　产品项目市场地位分析

第三节　品牌决策

营销人员在品牌化工作中要进行一系列挑战性的决策，主要决策如图 7-6 所示。关于品牌化的问题已在本章第二节中阐述，本节主要阐述后面的问题。

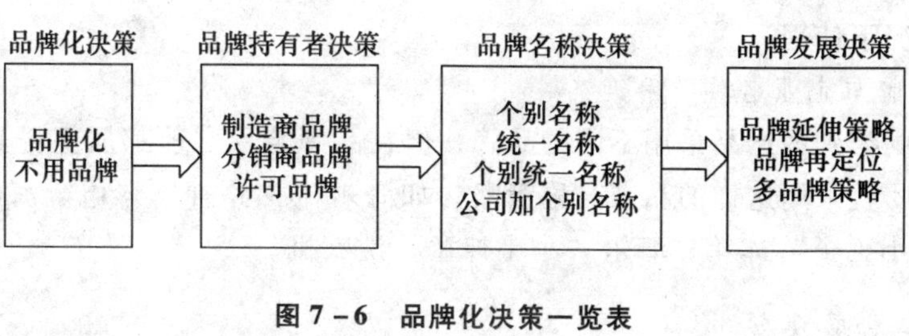

图 7-6　品牌化决策一览表

一、品牌持有者决策

企业在决定使用品牌以后，要涉及使用谁的品牌的问题。企业有三种选择：第一是使用制造商自有品牌；第二是使用分销商品牌；第三是使用许可品牌。

使用制造商自有品牌有利于企业持续不断地对品牌的树立和发展加以投入，以集聚品牌价值，树立品牌形象，如 IBM、海尔等制造企业使用的就是自有品牌。市场上制造商自有品牌一直占主导地位。

但近年来，越来越多的中间商开发自己的品牌。如物美、沃尔玛都在宣传和开发自有品牌。中间商开发品牌的原动力来自于与制造商的抗争。中间商创立自有品牌有利于其获得更大的利润空间。在现代所谓“零售为王”的时代，中间商通过连锁、集中采购，已经获得规模优势；产品要进入零售货架需要高额的上架费，还需要分摊陈列、促销和储存等成本。一些弱势品牌由于缺乏资金基本被拒之门外，因此中间商可以比较容易找到能为其提供质量稳定产品的制造商。

由于制造商创造自有品牌需要经历数年并花费大量的资金，因此一些中小企业不选择创造自有品牌，而是通过支付一定的特许权使用费给其他的企业，以获得使用别人品牌的权利。如皮尔·卡丹、迪斯尼都属于许可品牌。

二、品牌名称决策

企业决定所有的品牌使用一个品牌名称，还是不同产品使用不同品牌，就是品牌名称决策。这里有四种可能的策略选择。

1. 个别品牌策略

即企业不同产品使用不同的品牌。采用个别品牌名称，可以为每种产品寻求不同的市场定位，有利于增加销售额和对抗竞争对手，同时还能分散企业经营风险，不会因为一个品牌的失败而影响企业的所有品牌和形象。

2. 统一品牌策略

企业所有的产品都使用一个品牌。如通用电气公司就采用这种策略。对所有产品使用一个品牌有很多好处，如在引入新产品时不需要为建立品牌名称认知和偏好花费大量的广告费，同时可以延续原有品牌的好的声誉促销新产品，但采用统一品牌时，如果有一种产品的质量出现问题会波及其他产品的信誉。

3. 分类统一品牌策略

所谓分类统一品牌是指不同的大类有不同的品牌，同一产品大类采用统一的品牌。如远大公司，机电产品叫“远大”，整体浴室叫“远铃”。这种策略比较适合企业产品是截然不同的情况下使用。

4. 个别品牌与企业名称并用策略

企业对不同类别的产品采用不同的品牌，但在品牌名称之前都加上企业的名称。我国企业海尔集团就采用这样的品牌名称策略，如海尔“探路神”彩电、海尔“大王子”冰箱、海尔“小王子”冰箱、海尔“小小神童”洗衣机。

三、品牌发展决策

1. 品牌延伸策略

品牌延伸是指将一个现有的品牌名称使用到一个新类别的产品上。如娃哈哈在儿童乳酸菌饮料获得成功后，将娃哈哈品牌延伸至矿泉水、八宝粥、儿童服装等其他类别的产品上。

品牌延伸的优势在于：可以加快新产品的定位，使新产品快速被市场所知晓、接受，有利于强化品牌效应，提高整体品牌组合的投资效益。

品牌延伸的策略也有一些风险，如果新产品出现问题，很可能会波及原有品牌的形象和价值。另外，有些品牌名称对于新产品是不适合的，如冷酸灵牙膏品牌不适合用于其他洗涤剂产品。还有，品牌过度延伸可能会破坏消费者头脑中的定位，使消费者不再将品牌与特定产品或高度相似的产品联系起来，出现品牌价值稀释的现象。

2. 品牌再定位

全部或局部调整品牌最初在市场上的定位，称品牌再定位。再定位的原因很多，如消费者的偏好发生了变化，对企业产品的需求减少；或者出现新的竞争者，使企业的市场份额减少；抑或是企业想要进入新的细分市场，对品牌重新定位。

3. 多品牌策略

企业为同一种产品设计两种或两种以上的品牌，称之为多品牌策略。如嘉里粮油推出的大豆色拉油产品有三个不同品牌“金龙鱼”、“元宝”、“万黛兰”。这种策略有助于壮大企业声势，适宜消费者的不同需求，挤压竞争者的产品；有利于提高市场占有率、分散企业风险。实施多品牌策略必须考虑企业的盈利水平，因为品牌建立需要一定的资源投入，若不能获得相应的市场份额，就会影响企业的经济效益。同时，企业还要协调好多品牌之间的矛盾。

第四节　产品生命周期理论

一、产品生命周期的概念

产品生命周期是指从产品投入市场到最后被市场淘汰的全过程。产品生命周期由需求的生命周期决定，一般要经过导入期（介绍期）、成长期、成熟期、衰退期四个阶段。通常产品生命周期曲线呈钟形，如图 7－7 所示。除此以外，产品生命周期曲线还有一些变异。

产品生命周期和产品使用寿命是两个不同的概念，前者指产品的市场寿命，在市场上的存在时间，它的长短主要受市场因素的影响；使用寿命是指从产品投入使用到产品报废所经历的时间，其长短受自然属性、使用频率等因素的影响。

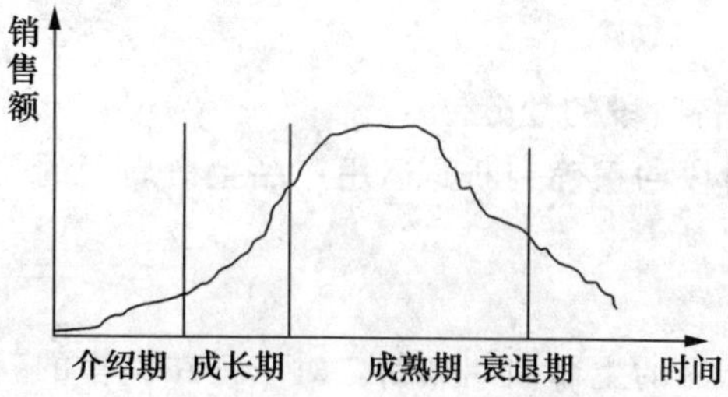

图 7－7　产品生命周期曲线

产品生命周期的概念可以用来分析产品大类、产品形式、产品种类、某一产品品牌四个层次的生命周期。它们各有特点：

(1) 通常，产品大类有最长的生命周期。比如交通工具，由于和人的基本需求相联系，所以一直在延续。

(2) 产品形式是和行业联系在一起的具体产品类，生命周期现象明显，生命曲线也最标准，如交通工具中的汽车，目前处于成熟期。

(3) 产品种类是通过不断改进和换代而出现的不同产品项目，这是研究产品生命周期最主要的产品选择。如目前显像管电视已进入衰退期，而等离子电视正处于成长期。

(4) 产品的品牌由于不断变化的市场环境，其生命周期会较快发生变化。有些百年品牌，经久不衰得益于企业恰当的营销策略。

产品生命周期理论的引入对企业经营有重要意义，它为企业明确了四个问题：产品的生命是有限的；产品的销售要经历不同的阶段，每个阶段对销售的要求不同；在产品生命周期的不同阶段，利润有升有降；在产品生命周期的不同阶段需要不同的营销策略。

二、产品生命周期各阶段的特征与判断

(一) 产品生命周期各阶段的特点

产品生命周期的各个阶段在营销中所处的地位不同，具有不同的特征。

(1) 导入期。导入期的特点是：产品刚刚投放市场，消费者对产品还不够了解，销量低，生产批量很小，产品生产成本较高；消费者对产品不熟悉，企业需要投入大量的促销费用；由于前期投入了大量的研发、试制费用和销售费用，销量又小，企业在财务上往往是微利甚至亏损；除仿制品外，产品在市场上一般没有竞争者。

(2) 成长期。成长期的市场特点是：消费者对产品已经熟悉，大量的消费者开始购买，销量迅速地增长，生产规模迅速扩大，产品成本和销售成本显著下降；随着产量和销售量的迅速增加，企业转亏为盈，利润迅速上升；竞争者开始仿制这类产品，市场上开始出现竞争趋势。

(3) 成熟期。成熟期的特点是：市场需求量已逐渐趋向饱和，销售量达到最高点，利润也达到最高点；市场竞争十分激烈；成熟期的后期市场需求达到饱和，销售增长率趋于零，甚至会出现负数。

(4) 衰退期。衰退期是指产品已逐渐老化，开始被市场淘汰的阶段。在这一阶段，产品的销售量急剧地下降，利润跌落，与此同时，其他新产品投入市场，有取代老产品的趋势。

(二) 产品生命周期各阶段的划分

产品生命周期各个阶段的正确判断是运用产品生命周期的关键。判断某种产品处于哪个阶段的方法有以下三种：

1. 类比法

类比法一般用于新产品的生命周期判断。对于正在销售的新产品，由于没有销售资料，或者销售资料不全，很难进行分析判断，就可以运用类似产品的历史资料进行比照分析。例如参照单缸洗衣机的资料来判断双缸洗衣机的发展趋势。

2. 销售增长率法

销售增长率法是以各个时期销售额的实际增长率δ（ΔY/Δt）来制定标准划分生命周期的各个阶段。根据相关资料，δ的经验判断规律是：δ大于10%时属于增长期；δ在0.1%～10%属于成熟期；δ接近0或小于0时，则表示已经进入衰退期。

3. 产品普及率分析法

产品普及率分析法是根据产品在市场的普及率来判断其所处的产品生命周期。通常，普及率小于5%时为投入期；普及率为5%～50%时，为成长期；普及率为50%～90%时，为成熟期；普及率为90%以上时为衰退期。

三、产品生命周期各阶段的营销策略

（一）投入期

投入期是企业承担风险最大的时期，这一阶段的目标是尽快使新产品在市场上站稳脚，营销策略应当体现“短”，让消费者尽快尽早认同，接受该产品，是投入期的营销策略重点。

在这一时期营销部门要确定产品的各个营销变量，如价格、促销和分销等。通常会设立高低两种水平，当只考虑价格和促销时，可以有四种战略选择。

1. 快速撇脂战略

即以高价格和高促销水平的方式推出新产品。企业采用高价格，是为了在每单位销售中尽可能获取更多的毛利；花费大量的广告宣传费，是为了迅速扩大销售量来加速对市场的渗透，向市场说明虽然该产品定价水平较高，但有其值得的优点。采用这一战略的假设条件是：潜在市场的大部分人还没有意识到该产品，知道它的人渴望得到该产品并有能力支付高价，企业面临着潜在竞争并想建立品牌偏好。高技术性产品和时尚性产品较适合这种策略。

2. 缓慢撇脂战略

即以高价格和低促销的方式推出新产品。推行高价格的目的同样是尽可能低回收每单位销售中的毛利，推行低促销是为了降低销售费用，两者结合可以从市场上获取大量利润。采用这一战略的假设条件是：市场的规模有限，大多数的市场已经知晓这种产品；购买者愿意出高价；潜在竞争并不迫在眼前。一些技术性垄断产品以及部分高档消费品（如进口名酒）比较适合此策略。

3. 快速渗透战略

即以低价格和高促销的方式推出新产品。目的是以最快的速度取得尽可能高的市场占有率。采用这种策略时，由于价格较低，花费广告费用又较大，当新产品刚投入市场阶段，使企业可能发生亏损，或者利润很少。但是这样做不仅能迅速打开市场，而且能减小潜在竞争对手的威胁，使企业的产品具有较高的市场占有率。采用这一战略的假设条件是：市场规模大，市场对产品不知晓，大多数购买者对价格敏感；潜在竞争很强烈；随着生产规模的扩大和制造经验的积累，单位制造成本会下降。部分日用品就适合采用这种策略。

4. 缓慢渗透战略

即以低价格和低促销的方式推出新产品。低价格可以促使消费者迅速接受新产品，低促销则可以降低成本，获取更多利润。采用这一策略的条件是：市场规模大；市场上该产品知名度高；市场对价格相当敏感；有一些潜在的竞争者。低价日用品如纸巾比较适合采用这种策略。

（二）成长期

成长期的标志是销售迅速增长，企业这一时期的主要目标是尽可能长地维持市场成长，并关注增长速度由加速上升转变为减速上升的拐点。可以采取以下几种市场策略：

（1）改进产品。改进和完善生产工艺，提高产品质量；增加新产品的特色和式样。

（2）进入新的细分市场，拓宽市场范围。

（3）进入新的分销渠道，让更多的消费者能方便接触到产品。

（4）广告重心转移目标。从产品知名度的建立转移到说服消费者接受和购买产品上。

（5）适当降低产品价格，以吸引对价格敏感的另一层次的购买者。

（三）成熟期

产品进入成熟期的一个明显标志是销售增长率达到某一点后，增长速度放慢。销售增长率的减慢使得整个行业的生产过剩，生产过剩又导致竞争加剧，企业为了在竞争中获得有利地位，通过降价、增加广告投入等方式扩大销售，从而导致市场整体利润水平下降。在这个过程中，一些较弱的竞争者被淘汰，另一些企业转而投入更有获利能力的新产品，市场上剩下几个巨型企业，占据了绝大多数市场份额。这些企业通过高产量、低成本获取利润。目前，汽车、电视、照相机等都处于这个时期。如何增加销售增长，延长成熟期，是成熟期营销管理的关键，企业可以从市场改进、产品改进、营销组合改进策略三方面入手。

1. 市场改进策略

增加现有市场的销量，并大力开发新用户和新细分市场。在现有市场可以通过争取竞争对手的顾客等方法扩大销量，也可以鼓励客户增加使用量而扩大销量，如洗发水制造商可以给用户暗示，每次洗头时冲洗两次比一次更有效。

2. 产品改进策略

通过改进产品的质量、特性和风格等特征吸引新的使用者，刺激更多的使用量。如企业可以提高产品的质量性能，如耐用性、可靠性、速度和味道等。企业也可以给产品增添新特性，扩大使用范围，延长生命周期。如索尼公司不断给自己的随身听和 CD 机添加新特性和新风格，使产品长盛不衰。

3. 营销组合策略改进

企业可以通过调整营销组合，改变一个或多个营销组合因素来改进销售。企业可以降价，以吸引新用户和竞争者的顾客，或者可以掀起更猛烈的广告攻势或更激烈的促销活动，如数量折扣、先购者折扣、抽奖等。如果市场上更强大的分销渠道正在不断成长，企业也可以进入这些渠道。最后，企业可以提供新的或改善的服务给购买者。

（四）衰退期

产品进入衰退期的重要特征是销量下降。不同的产品下降的过程各不相同，有的是缓慢下降；有的快速下降，甚至可能锐减为零；有的销量会僵持在一个水平上，并持续多年。

产品销量下降的原因很多，如技术进步、消费者的口味变化等。对企业来说，产品进入衰退期是一个必然的结果。我们需要关注的问题是，根据产品销售、市场份额、成本和利润走势，找到处于衰退期的产品，然后根据企业的具体情况采取相应的策略。具体来说，衰退期的策略有以下几种。

1. 保留策略

企业可以增加投资，使自己在竞争中处于有利地位，逼退其他的竞争者首先撤出市场；或者重新定位或塑造品牌，将其再次退回成长阶段。如日产就是这样通过它的Z系列运动型汽车重新获得成功的。

2. 收割策略

所谓收割策略，就是一方面要求维持销售额，另一方面对这种产品逐渐减少投入。如减少研发和工厂设备的投资；降低产品的质量；减少广告等。采取这些措施，只要销量不暴跌，便可以大大增加企业的现金流量。

3. 放弃策略

企业可以放弃处于衰退期的产品。如果这种产品有强大的分销能力，并且声誉卓著，企业可以把它卖给其他企业，如果找不到买方，就必须决定是迅速还是缓慢结束这个品牌。同时，还必须决定为从前的顾客保留库存量和维修服务。

第五节　新产品开发策略

一、新产品的概念及类别

面对不断变化的顾客偏好、技术进步和市场竞争，企业必须不断开发新产品，才能在市场中处于不败地位。

营销意义上的新产品与科学技术意义上的新产品含义有所不同。它不一定指新发明新创造，而是把一切新近开创的、改良的，能够给消费者带来某种新的满足、新利益的，并为顾客所接受的产品和服务，都可以视为新产品。营销意义上的新产品可以分为以下五种。

1. 全新产品

指采用新技术、新材料、新设计和新工艺制成的前所未有的崭新的产品。全新产品的市场投入会对人们生活方式和企业生产方式带来改变，但全新产品的开发需要投入大量的人、财、物，在所有“新产品”中只有10%真正属于全新产品。

2. 革新产品

指在原有产品基础上，部分采用新技术、新材料、新工艺，使其性能获得改进，或增强其功能，并对现有产品有一定的替代作用的产品。

3. 改进新产品

对已经投入市场的现有产品进行性能改良，以提高其使用质量的产品。这类产品的“新”主要体现在使用功能的改进、规格型号多样化和花色款式的翻新。这类产品一旦进入市场，比较容易被市场接受，大多数企业实际上着力于改进现有产品，而不是创造一个新产品。

4. 新牌子产品

企业对现有产品作某些改变，以突出原产品在某一方面的特点，赋予新的名称或品牌后投放到市场上。这种产品大多是生产厂商利用产品结构上的某些组合特性，寻找新的市场卖点。如市场上出现的新牌子的化妆品、营养滋补品、饮料等。

5. 市场重新定位产品

指把现有产品投入到新的目标市场，进行重新定位的产品。通常，这种产品的推出赋予了生产厂家利用现有群体开拓潜在市场的经营理念。表现为突破产品本身的限制，而扩大营销组合的功能。如自行车传统观念中是一种交通工具，但如果将其作为一种运动器械推出，那么从这种意义上说，运动型自行车就是一种新产品。

二、新产品的开发过程

新产品开发是一件难度很大的工作，不光需要投入大量的人、财、物，还需要一个科学的开发程序。一般来说，新产品开发需要经历八大主要步骤。图 7－8 展示了新产品开发的八个主要阶段。

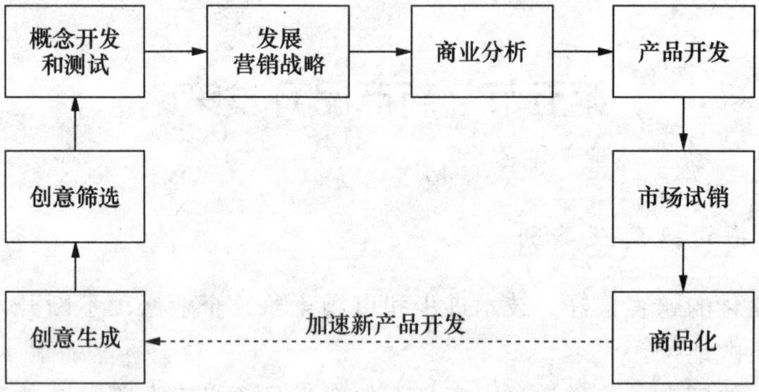

图 7－8 新产品开发的八个步骤

（一）创意生成

新产品的开发始于新产品创意，所谓创意指关于开发新产品的设想。企业应当系统地搜寻新产品创意，并从中挑选好的创意，发展成为商品。新产品创意主要来源于企业内部和企业外部。

企业内部创意可以从高级管理人员、科学家、工程师、制造工人和销售人员那里获得。一个企业要想获得持久的创造力，必须注重企业内部创造新文化的建立，日本企业在这方面做得很出色。如日立、富士通等日本企业推行“内部企业家”项目，鼓励员工积极思考和开发新产品创意。

外部创意主要来自于顾客、竞争对手、分销商和供应商等。好的新产品创意来源于认真观察顾客行为和聆听顾客意见。企业可以分析顾客的问题和抱怨，开发出能更好解决顾客问题的新产品。竞争者的新产品创意也是企业外部创意的一个重要来源，企业可以通过监视竞争者的广告和其他营销活动，获得有关竞争者的新产品信息。分销商最接近市场，能为企业提供顾客面临的问题和新产品成功的可能性信息。供应商能为企业提供可用于开发新产品的新观念、新技术和新材料。

（二）创意筛选

在创意生成阶段可能产生大量的创意，接下来的阶段是减少创意的数量。减少创意的第一个步骤是创意筛选，其目的是摒弃糟糕的创意，将资源集中在好的创意上。

绝大多数企业要求管理人员在一张标准化的表格内写出新产品的创意，方便新产品开发委员会审阅。表格包括产品名称、目标市场、竞争状况，以及粗略推测的市场规模、产品价格、开发时间和成本、制造成本、报酬率。然后，执行委员会根据一组标准来检查每一个新产品创意。这组标准包括：该产品满足市场需求了吗？是否企业的目标与标准？它提供了优越的价值了吗？它有明显的优势吗？企业有必需的专有技术吗？新产品能实现预期的销售量、销售增长和利润吗？

在此阶段必须尽量避免两种失误：一种是“误舍”，即企业放弃了一个表面有某些缺点，但却能改正并大有前景的创意。另一种是“误用”，即将一个没有前途的创意付诸实施，结果惨遭失败。

（三）概念开发和测试

富有吸引力的新产品创意需要经过提炼发展为产品概念。产品概念和产品创意是两个不同的概念。产品创意指的是企业希望为市场提供可行的产品构思。产品概念指对有意义的顾客所表述的产品构思的详细描述。

1. 概念开发

一个产品创意可以转化为几种产品概念。通常通过回答下列一系列问题来进行开发：谁使用这种产品？这种产品的主要利益点在哪里？这种产品在什么场合使用？

我们可以用这样一个案例来说明问题。

[例 7－2] 戴姆勒—克莱斯勒公司正准备将它的实验燃料电池电动车导入市场。这种汽车的燃料电池系统用酒精做燃料，酒精直接给电池提供氢气，排放出的副产品只有水，因此不会造成环境污染。燃料电池发动机能源利用效率高，这使这种新型汽车比普通的内燃发动机汽车环保，甚至比目前超高效的气电混合动力汽车更环保。

这种新型燃料电池驱动的电动汽车是以小型梅赛德斯为基础制造的，质量上乘，能迅速提速，时速可达 90 英里，行程高达 280 英里——远远超过其他燃料电池发动汽车，其他燃料电池电动汽车每走 80 英里就要充 3～12 小时的电才能继续工作。

戴姆勒—克莱斯勒公司的任务是要把这种产品发展为多个产品概念，并判断每个产品概念对消费者的吸引程度，然后选择最佳的产品概念。戴姆勒—克莱斯勒公司可能会发展的燃料电池电动汽车产品概念有：

产品概念 1：一辆价格适中的微型汽车，设计用于在城镇间驾驶的家庭第二辆汽车。它是办事和访友的理想交通工具。

产品概念 2：一辆价格适中、对年轻人充满吸引力的运动微型车。

产品概念 3：一辆价格低廉的“绿色”微型车，吸引那些希望实用和低污染的环保人士。

产品概念 4：一辆高端运动型汽车，吸引那些喜欢运动型汽车的宽敞空间但不满于高耗油量的人。

2. 概念测试

产品概念需要对合适的目标消费者群进行测试，并收集消费者的反应，这个过程叫做概念测试。

产品概念可以用符号或实体的形式展示。

以下是戴姆勒—克莱斯勒公司燃料电池电动汽车的产品概念3的文字描述：一辆高效的燃料电池驱动的电动微型汽车，有四个座位，能给人带来无限的驾驶乐趣。这辆高科技微型电动汽车是以酒精为燃料的高科技奇迹，是可靠实用且没有污染的交通工具。这辆车时速可达90英里。而且与其他电池驱动的电动汽车不同，它永远不需要再充电。这辆车完整配置的价格为2万美元。

概念测试与最后产品形状越相似，概念测试的可靠性就越高。随着现代科技的发展，计算机及软件技术大量用于概念测试，如通过虚拟的模拟商店再造一种店铺环境，调研人员可以测试消费者对产品定位、店铺陈列和包装设计等因素的反应。

（四）发展营销战略

测试结束后，产品经理必须提出一个把这种产品引入市场的初步的营销战略计划。营销战略计划包括三部分：

第一部分：目标市场规模、结构和行为，产品的市场定位，预计销量、市场份额和起初几年的利润目标。

第二部分：产品营销组合和第一年的营销预算。

第三部分：描述长期的销售额、投资收益率和不同时期的营销组合。

（五）商业分析

商业分析的任务是在初步拟定的营销计划的基础上，对新产品概念从财务上进行分析，主要是经济效益分析，分析新产品概念是否符合企业目标。主要包括销售预测、成本和利润估计。

1. 销量预测

企业需要估计产品的销量是否能够获得满意的利润。销量估计的方法取决于产品的特性，是一次性购买的产品如订婚戒指，还是属于非经常性购买的产品如汽车，或者是经常性购买的产品如牙膏。上述三类产品的销量时间曲线如图7－9所示。

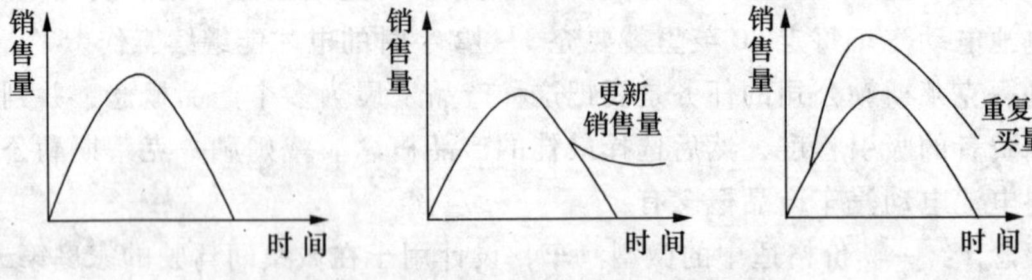

图7－9　三类产品的销售时间曲线

在估计销量时，不仅要估计新产品在各个时期的首次购买量，还要估计更新购买量。对于经常性购买产品则除了估计首次销售量外，还要估计重购销量。

2. 成本和利润估计

在完成销售预测后，企业还要根据营销战略计划估计各种成本，如产品研发成本、制造成本、营销成本、会计和财务成本等，结合暂定的产品价格计算出每年预计的利润和亏损，从而对产品概念在商业上是否可行作出判断。

（六）产品开发

在本阶段之前，对新产品只是语言的描述、图纸构想。新产品开发阶段是将新产品在预算的成本下转化为技术上和商业上可行的产品。与前期各阶段相比，这一阶段需要大量的资金和时间，风险也较大。

产品开发的第一阶段是将消费者的要求转化为实际的产品原型。如一辆加速性能优良的汽车，需要转化为所需要的马力和其他工程等量值。新产品原型准备好以后，还必须进行一系列的功能测试。功能测试可以在实验室进行，也可以送样品上门使用，通过测试了解用户对产品喜欢或不喜欢的地方，以待改进。

（七）市场试销

在管理层对产品的功能测试结果感到满意以后，该产品就要准备确定品牌名称、包装设计并制定营销方案。在小范围内进行试销，以了解消费者和经销商如何处理、使用和再购买产品。试销是对新产品全面的市场检验，通过试销企业可以获得全面上市的决策依据。在此阶段，管理层要面临的决策包括：测试多少城市？选择哪些城市？测试期限多长？收集什么信息？采取何种行动？

（八）商品化

新产品经过试销后，企业就要根据所收集的信息来决定是否将新产品全面推向市场，即所谓的商品化。商品化阶段企业需要的投入巨大，除了需要建立生产设施以外，还需要大量的营销成本，也面临营销方面的各种决策，主要有以下几种。

1. 推出时机

指在什么时间将新产品投放市场最合适。对于不同的新产品企业应根据实际需要和自身战略决定投放时间。如果新产品是用来替换老产品，它应当推迟到老产品存货销完为止；如果产品具有很强的季节性，那么应当在合适的季节推出。另外，还要考虑竞争对手的情况。

2. 推出的地点

即选择在什么地点推出新产品。是在单一的地区，一个区域，几个区域，全国市场，还是国际市场？这时企业规模是决定因素。通常，小企业会选择一个或几个有吸引力的城市首先进入；而大企业会选择进入一个区域。

3. 向谁推出

在市场扩展中，企业必须把它的分销和促销目标对准最有希望购买的群体。这时企业已经根据前一阶段市场测试描绘出主要的预期销售对象。理想的新产品潜在消费者应该具有以下特点：他们是早期采用者、大用户、意见舆论领袖，与他们的接触成本不高。

4. 推出的方法

主要指企业必须制定一个把新产品引入市场的实施计划。为了对新产品推出工作的许多活动进行排序协调，管理层可以采取各种网络计划技术，如关键路线排序法。

三、新产品的市场扩散

根据美国学者罗杰斯（Rogers）的定义，“扩散是指一个新观念从它的发明创造开始到被最终用户采用的传播过程。”新产品投放到市场后，也有一个被消费者接受的过程，了解这一过程的特点对企业制定营销策略具有重要意义。

（一）消费者采用新产品的过程

消费者对一种新产品从最初知晓到成为使用者一般包括以下五个阶段：

（1）知晓阶段。消费者对新产品有所闻，但缺乏有关它的详细信息。

（2）兴趣阶段。消费者受到刺激，开始收集新产品的信息。

（3）评价阶段。根据前两个阶段收到的信息，消费者结合自身情况，分析自己试用该产品是否明智。

（4）试用阶段。消费者小规模地试用新产品，以获得对该产品价值的评价，为最后的正式采用进一步收集信息。如果新产品的使用能符合或超过预期的价值，消费者将会决定继续使用，否则就会放弃。

（5）采用阶段。消费者全面或经常使用该新产品。

但是，有些产品的市场扩散可能会跨越多个阶段，几乎一夜之间被采用，尤其是一些流行性产品。而耐用消费品一般要经历上述五个阶段，营销者的任务是尽量设法促使消费者迅速通过这五个阶段，以缩短采用过程。

（二）影响采用过程的因素

1. 个人因素

由于个人的性格、文化背景、受教育的程度和社会地位等因素不同，不同消费者对新产品的接受快慢不同。罗杰斯把他们划分为五类，即领先采用者、早期采用者、早期多数采用者、晚期多数采用者和落后采用者。对这五类采用者的分析发现，他们具有不同的价值观念和行为准则。

（1）领先采用者。具有冒险革新精神，勇于接受新事物，是“第一个吃螃蟹的人”。领先采用者通常只占购买者的2.5%左右。

（2）早期采用者。较早但谨慎使用新产品，他们虽然没有领先采用者那样的冒险精神，但也是主动购买，而不是受其他购买者影响。他们通常是社会上的意见领袖。这类采用者对新产品的扩散过程具有举足轻重的作用。

（3）早期多数采用者。这是指一切行动要经过深思熟虑的人，他们虽然很少起带头作用，但他们采用新东西仍早于一般采用者，这类消费者一般占采用者的34%。

（4）晚期多数采用者。他们要等到大多数人都已试用后才采用新产品。这类人通常疑虑重重，行动迟缓。这类消费者占采用者的34%左右。

（5）落后采用者。他们是新产品的最后采用者，约占全部采用者的16%。这类人往往受传统观念的束缚、故步自封、行为保守，他们很难接受新事物，只有当事物本身已经成为传统时，他们才会接受。

这种采用者分类方法要求，一个新产品要想在市场中成功推广，营销者必须首先针对创新者和早期采用者。但辨认早期采用者通常不容易。到目前为止，还没有人证明所谓的创新性一般人格特性的存在。人们可能在某些方面是创新者，而在其他方面却是落后者。一个衣着保守的人，很可能喜欢品尝各种新奇佳肴。这对营销者是个挑战。

2. 他人影响

新产品的采用过程中，其他人的影响也起着很重要的作用。通常，他人对产品的陈述，会使某人的态度或购买可能有所改变。虽然他人的影响是一个重要因素，但它的意义在有些场合对某些人比在其他一些场合和个人更大。与其他阶段相比，在采用过程的评估阶段中的他人影响显得更为重要。它对后期采用者的影响胜过早期采用者。在风险环境下，与安全环境相比，它显得更重要。

3. 产品特征

产品本身的特征对消费者的采用率也会产生影响。所谓采用率指消费者中采用者所占比率。对消费者采用率有显著影响的产品特性主要有以下五个：

（1）产品的相对优越性，即相对于现行产品的优越程度。

（2）产品的一致性，新产品与社会中的个人价值和经验相吻合的程度。通常一致性好的产品传播速度快。

（3）产品的复杂性，了解和使用新产品的相对困难程度。新产品越复杂，传播速度越慢。

（4）产品的可分性，指新产品在有限的基础上可能被试用的程度。

（5）产品的传播性，指新产品的使用结果能被观察到或向其他人转述的程度。

第六节 服务

随着社会经济的发展，服务业在国民经济中的比重日益扩大。美国的服务业占国民经济的比重高达74%，发展中国家服务业的比重也在逐步提高，2006 年我国服务业占 GDP 的比重是 39.5%。

服务行业门类繁多，既包括营利性的企业，如航空公司、银行、酒店、保险公司、律师事务所、管理咨询公司等，也包括非营利性的组织，如慈善团体、基金会、医院等，还包括政府部门，如法院、邮局、消防等。而服务的营销和实体产品的营销存在很大不同，由此引发了对服务业营销的专门性研究。

一、服务的定义

关于服务，至今还没有一个普遍认可的定义。下面是一些学者和组织对服务所下的定义。

最早的服务定义由美国营销协会（American Marketing Association，AMA）在 1960 年给出："服务是用于出售或与产品一起被出售的活动、利益或满足感"，但这一定义并不能把服务从有形产品中区分出来。后来，AMA 又将服务的定义修改为："服务是可被区分界定，主要为不可感知，却可使欲望得到满足的活动，而这种活动并不需要与其他产品或服务的出售联系在一起。生产服务时可能会或不会需要利用实物，而且即使需要借助某些实物协助生产服务，这些实物的所有权将不涉及转移的问题。"

A. 佩恩认为，"服务是一种涉及某些无形因素的活动，它包括与顾客或他们拥有财产的相互活动，它不会造成所有权的更换。条件可能发生变化，服务产出可能或不可能与物质产品紧密相连。"

菲利普·科特勒教授认为，"服务是一方能够向另一方提供的基本上是无形的任何活动或利益，并且不导致任何所有权的产生。它的生产可能与某种有形产品联系在一起，也可能毫无关联。”

实际上，无论上述何种定义，服务主要包括以下要点：

(1) 服务是一种无形的活动，有时也与有形产品联系在一起；

(2) 服务提供的是产品的使用权，并不涉及产品所有权的转移。

二、服务的分类

服务是一种无实物形态的产品，但在现实经济活动中，通常又是与有形产品结合在一起的，两者很难分离。市场营销者尝试从不同角度对服务进行分类。如戚斯（Chase）根据顾客对服务推广的参与程度将服务分为高接触性服务、中接触性服务和低接触性服务三类。菲利普·科特勒按照服务在产品中所占比重，将服务分为以下五种：

(1) 纯粹有形商品。此类产品中没有伴随服务，只有有形物品，如肥皂、牙膏、盐等商品属于纯粹有形商品。

(2) 伴随服务的有形商品。此类商品通常附带旨在提高对顾客的吸引力的一种或多种服务。有形产品的技术越复杂，它的销售越依靠其伴随顾客的服务的质量和效用，如果没有服务，这些产品的销售就会萎缩，如汽车等。

(3) 有形商品与服务混合。此类供应包含相当的有形商品与服务。例如餐馆既提供食品又提供服务。

(4) 主要服务伴随小物品和小服务。此类供应由一项主要服务和某些附加的服务和辅助物品一起组成。例如，航空公司的乘客购买的是运输服务，但这项服务的完成需要飞机实物的支持，同时还伴随某些小的有形商品如食品、饮料、航空杂志和附加的服务如屏幕电影等的帮助。

(5) 纯粹服务。此类供应主要是提供服务。如照看小孩、精神治疗和按摩。

三、服务的特性

区别于实物产品，服务有四大主要特点，这对于企业制定营销方案具有很大影响。

(1) 无形性。服务在购买之前，一般是不能看到、尝到、听到、嗅到或感觉到的。购买者为减少不确定性，需要寻求服务质量的标志或证据，通过对看到的地方、人员、设备、传播资料、象征和价格做出质量服务的判断。因此，服务提供者的任务是提供“管理证据”、“化无形为有形”。

(2) 不可分割性。一般来说，服务的产生和消费是同时进行的。这与有形产品不同，有形产品是先被制造出来，投入存储，随后销售，最后被消费。另外，如果服务是由人提供的，那么这个人就是服务的一部分。通常，当服务生产时顾客必须在场，提供者和顾客相互作用才能完成一项服务。因此，提供服务的人和顾客对服务的结果都有影响。

(3) 可变性。服务具有极大的可变性。服务质量的好坏取决于由谁来提供、何时提供和何地提供。由于人的素质与技能不同，同一服务，由数人操作，服务质量难以相同；即使同一个人提供相同的服务，但因时间、地点、环境和心态不同，服务效果也不同。服务公司必须对服务质量严格控制，才能保证服务的水平，为此应当严格挑选工作人员并对他们做相应的培训；在组织内将服务实施过程标准化；通过顾客建议和投诉系统、顾客追踪调查，不断改进服务质量。

(4) 易消费性。服务的无形性决定了服务在生产前及消费者购买后均不能储存。当需求上下波动时，服务就会遇到难题。例如，公交公司在早晚上下班高峰期间很难保证服务的质量，可能会拥挤或延误班次。为此，公交公司可能需要采取相应的营销策略来解决这一矛盾。

四、服务营销体系

与有形产品相比，服务的结果受着更多因素的影响。既包括看得见的物质环境、工作人员，也包括看不见的工作过程。以银行为例，某顾客 A 访问一家银行，想要得到一笔贷款。他看到其他顾客正在为此或别的服务而等待，还看到一个由建筑物、内部装饰、设备、家具等组成的物质环境；另外还看到联络人员，并与信贷员作了交谈。看不见的是整个不公开的银行生产过程。任何一个因素都可能影响服务的结果。

根据服务的这一复杂性，服务营销应当包含一个营销体系，如图 7－10 所示。这一体系除了包括传统的 4P 外部营销外，还包括内部营销和交互作用的营销。外部营销是指企业为顾客准备的服务、定价、分销和促销等常规工作。内部营销是指服务企业必须对直接接待顾客的人员及其所有辅助人员进行培养和激励，使其通力合作并使顾客感到满意。交互作用的营销是指员工与顾客打交道时的技能。这一技能既包括专业技能如外科手术是否成功，也包括职能技能，如外科医生能否对病人进行关心并能鼓舞其信心。

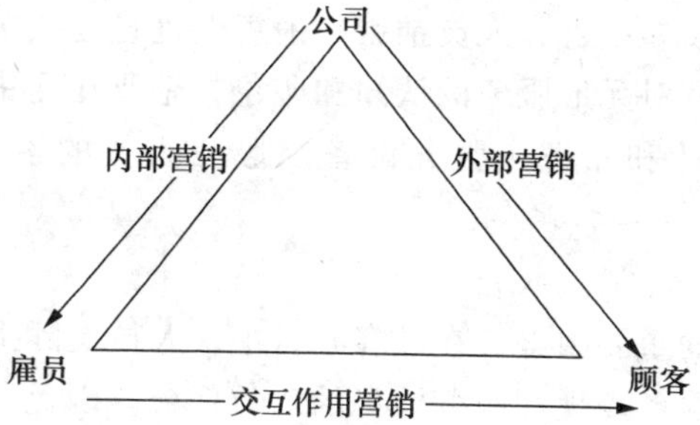

图 7－10　服务营销体系

五、服务营销策略

传统的 4P 营销策略主要适用于有形产品的经营，对服务性产品来说，还需要加入其他 3P，这三个要素是人（People）、实体证明（Physical Evidence）和过程。

服务性企业要想取得营销的成功不仅要关注顾客，也要重视员工。

1. 服务策略

正如制造商努力寻找最佳的产品组合一样，服务性企业也必须确定一个能吸引顾客的服务组合。服务组合的确定主要根据服务目标市场的需求来确定。服务产品的组合通常包括核心服务、便利服务和辅助服务三个层次。核心服务是企业为顾客提供的基本效用，如航空公司为顾客提供地理位置移动服务。便利服务是为核心服务提供的便利，如上门订票、送站、接站。辅助服务指用以增加服务价值或区别于竞争者的服务。

服务性企业可以通过提供辅助服务的方式来扩大服务组合。例如，电话公司在通话的基本功能上增加了各种新的功能，如来电显示、呼叫转移。服务业还必须不断地随着环境条件的变化而改变服务组合。

2. 定价策略

价格策略是服务型企业要面对的主要问题。在制定价格策略时，营销人员要考虑服务的需求、生产、营销和管理成本，以及竞争的影响。由于服务质量难以标准化，在区分一项服务与另一项服务时，价格是一种识别方式，顾客往往从价格差异感受服务质量的差异，因此，服务定价要谨慎。

3. 分销策略

由于服务产品的无形性，因此服务产品比有形商品通过更为简单、更直接的分销渠道。服务产品营销人员无须像有形商品制造商那样担心储存、运输和存货控制。另外，许多服务产品的营销人员必须与他们的客户保持长期的、私人化的关系。例如保险公司、银行或旅行社的服务能使客户感到非常满足，顾客将与其建立长期的客户关系。

服务产品通常采用直销的分销模式。但有两个例外：集运和特许经营。集运在航空行业中很常见，特别是国际航班。这些中间商以较大的折扣从航空公司购买航班班次，然后卖给旅行社、其他的连锁经营商或直接卖给个人消费者。特许经营为那些从生产到消费环节不能有地理上分割的服务产品提供分销渠道。

4. 促销策略

有形商品的促销手段如广告、人员推销、销售促进、公共关系、口头传播对服务产品同样适用。为增进顾客对无形服务的认知和印象，企业在促销中要促使服务产品有形化。通过银行的内部设计和布置、服务设备及服务人员的素质来显示服务的高品质形象。

5. 人员策略

人员是服务营销中的重要因素，在顾客心目中，人员实际上是服务产品的一个组成部分。服务人员担负着服务表现和服务销售的双重任务。因此，服务营销的成功是和人员的选拔、培训、激励和管理密切联系的。对某些服务而言，还应当重视顾客与顾客之间的关系，因为一个顾客对一项服务产品质量的认知，可能受到其他顾客的影响。

6. 有形展示策略

有形展示指一切可以传递服务特色和优点的有形部分，包括环境、实物装备及其他实体性提示。环境具体包括装潢、色彩、陈设及噪声，实物装备如汽车租赁公司所需要的汽车。实体性提示如航空公司所使用的标识、麦当劳使用的“M”标识。服务的有形展示必须与其整体定位协调。

7. 过程策略

过程指服务产生和交付给顾客的传递过程。具体涉及工作人员的表情、注意力和对顾客的关切程度，还包括整个体系的运作政策、程序和方法，服务供应中机械化程度，顾客参与服务过程的程度等。服务过程管理的好坏，深刻地影响服务质量，从而影响企业的竞争优势。

第八章　分销决策

产品从生产者手中转移到消费者手中至少要涉及下列三个方面：商品所有权的转移问题、资金的流动、商品实体的位移。由于生产者与消费者在时间和空间上的背离，大多数企业并不是将其产品直接销售给最终用户，而是通过各种不同的营销中间机构进行。如何选择、管理这些中间机构，并把实体适时地送达目标消费者手中是分销决策的内容。

第一节　分销概述

一、分销的概念

大多数的生产者并不是将其产品直接出售给最终用户。在生产者与最终用户之间有一系列执行不同功能的营销中间机构来协助企业成功销售。这些中间机构构成了企业的分销系统。

这些中间机构包括买卖中间商（也叫经销商）、代理中间商和辅助机构。买卖中间商是指买进商品，取得商品所有权，然后再出售商品的中间商，如批发商和零售商；代理中间商是指寻找客户，有时也代表生产厂商同顾客谈判，但是不取得商品所有权的个人和组织，如经纪人、制造商代理人和销售代理人；还有一些机构则支持分销活动，如运输公司、独立仓库、银行和广告代理商，它们既不取得商品的所有权，也不参与买或卖的谈判，而是协助商品交易的成功，因此，它们被称之为营销辅助机构。

作为企业营销组合决策之一的分销决策实际上包含两部分：一部分是关于营销渠道的决策，也就是关于确定在何处销售产品？如何销售产品？具体则涉及如何设计渠道、选择渠道成员、管理协调渠道冲突的问题等。另一部分则是指物流管理，即如何在合适的时间提供和发运合适数量的产品。它们之间的关系如图 8－1 所示。

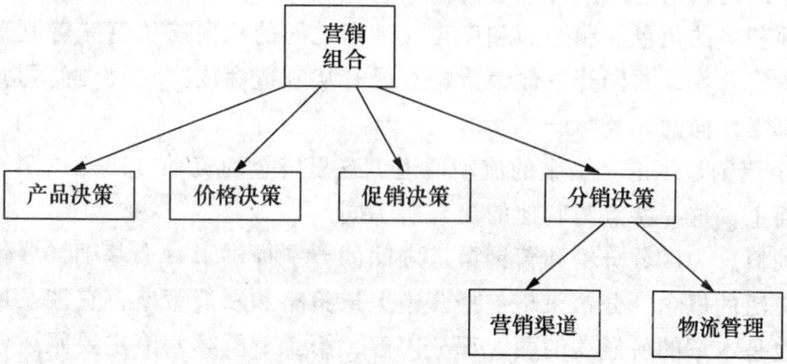

图 8－1　营销组合及其分销变量

二、分销过程中的流

当一个分销系统开发出来以后，一系列的流也就产生了。在商品和服务的分销过程中，这些流将渠道成员联系起来。重要的分销流包括产品实物流、资金流、所有权流、信息流、促销流。如图 8－2 所示。

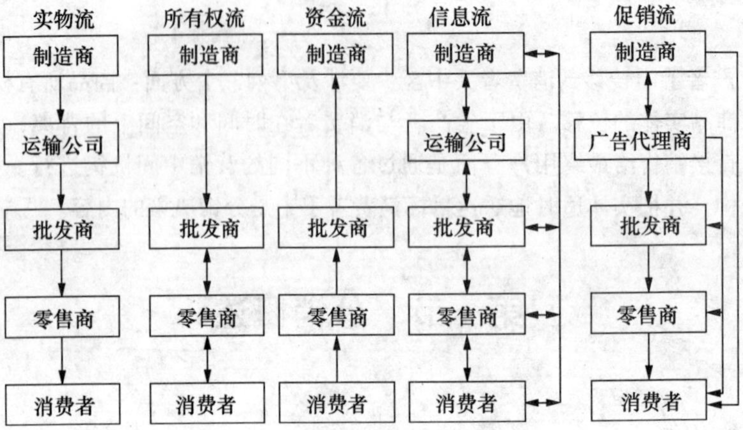

图 8－2　分销过程中的五种流

(1) 实物流是指产品从制造商到最终消费者的实体运动过程。如产品从制造过程完成以后，通过公司的卡车或运输公司的公共货运车，将产品送达批发商，这些批发商依次将产品运往各种类型的超级市场、商店，在那里，最终由消费者购买。

(2) 所有权流则显示产品从制造商转移到消费者的过程中产品所有权的运动。这里运输企业并不包括在内，因为它既没有涉及产品所有权，也没有涉及为所有权的转移提供方便，它仅仅涉及实体产品本身的运输。

(3) 在信息流中，所有的箭头都是双向的，运输公司再次出现。所有各方均参与信息交换，自上而下或者自下而上。例如，制造商也许想知道运输公司的装运计划和装运率的信息。反过来，运输公司也希望了解制造商何时和计划装运多少产品。信息如果与运输公司无关，会由制造商直接通向批发商、零售商和消费者。

(4) 促销流是以广告、人员推销、销售促进和公共关系为形式的说服沟通流。在这里出现了一个新的机构，即广告代理商。广告代理商提供和维持促销流，特别是在广告要素方面扮演积极的角色。制造商和广告代理商之间的双向箭头意味着制造商和广告代理商之间的紧密合作，共同开发促销策略。所有从制造商或广告代理商到营销渠道其他各方的箭头都是单向的。

(5) 资金流则显示的是资金的流动通道，这里资金的流动方向是由消费者流向制造商，是自下而上，这一特点与其他的流有所不同。

渠道流的概念为区分分销和营销渠道之间的差别提供了一个基础，分销是一个比营销渠道更为广泛的概念。分销策略包括营销渠道策略和物流策略，它涉及所有流的计划和管理。这也是本章的所涵盖的两大部分内容，第二节至第六节主要阐述营销渠道的管理，第七节主要涉及物流管理。

第二节 营销渠道

一、营销渠道的概念

营销渠道是指促使产品或服务顺利被使用或消费的一整套相互依存的组织，包括商品或服务从生产者向消费者转移时取得这种商品或服务的所有权或者帮助转移其所有权的所有企业和个人。所有这些营销中间机构以及处于渠道起点和终点的生产者和消费者组成了企业的营销渠道，但不包括供应商和辅助商。

二、营销渠道的功能

生产者将部分分销工作委托给中间机构，意味着放弃对于如何推销其产品和销售给谁等方面的某些控制，但是生产者利用中间机构简化了渠道两端搜寻行为，减少了交易接触的次数，如图 8－3 所示。降低了分销成本，提高了分销的效率。除此以外，营销渠道还承担以下具体功能。

（1）收集信息功能。收集和传播有关潜在与现行顾客、竞争对手和其他参与者的营销调研资料，同时收集和发布部分商品市场流行趋势消息。

（2）促销功能。向其他营销渠道中间商和顾客发布产品最新资料，公布产品购买的优惠政策，吸收其他中间商购买和吸引用户消费。

（3）谈判功能。接替了企业在销售产品时与用户“讨价、还价”的工作。

（4）订货功能。营销渠道中间商根据消费者的需求向企业订购产品。

（5）承担风险功能。营销渠道中间商一旦完成订货功能之后，企业不再承担该产品的销售市场风险，中间商成为这一风险的第一承担者。

（6）融资功能。营销中间商一方面为渠道开拓注入大量资金，另一方面，通过支付订货货款，为制造企业进行下一轮的生产提供生产资金。

（7）物流功能。渠道成员提供与实体产品有关的一系列的仓储、运输工作。

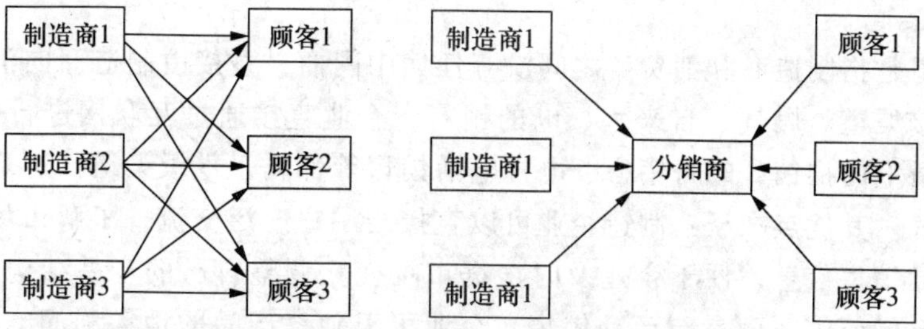

图 8－3 营销中介如何减少渠道交易数量

三、营销渠道的结构

营销渠道的结构主要涉及三个方面的问题：渠道的长度（用级数表示）、渠道的宽度、各层次中间商的种类问题。典型的消费品的渠道结构如图 8－4 所示，工业品的渠道结构如图 8-5 所示。

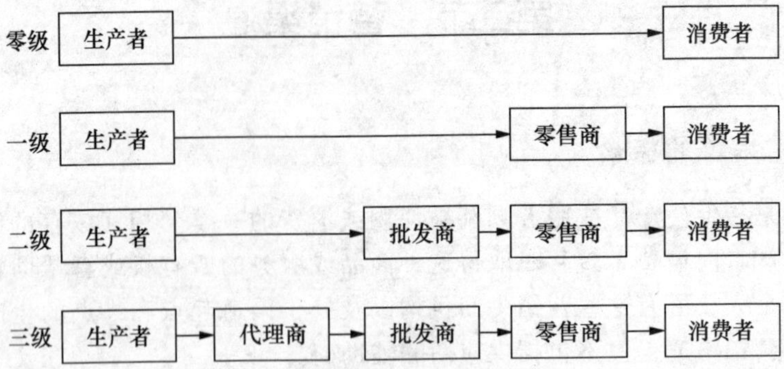

图 8-4 消费品营销渠道

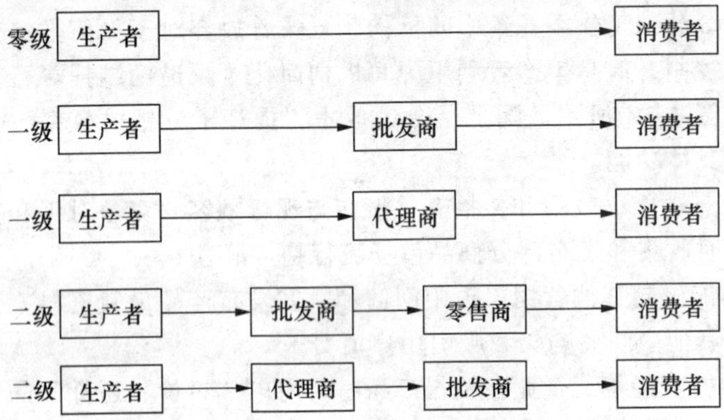

图 8-5 工业品市场营销渠道

(一) 营销渠道的长度

营销渠道的长度（用级数表示），是指产品从制造商转移到消费者手中所经过的中间商的个数。营销渠道的级数越高，表示该产品的销售过程中参与的渠道中间商越多，营销渠道则越长。根据有无中间商参与销售产品可以将渠道的级数分为零级渠道和等级渠道。

1. 零级渠道

零级渠道是指制造商和消费者之间没有任何中间商，直接由制造商向消费者销售产品，也叫直接渠道。煤气、自来水、电的销售，企业直接通过互联网进行的网上销售，企业销售人员上门推销，邮寄销售、电视电话销售等都属于零级渠道。这是营销渠道最短的销售方式。其优点在于：制造企业可以直接与用户广泛交流，了解市场需求，掌握第一手的产品销售信息，便于企业及时根据市场变化调整自己的产品结构与生产进度；同时由于没有任何中间商参与产品销售，企业可以独享产品的销售利润。其缺点在于：占用企业大量的资金，不利于资金周转，同时还必须建立和培养大规模的销售队伍；另外，更为重要的是，企业必须自己承担营销风险。

2. 等级渠道

等级渠道也叫间接渠道，是指制造商与消费者之间有代理商、批发商或零售商介入销售，如果制造商与消费者之间有一种中间机构称之为一级渠道，有两种称之为二级渠道，以此类推，如图 8－4、图 8－5 所示。

企业利用等级渠道销售自己的产品，等级越高分销网络越大，所面向的消费群体也越多。但产品的价格也会因为渠道中间商的增多，销售成本大大增加而上升。所以选择合适的等级销售产品是非常重要的渠道决策，关于这一内容具体在本章的第三节中阐述。

企业在进行渠道级数决策时要尽可能地避免使用三级以上的营销渠道，因为渠道中间商越多，产品的价格就会越高，不利于产品的销售。同时，渠道级数的增高也增加了企业对渠道的控制和管理的难度。

（二）营销渠道的宽度

宽度是指营销渠道各层次上有多少中间商同时为生产者销售某种产品。有以下三种策略可供选择：独家分销、选择性分销和密集分销。

1. 独家分销

独家分销是指企业在市场上只选择一家批发商、零售商或代理商，生产者在该区域内不再找其他中间商，中间商也不能再经销其他有竞争性的产品。特殊产品、使用方法复杂或需要提供较多售后服务的产品，适宜采用此种策略。

2. 选择性分销

企业在市场上有选择地确定一个以上中间商经销自己的产品。这种策略对各种产品都适用，但更适用于替代性强、同类替代品多的产品，因为消费者往往重视这类产品的商标、品牌和质量。采用选择性分销能够使生产性企业获得足够的市场覆盖面，同时相对于密集分销而言有较低的成本和较大的控制权。

3. 密集分销

密集分销是指制造商尽可能多地选择中间商，如在一个区域选择多个批发商或多个零售商。这样有利于扩大销售网络。这种策略一般适用于日用消费品的销售，如香烟、洗涤用品、零食、小吃等。

（三）中间商的种类

渠道结构的第三部分是关于渠道的各个层次应分别使用何种中间商。要进行这一决策首先要搞清楚市场上中间商的类型，各自的功能、特点。

渠道中间商按照其在流通中是否拥有产品的所有权分为经销商和代理商。经销商拥有商品的所有权，按照其功能不同又可分为零售商和批发商。而代理商不拥有商品的所有权，其主要功能是为买卖双方牵线搭桥，促进销售。各种类型的中间商又有各种具体的形式、特点和功能，关于这方面的内容将在本章的第六节详细叙述。

第三节 营销渠道决策

一、营销渠道策略

企业的营销渠道策略是在分析外部环境和内部条件的基础上，结合营销组合的其他 3P 策略作出的综合决策。

在渠道策略选择上企业需要作出以下决定：是采用直接渠道策略还是间接渠道策

略，或是直接渠道与间接渠道并存，即所谓的多渠道策略。另外，如果选择直接渠道策略，采用何种模式；如果选择间接渠道策略，如何设计渠道的长度、宽度，以及如何选择渠道成员/管理渠道成员。关于这些内容将在本节一一阐述。

（一）影响营销渠道策略选择的因素

企业选择何种营销渠道策略受以下四种因素影响：

1. 市场因素

现代营销最核心的理念是消费者的需求，因此目标市场中消费者的需求是确定营销渠道策略的基础。市场因素中有以下 4 个因素对营销渠道策略产生重要影响：市场区域、市场规模、市场密度、市场行为。

（1）市场区域是指市场的地理规模、位置以及与制造商之间的距离。通常的规律是制造商与其市场间的距离越远，使用中间商的成本比使用直销方式的成本越低。

（2）市场规模指一个市场中客户的数量。如果市场较大，则需要使用中间商；相反，如果市场较小，企业就应当尽可能避免使用中间商。

（3）市场密度指每单位区域内消费者的数量。总体来讲，市场密度越低，分销的难度就越大。因此，市场密度越低，越应当使用中间商；相反，市场密度越高，越可能不使用中间商。

（4）市场行为主要指客户如何购买、何时购买、何处购买、谁购买的问题。对于客户少量购买的产品宜使用长渠道；对于购买受季节影响较大的市场，应当在渠道中添加中间商以担负起存货职责，由此减少生产过程中的高峰与低谷现象；如果消费者喜欢在家购买，则取消中间商，采用直销。

2. 产品因素

产品因素主要涉及产品的体积与重量、易腐性、单位价值、标准化程度、技术含量、是否是新产品。

体积大且分量重的产品相对应的装卸和搬运费用也高，宜采用直接渠道，由制造商直接供给客户；容易腐烂的产品，如生鲜产品，宜采用短的渠道；产品的单位价值越低，所需的渠道越长，此类产品在消费品市场通常为日常便利商品；产品标准化的程度越高，对应的渠道越长，所需的中间商就越多；技术含量高的产品通常采用直接分销的方式，这样便于提供相应的服务；对新产品来说，短渠道能使产品较好地被市场所接受。

3. 公司因素

公司的规模、经济实力、管理才能等会影响渠道策略的制定。

总体来说，越是大企业，资本实力越雄厚，对中间商的依赖性越小。他们通常会拥有自己的销售队伍和各项支持性服务，大企业有能力承担所有这些项目的高额费用。但采用直邮和网络销售渠道是例外，经济能力有限的小企业也能通过这两种直接渠道销售产品。

企业的管理水平和营销经验丰富，可采用直销渠道，反之采用间接渠道。

4. 环境因素

在国家宏观经济良好的情况下，可以采用渠道级数比较高的间接渠道；反之，则宜采用低级数渠道。另外，企业一般不与竞争者采用同样的分销渠道。

（二）可供企业选择的营销渠道策略

1. 直接渠道策略与间接渠道策略

在一定条件下，生产者利用直接渠道进行营销，有利于企业及时销售商品，减少某些商品的损耗、变质等损失；有利于生产者控制某些商品的价格，及时了解市场动态和销售信息，改进产品和销售服务；有利于对顾客进行面对面的宣传，提高企业和商品的声誉。但同时应当看到，采用直接渠道要花费更多的投资，销售人员的费用也要增加。因此，不是每个企业、每种产品，在任何条件下都可以采用直接渠道的，应当根据上述分析的市场、产品、环境、公司内部条件等多种因素，综合分析确定。

从商品生产者的发展和整个社会再生产的过程看，商品从生产者到消费者的转移，主要采用间接渠道。中间商的介入可以扩大销售面，节省流通领域的人力、物力和财力，节约总的流通时间，从而有利于加速生产企业的资金周转，加速流通过程乃至整个社会再生产。但使用间接渠道，生产企业必须转让部分利润给中间商。

2. 单一营销渠道策略与多营销渠道策略

单一营销渠道是指企业只通过一条营销渠道将产品销售出去。多营销渠道策略是指企业通过两条或两条以上不同营销渠道将同一产品销售出去。

单一营销渠道虽然从销售面来说不及多营销渠道策略，但是，它比较有利于企业保持整体的市场形象，便于企业对渠道的管理，在产品价格、促销手段等方面容易协调一致。

多营销渠道策略能够通过多种方式打开企业的销路，如中国的家电企业其销售渠道既有自己直营的专卖店，即直接渠道；也通过国美、大中等家电连锁企业销售，还有一部分通过百货商店的家电部销售；另外，一些企业采用网上商城、电话进行销售。这种多渠道的策略扩大了产品的销售网络，提高了销量，但不同渠道之间的矛盾凸显，增加了渠道管理的难度。关于这一问题将在本章的第四节详细阐述。

二、营销渠道设计决策

渠道设计是指在创建全新营销渠道，或改进现有渠道过程中所做的决策。设计一个渠道系统包括四个步骤：分析顾客需要的服务产出水平、确定渠道目标、识别主要的渠道选择方案、评价主要渠道。

（一）分析顾客需要的服务产出水平

营销渠道是企业整个顾客价值传递网络中的一部分。因此，设计营销渠道一开始就应该确定消费者需要从营销渠道得到什么。由渠道成员提供给终端用户的增值服务称之为服务产出。渠道可提供五种服务产出。

（1）批量大小。指营销渠道允许典型顾客一次购买的单位数量。如购买饮料时，自动售货亭允许购买的批量是一次一听，而大型超市一次允许大量购买。

（2）等待及递送时间。是指顾客等待收到货物的平均时间。顾客一般喜欢快速交货的渠道。

（3）空间便利性。指营销渠道为顾客购买产品提供的方便程度。顾客是否可以在便捷的地点获得所需物品，还是要去很远的地方获得所需物品。

（4）产品品种。是指营销渠道提供的商品花色品种的宽度。

（5）服务支持。是指渠道提供的附加服务，如信贷、交货、安装、修理。服务支持越强，渠道提供的服务工作越多。

渠道提供的服务产出水平越高，渠道成本越高，对消费者而言意味着更高的价格。在设计渠道时，企业不仅要权衡满足顾客需要的可行性和满足这些需要的成本，而且要考虑顾客的价格偏好。折扣零售商的成功，无论是在线的还是离线的，都说明消费者通常更愿意放弃一些服务而选择较低价格水平的产品。

（二）确定渠道目标

确定渠道目标就是要确定服务产出的水平。企业必须分析目标市场顾客对服务的要求。他们是希望从更近一点的地方购买，还是希望到远一点的，但商业集中的地方购买？他们更愿意通过人员进行购买，还是通过电话、电子邮件或互联网购买？他们更喜欢有很多类产品可以选择，还是喜欢更加专门化的产品？他们是希望提供较多的附加服务（如送货、分期付款、维修、安装等），还是希望从别处另外购买服务？

渠道目标的设置同时还受到公司的性质、产品、营销中间商、公司的竞争对手以及环境的影响。公司的规模和财务状况决定了哪些营销职能由公司自己完成，哪些必须由中间商来完成。销售易腐烂产品的公司要求较直接的营销渠道。体积庞大的产品，如建筑材料，要求采用运输距离最短、搬运次数最少的渠道布局。通常情况下，制造商尽量避免使用竞争者使用的渠道。在经济萧条的环境中，企业应采用较短的渠道，去掉那些抬高产品价格但并不必要的附加服务。

（三）识别主要的渠道选择方案

当企业确定了渠道目标以后，接下来就是要确定渠道方案。渠道方案由三方面的要素确定，即中间商的类型、中间商的数目、渠道成员的权利和责任。

1. 中间商的类型

中间商的类型是指企业是选择批发商还是零售商销售产品，如果选择零售商又选择什么类型的零售商。不同产品选择各不相同。例如，一家电子消费产品公司决定生产车用手机，可供选择的渠道方案有：

（1）该公司可以将它的车用手机销售给汽车制造商，将其作为原装设备进行安装；

（2）该公司可以把车用手机卖给汽车经销商；

（3）该公司可以通过直销人员或经销商，出售车用手机给车用电话专业经销商；

（4）该公司可以通过直销人员或经销商，出售车用手机给汽车部件零售商；

（5）该公司可以在邮购商品目录上出售它的车用手机；

（6）该公司可以在国美、苏宁等大卖场出售它的车用手机。

2. 中间商的数目

中间商的数目是指每个渠道层级上的成员的数量。有三种选择方式：独家分销、选择性分销、密集分销。关于这三种战略选择的基本概念在本章的第二节已经阐述，在此不再重复。

一般来说，产品的类型（特殊产品、选购产品、便利产品）和消费者的水平决定中间商的数目。独家分销适用于消费者选择水平高的特殊产品；选择性分销适用于消费者选择水平一般的选购产品；而密集性分销适用于选择水平低的便利品。

选择独家经销时，中间商是受严格控制的。一般情况下，中间商不再经营竞争者的品牌，生产企业往往要对中间商提供很高的服务水平。独家经销适用于汽车、耐用电器和名牌服装，有利于提高产品的形象和售价。

选择性分销选择数家中间商经销产品，有利于与中间商建立和保持良好的关系，获得较大的市场覆盖面，同时和密集分销相比，有较低的成本和较强的控制。多数的电视、家具和小的家用电器品牌采用这种销售方式。松下、三菱都采用经销商网络和精心挑选的大的零售商来销售它们的主要产品。

便利性商品和普通原材料选择密集分销，企业可以用尽可能多的门店和终端销售其产品，当顾客有需要时，能随时随地获得。如牙膏、糖果以及其他类似的产品都在数以千计的门店内销售以获得最大化的品牌覆盖和消费者便利。

3. 渠道成员的权利和责任

企业和中间商必须就每个渠道成员的权利和责任达成共识。他们应该在价格策略、销售条件、区域权利以及各方提供的具体服务等方面取得一致。

价格策略要求企业制定价目表和折扣细目表。

销售条件是指付款条件和生产商的担保。一些企业对于预付货款和按时间付款的中间商给予现金折扣，或者向中间商提供质量或价格等有关保证，促使大量购买。

分销商的地区划分权是制造商对分销商所管辖区域的明确划分。分销商需要知道生产商打算把哪些地区的分销权给他，哪些地区的特许权给其他分销商。

对于双方的服务与责任必须详细而又谨慎地界定。通常企业要为经销商提供服务与支持，经销商要为企业提供信息与情报。具体到每个行业各不相同。如麦当劳向加盟的特许经销商提供促销支持、数据记录系统、在汉堡大学的培训以及一般性的管理帮助。相应地，特许经销商必须满足公司在物质设备方面的标准、配合新的促销活动、提供所需的信息以及购买指定的食品原料。

（四）评价主要渠道

企业一旦确定了几个渠道选择方案之后，就希望从中选择最能满足其长期目标的方案。可供选择的渠道评估方法有财务评估法、交易成本评估法、经验评估法和分销成本法等。

1. 财务评估法

财务评估法是兰伯特在 20 世纪 60 年代提出的一种方法。他认为财务因素才是决定选择何种渠道结构的最主要的因素。具体操作方式就是要比较各种可行的渠道结构的资本收益，从中选择资本收益最大的渠道。

兰伯特的财务方法提供了一个很好的思路，它强调了财务变量对渠道结构的选择的重要性。渠道结构决策是一个长期的过程，整个渠道可以看成是一个长期投资，它必须不仅能偿付其成本，而且应该能产生比其他资本使用方法（机会成本）更高的回报才不失为一个好的渠道结构。

财务方法实施的难点在于如何精确地估计将来的利润和各种可行的渠道结构的成本。因此就目前来看，要通过财务方法选择渠道结构，必须找到更好的预测方法，才能将其广泛地应用于实际的渠道选择过程中去。

2. 交易成本评估法

交易成本评估法最早由威廉森提出，该方法主要用于协助做出以下两种情况下的渠道结构选择：制造商是自建分销网络，自己完成所有的分销任务，还是使用独立的中间商完成一些或绝大多数的分销任务。

交易成本评估法的重点在于分析企业完成分销任务所需的交易成本。威廉森认为企业交易的进行需要“交易特定资产”。所谓交易特定资产指交易所需要的有形和无形的投入。如销售 POLO 服装需要特定的商店设备，这属于有形部分；还需要销售人员特定的销售技巧和知识，这属于无形部分。

威廉森认为，如果资产特性高，说明这些资产需要高投资，并且在产品渠道以外它们产生的价值很少，甚至没有价值。同时他还认为机构中的人是非常狡猾的，一旦他们处于掌控一切的位置，往往会提出一些倾向于自身利益的要求。因此，如果渠道成员控制了绝大多数的“交易特定资产”，会造成制造商交易成本不断提高，最终无利可图。为避免这种情况发生，资产特性高的制造商应当自己内部掌控，即自己完成所有分销任务；如果“交易特定资产”的管理要求较低，制造商可以放心大胆地将它分配到独立渠道成员中，因为如果这些渠道成员索价过高，这些资产便可转由另外一些索价较低的渠道成员掌管。

3. 经验评估法

经验评估法主要依赖管理者的经验。具体有两种方法：直接定性判断法、重要因素评分法。

（1）直接定性判断法是定性法中比较粗略的一种方法。在这种方法中，管理人员根据他们认为重要的决策因素对各种可能的渠道结构方案进行评估，从中选择一种最能满足各种决策因素的渠道结构。这些因素包括：渠道成本、公司利润、渠道控制、长期成长潜力等。

（2）重要因素评分法由科特勒提出，是一种更精确的选择渠道结构的直接定性法。这种方法使管理者在选择渠道时的判断过程更加结构化和定量化。该方法包括五个步骤：①列出渠道选择的相关因素；②确定每项相关因素的重要性，以百分比表示；③给每种可选择的渠道的各相关因素打分，按 1～100 分打分；④将每种渠道结构的因素重要性乘以因素得分，计算出总的重要因素得分；⑤将备选的渠道结构按总分排序，获得最高分的渠道选择方案为最佳选择。

4. 分销成本法

企业在决定是使用自己的推销队伍销售产品，还是使用代理商销售产品时，通常徘徊不定，因为这两种方式各有千秋。使用企业自己的推销代表有以下好处：企业的销售代表会完全致力于本公司的产品；他们在推销本公司产品方面受过较好的训练；他们更有进取性，因为他们的未来与公司的成功密切相关；他们更可能获得成功，因为顾客喜欢直接与公司打交道。然而，代理商可能比公司销售的销售量大：代理商的销售代表通常比企业要多；代理商的销售代表可能和公司的销售代表一样积极，这主要取决于推销该产品的佣金；有些顾客喜欢与代表几个厂家的代理商打交道，而不喜欢与某个公司的推销员来往；代理商与市场有广泛的联系，而公司销售员必须从头做起。

要在这两种方式下取舍可以用分销成本法。以上两种渠道销售成本是不同的，利用代理商的固定成本比公司自己建销售办公室要低，但利用代理商的费用增长很快，随着代理商的销量增加其佣金要比公司的推销员的要高。因此，这里的分销成本与销量存在线性关系，如图 8－6 所示，在某一个销售水平（SB）上两种渠道的销售成本相等。当销量小于 SB 时，利用代理商较为有利，而当销量高于 SB 时，利用公司的推销机构更为合适。

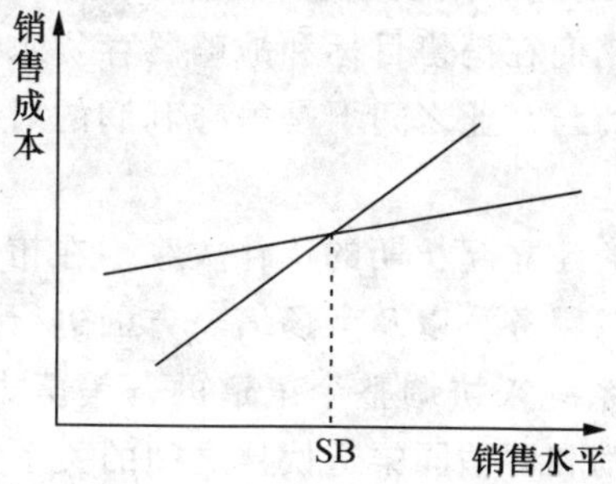

图 8－6　选择公司推销和代理商推销的销售成本分析

第四节　营销渠道的管理与控制

企业在确定完了营销渠道方案之后，必须选择中间商，并对现有渠道进行管理，以保证渠道成员间相互协作，实现企业的分销目标。

一、对渠道成员的管理与控制

（一）选择渠道成员

不同的制造商吸引合格的营销中间商的能力各不相同。知名的大企业，凭借其强大的品牌优势，很容易吸引、聚合渠道成员；中小企业，尤其是刚刚起步的不知名的中小企业，必须花费精力去招募、寻找合格的中间商，有些甚至要采用各种手段推销自己。

企业在最终确定渠道成员时，需要一个评价标准。不同企业的标准各不相同，但有一些内容是比较重要的，在各种类型企业中具有一定的普遍性。这些标准主要包括：中间商的信用及财务状况、中间商的销售实力（包括中间商的市场覆盖范围，销售人员的数量和素质，历史销售状况）、中间商经营的产品线、中间商的信誉、中间商的合作态度与积极性等。根据这些标准对中间商进行综合评价，最后确定合适的渠道中间商。

（二）激励渠道成员

要使渠道正常有效地运行，企业必须了解渠道成员的不同需要与欲望，对他们进行持续的管理与激励，以保证他们处于最佳的工作状态。概括起来激励的方法主要有以下几种：

（1）提供优质产品。生产企业为渠道成员提供适销对路、价廉物美的产品，是对渠道成员最好的激励。生产企业应当不断改进工艺、降低成本、提高质量、尽量满足渠道成员的需要。

（2）给予适当利润。中间商是一个独立核算的经济体，利润最大化同样是其追求的目标，因此企业应当在中间商间合理分配利润，以寻找自身利润和渠道成员利润的最优平衡点。

(3) 共同宣传。企业可以和中间商合作进行广告宣传，共同承担广告费用，为产品的销售创造条件。

(4) 人员培训。企业应经常为中间商提供销售和维修人员培训，进行商业咨询服务和帮助。如宝洁公司对其分销商在销售目标和战略、存货水平、广告和促销计划等进行培训，使经销商相信：中间商与企业之间不是争夺利润的对手，而是共同创造利润的合作伙伴。

精明的企业应当与中间商建立起长期的伙伴关系。在市场覆盖面、存货水平、市场开发、客户要求、技术建议与服务，以及市场信息方面进行更广泛的合作。一些企业引入了高科技的伙伴关系管理系统来协调整个渠道的营销努力。他们运用 PRM 软件来招募、训练、组织、管理、激励和评估同渠道伙伴之间的关系。

(三) 评估渠道成员

制造商必须定期对渠道商的销售定额、平均存货水平、客户交付速度、损毁及丢失产品的处理、对公司促销及培训项目的配合以及售后服务等方面进行检查，以确定他们在这些方面是否符合标准。企业应当识别出那些在增加顾客价值方面贡献卓著的中间商，并给予他们奖励；对于表现不佳的，要具体分析原因，给予适当的帮助；对于实在无法改善者，企业应当置换掉这些中间商。

二、渠道冲突的管理与控制

(一) 渠道冲突的类型

渠道冲突是营销渠道中的普遍现象，著名渠道学者罗森布罗姆对渠道冲突的定义为："在一个营销渠道中，当渠道中的某一成员认为另一成员的行为妨碍了他实现自己的目标时，就产生了冲突。"

按照冲突的对象，营销渠道中的冲突有以下三种类型：

(1) 水平冲突。是指同一层次渠道成员之间的冲突。如特许经销商之间的区域市场冲突，零售商层次经营同一品牌的不同超级市场之间、百货店与特许商店之间的冲突等。

(2) 垂直冲突。指同一渠道中不同层次渠道成员之间的冲突。如制造商与批发商、经销商之间，批发商与零售商之间，在服务、价格、促销等方面发生冲突。

(3) 多渠道冲突。指同一制造商建立的两条以上渠道向同一市场出售产品引起的冲突。如康柏公司建立起网络直销渠道，引起了传统分销渠道各经销商的不满。

渠道冲突不一定是坏事，渠道成员间的适度冲突不仅不会产生消极影响，而且可能有利于整个渠道绩效的提高和彼此角色分工关系的明晰。但是，激烈的、经常性的渠道冲突会破坏合作关系，严重影响渠道效率和效益。

(二) 渠道冲突产生的原因

渠道冲突根源主要在于渠道成员之间存在着各自的经济利益，以及彼此之间的相互依赖性。具体表现在以下几个方面：

1. 目标不一致

每个渠道成员都有自己的目标，当他们的目标不一致时就会产生冲突。例如，某零售商经销三种手机品牌，其目标是提高手机的整体销量，降低经营成本，提高总体利润，至于卖出哪个品牌手机无所谓。而对这三种手机品牌来说，每个品牌都希望提高销量，扩大市场占有率。当其中某厂商感到零售商无视其品牌，冲突由此产生。

2. 渠道权利的争夺

除了产权型渠道以外，营销渠道是由独立的中间商组成的，任何成员出于对利益的追求，往往渴望自己成为渠道的主导者。因此渠道成员之间对渠道控制权的争夺从来没有停止过，从而导致渠道成员之间冲突不断。

3. 期望差异

在整个渠道体系中，渠道成员会预测其他渠道成员的行为，并根据预测作出相应的决策。但有时预测的结果是不确切的，而进行预测的渠道成员却往往根据预测的结果采取行动。结果导致其他成员做出相应行动，产生冲突。

4. 感知差异

感知是指人对外部刺激进行选择和解释的过程。在营销渠道中，不同成员对同一种刺激的解释会大相径庭，形成感知差异。

（三）渠道冲突的管理

在营销渠道的运行过程中，渠道冲突是不可避免的。适度的冲突有时对提高渠道的积极性，扩大产品的销售额，提高市场占有率是有益的。营销渠道控制的目的不是消除渠道冲突，而是尽可能地减少恶性渠道冲突，将冲突控制在一个合理的水平，减轻冲突给产品销售带来的消极影响。

为避免恶性的渠道冲突，设计正确的渠道战略计划和合理的渠道结构，选择合适的渠道成员是基础，除此以外还可以从以下几个方面着手解决冲突。

1. 明确渠道成员的角色分工和权利分配

企业在选择合适的渠道成员后，要通过正式的合约明确渠道成员间彼此的责任、权利和义务，如销售区域、销售额度、服务范围、物流、库存、退换货的处理等。这样，通过科学合理的分工，明确的权利、责任和义务，以预防或减少渠道冲突的发生。

2. 积极发展渠道成员间的伙伴关系

通过各种方法建立渠道成员间的伙伴关系，培养渠道成员的忠诚，以实现渠道成员的“双赢”。具体措施有：一是构建共同的战略远景目标。共同的战略远景目标是连接各利益主体的纽带，也是发展渠道成员长期伙伴关系的基石。企业在构造伙伴关系共同远景目标的过程中，要遵循一个基本原则，就是要把目标与价值观结合起来，应重点选择那些有共同价值观的中间商并与其探求共同目标的确立，共同远景目标的构建可以通过企业间的有效沟通和利益共享机制来培养双方的共同语言，强化双方目标的一致性，进而在企业发展规划，市场前景等方面达成共识，形成双方的共同长远目标。二是增进渠道成员间的合作。一个渠道系统的共同目标是需要渠道成员相互间高度合作才能实现的。合作中重要的是共同认可，共同参与，企业应进行关系营销，积极开展有助于渠道系统合作的活动，如组织渠道成员共商共议、邀请渠道成员参加企业的咨询会议或董事会、向渠道成员提供优质的培训和服务支持、帮助渠道成员提升销售业绩等。从而建立起互惠协作关系，增强双方的信赖，实现“双赢”。

3. 建立有效的成员间交流和沟通机制

有效的沟通可以减少彼此间的不理解和不信任，而只有互信才能更好地合作。加强沟通的方法主要有：①人员互换。这种做法涉及一段时间内双边或多边职员间相互流动。由于相互深入到对方机构里工作，因此增加了了解。当互换人员回到各自岗位后，更容易从对方立场考虑问题。但是，这种互换行为可能泄露企业秘密，因而需要特别指导。②协商谈判。渠道领袖听取渠道成员的意见并进行协调，可以促进渠道成员的信息交流，达到互相尊重和理解，有助于减少冲突。③信息共享。可以通过联谊会、座谈会、登门拜访、互相交换人员、电邮联系等方式，加强自己与其他渠道成员之间的信息交流与沟通，实现信息共享，从而增进相互了解和信任，达到弱化和降低渠道冲突的目的。

4. 合理使用渠道权力，防止滥用权力

渠道权力不仅能表明渠道成员在渠道系统中的地位和作用，而且能处理渠道冲突。渠道权力包括五种：奖励权力、强迫权力、法定权力、认同权力和专家权力。如可以利用奖励权力来减少成员间利益差异，也可以利用法定权力来约束利益冲突，还可以利用专家权力实现利益共享，利用声誉权满足其他成员的心理追求。总之，要慎用胁迫权力，多用非胁迫权力。

三、窜货管理

（一）窜货的概念

窜货是指营销渠道系统中的某个成员受利益驱动，为获取非正常利润，以低于正常价格向授权区域以外的地区销售产品，造成市场价格紊乱，其他渠道成员的销售受到影响，消费者对品牌失去信任的营销行为。

渠道窜货是很多企业一直头痛的问题，窜货最终窜掉的是企业的信誉和效益，让企业无法协调各渠道成员间的关系，造成整体市场的销量下降。

（二）窜货产生的原因

产生窜货的原因有多种，有客观原因，如市场本身的特性；也有主观原因，如企业的渠道策略的不合理造成。在企业进行窜货管理时，要仔细分析窜货产生的原因，并区别对待。

1. 市场需求状况不一样

由于中国经济地区发展的不平衡，客观上不同地区对同一产品的购买力不同。整体市场的需求不在一个水平上，有些区域已经相当成熟，有些区域还只是在产品的成长阶段，而有些则在产品的导入阶段。另外，由于地理因素中南北温差、季节的差异，使得北方需要的产品和南方需要的产品在需求上产生差异，从而很多产品在过渡时间在区域间产生窜货。

2. 企业的渠道策略

企业对渠道成员的折扣政策通常是产生窜货的重要原因。企业渠道政策中经常会用到“坎级政策”。这个政策有两种方式：一种是单次订货的数量不同，折扣比例不同；另一种是累计订货的奖励。这造成了与单次少量订货相比有很大的折扣差异。造成不同渠道成员客观上产品的进价不同。渠道成员为了拿到低折扣并完成销量，导致窜货行为产生。另外，企业在淡旺季转换时的折扣政策使用不当也有可能造成窜货；企业对渠道成员的促销行为也是造成窜货的原因。

3. 渠道成员的自律

有些渠道成员出于利益驱动，不顾制造商企业的整体利益和形象，恶意降价冲货；有些渠道成员，对手中的一些即将过保质期的产品大量甩货。这些都是因为渠道成员缺乏基本的商业行为规则、缺乏信任造成的。

（三）窜货的危害

严重的窜货对企业的伤害是长期的，通常表现在以下几个方面：

（1）影响渠道控制力和企业形象。一旦价格混乱，渠道成员的正常销售就会受到严重干扰，导致渠道成员对生产企业不信任，对销售其产品失去信心，甚至拒售。

（2）影响消费者对品牌的信心，损害品牌形象。由于窜货会导致价格混乱，消费者在购买同一产品时，如果价格差异很大，他会怀疑产品的真假，从而对品牌失去信心。

（3）窜货影响企业的决策分析。发往甲地的货物被悄悄销往乙地，其业绩体现在甲地，在公司不知其窜货的情况下，总部会得到虚假数据，造成公司决策分析失误。

（四）窜货的解决机制

窜货是市场发展过程中的必然产物。在企业发展之初，市场占有率不高，且有主导品牌控制市场，适度的窜货对提高市场占有率很有帮助，企业只需关注即可，不必马上做出决策，顺其自然，否则搞不好就会"剪不断，理还乱"。如果两个不同市场之间相互窜货，而这两个市场原来的销售气氛都不火暴，那么，窜货能激发经销商采用各种手段积极投入竞争，从而提高整体市场占有率。但是，在大多数情况下企业并不能够适度地控制窜货，因此必须建立一定的机制来预防、解决这一问题。

1. 建立完善的区域管理制度

明确划分市场区域和目标顾客，清晰规定经销、代理合同双方的权利和义务。要在合同中明确写入"禁止跨区销售"的条款，对于违约者应当有相应的惩罚条款。同时，制造商要加强市场监管，建立市场巡视员工作制。

2. 价格体系化

企业的价格体系是否完整、统一是窜货产生的源头，为了杜绝窜货发生，企业应当在营销渠道内实行级差价格体系。所谓级差价格体系是指将营销渠道内的经销商分为总经销商、二级批发商、三级零售商等级别，由企业制定的包括总经销价、批发价、团体价和零售价在内的综合价格体系。根据经销商的销售对象不同严格规定不同的进货价格，以防止经销商跨越其中的某些环节进行窜货。级差价格体系就是要让营销渠道系统中的每个成员都得到相应的利润，使整个渠道运转正常。

3. 包装差别化

制造商对相同的产品，可以采取不同地区不同包装的方式。主要有两种方法：一是通过文字标识。在每种产品的外包装上印刷"专供某地区销售"字样，并且有防伪标志。二是在包装上实行代码制度。给每一个区域的商品编上唯一的号码。实行代码制，一方面渠道成员不敢贸然采取窜货行动，另一方面企业对产品的去向了如指掌，有真凭实据，处理起来相对容易。

第五节 营销渠道系统

营销渠道不是一成不变的，随着新型的批发机构和零售机构的不断涌现，全新的渠道系统正在逐步形成。最近发展的渠道系统有垂直营销渠道系统、水平营销渠道系统和营销多渠道系统。

一、营销渠道系统类型

（一）传统营销渠道系统

传统营销渠道系统由生产商、批发商和零售商组成。在进行产品分销的过程中，每个成员作为一个独立的企业实体追求自身利润的最大化，即使以损害渠道整体利益为代价也在所不惜。在这个系统中没有一个渠道成员对其他成员拥有控制权。最终导致渠道效率降低，产品销售不畅，因此其他类型的渠道系统应运而生。

（二）垂直营销渠道系统

垂直营销渠道系统是由生产商、批发商和零售商组成的一个联合体。在这个联合体中，某个渠道成员拥有其他成员的产权，或者是一种特许经营关系，或者这个渠道成员拥有相当实力，其他成员愿意合作。垂直营销渠道系统可以由生产商支配，也可以由批发商或零售商支配。这种方式克服了传统营销渠道系统各成员间相持不下的缺点，而由渠道主导者主持，渠道各方各抒己见，最终达成统一目标，提高分销效率。垂直营销渠道系统有三种类型：公司式、管理式、合同式。

1. 公司式垂直营销渠道系统

垂直营销渠道系统中某公司同时拥有生产企业和部分渠道中间商的大部分股份，企业生产的大部分产品的销售就在公司下属的渠道中介中进行，或者是某公司同时拥有大部分生产企业的股份和全部的渠道中介的股份，因而该渠道中间商就称之为该生产企业的承销者。由于产品生产与销售的控制权同属一个主体，因而生产商和销售中介之间的利益分配比较容易解决。

2. 管理式垂直营销渠道系统

管理式垂直营销渠道系统中生产企业与渠道中间商分属不同的所有者，但其生产与分销由规模大、实力强的渠道成员出面组织、协调、管理。在该系统中各渠道成员的关系相对松散，但对渠道系统有一定的依赖，所以各渠道成员也能“听从”渠道强者的指挥。名牌产品的制造商通常具备这样的能力。

3. 合同式垂直营销渠道系统

合同式垂直营销渠道系统是一种以合同为基础形成的营销渠道系统。通过合同来协调渠道成员之间的利益分配，统一渠道成员的行动，以取得最大的经济和销售效果。因为是合同，所以渠道成员都非常明确自己和他人的权利和义务，这样就可以大大避免渠道成员之间的无效竞争和冲突。同时，也可以在认同的合同基础上迅速扩大渠道网络，吸纳更多的成员参与渠道的运作。

（三）水平营销渠道系统

水平营销渠道系统由两个或两个以上没有关联的企业联合起来，共同开发新的营销机会，通过合作，各企业将资产、生产能力或者营销资源结合起来，以达到单一企业不可能达到的经营成果。企业可以与竞争者联合，也可以与非竞争者联合；可以暂时合作，也可以长期合作，还可以建立一个新企业。例如某银行在某商店里设立了储蓄办事处和自动取款机。银行用了很低的成本就迅速进入了市场，而商店可以为其顾客提供更为便捷的服务。

水平营销渠道系统甚至可以用在国际市场的营销。如雀巢公司凭借其在全球优良的业绩，与通用面粉公司合作，销售其在北美以外的谷类制品；可口可乐与雀巢建立合资公司，在世界范围内经销速溶咖啡和茶饮品。可口可乐公司提供在全球经营和分销饮料的经验，雀巢公司提供两个著名的品牌——雀巢咖啡和雀巢奶茶。

（四）营销多渠道系统

过去，许多企业通过单一渠道进入单一市场。今天，随着顾客细分市场和新的渠道不断出现，越来越多的企业采用营销多渠道系统。当一个企业利用两个或多个营销渠道以接触一个或更多的顾客细分市场时，就形成了营销多渠道系统。

通过营销多渠道系统企业可以得到一个好处，就是增加了市场覆盖率，赢得机会调整产品和服务以满足各种消费者细分市场的需要。但是这种混合渠道系统很难控制，当越来越多的渠道相互竞争消费者和销售时，还会产生渠道冲突。

二、营销渠道系统的发展趋势

技术的进步、直销和网上营销的迅速发展，对于营销渠道的性质和设计产生了深远的影响。最主要的趋势是中介弱化。中介弱化是指产品和服务的制造商剔除营销中介中的某一层次或绕过营销中介，直接向最终购买者销售；全新的渠道中介形式将取代旧的形式也属于中介弱化的另一种形式。

在许多产业中，传统的中间商逐步衰落了。例如，戴尔公司绕过零售商，直接向顾客销售定制的电脑。去掉零售商这一层次，戴尔公司减少了许多成本，并避免了传统电脑供应链带来的无效率。消费者可以直接在网上通过在线销售商购买低价机票，也可以通过航空公司的网站浏览到多家航空公司的机票。这些新渠道给消费者提供了更多的选择，但传统旅游代理商的生存受到了威胁。

中介弱化常常与电子商务和在线销售联系在一起。网络是中介弱化的一个最主要的推动力量。通过制造购买者和销售者之间的直接联系便利，网络取代了许多产业中原有的渠道，从图书、电器、玩具、药品、消费电子用品到旅游、股票代理、房产服务。中介弱化会带来各种新渠道之间的竞争。

中介弱化之所以能够发生，是因为新的营销渠道形式给消费者创造了更多的价值。对于传统的经销商来说，要想不被挤掉，就要不断寻求为顾客提供价值的新方法。许多受网络竞争威胁的企业已经学会了利用网络更好地为顾客服务。对制造商而言，有了更有效的渠道出现后，他们除了进行变革之外别无选择。变革是有风险的，大多数企业由于害怕落后，不惜以得罪渠道合作伙伴为代价进行变革。只有在变革中不断创造顾客价值的企业才会在这一场竞争中取得成功。

第六节 营销渠道中间商的类型

一、批发商

（一）批发商的概念与特点

批发商是从事批发业务的人或部门，他们直接向生产者购进产品，再转卖给零售商、批量产品消费者和其他的批发商。批量产品消费者主要指对产品进行再加工的或业务使用的组织，如加工厂、宾馆、酒店、公用事业单位、机关团体等。

批发商是生产企业与零售企业之间的桥梁，具有吞吐商品的“蓄水池”的作用，能缓解商品供给与需求在时间和空间上的矛盾。另外它还具有交易发生在企业与企业之间；每次交易的数量较大；集中在大中型城市；批发商品出售后一般不退出流通领域等特点。

（二）批发商的功能

批发商的功能是由它在营销渠道中的角色和地位决定的。批发商可以参与营销渠道的一部分或全部业务流程。这些流程包括实物转移、所有权转移、促销流、洽谈、融资、订货、支付等。在产品营销渠道系统中批发商承担功能的多少，取决于系统满足不同市场对产品花色品种、编配和储运的需求等情况。总体而言，由于产品品种层出不穷，中间消费和最终消费者需求多变，更多地发挥批发商功能有利于企业为市场提供更多的选择机会。批发商有如下六大功能：

（1）销售与促销功能。批量从生产者进货，因此能以低价格成交。同时，批发商可以利用自己丰富的经验和各方面的有利条件，帮助生产企业寻找市场，打开销路。

（2）编配、分装、储存、运输商品功能。批发商有能力按照顾客需求来选择和编配产品品种，方便顾客；批发商也可以将整批商品分成小批量，小批销售，满足不同规模的需要；同时多数批发商备有仓库和存货，并提供快速运输。

（3）融资功能。为顾客提供货款上的支持，如准许赊购等，也为供应商提供财务援助，如提早订货，按时付款等。

（4）承担风险功能。因为拥有产品的所有权而承担了若干风险。包括产品无法售出的风险、产品的毁坏、丢失等带来的风险。

（5）提供市场信息的功能。向供应商和顾客提供竞争者的行动、新产品、价格变化等方面的信息。

（6）服务及咨询功能。帮助零售商改进经营活动，向客户提供培训和技术服务。

（三）批发商的类型

1. 商业批发商

商业批发商指经营批发营销业务的独立法人。他们具有对所经销商品的所有权，并完全独立组织销售。商业批发商又可分为完全服务批发商和有限服务批发商

（1）完全服务批发商提供存货、推销队伍、顾客信贷、负责送货以及协助管理等服务。他们又包括两种类型：第一种叫批发中间商，主要向零售商销售，并提供全面服

务。一般批发商经营几条产品线，而专线经营批发商一条或两条产品线。第二种叫工业分销商，它向制造商而不是零售商销售，提供如存货、信贷、送货等服务。

(2) 有限服务批发商向其供应商和顾客只提供极少的服务。又可细分为以下三种：①现购自运批发商。不提供送货服务，主要经销要求周转快的产品线，如水产品市场的批发商，大多数由客户登门订货，当面付款，自行运回。②卡车批发商。在市场上有一批专门帮客户送货的车辆，车主自已有一批客户后，就增加一项业务——销售。有的企业也自备卡车进行送货上门的批发经营，尤其像牛奶、面包、冷冻食品等易腐商品。大多由生产厂商包给卡车批发商，由他们及时、迅速地将商品运到各零售点，当面收回或定期收回现金。③承销批发商。这些批发商向零售商或其他客户征订商品，然后对供货市场进行优选，直接向生产商提货售给零售商。从收到订单起，承销批发商就拥有对商品的所有权并承担风险，直到将货物交给顾客为止。这种批发商通常经营大宗商品，如煤、木材、钢材和重型设备等。

2. 制造商的销售分部和零售商的采购中心

买方或者卖方不通过独立的批发商，而是自已进行批发业务。制造商为了加强存货控制、改进销售和促销工作而设立销售分部。一些销售分部备有存货，常见于木材、汽车设备和配件等行业，还有一些销售分部不存货，主要在干货和小件日用品行业。

有些零售商不是通过批发商购进商品，而是通过自己的采购中心直接向生产企业大量购进商品，如沃尔玛连锁超市的采购中心、国美电器的采购中心。这类采购中心由于单次购进的数量巨大，又有大量的连锁卖场的销售支持，同时又承担物流的功能，因此在现有批发市场上呈现出很强的竞争力。

3. 其他批发商

在特定的经济领域可以看到一些特殊的批发商。包括农产品集货商；散装石油厂和油站，它们联合购买油井的石油；拍卖公司，拍卖汽车、设备等给经销商和其他商人。

二、零售商

(一) 零售商的概念与特点

零售是指将商品或服务直接销售给最终消费者，供其个人非商业性使用这一过程中所涉及的一切活动。任何组织向最终顾客的销售活动，不管是制造商、批发商或者零售商都是零售活动。零售商则是指它的销售量主要来自零售的企业。

零售的特点是批发购进，零星出售，交易都为现货交易、随机性强。零售商的形式分为店铺和无店铺两类。

(二) 零售商的类型

1. 店铺零售

店铺零售也称门市部零售，其特点是设有摆放商品和顾客购物的店面，顾客的购买活动在商店里完成。根据其经营的产品、规模、价格和服务方式的差异，又可以将店铺零售分为各种类型。

(1) 百货商店。它是在一个建筑物中集中若干产品线，向顾客提供多种类、多品种商品及服务的大型零售商店。百货商店产生于19世纪60年代，被称之为零售业的第一次革命。

通常，百货店位于城市中心区域，拥有豪华的店堂，经营商品的范围广泛，同时还兼营其他服务项目，如开设餐厅、咖啡厅、儿童游乐场等。百货店为顾客提供充分的服务，如为顾客拿取商品、介绍商品、解答疑问、包装商品等。在经营品种上百货店的商品要比超级市场高档，其商品的价格也要比超级市场要高。

百货店在管理上实行商品部制度，下设许多不同的商品部，各部门由一位经理主管业务，统一指挥商品计划、销售业务、商品管理等，而且各商品部在百货店的统一管理下进行独立核算。

（2）超级市场。超级市场采用自我服务的方式，全部商品开架销售，顾客自选，一般服务员不导购，只负责摆货和计价。主要经营食品、家庭日用品、化妆品等。超市经营采用低成本、低毛利、高销售额的经营模式。

超级市场产生于1930年的美国纽约，被称之为零售业的第二次革命。超市的规模从几十平方米到几万平方米不等。提供的服务少，适合于家庭多品种购买。

（3）便利商店。靠近居民区附近的小型商店，主要为方便消费者做“补充式”采购，营业时间长，有的甚至是24小时营业的，如美国“7－11便利店”。便利店经营的品种有限，主要经营食品、副食品、日用品等，品种较超市要少得多，但周转率高，满足消费者即时需要，多以连锁店的形式出现。经营规模一般较小，营业面积只有几十平方米。价格偏高，服务水平一般，但与顾客的关系较密切。

（4）专业商店。专门经营某一类商品的商店，如书店、眼镜店、服装店、鞋店等。专业商店经营的产品线可宽可窄，如家电商场经营的产品线很宽，而剪刀店则很窄。但所经营的产品线均有多种商品项目，规格、品种、档次齐全，能满足不同细分市场的需求。这类商店通常提供较多的专业性服务，要求服务员专业技术熟练。

（5）折扣店。指商品价格方面采用折扣策略进行经营的商店。大多数折扣店坐落在低房租地区，投入费用较低。从经营规模看既有大规模的折扣店，经营品种类似百货店，如位于北京西四环的燕莎奥特莱斯；也有小规模的专业店，如服装折扣店、鞋折扣店等。折扣店所经营的商品的款式、品种可能是老产品，但由于其商品价格低，因而也很具有吸引力。

（6）仓储商店。仓储商店是将商品的销售和仓储场所合二为一，减少仓储费用；在营业场所装修上，只为顾客提供一个宽敞、舒适、朴实无华的购物环境，降低了经营成本；商品采用开架销售，顾客自选的形式，商品包装通常是大包装。仓储商店销售采用会员制的方式，只对会员销售产品。

（7）超级购物中心。是一种规模巨大的商场，为了满足消费者所需要的各种商品和服务，把各种行业的零售业集中在一个屋檐下，从而满足消费者“一揽子”购物需要。购物中心以名店和大店为中心，同时提供综合服务，如娱乐、餐饮等。在购物中心通常有外步行街，环境舒适。位于北京世纪城的金源购物中心就属于这样的超级购物中心。

2. 无店铺零售

无店铺零售指不设店面的零售方式。无店铺零售可分为直复零售、直接零售、自动售货和电脑零售等几种类型。

（1）直复零售。指利用现代通信工具、多种广告媒体传递销售信息的方式。通过消费者作出直接反映，实现销售。按所借助的通信工具不同，又可分为以下几种：

1）邮购。消费者通过邮购广告或产品目录获取信息后，向邮购部门汇款并说明要购买的商品，邮购部收到汇款后即按时向消费者汇出商品。邮购的主要优点是成本低，能有效地选择目标顾客，效果容易衡量。

2）电话购物。指利用电话来达到销售商品或服务的方式。电话购物可分为两种类型：一种是接听服务，企业设置专门人员接听顾客打来的电话，包括订货、咨询和投诉等；另一种是外拨电话，销售人员通过电话与目标顾客接触，介绍商品，并促成交易。

3）电视购物。通过电视购物频道或者电视广告直接介绍产品，同时在电视上给出一个免费电话号码，让顾客订货、咨询。商品通过邮寄或送货上门达成交易。

4）电脑零售。电脑零售有两种方式：第一种方式是双向视频购物系统，借助电缆或电话线，一端连接顾客的电视，另一端是通过卖方的计算机数据库。视频购物系统包括生产者、零售商银行、旅行社等提供的电脑化的产品目录，消费者只要拥有一台装有键盘的普通电视，就可以通过双向电缆与卖方接通。第二种方式是应用个人电脑与互联网建立通信渠道实现购物。用户可以登录企业的主页，有些企业的主页就是一个电子商店平台，包含大量的产品信息，登录者可以直接在网上查寻价格，购买产品；用户也可以登录专门的购物网站，如淘宝网、当当书店等，这些购物网站就是一个百货商店，销售各种产品，并有相配套的物流和支付系统，非常方便，价格也相对传统购物要便宜。

随着互联网的迅速发展，网络购物近年来发展迅速。

（2）直接零售。指制造商生产的产品不经过任何媒介，只靠人与人之间的联系销售产品。直接零售与直复零售是两个完全不同的概念，两者的本质区别在于：直接零售是通过“人员”寻找顾客，并与顾客直接洽谈达成交易，而直复零售是通过“媒体”与顾客发生双向沟通。直接零售有如下几种：

1）访问销售。由业务员直接到顾客所在地，展示产品目录、样品或产品本身，有时还作现场操作表演，以达到刺激需求，促成交易的目的。访问销售比较适合于处于投入期的新产品。此外，访问销售还适合于一些顾客不愿意到商店购买或者不便于到商店购买的商品。

2）聚会销售。由销售人员事先物色一位社区或团体里的意见领袖，如企业工会干部、居委会主任，由他（或她）出面邀请熟悉的同事、邻居或亲友，举行家庭式聚会，推销员在会上把商品陈列出来，当场宣传介绍示范表演，然后请到会客人随意选购。与访问销售相比，聚会销售是一对几地进行洽谈、销售。

3）多层传销。多层传销也叫消费者销售制，消费者自己组织起来作为直销商，从生产者那里直接购买产品，以众口相传的方式传播商品信息，销售产品。消费者直销商不仅可以通过销售产品获得利润，. 而且随着直销网络的扩大和自身级别的上升，还可以从公司获得十分丰厚的佣金。多层传销属于非线性销售，如果每个直销商把某一产品信息传递给 3 个消费者，这 3 个消费者作为直销商再传给 9 个消费者，依次类推，销售行为被快速放大，产生几何级数的市场效果。多层传销方式从国外传播到国内以后，产生了一些消极作用，一度被中国政府取消，新的直销法已经颁布并执行，诸如安利、雅芳这样的传统多层传销公司也处在转型中。

（3）自动售货。采用自动销售设备进行的零售服务。这种方式又可以分为以下几种：

1）自动售货机。通常放在商店、居民区、交通要道等公共场所，用来销售饮料、烟、糖果、食品、报纸等商品。自动售货机是使用货币控制的机器，24 小时售货、自我服务。

2）自动柜员机。主要是银行用于自动存、取款、查询服务等。

3）自动服务机。它可以自动向顾客提供游戏、点歌、问询、博彩等服务。

（三）零售商的发展趋势

在全球经济快速发展的同时，零售的新形式不断涌现，传统的零售模式如超级市场、专业店正以连锁、特许经营的方式快速扩大规模，形成了一些巨型的零售商，如沃尔玛、家乐福、宜家家居。它们利用现代化的信息管理技术，实现跨国采购、跨国经营。

随着网络经济的复苏，信息技术的发展，无店铺零售与店铺零售的竞争加剧。越来越多的消费者愿意通过邮购、电视、电脑、电话购物。无论是电子商务，还是 B2B（企业对企业）、B2C（企业对消费者）、C2C（消费者对消费者）的购物模式都得到了快速发展，对传统零售营销形成了不小的冲击。

三、代理商

代理商是接受生产者或者买者的委托，为其寻找买主或卖主，对商品只有经营权，没有所有权，按销售额提取一定比例的佣金的中间商。代理商有以下几种类型：

（1）制造代理商。代表两家或两家以上产品线相互补充的制造商。他们和各制造商就价格政策、地区、订单处理程序、送货和商品担保以及佣金等方面签有书面协议。

（2）销售代理商。被授予制造商全部产品的销售权利。

（3）采购代理。代替买主为其采购商品，通常还会为买主收货、验货、储存和送货。

（4）经纪人。为买卖双方牵线搭桥，他们不存货，不承担任何金融和销售风险，不涉及买卖双方的账目往来，只有在买卖成交后要求委托人支付佣金。

第七节 物流管理

一、物流管理的概念

在传统营销渠道中，物流管理和实体分销这两个术语是可以互换使用的，主要是指制成品的储存、运输问题，即如何在适当的时间，以最低的总成本，把产品送到目的地。

20 世纪 80 年代，随着信息技术的发展，以及对渠道成员企业合作的重视，这种观念发生了根本的变化。物流管理演变成为供应链管理的概念。供应链包括供应商、供应商的供应商、中间客户与最终客户，以及生产企业本身。在这个链条中生产企业处于网络的中心位置。生产企业必须协调各方关系，使得它们各自为所服务的目标市场发挥最大的价值。生产企业首先考虑它的目标市场要求，然后从这一点开始后向设计供应链，这就意味着渠道物流的对象不仅包含成品，而且也包括原材料、在制品。物流工作不仅仅指物品的储存、运输，更重要的是要能满足顾客的需求。

关于物流的概念有很多。菲利普·科特勒将物流描述为“计划、实施、控制物资和最终商品从原产地达到顾客的使用地的实物流来赢得一定的利润”。

我国国家标准《物流术语》中将物流描述为：物流是指物品从供应地向接受地的实体流动过程，根据实际需要，将运输、存储、装卸、搬运、包装、流通加工、配送、信息处理等基本功能实现有机结合。物流管理是为了以最低的物流成本达到顾客所满意的服务水平，对物流活动进行的计划、组织、协调与控制。

无论是何种概念，现代物流实际上包括交通运输、物料分捡、订单处理、存货控制、储存、包装等方面要素，物流管理就是要对这些物流要素进行最优组合以满足顾客的需求，达到企业利润最大化。

本书只侧重于生产企业对产品生产出来后到消费者手中过程的物流管理。

二、物流管理的目标

物流管理的目标可以概括为：以最低的成本，将适当的产品在适当的时间，送到适当的地点。这里的成本概念是物流的总成本，而不是物流某一项要素的成本。因为物流系统中各项要素的成本是相互影响的。如从甲地到乙地以更快的运输方式运输会增加运输成本。因此乙地的库存水平和所需要的仓库也会较小，因为更快的运输方式所需的再次补给时间短，库存成本因此也降低。

正因为物流活动中各项要素间是相互影响的，因此必须以整体系统为基础进行决策。

首先，要研究顾客需要什么。顾客关心的事情通常有：按时送货、供应者愿意满足顾客的各种紧急订货、搬运的可靠性、次品的退货等问题。然后，找出顾客认为最重要的服务。例如，维修服务时间对于复印设备的购买者十分重要。于是施乐公司提出一项服务输送标准，规定：“无论在美国境内的什么地方，必须在接到服务请求后 3 个小时之内，使瘫痪的机器恢复运转。”

其次，企业在确定自己的服务标准时要参照竞争者的做法。一般要求是提供和竞争者水平相同的服务，但同时要考虑利润最大化。公司必须考虑提供高水平服务时产生的费用。有些公司提供服务很少，但售价也低；有些公司提供的服务多，但售价也高，以抵补高成本。

最后，企业必须制定市场允诺标准。可口可乐提出“把可口可乐存放在与需要近在咫尺之间”。有一些企业甚至给每一个服务要素明确标准。

在制定了一系列物流目标后，企业便可设计一个以最低的总成本达到目标的物流方案。物流成本一般包括订单处理、运输、仓储固定成本、仓储变动成本、交货延误损失成本。其公式为：

$$M = T + FW + VW + S$$

式中：M：该系统的物流总成本；

T：该系统的运输总成本；

FW：该系统的总固定仓储成本；

VW：该系统的仓储总变动成本；

S：该系统里由于平均的交货延误损失的销售额。

三、物流管理决策

物流管理涉及四个重要的决策：①如何处理订单？即定单程序。②如何选择仓储地点？③库存应当保持多大的量？④如何运输商品？

（一）订单处理

企业从获得订单到取得货款要经过一系列环节：售货员转交订单、订单输入和客户信用检查、存货与生产安排、订单和发票传递、收到货款。这个周期越长，顾客等待越久，企业的业务效率就越低、利润越少。企业在订单处理中的目标是尽量缩短获得订单到收款的周期。

随着计算机技术、通信技术的进步，使得订单获得后的整个处理速度大大加快。例如，通用电气的信息系统在接到订单以后检查顾客的资信水平，决定是否发货和在什么仓库发货。计算机发出装运单、顾客账单，更新存货记录，为新的存货发出生产指令，并把这些信息反馈给销售代表说明顾客订单已在处理之中，所有这一切仅仅需要不到15秒钟。

（二）仓储决策

生产和消费的周期是很少吻合的。所以，大多数的企业必须将有形的产品存储起来等待销售。存储的功能弥合了购销双方在数量和时机上的差距，保证了无论消费者何时需要都可以购买得到产品。

仓储是商品在流通领域中的合理停留，储存功能包括在仓库中的堆存、保管、保养、维护等活动。仓储决策主要包括仓库选址、仓库数量、仓库规模、仓库设计、仓库的所有权等。

仓库选址的主要标准是能提高经济效益。有些企业的仓库设在厂内或者工厂附近，有些则设在全国各地。企业可以拥有自有仓库，或者租用公共仓库，如零售商、批发商或制造商所有的可租用场地。自有仓库因对其有充分控制权而信息传递快、运作高效；而公用仓库不需自己投资，地点选择灵活，面积可视需要而调整，对于季节性商品比较适合。

企业还必须决定仓库的合理数量。储存场所多，则意味着能够较快地将货物送达顾客处，但仓储成本也增加。存储场所的数量必须在顾客服务水平和分销成本之间取得平衡。

近年来，仓储技术随着技术的进步发生了巨大变化。那些老旧的、多层仓库受到了新式的单层的自动化仓库的挑战，这种新式仓库装有由中心计算机控制的先进的货物管理系统。电脑读出商店的订单，根据商品编码指挥起重机和电动吊车集中商品，将商品运送到货物码头，并且开出发票。这些仓库减少了工人的工伤事故，降低了劳动成本，减少了商品被盗和破损率，并且加强了存货的控制。

目前，一些以往在工厂中从事的活动也开始在仓库中进行，包括组装、包装、建立促销展示等。通过延伸商品生产的最终环节，可以节省成本并且更好地满足需求。

（三）存货决策

存货同样影响着顾客的满意度。如果存货太少，当消费者需要时，企业无货可卖；如果存货过多，则有可能导致高于必需的存货成本，并且存货有可能过时。因此，企业应当寻找一个最佳的存货平衡点。

存货决策包括订货点和确定订货量的大小。订货点是指重新订货时的存货水平。即当存货降到这个点时，必须重新订货补充库存。在决定订货点时，还应该考虑各种不可预见因素的影响。因此，通常实际订货点比理论订货点要高一些，目的是保证有一个安全的库存，不致因库存不足而导致交货延误。但另一方面也不能因此而无限制地提高订货点，导致存货成本上升。

订货量是指每次订货的批量大小。在市场需求一定的条件下，订货量越大，订货次数越少。同时，订货量会影响企业的成本。订货量对企业成本的影响主要反映在订货成本和存货成本两个方面。订货成本指订货过程中所支付的各项费用。随着订货量的增加，单位订货成本减少。而对于存货成本，随着订货量的增加，平均库存量会增加，单位存货成本则要增加。如果将单位订货成本与单位存货成本相加，可得到一条由于订货量变化而引起的订货与存货成本总和——总成本的变化曲线。这条总成本曲线上必然存在一个单位成本最小的点。这个点所对应的订货量就是最佳订货量，如图 8 – 7 中 D 点所示。

很多企业通过 JIT（just – in – time）物流系统大大降低了存货和相关的成本。在这样的体系下，制造商和零售商只保持了很小规模的产品和零部件的存货，通常只够几天的生产和销售。如戴尔计算机，应用了 JIT 系统，只保留 5 天的存货，而竞争者的水平是 40 ~ 60 天。新的存货在需要时恰好送达，而不是被储存在那里等待使用。JIT 系统要求准确地预测，快速、频繁和灵活地交付。只有这样，供给才能及时地满足需求。同时，这样一个系统也大大节省了存货保持和操作的成本。其他的更有效的存货管理手段也被用在节约成本和提高效率上。

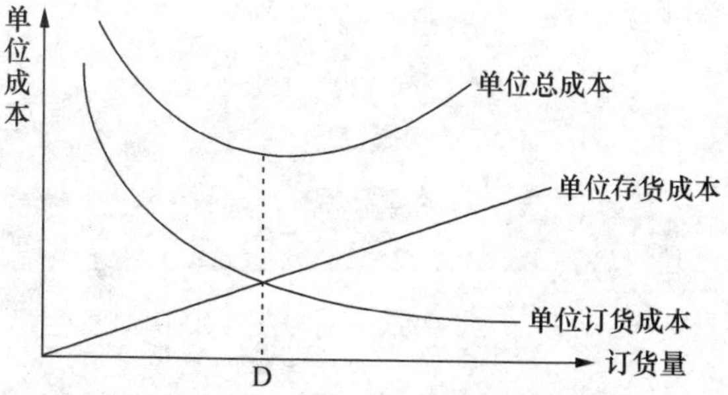

图 8 – 7　最佳订货量的决定

（四）运输决策

承运方式的选择直接影响到产品的定价、交货的效率和货物到达时的状态，而所有这些都影响着消费者的满意度。

可供企业选择的运输方式有公路、铁路、水路、管道和航空。这几种运输方式的速度、成本、安全性能各不相同，企业应当根据商品的品种、性质、数量，正确选择运输工具，做到运费省、运送快、运输安全。

铁路运输适合于长距离运输，尤其适合于运量大、笨重、体积大、价值低的商品。如煤、矿石、砂石、农产品、机械设备等。铁路运输费用低廉、运量大，对铁路沿线的市场比较合适。

水路运输包括内河运输、远洋运输，以船舶为运输工具。它适合运输笨重的、运量大的、价值低的、不易腐败的产品，是一种很经济的运输方式。但选择水路必须具备港口、码头、装卸等配套条件，还要有铁路、公路联运条件。

公路的运输特点是灵活、快速，可直达要货单位。但运量有限，运输成本较高，适宜短途运送商品。

航空运输最大的优势是快速，但缺点是费用昂贵。通常，只有小型、少量、急需的贵重商品才采用空运。

为了提高运输速度、降低成本和保障安全，越来越多的企业采用综合两种或多种运输联运方式，如用列车装载卡车进行运输、用船装载卡车、用船运加火车等方式，每种结合都为托运方提供了优势。如火车载运汽车的方式不仅比单独使用汽车运输要便宜，而且也提供了灵活性和便利。

另外，对数字类产品如软件、音像制品、在线教育等还可以选择互联网。互联网通过卫星、调制解调器、电话线等将数字产品直接从生产者输送给用户。

第九章　价格决策

在营销组合中，价格是唯一能产生收入的因素，也是最易变的因素。企业的价格决策是非常复杂困难的，企业在进行价格决策时必须考虑诸多因素——企业目标、产品、顾客、竞争者和营销大环境。价格是支持产品定位的关键因素。价格决策必须与企业的营销战略、目标市场和品牌定位一致。

第一节　影响产品定价的因素分析

企业定价会受到内外因素的影响和制约。企业内部因素包括产品成本、产品特征、分销渠道、促销策略、营销目标等；企业外部因素包括供求状况、竞争强度、消费心理以及经济、政治、法律、文化、自然等环境因素。这些因素可以归纳为四类：顾客因素、企业因素、竞争因素和其他环境因素。

一、影响定价的顾客因素

顾客因素是影响企业定价的外部因素之一。顾客的人文属性、消费心理、购买欲望、购买能力、价格敏感性等都会对产品定价产生影响。

1. 人口因素

人口是构成市场的基本要素。人口数量直接影响到市场需求规模，从而影响企业定价决策。人口年龄结构、收入结构、家庭结构和知识结构等都会直接或间接地影响市场结构的形成或变化，企业在定价时应根据市场结构变化的主要特征，选择适宜的价格策略组合。

企业在定价决策中，对人口因素的现状及其发展趋势要认真进行分析，把握住市场需求的基本规律、结构和发展变化的态势，从而进行科学的定价决策。

2. 心理因素

社会文化是一个国家或地区由其历史积淀下来的民族特征、价值观念、生活方式、风俗习惯、宗教信仰、伦理道德、教育水平、语言文字等因素的总和。社会文化对企业定价决策的影响是多方面的和深层次的。比如，价值观念的差异直接影响着消费者对同一种商品的不同的价值判断。

在特定社会文化基础上形成的消费者心理，如性格、态度、信念和情绪都直接影响着人们的消费行为。影响企业定价决策的社会心理因素主要表现为价格预期心理、求廉心理、价格偏好心理、价格价值判断心理等。

3. 需求价格弹性

需求价格弹性，是指单位价格变化引起需求量变化的程度，即需求量变化相当于价格变化的敏感程度。不同的产品具有不同的需求价格弹性。价格弹性的公式表示为：

$$E_p = \frac{\Delta Q/Q}{\Delta P/P}$$

式中：E_p 为需求价格弹性系数，取绝对值；Q 为需求量；ΔQ 为需求变化量；P 为价格；ΔP 为价格变化量。当 $E_p > 1$ 时，称需求富有弹性。对于这类商品，消费者对价格的敏感程度比较高，因此企业定价时，应通过降低价格增加销量来达到增加盈利的目的。当 $E_p = 1$ 时，称需求单位弹性。说明价格的变化会引起需求量同等幅度的变化。对于这类商品，价格变化对销售收入影响不大，定价时，可选择实现预期盈利率为价格依据或选择现行的市场价格。当 $E_p < 1$ 时，称需求缺乏弹性。说明需求量的相应变化幅度小于价格变化幅度。对这类商品，较高的价格水平往往会增加盈利，降低价格对需求量的刺激效果不明显。

二、影响定价的企业因素

影响定价的企业因素包括：企业经营目标、定价目标、成本、产品以及价格的供给弹性。

1. 企业经营目标和定价目标

从某种意义上说，定价目标就是企业的经营目标。不同的价格水平对企业的盈利目标、销售收入目标以及市场份额目标具有不同的影响，因此，明确企业的定价目标对于合理定价具有重要的意义。

一个企业在定价中可能追求以下几个主要目标：

维持企业生存。当企业由于经营管理不善、市场竞争激烈或市场需求的突然变化而威胁到企业的生存时，企业会被迫以生存为定价目标。这时企业对产品定价时，只要能收回变动成本和部分固定成本即可。当然，维持生存只能是一个短期目标。

当期利润最大化。许多企业希望通过制定合理的价格来获取最大利润。当然，以利润最大化作为目标的企业不一定实行高价策略。

市场份额最大化。有些企业将获取最大的市场份额作为其经营目标，他们认为，销量越高，产品的单位成本就越低，长期利润也就越高。尤其当企业产品处于市场成长阶段时，更有可能把保持和增加市场占有率作为定价目标。

有研究表明，市场占有率与利润率之间存在着很高的内在关联度。“营销战略对利润的影响”（PIMS）项目的研究表明（见图 9－1）：当市场占有率在 10% 以下时，投资收益率大约为 8%；市场占有率在 10% ～20% 时，投资收益率为 14% 以上；市场占有率在 20% ～30% 时，投资收益率约为 22%；市场占有率在 30% ～40% 时，投资收益率约为

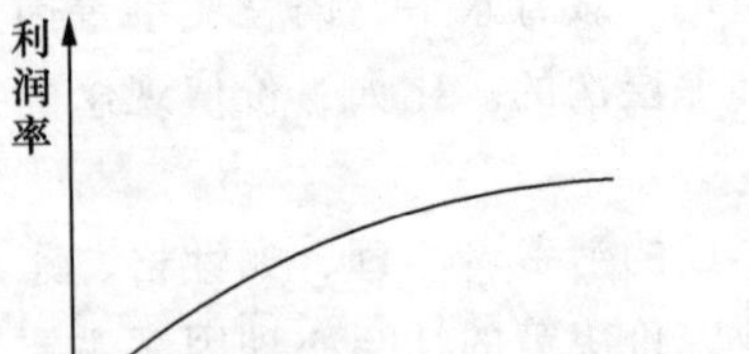

图 9－1 PIMS 项目市场占有率与利润率的关系示意图

24%；市场占有率在40%以上时，投资收益率约为29%。因此，以市场占有率为定价目标有获取长期较好利润的可能。

采用市场份额最大化作为企业经营目标，需适用以下条件：消费者对价格高度敏感；市场具有规模效益，随着产量和销量的增加，单位产品所分摊的生产成本和分销成本下降；低价格能够挤出部分竞争者。

追求产品质量领先。以追求产品质量领先作为经营目标的企业一般都是在消费者中已经建立了一定的声誉。为了维护和提高企业产品的质量和信誉，企业的产品必须有一个较高价格。这样，一方面可以通过高价格带来较高的利润，使企业有足够的资金来保持产品质量的领先地位；另一方面，高价格本身就是产品质量和信誉的一种表现。

市场撇脂最大化。有些企业以高价来从市场中撇脂。如索尼公司于1990年推出高清晰电视时，将产品定价为43000美元，而到了1993年，一台28英寸的高清晰电视只需要6000美元。

采用这种目标需要具备以下条件：市场有足够的购买者并且有相当高的需求；小批量生产的单位成本不是很高；高价不会吸引更多的竞争者进入该市场；高价格能够传递产品具有更高品质的信息。

其他目标。有的企业以应付和防止竞争为定价目标。随着市场竞争的加剧，应付或避免竞争作为一种定价目标已被越来越多的企业所采用。有些非营利性组织和公共组织以弥补成本为目标。

2. 成本因素

一般而言，产品成本决定了企业产品价格的下限。因此，企业在制定价格的时候，需要对成本水平以及成本相应的变动进行估计和分析。因为任何企业产品的价格不可能长期低于所发生的成本费用，否则企业将无法生存和发展。

企业成本可以分为固定成本和可变成本。固定成本在短期内不随企业产量和销售量的变化而变化，如厂房设备的折旧费、租金、利息、行政人员薪金等。变动成本随生产水平的变化而直接变化，如原材料费、燃料费用等。企业定价的下限应该是企业的变动成本。因为只有企业的定价抵偿变动成本并有一定的剩余后，才可能抵偿固定成本；只有固定成本被完全补偿后，企业才会有盈余。

3. 产品因素

产品因素包括产品的差异性和质量。价格是支持产品质量定位的关键因素，企业在定价时必须考虑产品的质量。根据价格与质量之间的对应关系，企业可以有不同的价格战略选择（见图9-2）。

产品质量 \ 价格	低	中	高
高	1超值战略	2高价值战略	3优势战略
中	4货真价实战略	5中价值战略	6高价战略
低	7经济战略	8虚假经济战略	9敲诈战略

图9-2　九种价格质量战略

4. 供给价格弹性

供给价格弹性是指在一定时期内一种商品的供给量的相对变动对于该商品价格的相对变动的反应程度。它是商品的供给量变动率与价格变动率之比。其公式为：

$$E_s = \frac{\Delta Q_s / Q_s}{\Delta P / P}$$

式中：E_s 为供给价格弹性系数。供给价格弹性对定价也有一定的影响。

三、影响定价的环境因素

影响定价的环境因素很多，主要有竞争因素和政策因素等。

1. 竞争因素

市场竞争是企业竞争性定价的决定因素。在竞争激烈的情况下，竞争性定价对实现企业的经营战略极其重要。然而不同的市场竞争格局和状态对定价的影响是不同的。根据厂商的数量和产品差异化的程度可以把市场分为完全竞争市场、完全垄断市场、垄断竞争市场和寡头垄断市场四种类型。不同市场竞争条件下，价格形成的依据也各不相同。

企业为产品定价时必须考虑竞争者的产品和价格，因为竞争者提供的产品与制定的价格，对企业定价有着非常重要的影响，是企业定价的重要参考价格。企业定价前要深入了解竞争者产品的价格及其可能的变化，了解竞争者的产品品质特征及营销目标和策略。将自己的产品与竞争者的产品进行比较，如果产品品质与竞争者相似，那么所定价格也应相似；如果产品品质比竞争者差，那么所定价格应较低；如果产品品质优于竞争者，那么定价可高于竞争者。同时还要估计竞争者对本企业定价或调价的可能反应，并制定应对竞争者反应的策略。

2. 政策因素

政府一般都会对企业的定价进行不同程度的干预。政府会通过行政、法律或经济手段对企业定价及社会整体物价水平进行调节和控制。因此，企业定价时也必须考虑政府政策的影响。

第二节　产品定价的一般过程

定价的一般过程指企业在确定定价目标和原则之后综合考虑影响定价的各种因素，结合企业具体情况决定或调整产品价格的一系列步骤。产品定价是一项非常复杂的工作，不能单纯靠经验判断，必须严格按照科学的定价程序定价。定价过程一般包括确定定价目标、分析需求、分析成本、分析竞争者的产品、成本和价格、选择定价方法和价格决策六个基本步骤。

一、确定定价目标

定价目标是企业制定价格的前提和出发点，是价格决策中最高层次的影响因素。不同的定价目标会导致企业制定不同的价格。生存目标一般要求企业制定较低的价格，甚至低于成本；利润最大化目标要求企业综合考虑价格、销量、利润之间的关系，确定合理的价格；市场份额最大化目标要求企业制定相对于竞争对手更低的价格，以获取市场份额；如果企业的经营目标是撇脂最大化，企业就可能制定尽量高的价格，以攫取最大的利润；产品质量领先目标则要求企业制定与其质量水平和产品形象相适应的价格。

各企业确定定价目标时，应着眼于经营环境、营销目标、企业规模等多方面的因素，统筹考虑。不同的企业，可能会有不同的定价目标；即使是同一个企业，在不同的时期，由于主客观因素的变化，定价目标也不尽相同。

定价目标的确定应当建立在需要与可能的基础上。企业在选择定价目标时，既要考虑企业经营和竞争的需要，又要使其建立在具有充分的市场条件的基础上。

二、分析需求

每种价格都会导致不同水平的需求，从而会对企业的营销目标产生不同的影响。一般情况下，需求和价格存在反向关系：价格越高，需求越低；反之亦然。但是对于某些商品来说，需求曲线可能是正斜率。有时由于受到消费者消费心理和价格预期的影响，需求也会出现随价格上升而增加的情形。但是，如果价格定得太高，需求水平也会降低。

需求曲线表示了不同价格水平下市场的可能购买量，可以采用统计方法、价格实验方法或调查方法进行估计。估计需求首先要分析哪些因素影响价格敏感性。Nagle 和 Holden 认为在下列情况下会有较低的价格敏感性：产品高度差异化；消费者不太了解替代产品；购买者无法很容易地比较替代品的质量；产品的总消费额占购买者总收入的比例很低；对该产品的支出是最终产品总成本的很小一部分；产品需要与以前购买的资产共同使用；产品具有较高的认知质量和良好声誉；产品不易储存。

营销人员必须知道需求对于价格变动是如何反应的，即分析需求的价格弹性。一般而言，在下述情况下，需求弹性会比较小：没有或只有很少的替代品，或竞争者比较少；消费者不会轻易注意到价格的升高；消费者对改变其购买习惯和寻找较低价格表现迟缓；购买者认为企业为其产品制定较高的价格是合理的。假如产品需求富于弹性，企业就会考虑降低产品的价格以获得更高的总收入。

需求价格弹性取决于拟定价格变动的大小和方向。微小的价格变化可以忽略，而比较大的价格变化却是非常重要的，并且降价和提价的意义是不一样的。在需求对价格不敏感的价格变化区间内，改变价格几乎不会对需求产生影响。据麦卡锡的一项调查，价格不敏感的区间大约为：电池 13%、漱口水 17%、小家电 9%。

三、分析成本

需求决定了企业制定价格的最高限度，而成本则决定了最低价格。测算成本的目的就是为了确定产品价格的下限。企业在制定价格时，应当考虑生产、分销和销售该产品的所有成本，以及企业应得到的公允报酬。与估计需求量相比，测算成本比较容易，结果也较为准确，因为测算成本只需企业内部的资料。

四、分析竞争者的产品、成本和价格

在由市场需求和企业成本所决定的价格范围内，企业还必须考虑竞争者的产品、成本、价格和可能的价格反应。消费者在购买相同价格的同类产品时，注重的是产品的质量；而在购买相同质量的同类产品时，消费者注重的是产品的价格；如果价格、质量相同，那么，消费者注重的就是服务。如果企业提供的产品与主要竞争者相似，那么产品定价就必须接近于竞争者的价格，否则就会失去潜在的顾客。如果企业的产品是低等级的，那么产品的价格就不应高于竞争者的价格；反之亦然。需要强调的是，竞争者在任何时候都可能改变价格。

五、选择定价方法

经过需求分析、成本分析和竞争对手分析，获得了制定价格所需要的3C：顾客需求（Customer's Demand）、成本函数（Cost Function）和竞争者价格（Competitor's Price）。成本决定了最低的价格，市场需求决定了产品的最高价格，而竞争者和替代品的价格提供了制定价格的参考点。在此基础上，企业需要确定一种定价方法。定价方法有成本加成定价法、目标收益定价法、感知价值定价法、价值定价法、现行价格定价法和竞争投标定价法。关于定价方法的详细介绍参见下一节。

六、价格决策

在上述价格的基础上，企业还要考虑心理因素、风险因素、企业定价政策等因素，进行综合权衡，确定最终价格。其他要考虑的因素主要有：

（1）营销组合中其他因素的影响。产品的价格必须考虑到与竞争相对应的产品质量和广告。Farris 和 Reibstein 研究了 227 个消费行业的相对价格、相对质量和相对广告费用，他们发现：具有一般质量但却有巨额广告预算的品牌索取更高的价格；相对于那些不出名的产品，消费者显然愿意为他们熟悉的品牌支付溢价；若产品既拥有相对高的质量又有相对高的广告投入，则价格高；相对质量低、相对广告支出也低的产品价格最低；高价格与高广告投入之间的正向关系，对市场领导者处于生命周期后期的产品更为显著。

（2）企业的定价政策。拟定的价格必须与企业的定价政策一致。许多企业都成立专门的价格部门，以制定定价政策并制定或者批准价格决策。

（3）价格对其他方面的影响。企业还必须考虑其他各方对所制定的价格的反应，包括分销商和经销商以及销售人员。比如竞争者会做出什么反应？供应商会不会提高他们的价格？价格是否符合国家有关政策法规等？

第三节　产品定价方法

产品定价的方法很多，归纳起来为三大类：一是成本导向定价法，二是竞争导向定价法，三是需求导向定价法。

一、成本导向定价法

（一）成本加成定价法

成本加成定价法是以成本为中心的传统定价法，它是以生产成本为基础，再加上一定比率的期望利润来确定产品的价格。其计算公式为：

$$价格 = \frac{单位产品成本}{1 - 期望销售利润率}$$

或：价格 = 单位产品成本 ×（1 + 成本加成率）

［例 9 - 1］某企业某产品产量为 100 万件，单位产品变动成本为 25 元，固定成本为 5000 万元，期望销售加成率为 20%，请运用成本加成定价法计算其价格。

解：单位固定成本 $\frac{5000}{100} = 50$（元）

单位产品成本 = 50 + 25 = 75（元）

价格 = 75 ×（1 + 20%）= 90（元）

建筑行业一般使用这种方法，在估计了全部的项目成本和利润加成之后提出整个工程的造价。这种定价方法简单易行，利于保本求利；企业和消费者都有公平感，且如果所有的企业都采取这种方法定价，则价格就会趋于相同或相似，引起价格竞争的可能性就很小。但是，一般而言，加成定价法是不符合逻辑的，因为任何忽视市场需求和竞争关系的定价方法都不可能得到合理的价格。只有当加成定价法得到的价格能够达到预期销售额时，这种定价方法才有意义。此外，这种方法是把固定成本按照期望产销量进行分摊，当实际产销量大于预期产销量时，用这种方法定价往往偏高；当实际产销量小于预期的产销量时，用这一方法定价又往往偏低。

（二）目标收益定价法

目标收益定价法是通过决定目标投资回报率确定产品的价格。许多企业都在使用这种方法。其计算步骤如下：

目标利润价格 = 单位成本 +（期望回报率 × 投资资本）/销售数量

［例 9 - 2］某企业某产品的产量为 100 万件，产销率为 95%，总投资为 1900 万元，企业的期望回报率为 20%，单位成本为 20 元，则该企业的产品价格应为多少？

解：价格 = 20 +（1900 × 20%）/（100 × 95%）

　　　= 24（元）

如果生产商的成本和销售量达到了期望水平，它就可以实现期望的投资回报率。如果销售量没有达到期望水平，制造商可以通过盈亏平衡分析来了解其他销售量水平上的获利情况。

盈亏平衡点销售量 = 固定成本/（价格 - 可变成本）

二、竞争导向定价法

竞争导向定价法是以本企业的主要竞争对手的价格为定价基础，忽视企业的产品成本或需求的变化，只要竞争对手的价格不变，本企业的价格也不变。竞争导向定价法通常有两种形式，即现行价格定价法和竞争投标定价法。

（一）现行价格定价法

现行价格定价法又称随行就市定价法。这是根据同行业企业的现行价格水平来定价的，是一种比较常见的定价方法。在产品成本的测算比较困难，竞争对手不确定，以及企业希望得到一种公平的报酬和不愿打乱市场现有正常秩序的情况下，这是一种行之有效的定价方法。

在现行价格定价法中，企业的价格主要基于竞争者的价格来制定。企业的价格可能与它的主要竞争者的价格相同，也可能高于或低于竞争者的价格。在钢铁、化肥等行业，竞争者之间通常收取相同的价格。较小的企业会追随较大的企业，它们产品的价格变动不是根据自己的需求变化或成本变化，而是依据市场领先企业的价格变动。

（二）竞争投标定价法

这是指卖方委托拍卖行，以公开叫卖的方式引导买方报价，利用买方竞争求购的心理，从中选择高价格成交的一种定价方法。这种方法历史悠久，常见于出售古董、珍品、高级艺术品或大宗商品的交易中。拍卖式定价有英式拍卖、荷兰式拍卖和封闭式投标拍卖。

英式拍卖又称升价出价，有一个卖方和多个买方，卖方展示一件物品，买方不断加价竞标，直到达到最高的价格。英式拍卖经常用于销售古董、牲畜、房产、二手设备和车辆。

荷兰式拍卖又称降价出价，有一个卖方和多个买方，或者一个买方和多个卖方，卖方可能向许多买主提出价格，或者一个买主向许多卖主询价。在前者中，拍卖师宣布产品的一个高价，然后慢慢下降，直到有竞标者接受价格。在后者中，买方宣布他想购买的物品，潜在的卖主互相竞争，通过提供最低的价格达成销售。每个卖主都知道最新一次的出价情况，自行决定是否出更低的价格。

在封闭式投标定价中，投标商只能提出一个报价，并且不知道其他人的报价。在建筑行业、大型设备的购买招标中经常采用这种方式。

三、需求导向定价方法

（一）感知价值定价法

越来越多的企业把它们的价格建立在顾客对产品的感知价值的基础上。感知价值是指消费者对某种商品价值的主观评判。感知价值定价法是指企业以消费者对商品价值的认知程度为定价依据，运用各种营销策略和手段，影响消费者对商品价值的认知，再根据商品在消费者心目中的价值来制定价格。

感知价值定价法的关键是比竞争者给潜在购买者传递更多的价值，难点在于获得消费者对有关商品价值感知的准确资料。企业如果过高估计消费者的感知价值，其价格就可能过高，难以达到应有的销量；反之，若企业低估了消费者的感知价值，其定价就可能低于应有水平，使企业收入减少。因此，企业需要研究顾客价值的驱动因素并了解顾客的决策制定过程。企业可以通过管理判断、焦点访谈小组、类似产品价值、相关分析和其他方法来确定商品的价值。

（二）价值定价法

价值定价法是指企业以较低的价格出售高质量的产品。宜家家居、沃尔玛都采用价值定价法。

价值定价并不是简单地制定一个相对于竞争产品来说更低的价格，而是要对企业进行流程再造，从而在不降低质量的前提下提供低成本的产品。降低价格的目的是为了吸引大量的对价格敏感的顾客。

价值定价法的一种重要的价值定价形式是天天低价（EDLP），这种情况一般发生在零售领域。采用 EDLP 定价模式的零售商一般不提供临时性的打折政策，而采取持续的天天低价政策。这种经常的低价政策消除了打折政策带来的价格不确定性，这一点不同于那些以促销为导向的、采取高低定价政策的竞争对手。

高低定价政策是指零售商日常制定较高的价格，但在频繁举行的促销活动中价格有可能暂时低于 EDLP 的水平。

由于频繁的特价和促销活动成本很高，降低了消费者对于日常价格可信度的信心，而且传统的特价和促销需要消费者寻找特价或有赠券的商品，而消费者已经越来越无法容忍这种浪费时间的活动，所以零售商考虑采用 EDLP 定价政策。然而，由于促销的确能够刺激消费，因此，随着来自于商店和其他渠道的竞争日趋激烈，越来越多的超市同时使用高低定价和 EDLP 策略，并加大广告和促销的力度，以求吸引顾客。

第四节　价格策略

定价是一个极为复杂的决策过程。企业一般不会制定单一的价格，而是通过价格体系来反映下述各种差异：地域需求和成本差异、细分市场差异、购买时间差异、购买数量差异、服务条款差异和其他差异等。

消费者接受某一商品的价格，受到心理、社会和文化的影响。企业按照不同的定价目标，采用不同的定价方法，只是得到为产品定价提供参考的基本价格。企业还要根据不同的市场环境、产品条件和企业目标，运用灵活多变的定价策略，修正和调整产品的基本价格，制定出为消费者所接受的价格。

一、新产品定价策略

新产品定价是企业定价决策中的一个难点，一方面要尽快收回产品开发成本，获取最大利润；另一方面要让消费者尽快地接受新产品，迅速占领市场。为了实现不同的定价目标，企业在新产品定价时，常常采用的有渗透定价、撇脂定价和温和定价三种定价策略。

（一）渗透定价策略

渗透定价是指将价格定得比较低，以此吸引并赢得大量顾客，以便迅速打开市场。

采取渗透定价策略，一方面可以利用低价迅速打开市场，另一方面又可以有效地阻止竞争者的进入，有利于控制市场。但是，这种方法也有其不足之处，主要是新产品开发的投资回收期比较长。

只有在缺乏竞争对手或竞争者缺乏相应的能力或动机去降低价格遏制企业的渗透定价时，渗透定价才有利于赢得市场份额。在以下情况下渗透定价是合理的：

（1）企业拥有明显的成本优势或资源优势；

（2）企业拥有很多产品线或补充产品，为带动其他产品线盈利，可以使一条产品线的产品为“亏损线”；

（3）企业的低价格一时不会引起竞争对手的反击。

（二）撇脂定价策略

撇脂定价是一种高价策略，是指企业在推出新产品时，制定很高的价格，以便在较短的时间内获得最大的利润。

一般情况下，采用撇脂定价策略制定的价格相对于消费者愿意支付的价格是较高的。它利用了消费者的求新心理，能够在短期内收回投资并取得较高的利润，并且为将来应对竞争对手的加入预留了降价空间。撇脂定价的不足之处是高价不利于打开市场，并且高价会很容易吸引潜在竞争者的加入，从而加剧产品的竞争。

一般而言，在以下情况下，企业可以考虑采取撇脂定价策略：

（1）拥有较大的对价格不敏感的顾客需求；

（2）在新产品推出的初期产品产能有限；

（3）企业拥有专利或技术诀窍；

（4）高价格有助于建立产品优质、高档的形象。

（三）温和定价

温和定价策略又称之为满意定价策略或君子定价策略，是指企业为了兼得撇脂定价和渗透定价的优点，将价格定在适中水平。这是一种居中的价格策略，它既能保证企业获得满意的利润，又能为消费者接受，对买卖双方都有利。该策略具有风险小、易为各方接受和有利于企业实现目标利润等优点。其不足之处是特点不突出，难以在市场中造成震撼。

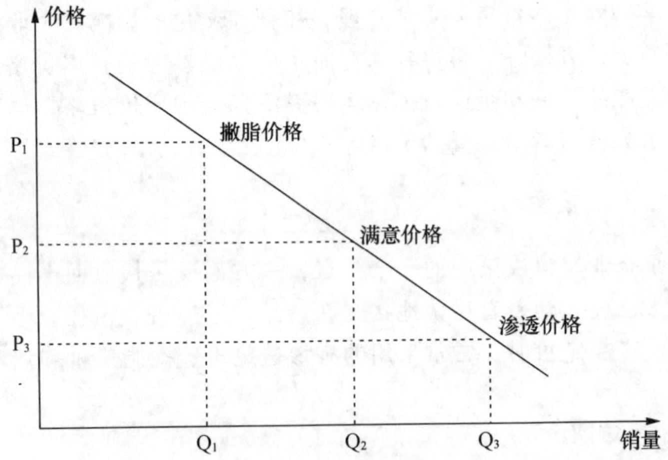

图 9－3 新产品定价策略

二、价格折扣与折让

大多数企业为鼓励顾客提前付款、现金购买、大批量采购、淡季购买等，都会调整其基础价格，以价格折扣的方式来回报顾客。

（1）现金折扣。现金折扣是向现金购买的顾客提供的一种价格。典型的例子是"2/10，净值30"，意思是付款期限是30天，但如果用户在10天内付清账单，就可以获得20%的折扣。

（2）数量折扣。数量折扣是向大量购买的顾客提供的一种折扣。数量折扣应向所有的顾客提供，但不能超过大批量销售所节省的成本。数量折扣可以以一次购买的数量为基础，也可以根据一定时间内累计的购买数量提供折扣。

（3）功能折扣。功能折扣又叫贸易折扣，是指当销售渠道的成员愿意履行一定的职能时，如销售、储蓄、记账等，制造商向他们提供的折扣。因为销售渠道成员完成的职能不同，所以制造商可以给予不同的职能折扣。但对于同类型的销售渠道成员来说，制造商应该提供相同的折扣。

（4）季节折扣。季节折扣是企业给那些购买过季商品和服务的顾客提供的一种折扣。季节折扣可以使销售商在一年四季保持稳定的生产。

（5）折让。这是另一种类型的价目表价格的减让。例如，以旧换新折让是允许顾客在购买新产品的同时用旧产品折抵部分价款的一种减让。促销折让是向参加广告和销售支持计划的经销商提供的付款减让。

三、心理定价

心理定价策略是指企业在定价时，考虑消费者购买时的心理因素，有意地将产品价格定得高些或低些，以诱导消费者的购买来扩大市场销售量的一种定价策略。它是定价的科学性与艺术性的结合。

（1）尾数定价策略。尾数定价是指在商品定价时，取尾数而不取整数的定价方法，使消费者购买时在心理上产生较为便宜的感觉。采用尾数定价的产品能让消费者产生一种感觉，认为这种商品的价格是商家经过认真的成本核算制定的，可信度较高。顾客通常感觉 99 元的商品比 100 元钱的商品不仅仅便宜 1 元钱，因为他感觉 99 元是在 100 元的范围内，而不是超出了 100 元的范围；或者是他有一种打折的感觉。对高档产品，尤其是高档装饰品，价格宁可取整而不取零，如一条项链值 4995 元，则宁可定价 5000 元。

（2）声望定价策略。声望定价指在定价时，把在顾客中有声望的商品价格定得比一般的商品要高。与尾数定价策略迎合消费者的求廉心理相反，声望定价策略迎合了消费者的高价显示心理。

（3）形象定价策略。许多顾客把价格作为判断产品质量好坏的重要指标。以自我感觉为主的产品，如香水和化妆品等运用形象定价法是很有效的。价值 20 元的香水定价 25 元可能无人问津，但若定价 100 元甚至更高，可能需求旺盛。

（4）招徕定价策略。招徕定价策略是指多品种经营的企业中，对某些商品定价很低，以吸引顾客，目的是吸引顾客在购买低价商品时也购买其他商品，从而带动其他商品的销售。招徕定价策略适用于以经营日用消费品为主的大型零售企业，因为它们出售的商品种类繁多，容易吸引顾客购买低价品以外的商品。另外，这些低价的“牺牲品”最好选择需求弹性较大的商品，以便用增加的销售量来弥补低价的损失。

四、促销定价

在一定情况下，企业可以暂时将产品价格调整到低于价目表的价格甚至低于成本费用。

（1）牺牲品定价。超级市场和百货企业大幅度降低几种知名品牌的价格来增加店内其他商品的销售。但制造商一般不愿看到自己的产品成为牺牲品，因为这不仅会损害品牌形象，而且会遭到其他零售商的抱怨。

（2）特殊事件定价法。销售商利用特殊事件如店庆或其他重大事件而制定特殊优惠的价格以吸引顾客。

（3）现金回扣。制造商向顾客提供现金回扣，来鼓励他们在某一特定时期购买产品。回扣有助于制造商在不对价目表进行降价的情况下清理存货。回扣通常出现在包装消费品的销售中。它可以刺激销售量上升，而且其费用低于降价时的成本。

（4）低息贷款。企业不采取降价，而是向顾客提供低息贷款，以招揽生意。通常，企业给予顾客的低息贷款，还款期限较长，月还款额度低，这对他们很有吸引力，但是如果还款期限较短，月还款额度很高，顾客会因担心能否承受而使得这种吸引力降低。因此，运用低息贷款促销，还款期限相对定长些为宜。

（5）保证书与服务合同。企业可以通过增加免费担保或服务合同来促销产品。如果顾客愿意购买的话，企业将不对保证书或服务合同收费，而是免费提供或减价提供。这是降低价格的一种途径。

（6）心理折扣。企业人为地对产品制定高价，然后再大减价。例如“原价 199 美元，现价 100 美元”。在美国，这种折扣被视为违法。然而，正常的价格折扣则是促销定价的合法形式。

五、差别定价

企业为了追求效益最大化或为了竞争的需要，会因顾客、产品、时机等的不同而对基础价格进行调整，会对不同的顾客按照两种或两种以上的不同价格推出同一种产品，而这些不同的价格之间的差异并不反映其成本的差异。

（1）顾客细分定价。它是指对同一产品针对不同的用户或顾客制定不同的价格。比如，企业对老客户和新客户、长期客户和短期客户等分别采用不同的价格。

（2）地点差别定价。对同一产品和服务根据地点的不同而收取不同的价格，比较典型的例子是影剧院、体育场、飞机等，其座位不同，票价也不一样。

（3）时间差别定价。同一种产品成本相同，而价格随季节、日期甚至钟点的不同而变化。例如，电影院的票价在白天和晚上有较大差别。

（4）产品式样差别定价。不同外观、花色、型号、规格、用途的产品，制定的价格也不一样。也许成本有所不同，但其价格差异与成本差异之间并不成比例。

（5）渠道差别定价。企业为不同的渠道制定不同的价格。可口可乐公司为高级餐厅、快餐店和自动售货机出售可口可乐索取不同的价格。

（6）形象差异定价。有些企业根据不同的形象对同一产品制定不同的价格。

六、产品组合定价

当产品只是某一产品组合的一部分时，企业可以考虑采取产品组合定价方法。

（1）产品线定价。同一产品线包含一组相互关联而又各具特色的产品，而不是单一产品。这类产品的定价决策必须合理确定从一种产品到另一种产品的价格差异。价格差异要考虑产品的成本差异、顾客对产品的偏好、竞争者价格等。

（2）备选品定价。许多企业在提供主体产品的同时，还会提供一些可供选择的产品或特征。在这种情况下，企业必须明确价格表中包括哪些项目，把哪些项目作为备选。

（3）附属品定价。有些产品需要与附属品配套使用，如剃须刀架与刀片、胶卷相机与胶卷等。由于附属品的消耗量更大，因此企业会将主要产品如剃须刀架、照相机等的价格定得比较低，而将附属品的价格定得比较高。

（4）两部分定价。服务性企业经常对某种服务固定收取一笔费用，然后再根据其使用数量计收相关费用。如某些电话企业对用户每月收取一笔固定费用，然后再根据打电话的次数和时间收费。

（5）副产品定价。在生产加工石油产品或其他化学产品的过程中，经常有副产品。如果副产品价值很低，处理费用昂贵，就会影响到主产品的定价。制造商制定的价格必须能够弥补副产品的处理费用。如果副产品对某一顾客群有价值，企业就会按其价值定价。如果副产品能带来收入，将有助于企业在应对竞争时能够对主产品制定较低的价格。

（6）产品束定价。有时企业将相关的产品捆绑在一起销售。捆绑销售的价格低于单独购买其中每一产品的费用总和。因为顾客可能并不打算购买其中所有的产品，所以这一组合的价格要比其单件产品价格之和有较大的优惠，否则难以刺激消费者购买。

第五节　价格调整与应对

企业在制定了产品价格以后，还要根据竞争环境的变化，经常对价格进行调整，以适应市场竞争的需要。

一、主动调整价格

主动调整价格是指在同行业中其他企业没有调整价格时，企业主动改变自己产品的价格。

（一）提价

尽管提价会引起消费者、经销商和企业销售人员的不满，但一次成功的提价会大大增加企业的利润。企业提价的原因可能是：

（1）成本上升。当成本上升，生产率却没有相应提高时，利润就会下降，企业就会采取提价的方式来增加利润。当企业预期会发生进一步的通货膨胀或政府的价格控制时，价格的上涨经常大于成本的增加。

（2）供不应求。当企业不能满足所有顾客的需求时，它就会提价，或对顾客实行配额，或同时采用两种方法。提价既可公开进行，也可以采用较为隐蔽的方式进行，如减少折扣、减少分量或改变包装等。

在提价时，为了减少顾客的不满，企业要告诉顾客涨价的理由。企业的销售人员也要经常拜访顾客，努力帮助顾客解决提价带来的问题。再者，企业必须决定是一次性地大幅度提高价格，还是多次小幅度提价。相对而言，顾客更习惯于小幅提价而不是大幅涨价。

（二）降价

遇到以下情况，企业可能就会考虑降价：

（1）企业的生产能力过剩，库存积压严重，而通过增加推销、改进产品或其他方式都不能达到促销的目的时，降价就成为最后的选择。

（2）在强大的竞争压力下，企业的市场占有率下降。例如，中国的手机、汽车等行业，由于国外知名品牌的竞争，一些企业不得不以降价迎战。

（3）当企业的成本比竞争者低时，企业出于打击竞争者的需要，通过降价可以扩大销量，提高市场占有率，从而可以打击竞争对手，又可以进一步降低成本。

二、顾客和竞争对手对价格变化的反应

（一）顾客对价格调整的反应

不管是降价还是提价，都会对顾客、竞争对手、分销商和供应商产生影响。其中顾客对价格调整的反应是价格调整成功与否的决定因素。

降价一般会吸引更多的顾客购买，但有时顾客会对降价有不同的理解：这种产品可能将被新型产品所代替；这种产品有某些缺陷，是滞销产品；企业财务困难，难以继续经营下去；价格还要进一步下跌；产品质量下降等。

企业提价通常会影响销售，但可能也向顾客传递某些有利信息：产品供不应求；产品质量好等。

顾客虽然关心产品的价格变动，但是通常更关心取得、使用和维修产品的总费用。因此，如果企业能使顾客相信其产品所需的总成本较低，那么，它即使把产品的价格定得比竞争者高，顾客仍然会接受该企业的产品。

（二）竞争者对价格调整的反应

竞争者的反应也是企业在调整价格时应考虑的一个重要因素。在某一行业中企业数目越少，产品同质程度越高，顾客的辨别能力越强，分析竞争者的反应也就越重要。

假设竞争对手有一套应对价格变化的政策，在这种情况下，竞争对手的反应是能够预测的。企业可以通过搜集竞争对手的信息和情报来预测竞争对手的反应。通过其他渠道如顾客、金融机构、供应商等获得竞争者的内部资料。企业也可以应用统计分析方法评判对手的反应。有的企业采用相对价格变动比率来测定。用数学公式表示为：

$$V(B/A)_t = \frac{P_t^B - P_{t-1}^B}{P_t^A - P_{t-1}^A}$$

式中：$V(B/A)_t$ 为竞争者 B、A 在 t 期间的价格变动的相对比率；$P_t^B - P_{t-1}^B$ 为竞争者 B 在 t 期间的价格变动；$P_t^A - P_{t-1}^A$ 为企业 A 在 t 期间的价格变动。

企业 A 可通过观察值 $V(B/A)_t$ 来估计竞争者 B 的可能反应。假如 $V(B/A)_t = 0$，表示竞争者 B 对企业 A 上次价格调整并没有反应；假如 $V(B/A)_t = 1$，表示竞争者 B 完全跟进企业 A 的价格变动；假如 $V(B/A)_t > 1$，表示竞争者 B 对企业 A 的价格变动十分敏感；假如 $V(B/A)_t < 1$，表示竞争者 B 对企业 A 的价格变动不敏感。然而，如果仅仅分析上次的反应，很可能会判断失误，最好是使用过去若干个时期的 V（B/A）值的平均值。在计算 V（B/A）值的平均值时，为了更能反映竞争者目前的政策，可以对近期 V（B/A）的比值赋予较大的权重。比如，可以采用如下的估计公式：

$$V(B/A) = 0.5V(B/A)_t + 0.3V(B/A)_{t-1} + 0.2V(B/A)_{t-2}$$

当然，采用该方法的前提假设条件是竞争者对竞争对手价格变化的反应保持前后一致性。

如果竞争者把每一次价格变动都看做是一次新的挑战，并根据其当时的经营目标和利益做出相应的反应，这时，企业就必须分析当时竞争者的目标是什么。企业必须调查研究竞争对手目前的财务状况、最近的销售和生产能力情况、顾客的忠诚情况等。如果竞争者的企业目标是提高市场占有率，它就可能会随着本企业的产品价格变动而调整价格。如果竞争者企业的目标是获取最大利润，它就会采取其他政策，如增加广告预算、加强广告促销或者提高产品质量等。总之，企业在实施价格变动时，必须充分利用企业内部和外部的各种信息，较为准确地预测竞争者的反应，以便制定一个合理的价格调整策略。

如果企业面对着若干个竞争者，其情况就比较复杂。在调整价格时就必须估计每个竞争者的可能反应。如果所有的竞争者反应大体相同，就可以只分析一个典型的竞争者。如果各个竞争者在规模、市场占有率及经营目标等方面都不相同，它们的反应就不一样，在这种情况下，就必须对各个竞争者分别进行分析。

三、企业如何应对竞争对手的价格变化

企业应该如何对竞争对手的价格调整做出反应呢？在产品同质的市场上，如果竞争对手降价，企业如果不能增加产品价值，那么只能随之降低价格。如果竞争对手提高产品价格，其他企业可能会随之提价，也可能不予反应。如果提价会给整个行业带来利益时，其他企业会同时提价，则企业可相应提价。但如果其中有企业认为提价对自己或市场不利时，它就不会跟风提价，而这种不合作也许会促使其他企业撤销提价决定。

在异质产品市场上，企业对竞争对手的价格变动的反应有更多的选择。这时购买者选择供应商要考虑很多因素：服务、质量、性能、可靠性等。这些因素会降低购买者对较小价格差异的敏感性。

企业在做出反应之前，需要考虑以下问题：

(1) 竞争对手为什么要变动价格？它是为了占领市场，还是生产能力过剩？是因为成本发生变动，还是要发动全行业价格的变动？

(2) 竞争对手的价格变化是临时性的还是永久性的？是战略性的还是战术性的？

(3) 如果企业不对竞争对手的降价做出反应，将对企业的市场份额和利润有何影响？其他企业是否会做出反应？

(4) 竞争对手和其他企业对于本企业的反应又可能会做出什么反应？

市场上经常出现的是市场领导者遭到小企业的进攻，这些小企业通过侵略性降价来争夺其市场份额。这时领导者可以选择以下方式进行应对：

(1) 维持原价。如果领导者降价会使利润减少过多；或者维持原来的价格不会导致市场份额失去太多；或者是将来能够夺回暂时失去的市场份额，市场领导者就可以采取维持原来价格不变的对策。

(2) 提高认知质量。领导者可以维持原价，但同时提高产品的价值。它可以改进产品、服务和促销。企业也许会发现维持原价而提高认知质量所需的成本低于因降低价格

而带来的利润损失。

（3）降低价格。领导者可将价格降到竞争对手的价格水平。如果随着销量的增加成本下降；或者市场对价格十分敏感，不降价就会使市场份额下降；或者市场份额一旦下降，以后就将难以恢复，那么市场领导者就要考虑降价。当企业降低价格时，应尽量保持产品质量。

（4）提高价格并改进质量。领导者可以在提高价格的同时，引进新的品牌去和发动价格攻击的品牌进行竞争。

（5）推出低价进攻型产品。领导者可以提供低价产品，或另创立一种低价品牌，与低价格的竞争对手进行竞争。

针对价格竞争的最佳反应要视具体情况而定。遭受攻击的企业必须考虑产品在生命周期中处于哪个阶段；产品在企业产品组合中的地位；竞争对手的意图和资源实力；市场对价格和质量的敏感度；成本和产量的相互作用以及企业可以选择的各种机会等。

当对手发动价格进攻时，对企业可行的各种方案进行广泛的深入分析并不总是可行的。因为竞争对手可能会花费大量的时间用于准备，而企业必须在很短的时间内做出反应。企业可行的一种选择就是对竞争对手可能采取的价格变动作出预测，并制定相应的对策。图 9－4 是企业在竞争对手降价时可采用的价格反应模型。在那些价格变动频繁，需要迅速做出反应的行业中，这种针对价格变动的反应过程应用最多。

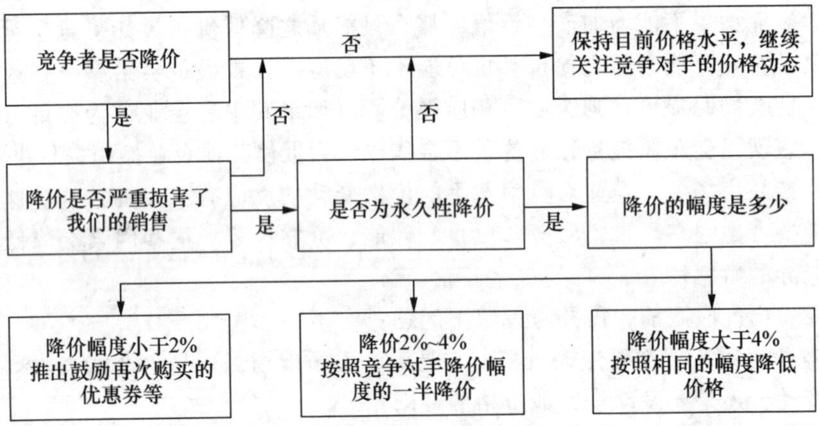

图 9－4 价格竞争应对模型

第十章　促销策略

促销是指企业把产品或服务向目标消费者及对目标消费者的消费行为具有影响的群体进行宣传、说服、诱导、唤起需求并最终促使其采取购买行为的活动。促销策略是营销活动的一个重要组成部分，它承担唤起和激发需求的功能。促销有广告、销售促进、公共关系和人员推销等多种工具。

第一节　营销传播的过程

一、传播过程模型

图 10－1 描述了营销信息传播的一般过程和要素。这个模型强调了传播的关键因素。发送者必须知道要把什么信息以什么媒体传播给什么样的受众（接收者），以及要得到什么反应。

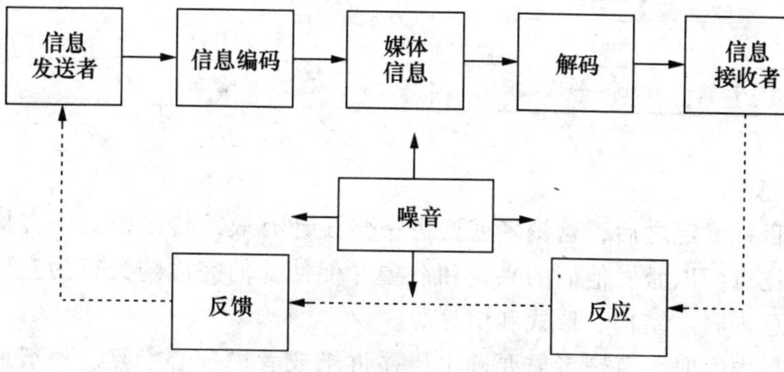

图 10－1　信息传播过程模型

二、营销传播的过程和步骤

营销传播是指企业将有关企业及其商品和品牌的信息传递给消费者的营销活动。现代营销不仅要求开发好的产品，制定有吸引力的价格，使其易于到达目标顾客，企业还必须与它们现实或潜在的购买者、利益相关者以及一般公众进行沟通。开发有效的营销传播项目需要遵循以下八个步骤：①确定目标受众；②决定传播目标；③设计信息；④选择信息传播渠道；⑤编制营销传播预算；⑥确定营销传播组合；⑦评价成果；⑧管理和整合营销传播过程。

1. 确定目标受众

开发有效的营销传播首先必须明确界定目标受众：目标受众可能是企业的现实顾客，也可能是潜在顾客；可能是购买者，也可能是决策者或影响者；可能是个人，也可能是团体；可能是特殊公众，也可能是一般公众。目标受众将会极大地影响企业的下列传播决策：准备说什么，怎么说，什么时候说，在什么地方说，向谁说。

受众分析主要是评价企业、企业的产品以及竞争者在受众心目中的形象。人们对一个产品或服务的态度和行为在很大程度上会受到其形象的影响。在评价产品的形象时，营销者可以调查受众对产品的熟悉程度，然后请那些听说过该产品的人们描述他们对产品的看法。

2. 决定传播目标

营销传播者必须确定期望得到受众的何种反应，即营销人员应该明确要向消费者灌输哪些东西，以改变消费者的态度，或者是激励消费者采取某种行动。从消费者完整的购买决策过程来看，确定营销沟通目标就是确定如何把目标受众从他们目前所处的购买过程阶段推向更高层次的购买准备阶段。针对消费者反应阶段模式，有四种著名的消费者反应阶段模型，即 AIDA 模型、层次效果模型、创新采用模型和沟通模型（见表 10－1）。四种模型均假设购买者都依次经过认知阶段、情感阶段和行为阶段。

表 10－1 四种消费者反应阶段模型

	认知阶段	情感阶段	行为阶段
AIDA 模型	注意	⟶兴趣⟶欲望	⟶行动
层次效果模型	知晓⟶认识	⟶喜爱⟶偏好⟶信任	⟶购买
创新采用模型	知晓	⟶兴趣⟶评价	⟶试用⟶采用
沟通模型	接触⟶沟通⟶认知反应	⟶态度⟶意图	⟶行动

3. 设计信息

营销传播目标确定之后，营销者就要进一步设计有效的传播信息。传播信息应当能够引起受众的注意，以激发他们的兴趣和欲望并促使他们完成购买行为。传播信息的设计需要确定信息内容、结构、形式和信息源。

在确定信息内容时，营销者需要确定传播诉求或者说核心卖点。一般而言，诉求分为理性诉求、感性诉求和道德诉求三类。理性诉求以目标受众的利益追求为出发点，表明产品能为他们带来哪些特定的利益，如产品价值、质量、性能和经济性等。感性诉求试图激发起消费者的某种否定或肯定的情绪以促使其采取购买行动。道德诉求用于引导目标受众意识到什么行为是正确的、恰当的，常常被用来规劝人们支持社会事业。

传播信息的有效性不仅取决于它的内容，而且还取决于信息的结构，这包括是否提供正反两方面的信息、问题与结论的提出和信息的表达次序。一般而言，仅仅提供产品的正面信息比同时提供正反两个方面的信息的效果要好；但是，对于受过高等教育或者对产品抱有抵触情绪的消费者来说，同时传递产品的正反两个方面的信息会更有效。至于是否提供关于产品的结论，不同的研究得出了不同的结论。早期的调研认为，把结论直接提供给目标受众要比让消费者自己寻求结论更有效；而近期的研究认为，最好的广告是提出问题而让消费者自己去得出结论。

信息的表达次序同样也很重要。在提供单方面信息的情况下，开始就提出强有力的论点有助于吸引受众的注意和兴趣，这对于报纸和其他一些受众不太注意信息的全部内容的媒体来说尤为重要。但是，对于那些对相关信息比较感兴趣的受众来说，渐进的表述可能更为有效。在提供正负两面信息的情况下，如果受众原来持反对意见，那么信息传播者就应该首先提出负面观点以赢得他们的认同，然后再对正面观点进行强有力的论证，这样会收到更好的效果。

信息传播者还必须为信息设计出有吸引力的形式。在印刷广告中，标题、文稿、插图和颜色要相得益彰；广播广告则需要仔细选择广告用语、音质和音调；而电视广告还需要考虑非语言的因素。

同样的信息由不同的信息源传播出去的效果是不一样的。信息由比较吸引人或者比较受欢迎的信息源进行传播时，往往能够取得更好的效果，这就是为什么广告主经常选择知名人士作为其产品代言人的原因。信息由可信度很高的信息源进行传播会更具有说服力，因此医药企业通常让医药卫生领域的权威机构来证明其产品的优点。信息源的可信度取决于信息源的专业性、可信性和可爱性。专业性要求传播者拥有支持其观点的专业知识，可信性则要求信息源具有客观性和公正性，可爱性是指信息源对受众的吸引力，滑稽和幽默会使信息源更令人喜爱。

4. 选择信息传播渠道

传播者还必须选择有效的信息传播渠道。一般而言，企业可以选择的传播渠道可以分为人员信息传播渠道和非人员信息传播渠道两类。

人员信息传播渠道涉及两个或两个以上的人相互之间通过面对面、电话或者电子邮件的方式进行直接的沟通。这些方式由于更有可能提供个性化的信息和获得及时的反馈，因而更有效率。

非人员信息传播渠道包括媒体、气氛和事件。媒体包括印刷媒体（报纸、杂志和直接邮寄）、广电媒体（广播和电视）、网络媒体（电话、电报、卫星和无线通信、网页）、电子媒体（录音带、录像带、光盘）和展示媒体（广告牌、显示屏和海报）等。气氛是“被包装的环境”，这些环境会引起或增强消费者购买或消费产品的欲望。豪华的办公室会向消费者传递出更积极的信息。事件有时被用于向目标受众传递特别的信息，比如召开新闻发布会、开张周年庆典活动、赞助社会活动等。

5. 编制营销传播预算

不同的行业和不同的企业在营销预算上差别很大。化妆品行业的促销费用可能达到销售额的30%～50%，而机器制造业可能不足10%，甚至更低。编制营销预算的主要方法有量入为出法、销售百分比法、竞争对等法和目标任务法。

（1）量入为出法是根据企业的实际承受能力确定营销预算，缺点是忽视了营销作为一种投资的作用以及促销对销售额的影响。

（2）销售百分比法以一定期间的销售额（销售量）或产品销售价的一定比率确定营销预算。优点是考虑了营销成本、销售价格和单位产品利润之间的关系，将商业循环中销售的变化和营销支出联系起来；缺点是将销售视为促销费用的决定因素而不是促销费用的结果，而且百分比的确定并没有相应的理论依据。

(3) 竞争对等法以主要竞争对手的营销费用支出为基准，确定足以与其抗衡的营销预算。由于不同企业在资源、经验、信誉、品牌知名度和经营目标方面相差悬殊，因此一个企业的促销预算很难成为另一个企业制定预算的依据。

(4) 目标任务法根据营销计划制定的企业经营目标来确定达到这一目标必须完成的任务以及估计为完成该任务所需的费用，以此来决定营销预算。目标任务法要求营销决策人员认真研究营销费用与暴露水平、使用率等之间的关系。

6. 确定营销传播组合

促销有广告、销售促进、公共关系和人员推销等多种工具，企业要决定如何在这些促销工具之间分配预算。不同企业的媒体和渠道选择差别很大，即使它们属于同一个行业。雅芳主要进行人员销售，而 Cover Girl 则更多使用广告。企业在设计其营销传播组合时，必须考虑市场类型、顾客的购买意愿、产品生命周期阶段等因素。

7. 评价结果

促销计划实施后，企业必须评价其传播效果。比如目标受众是否能够识别和回忆起所传播的信息，他们多少次接触到传播信息，他们记住了哪些内容，他们对信息的感觉如何，他们对企业产品过去和现在的态度如何等。企业营销者还需要收集目标受众接触到传播信息后的行为数据，如有多少人购买了产品，多少人喜欢其产品或品牌，以及多少人谈论过该企业及其品牌或产品。

8. 管理和整合营销传播

整合营销传播（IMC）是一种营销传播规划活动，它通过对广告、直接邮寄、销售推广和公共关系等多种传播方法的战略作用进行评价，从而综合运用这些方法将分散的信息进行整合和传播，从而发出明确一致的信息，取得最大的传播效果。比如 Beck's 北美公司针对 21～34 岁的消费者发动了一次耗资 1000 万美元的集合营销活动，它将预算的 60% 用于电视广告，将余下的 40% 用于互联网广告、广播广告、杂志广告和体育比赛的赞助促销。

随着大众市场的逐渐分化，新的媒体形式不断出现，以及消费者的知识日益丰富，企业也需要考虑采用更多样化的传播工具，采用集合营销传播方法。集合营销传播可以产生更强的信息一致性，并对销售有更大的影响；而且集合营销要求有专人负责企业统一的品牌形象和信息，一旦正确实施，将会提高企业把正确的信息在恰当的时间和地点传递给目标受众的能力。

第二节 营销传播组合的构成、特征与决策

营销传播组合是把企业的一切营销和传播活动，如广告、促销、公关、新闻、直销、CI、包装产品开发等一切传播活动都涵盖到营销活动的范围之内，使企业能够将统一的传播信息传递给目标受众。营销传播组合也被称之为“用一个声音说话”（Speak With One Voice），让目标受众从不同的信息渠道获得对同一品牌的一致信息，以增强品牌诉求的一致性和完整性，对信息资源实行统一管理。

企业在进行品牌传播活动和营销手段运作时，通过营销传播组合综合协调使用各种

形式的传播方法和营销手段，针对不同的消费者，以统一的目标和统一的传播形象，传递一致的产品信息，进行“一对一”的传播。从而实现与消费者的双向沟通，形成一个整体的、综合的印象和情感认同，促使消费者建立相对稳定、统一的品牌认知，并能迅速树立产品品牌在消费者心目中的地位和美誉度，建立产品品牌与消费者长期有效的密切关系，更有效地达到广告传播和产品营销的目的。

企业在运用营销传播组合时应该统筹运用各种传播方式，并以最佳组合方式向特定的目标群体传送基本一致的营销信息，进行传播和沟通。

一、广告及其特征

广告是企业通过付费的方式，借助一定的媒体将企业相关信息传递给广大目标顾客的一种传播方式。广告是营销传播组合中的主要方式和关键环节，对企业品牌形象的塑造具有重要作用。由于广告具有多种形式和用途，因此很难对其进行简单的概括。即便如此，我们仍要注意广告的一些基本特性：

（1）公开性：广告是一种高度公开的信息传播方式。

（2）重复性：广告发布多次重复同一信息。

（3）综合表现性：广告可以通过综合运用不同的视觉和听觉元素为企业和产品提供一个戏剧性的综合展示。

（4）单向性：受众不会感到一定要注意广告或对广告做出反应的压力。广告是一种独白而不是一种对话。

广告既可以建立产品的长期形象，比如可口可乐、耐克和茅台等知名企业和品牌的广告，也可以促进产品的销售。

二、销售促进及其特征

销售促进也称之为销售推广。美国广告促销专家威廉·罗宾逊曾对销售促进做出如下定义：销售促进是对同业（指中间商）或消费者提供短期激励的一种活动，以诱使其购买某一特定产品。

销售促进与广告、公共关系有明显的不同。广告与公共关系促销主要是以培养消费者对品牌的长期忠诚为目标，而销售促进的主要目的是促进短期的销售效果。杭州娃哈哈公司在推出新产品“娃哈哈果奶”时，就曾策划了一次果奶免费大赠送的促销活动，共送出价值30多万元的产品，但销售市场也一下子被打开了，伴随着一支“甜甜的酸酸的，妈妈我要喝”的广告歌曲，使果奶产品在中国儿童饮料市场上形成了巨大的销售旋风。当年娃哈哈果奶销售额近两亿元，净利润达4000万元。时隔两年，娃哈哈果奶又推出一项新的促销活动，即500万元大赠送，在每一瓶娃哈哈果奶中，都有一张设计精美的12生肖课程表，消费者只要集齐12生肖，就可获得5000元奖学金。这次促销活动，成功激发了孩子们的购买兴趣，使该产品销量再创新高。

当然，由于促销对象不同，所采取的促销方式也不一样。常见的促销方法主要有分送赠品、优惠券、减价销售、集卡兑换、会员俱乐部、抽奖活动、商品展示会等。促销活动在企业营销传播组合中的地位越来越重要。

尽管销售促进有各种具体形式，但它们具有以下共同特征：

（1）传播：各种促销工具都能够引起消费者的注意，并把他们引向促销的产品。

（2）刺激：各种促销工具会采取让利、诱导或赠送的办法给消费者提供实际利益从而刺激消费者的购买欲望直至购买。

（3）激励：各种促销工具明确地激励消费者进行购买。

企业通过促销来产生强烈而迅速的消费者反应，从而达到刺激短期销售效果的目的。

三、公共关系及其特征

广告传播是企业沟通市场、建立品牌、推销商品的有效手段，而要想增强广告说服力和传播效果，真正塑造和提升企业及其产品、品牌在社会和公众心目中的形象，在策划新产品广告宣传的同时，企业应组织一些公共关系活动，为广告传播活动营造良好的气氛和环境。公共关系是指企业用于宣传或者保护企业形象或产品而开展的各种项目和活动。

公关活动需要善于抓住各种契机，组织开展战略性的信息传播活动，达到整合营销传播的宣传效果。2006 年 3 月，浙江农夫山泉公司为配合新产品“农夫茶”的广告宣传，精心策划组织了形象代言人韩国明星李英爱“浙江行”活动，一场商业气息浓厚的“广告首播式”吸引了全国上百家媒体前来争相报道；李英爱还赶赴千岛湖最深处的浪川乡七堡完全小学，为那里的贫困儿童捐款，并接受浙江卫视“太可乐了”等栏目的专访，李英爱随后的西湖、灵隐之行，各大媒体进行了全程跟踪报道。毋庸置疑，农夫山泉公司此次精心策划的公共关系活动与其代言产品“农夫茶”的广告宣传配合得非常完美，引起了媒体和社会的普遍关注，取得了良好的营销传播效果。

公共关系活动的最终目的是为了塑造企业的良好形象。公共关系之所以能够提升企业形象，与公共关系的以下特征是分不开的：

（1）高度可信性：新闻报道对消费者而言比广告更可靠、更可信。

（2）低防卫性：公共关系能够影响到对广告和推销人员持有防卫和抵触情绪的潜在顾客。

（3）戏剧性：公共关系具有一种能够吸引顾客注意力的潜能。

四、直接营销及其特征

从全球范围看，销售渠道的发展趋势之一便是直接营销。从营销组合的发展来看，直接营销也日益成为重要的促销手段。直接营销能够迅速发展的原因主要有：

（1）传统的渠道形式使交易费用日益上升。传统的渠道形式大都表现为多层次的渠道层级，制造商的商品需经过批发、零售、店铺等多层次的递送才能最终到达消费者手中。多层次的递送导致多重的中间利润，使得交易费用由此而上升。在直接营销方式下，制造商不经过中间商而将产品直接销售给消费者，交易费用大大降低。

（2）传统促销手段的营销效果不断下降。随着销售场所越来越多，大众广告传播媒体的费用越来越高，消费者对各种销售促进方式以及大众传媒广告的兴趣日益减小，导致销售促进与大众传媒广告的效果日渐降低。在这种背景之下，直接营销这种通过特殊媒体和消费者数据库进行一对一互动沟通的方式便应运而生了。直接营销不仅将人员推销、广告、销售促进等促销手段合而为一，节省了大量的营销费用，而且能够通过电话、电子邮件、信函、访问等手段直接与每一个潜在消费者进行直接的沟通，并通过顾客的直接反馈和反应建立消费者数据库。

（3）消费者的社会、经济、生活方式与条件发生了改变。随着生活节奏的加快，人们越来越珍惜闲暇时间和充分地享受生活，在这种情形之下，产生了对新的营销方式的需求，即既能方便地获取产品信息，又能足不出户就购得所需产品，直接营销适应了这种需求，因此，直接营销得到了快速发展。

（4）直接营销顺应了现代营销的发展趋势，即提供一对一的个性化和定制化的服务。

（5）信息技术的发展为直接营销提供了技术基础和支持。

一般而言，直接营销具有以下特征：

（1）个性化：直接营销的信息一般都发送给特定的顾客或潜在顾客。

（2）及时性：直接营销能够迅速提供消费者所需要的信息。

（3）定制化：直接营销的信息一般都为特定的诉求对象所订制并发送给他们。

（4）整合性：直接营销实现了促销与销售的整合统一。

（5）交互性：直接营销的信息可以根据个体的不同反应而做出改变。

五、人员推销及其特征

人员推销是通过推销人员与消费者的直接接触，对产品和服务进行介绍和推广，鼓励和劝说购买。同其他促销方式相比，人员推销具有以下特征：

（1）面对面的直接沟通。推销人员与顾客直接接触，通过面对面的交谈，直接为客户提供信息，可深入、全面、详尽地介绍产品特点和服务功能，激发顾客的购买欲望；有利于推销人员掌握客户的性格与心理，有针对性地介绍产品的特点和功能，并可及时发现问题进行解释，从而抓住有利时机促成顾客的购买。

（2）推销人员与客户的直接沟通可以及时、直观地了解客户的态度、意见、需求、愿望和偏好，掌握市场动态，有利于企业迅速作出反应、适时调整产品和服务。

（3）推销人员与顾客的接触有助于建立长期稳固的顾客关系。

人员推销的方式很多，比如示范式促销、试验式促销、诱导式促销、随机式促销、针对性促销和情感式促销等。

六、影响营销传播组合决策的因素

营销传播组合必须进行整合，才能传递给消费者一致的信息和企业的战略定位。企业进行营销传播组合决策时，需要特别考虑以下因素：

1. 沟通目标

确定最佳沟通组合，需要明确企业具体的沟通目标。在促进购买者对企业及其产品的了解方面，广告的成本效益最好，人员推销其次。购买者对企业及其产品的信任，在很大程度上受人员推销的影响，其次才是广告。广告、销售促进和公共关系在建立购买者知晓方面，比人员推销的效益要好得多。购买者订货与否以及订货多少主要受推销访问的影响，销售促进则起辅助作用（见图 10－2）。

2. 推式与拉式营销战略

推式战略指利用推销人员与中间商将产品推广进入营销渠道，即企业各种促销方式和

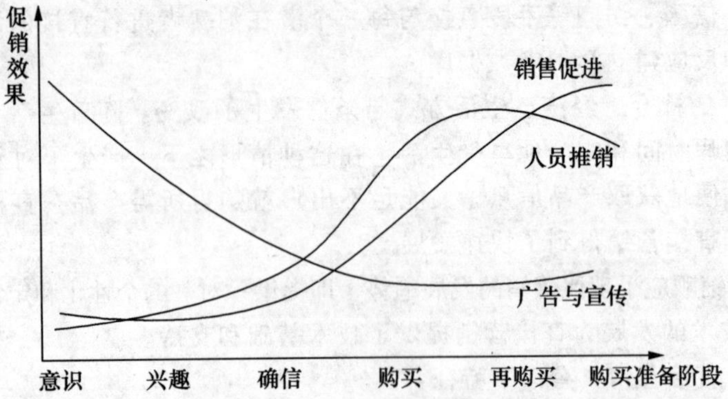

图 10－2　不同促销工具在不同的顾客准备阶段的促销效果

手段诱使中间商积极地向最终消费者推销产品。拉式战略则正好相反，是企业针对最终消费者，将大量资金投在广告及消费者促销活动上，促使消费者认知并进一步要求购买该产品，于是拉动整个渠道系统。企业对推式战略和拉式战略的选择会影响用于各种沟通工具的预算分配。

3. 产品的市场类型

在不同的产品市场类型中，同一种沟通方式所产生的沟通效果是不同的。在消费者市场上，广告是最主要的沟通方式，之后是销售促进；而在工业品市场上，人员推销是最常见的推销方式，之后是广告和公关宣传。产生这种差异的根本原因在于消费者市场和工业品市场在市场需求和购买行为上的差别。消费者市场人数多、分布广，采用广告形式能够迅速传播信息，说服消费者购买；而工业品市场采购集中，产品复杂，定制性强，专家购买，采用人员推销效果更好。

4. 产品生命周期阶段

在产品生命周期的不同阶段，不同沟通方式的效果也有所不同，见图 10－3。在导入期和成长期，广告和人员推销是十分重要的传播方式。这是由于新产品初上市时消费者对其不认识、不了解，需要通过适当的广告和人员推销活动吸引广大消费者的注意。在成熟期和衰退期，销售促进变得愈来愈重要，人员推销的效果则明显下降。

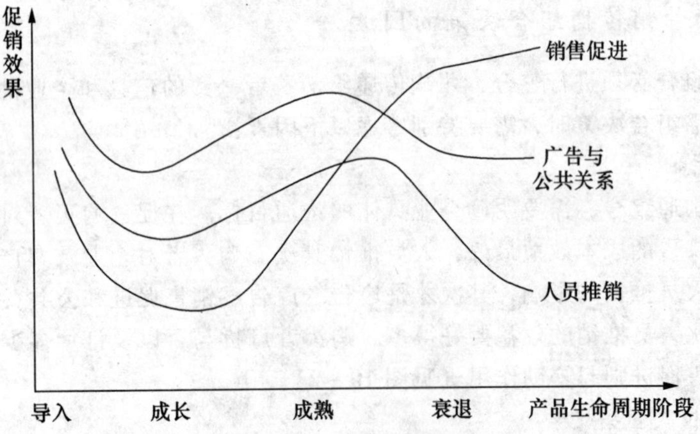

图 10－3　不同的促销工具在产品生命周期各阶段的效果

第三节　广告

在信息化程度越来越高的现代社会中，由于广告能迅速而广泛地向目标受众提供企业及其产品的相关信息，因此广告是企业营销传播组合中最有效和最常用的营销工具。

一、广告的5M模型

广告是明确的发起人付费发起的对创意、商品或服务进行的非人员的演示和宣传。进行广告活动，要求营销人员做出五个重要决策：

（1）使命（Mission）——广告的目标是什么？

（2）预算（Money）——广告支出是多少？

（3）信息（Message）——传播什么信息？

（4）媒体（Media）——应当使用哪种媒体？

（5）评价（Measurement）——广告效果如何？

广告活动的主要决策见图10－4。

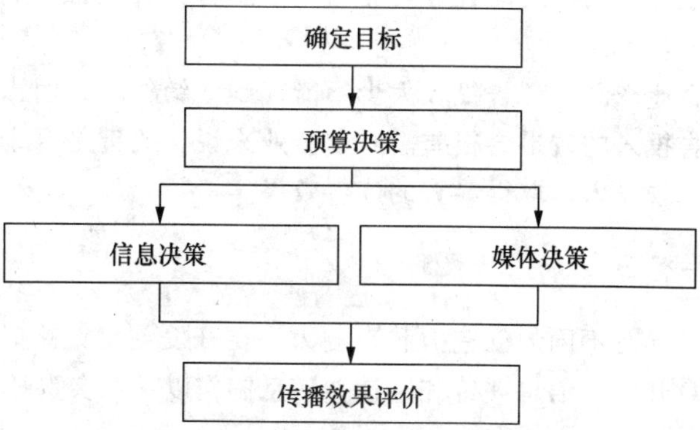

图10－4　广告活动的主要决策

二、确定广告目标

广告目标是针对特定受众在特定时期内需要完成的特定的传播任务。根据广告目标的不同，可以将广告分为告知性广告、劝说性广告、提醒性广告和强化性广告四类。

（1）告知性广告：告知性广告的目的是向消费者传递有关产品或品牌的信息，使消费者知晓新的产品或品牌。由于广告是一种能够以相对较低的单位成本接触到大量受众的高效沟通方式，因此对新产品或品牌的推出十分有效。比如，DVD制造商最初告诉消费者这种产品相对于VCD有何优势。

（2）劝说性广告：劝说性广告试图创造对某种产品或服务的兴趣、偏好、信任或试用。汰渍洗衣粉的广告试图向消费者表明它的洗涤效果是最好的。

（3）提醒性广告：提醒性广告的目的在于刺激消费者重复购买产品或服务。好的提醒广告能有效地维系消费者对一个成熟品牌的兴趣，增加消费者重复购买该品牌的可能性。可口可乐、耐克、五粮液等知名品牌的广告主要是为了提醒人们重复购买其产品。

(4) 强化性广告：强化性广告的目的在于让消费者确信他们曾经做出的购买广告品牌的决策是正确的。汽车广告经常会展示顾客非常满意于所购新车的特殊性能。

三、制定广告预算

企业在确定广告预算时，应综合考虑以下五个因素：

(1) 产品生命周期阶段：新产品一般需要大量的预算以建立品牌知名度，争取消费者的试用，而已有品牌的广告预算通常要少一些。

(2) 市场份额和消费者基础：一般情况下，具有较高市场份额的品牌只需花费占销售额较低比例的广告预算就能维持其市场地位。如果要通过增加销售来提高市场份额则需要较多的广告支出。

(3) 竞争和干扰：在存在众多竞争者和高额广告支出的市场中，一个品牌必须多做广告才能有效地到达消费者。即便干扰来自非竞争对手的广告，也会需要多做广告。

(4) 广告频次：为使消费者接受品牌信息而需要重复做广告的次数，也会显著地影响广告预算。

(5) 产品替代性：同一种类产品的不同品牌需要做更多的广告，以建立差异化的形象，比如烟草、可乐、白酒、运动鞋等。而当一个品牌具有独特的利益或特性时，进行广告宣传也非常重要。

为了宣传推广企业产品，广告投入太少不能起到促销作用，而当广告的投入超过一定限度后，后续广告投入的效果会很差。对于企业来说，关键是要掌握广告的规模和力度，以期以最少的广告投入，取得最大的广告效果。

四、设计广告信息

不同的广告活动具有不同的创造力和影响力。在开发创意策略时，广告主需要遵循以下四个步骤：信息开发，信息评价和选择，信息制作以及社会责任评价。

1. 信息开发

富于创新精神的人运用各种方法开发可能的广告诉求。很多人采用归纳的方式，与客户、经销商、专家和竞争者交谈，也有人运用演绎的方法。广告主在进行选择前应当提出多少种备选方案和主题呢？当然是越多越好。广告创意越多，就越有可能找到出色的方案。当然，这也是一个需要权衡的问题，因为开发备选广告方案会提高成本。

2. 信息评价和选择

好的广告通常会开发一个核心主题，或核心卖点。泰德特博士（Twedt）建议根据信息的吸引力、独特性和可信度对信息进行评价。例如，当美国 March of Dimes 畸形儿基金会为了向新生儿缺陷作斗争而进行募捐时，该组织希望能够提出一个有吸引力的广告主题从而使该活动能获得更多的资金。基金会管理层提出了几个广告主题，比如“每天有 700 个婴儿出生，其中就有一个是畸形儿”、“您的下一个宝宝可能具有先天性缺陷”等，然后请年轻的夫妇们根据吸引力、独特性和可信度为这些广告主题评分，每一项的最高分都是 100 分。这两个广告主题在吸引力、独特性和可信度方面的评分分别为 70 分、62 分、80 分和 58 分、51 分和 70 分。显然，前一个广告主题在三个方面都胜过了第二个。广告商通常通过市场调查来确定哪条诉求对受众的影响最大。

3. 信息制作

广告传播的效果不仅取决于广告信息的内容，还取决于广告信息的表达形式。有些广告选择理性定位，有些则是感性定位。美国广告一般会明确地说明产品的特点、优势和利益等理性诉求，如“使空气更清新”，而日本的广告则比较间接，一般会采取感性诉求的方式。

对差别不大的产品（如清洁剂、白酒、香烟、咖啡等）来说，广告信息的表达可能具有决定作用。瑞典的 Absolut 牌伏特加依靠对产品定位、包装和广告战略等信息的有效整合，吸引了那些受过高等教育、寻求发展的富裕顾客，从而成为美国销量最大的品牌。Absolut 牌伏特加的酒瓶外形独特，该品牌的所有广告中都有吸引人之处。

广告商通常要制定一份广告战略说明书，陈述广告的目的、内容、支持和基调等。任何广告信息都可以用不同的表达形式进行描述：生活片段、生活方式、想象、情绪或印象、音乐、人格象征、技术手段、科学证据以及证言。

广告的版面设计，如版面的大小、色彩和插图，也会影响广告的效果和成本。彩色插图能够增加广告的生动性，但同时也增大了广告成本。大版面的广告能引起更多的注意，但其费用不一定按照版面大小的比例增加。即便如此，即使是非常出色的广告，在接触到该广告的受众时，也只有不到 50% 的人会注意到它，大约只有 30% 的人可能会回忆起广告标题的要点，大约有 25% 的人会记住广告商的名字，而读过大部分广告正文的人还不到 10%。

4. 社会责任评价

广告商要保证其“富于创意”的广告没有违背社会和法律规范。大多数营销者都试图与顾客进行开放和诚实的沟通。然而，广告滥用的情况也时有发生，因此公共政策制定者开发了一系列的法规和政策来监督广告行为。美国法律规定，企业必须避免虚假和欺骗性的广告，即使广告根本就无人相信。广告商还必须避免诱售式广告，即用虚构的假设来吸引购买者。

五、选择广告媒体

媒体选择是指寻找最具有成本效益的媒体传递信息，从而得到广告信息预期数量的暴露。一般而言，产品的试用率取决于受众对品牌的知晓程度，而暴露对受众知晓度的影响则依赖于暴露的到达率、频次和影响力。试用率与知晓度、频次、到达率之间的关系见图 10-5 和图 10-6。

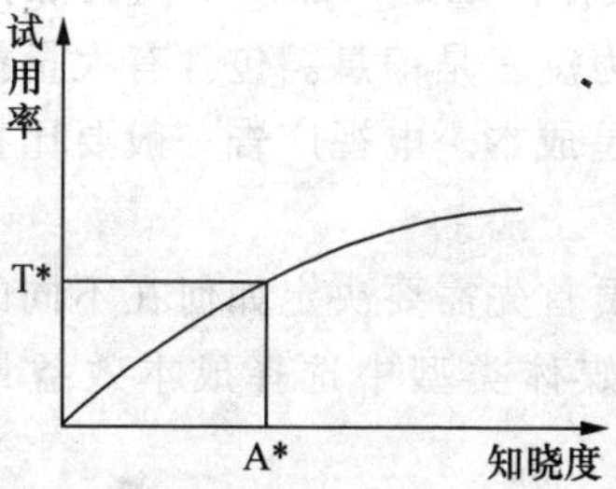

图 10-5 知晓度与试用率之间的关系

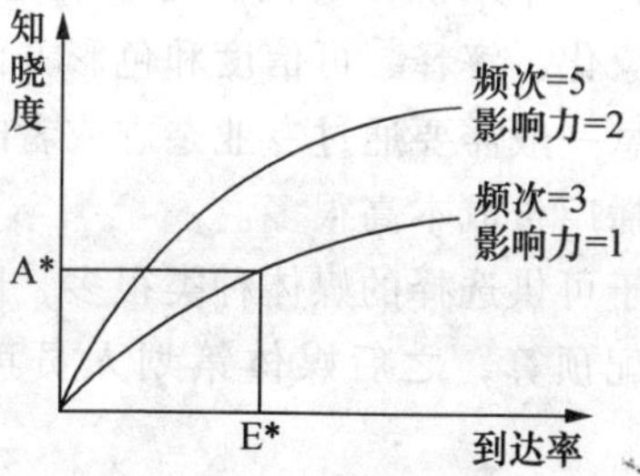

图 10-6 知晓度与到达率、频次和影响力的关系

到达率是指在一定时期内，广告信息至少一次暴露于某一特定媒体的不同人或者家庭的数量。

频次是指在一定时期内，平均每人或每个家庭暴露于特定信息的次数。

影响力是指某一特定媒体的一次暴露的定性价值。

尽管更高的到达率、频次和影响力会带来更高的产品知名度，但是在存在预算约束的情况下，这些元素之间存在着相互制约的关系。媒体策划人员的责任就是确定能产生最好的成本效益的到达率、频次和影响力的组合。当推出新产品、衍生品牌、知名品牌的扩展产品或不经常购买的品牌时，或者进入新的目标市场时，到达率就成为最重要的因素。而当存在大的竞争者时，或者需要讲述复杂的信息，或者消费者对产品或品牌存在较高的抵触情绪，或者品牌属于购买频繁的产品，频次就成为最重要的因素。

一些人认为广告需要有较多的暴露才能起作用。重复太少的广告实际上只是一种浪费，因为它们不可能引起目标受众的注意。另一些人则怀疑过多的广告频次的价值。他们认为人们多次重复地看到同一个广告之后，会对广告产生厌烦情绪，或者不再注意它。通用电气公司的公司舆情研究经理克鲁格曼博士（Herbert E. Krugman）曾经提出，对一个广告来说，三次暴露就已经足够了。

1. 选择媒体

媒体策划人员必须了解主要媒体在到达率、频次和影响力方面的能力。主要媒体的成本、优点和局限性见表 10 – 2。

表 10 – 2　主要广告媒体的优缺点

媒体	优　势	缺　点
电视	综合了声音、图像和动作，富有感染力，覆盖面广	成本高，干扰多，瞬间即逝，受众的选择性差
广播	覆盖面广，成本低，地理和人口的选择性强	只有声音，观感和感染力差，转瞬即逝
报纸	及时、灵活、对当地市场的覆盖面大，可行性强	保存性差，复制质量差，相互传阅者少
杂志	地理和人口的选择性强，传阅者多，复制率高，保存期长，专业性强，有一定的专业权威性	广告购买的前置时间长，版面无保证
户外广告	灵活，展露时间长、费用低，干扰少	对受众没有选择，缺乏创新性
互联网	高选择性和交互性，相对成本低	网络发展不平衡，农村地区上网人数少

策划人员在选择媒体时，需要考虑四个主要因素：一是目标受众的媒体偏好。比如，对青少年来说，电视和互联网是最有效的广告媒体。二是产品。不同的媒体在演示、形象化、解释、可信度和色彩方面具有不同的能力。三是信息。包含有大量技术数据的信息一般需要通过专业杂志或者邮件来传递。四是成本。电视广告一般要比报纸广告和广播广告成本高很多。

由于可供选择的媒体种类很多，因此媒体策划人员首先需要决定如何在不同的媒体之间分配预算，之后媒体策划人员可以在这些备选媒体类型中选择成本效益最好的媒体。

在确定了受众规模之后，媒体策划者就可以计算一种媒体到达每千人的成本。媒体策划人员应当根据千人成本为不同的媒体排序，并选择千人成本较低的媒体传播信息。比如假设电视广告和报纸广告的收费标准分别为6万元和1万元，电视的受众约为500万人，报纸的受众约为25万人，则两种媒体的千人广告成本分别为：

电视：$60000/5000000 \times 1000 = 12$（元/千人）

报纸：$10000/250000 \times 1000 = 40$（元/千人）

由此可以看出，电视广告的千人广告成本要更低一些。

2. 媒体的时间选择决策

在选择媒体时，广告主面临一个宏观时间安排问题和一个微观时间安排问题。宏观时间安排问题是指如何根据季节和商业周期安排广告的播出时间。比如家用空调产品的消费主要发生在6~9月，那么企业大都会采用季节性广告政策，按照季节性销售变化而调整其广告支出。

微观时间安排问题是指在短期内安排广告支出以达到最好的宣传效果。在给定的时期内，广告信息可以集中传播（爆发型广告），或者连续传播，或者间歇式（栅栏型）地传播。在推出一项新产品时，广告主可以选择连续型、集中型、栅栏型或者脉冲型广告投放模式。连续型广告模式是指在特定时期内的广告投放比较均匀，没有明显的间断。一般而言，在市场扩张时期，产品购买频率较高和购买者类别可以严格界定时，广告主会采用这种方式。集中型广告模式是指在某一段时间内支出所有的广告预算。这种广告投放模式一般在销售旺季或假期时采用。栅栏型广告投放模式是指在一段时期内投放广告，然后停止投放，一段时间后再次投放。这种模式适用于预算有限，购买次数较少和季节性销售的情况。脉冲型广告投放模式是指一般以较低的水平连续投放广告，并定期加大投放力度。脉冲型广告投放模式的支持者认为，这种模式能够使得受众更详细地了解广告信息，并且能够节省广告费用。

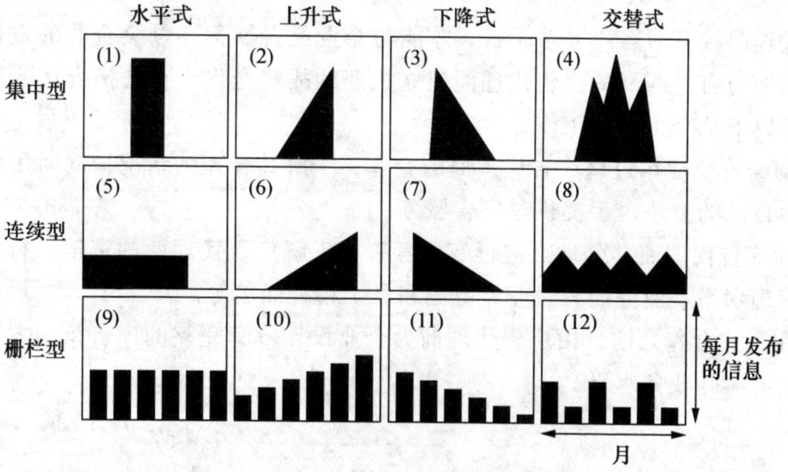

图10－7　广告时间安排模式

六、评价广告效果

评价广告的效益应与广告目标紧密联系。

广告效果是广告经媒体传播之后对顾客的产品或品牌知晓度、态度、偏好或购买所产生的影响。广告效果评价包括广告传播效果评价和广告销售效果评价。

1. 广告传播效果评价

进行广告传播效果评价的目的在于分析广告活动是否达到了预期的传播效果。测定广告传播效果的方法有事前测定与事后测定。事前测定方法是在进行广告活动之前进行各种测试，或者邀请有关专家、消费者小组进行现场观摩，或者在实验室采用专门仪器来测定人们的心理活动反应，从而对广告可能获得的成效进行评价；广告的事后测定主要用来评估广告出现于媒体后所产生的实际效果。事后测定的主要方法是回忆测定法与识别测定法。

2. 广告销售效果评价

一般而言，广告销售效果比传播效果更难评价，因为销售不仅受到广告的影响，而且受到其他许多因素的影响，如产品质量、价格、购买的便利性等。图 10－8 给出了一个简便的评估广告销售效果的方法。企业的广告费用份额产生声音份额（即企业某产品广告占同种产品所有广告的百分比），并由此获得消费者的心理份额和感情份额，从而最终决定其市场份额。

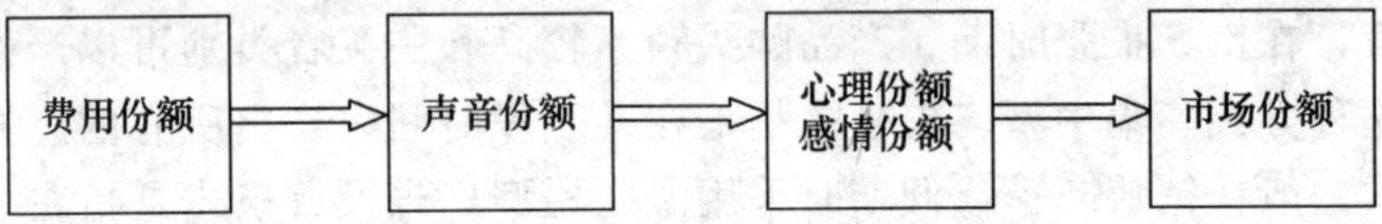

图 10－8　评估广告销售效果的方法

七、广告代理商的选择

广告代理商唯有对客户非常了解，才能与企业配合默契，领会企业的宣传意图。企业要有意识地与自身匹配的广告代理商建立长期的战略合作，在选择合适的广告代理商时，应做好以下几个方面的工作：

（1）调查曾经使用过该广告代理商的企业，了解其合作的情况，同时了解广告代理商是否曾为自己的竞争对手提供过广告服务。

（2）到广告代理商办公地点进行实地考察，了解广告代理商的资信、行业经验、主要客户、管理水平、业务能力、业务范围和员工精神面貌等。

（3）在正式合作之前，由广告代理商为企业设计一套完整的广告策划方案，以考察广告代理商的实际业务水平。

第四节　销售促进

销售促进，也称营业推广，是指企业运用各种各样的短期诱因，鼓励消费者购买企业的产品或服务的促销活动。它以广告、心理诱惑、鼓动消费信心来达到提升品牌知名度，扩大产品市场占有率，增强媒体及市场注意力，促进产品的短期销售行为。美国营销协会定义委员会认为，销售促进是指“除了人员推销、广告、宣传以外的，刺激消费者和经销商购买的各种营销活动，例如，陈列、演出、展览会、示范表演以及其他推销努力”。在美国零售业，销售促进被理解为零售企业“刺激顾客的一切方法，包括人员推销、广告和报道”。因此，它和促销常被视为同义语。

10年前，美国广告和销售促进的比例是60:40。今天，在许多美国日用消费品企业，情况已经发生了改变，销售促进已占二者之和的75%。与广告费每年7.6%的增长率相比，销售促进费用的年增长率达到12%。销售促销总量估计到了1000亿美元，而且有人预期高额增长率还将继续下去。销售促进的迅速发展是由若干因素引起的，尤其在消费者市场，推动它迅速发展的因素主要有：①销售促进作为一种有效的销售工具正被高层管理者接受；②顾客的品牌忠诚度在下降；③产品经理处于提高现有销售的巨大压力之下；④品牌数量在增加；⑤竞争对手经常使用促销；⑥品牌日趋类似；⑦消费者要求更多优惠，消费者对促销的敏感性在上升；⑧经销商要求厂商提供更多优惠；⑨广告因成本上升、媒体干扰和法律约束而效率下降。

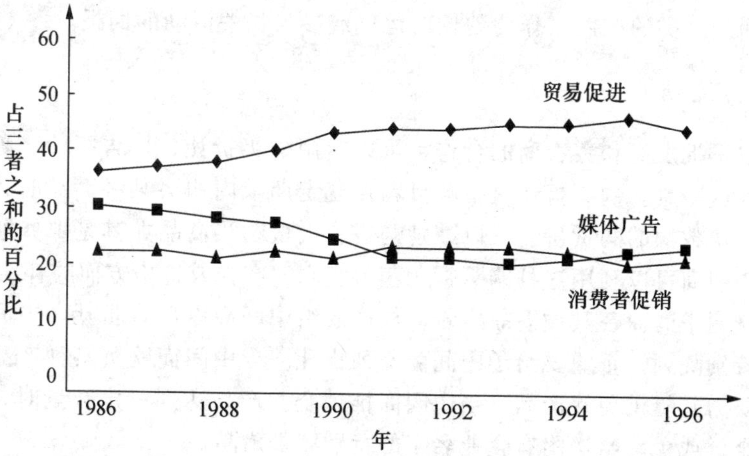

图10－9　广告与促销预算的变化趋势

一、销售促进的种类

销售促进根据其面向的促销对象的不同可以分为消费者促销（如样品、折价券、以旧换新、减价、赠奖、竞赛和买一送一等）、中间商促销（如购买折让、免费货品、商品推广津贴、合作广告、推销金和经销商销售竞赛等）和销售人员促销（如红利、竞赛和销售集会等）。不同的销售促进工具可以用来实现不同的目标。选择合适的销售促进工具，必须充分考虑市场类型、销售促进目标、竞争情况以及每一种销售促进工具的成本效益等各种因素。

二、消费者促销

折价券、特价包、赠奖、交易印花、购（售）点陈列和商品示范表演、竞赛、兑奖、游戏等是最常见的消费者促销工具。

折价券是给消费者的一个凭证，该凭证使其在购买某种商品时可以免付一定金额的价款。折价券可以邮寄，可以附在其他商品中，也可以在广告中附送。这是一种刺激成熟品牌产品销量的有效工具，也可以鼓励消费者早期试用新品牌。

特价包是向消费者提供低于正常价格的销售商品的一种方法，其做法是在商品包装或标签上加以附带标明。特价包可以采取减价包的形式，即将商品单独包装起来减价出售，例如原来买一件商品的价格现在可以买两件；也可以采取组合包的形式，即将两件相关的商品合并在一起减价出售，例如牙膏和牙刷等。特价包对于刺激短期销售十分有效。

赠奖就是以相当低的价格出售或免费赠送商品作为购买特定商品的刺激。它有三种主要形式：①随附赠品：可以附在商品或包装中，或者包装物本身就是一个能重新使用的容器；②免费邮寄赠品：消费者交出买过这种商品的包装、标签或其他证据，商店就免费给他寄去一个商品；③低价赠奖：以低于正常零售价的价格出售给需要此种商品的消费者。

竞赛、兑奖和游戏是让消费者、中间商或推销人员有某种机会去赢得一些比如现金、旅游或商品之类的东西，作为他们的运气或参与相关活动的回报。

三、贸易促销

企业为取得批发商和零售商的合作，可以运用购买折让、广告折让、陈列折让、推销金等销售促进工具。购买折让是指购货者在规定期限内购买某种商品时，每购买一次就可以享受一定数额的购货折让，以鼓励购货者大量购买商品尤其是那些通常不愿进货的新品种。中间商可以利用这种购买折让获得利润、广告或价格方面的补偿。

企业为酬谢中间商替其做商品广告，往往要给中间商以广告折让。中间商为生产企业产品举办特别陈列，企业要给予中间商陈列折让。当中间商购买某种产品达到一定数量时，企业要为其提供免费产品。当中间商推销企业产品达到一定数量时，企业要给予中间商推销金，或免费赠送附有企业名字的特别广告赠品。

四、销售促进的目的

销售促进的特定目标依目标市场的不同而有所差异。就消费者而言，目标包括鼓励消费者更多地使用产品，促其大量购买，争取未使用者试用，吸引竞争者品牌的使用者等。就零售商而言，销售促进的目标包括吸引零售商经营新的产品和维持较高水平的存货，鼓励他们购买非时令商品，储存相关产品，抵消各种竞争性的促销影响，建立零售商的品牌忠诚度以及获得新的零售商的合作与支持等。就推销人员而言，目标包括鼓励其支持新产品、新式样、新型号的推出，激励其开发更多的潜在顾客，刺激其推销库存积压产品等。

五、销售促进的主要决策

销售促进的促销效果是非常明显的。但是也要看到，销售促进也会产生许多负面影响，消费者会对促销的原因做出各种猜测，比如怀疑可能是产品质量不好，企业是否在弄虚作假，售后服务可能不好等。因此，在开展促销活动的时候，必须想方设法规避负面影响。

（1）销售促进刺激诱因的大小。促销决策人员必须确定使企业获得最佳成本效益的诱因规模。要想取得促销的成功，一定规模的最低限度的诱因是必需的。达到一定的最小诱因规模才足以使促销活动开始引起足够的注意。当超过一定点时，较大的诱因以递减的形式增加销售反应。通过考察销售和成本增加的相对比率，促销决策人员可以确定最佳诱因规模。

（2）销售促进的目标顾客选择。销售促进决策的另一个重要内容，就是决定参与者的条件。比如特价包是提供给每一个顾客，还是仅给予那些购买量大的顾客。采用抽奖方式促销时，100%的中奖率与30%的中奖率引起的消费者反应是完全不同的。过低的中奖率可能根本无法达到促销的目的。

（3）促销时间的长短。促销决策人员还要决定销售促进时间的长短。如果时间太短，则有些顾客可能无法重购，或由于太忙而无法利用促销的好处；如果促销时间过长，则消费者可能会认为这是长期降价，而使促销失去效力，甚至还会使消费者对产品质量产生怀疑。亚瑟·斯特恩（Arthur Stern）认为最佳时间长度为平均购买周期。当然，具体的促销时间的长短应随促销目标、消费者购买习惯、市场竞争状况、产品生命周期阶段及其他因素的不同而有所变化。

（4）促销预算。销售促进总预算可以通过两种方式确定：

1）自下而上方式。即营销人员根据全年销售促进活动的内容、所运用的销售促进工具及相应的成本来确定销售促进总预算。销售促进总成本 COP 是由管理成本 COA（如印刷费、邮寄费和促销活动费）加诱因成本 COI（如赠奖、折扣等成本）乘以在这种交易活动中售出的预期单位数量 EQ 组成的，即：

$$COP = (COA + COI) \times EQ$$

2）按习惯比例来确定各项促销预算占总促销预算的比率。当然，促销预算比率的确定还要考虑市场差异、品牌、产品生命周期阶段和竞争者促销预算的影响。经营多品牌的企业应将其销售促进预算在各品牌之间进行协调，以取得尽可能大的收益。

第五节　公共关系

企业不仅要保持与顾客、供应商和经销商的关系，而且需要处理好与其利益相关的公众的关系。

一、公共关系部门的职能

明智的企业会有计划地管理企业与利益相关者和社会公众之间的关系。公共关系部门一般需要完成如下五项职能：

（1）舆论关系：主要是从正面传播与组织相关的新闻和信息；

（2）宣传产品：正面宣传企业的产品或服务；

（3）企业沟通：通过内部或者外部的沟通增进员工、顾客、经销商和公众对企业的了解；

（4）游说：通过与立法者和政府部门沟通以推进或阻止与企业切身利益相关的法律和条款的制定或实施；

（5）咨询：为管理层提供公共关系问题、企业地位和形象等方面的问题提出咨询。

二、公共关系营销的概念

公共关系营销（MPR）是企业用来影响大众对企业及其产品和政策的了解和认知从而提高企业形象和促进销售的一种营销活动。公共关系营销的核心是妥善处理各种内外关系。公关营销不一定能立即带来企业产品销量的显著，但它能强化企业品牌和产品在社会公众中的形象，提高企业产品的知名度和美誉度，使企业长期受益。许多企业现在开始通过公共关系营销来直接支持企业产品宣传和形象建设。公共关系营销主要发挥如下作用：

（1）支持新产品的推出；

（2）支持成熟产品的重新定位；

（3）培养对产品的兴趣；

（4）影响特定目标群体；

（5）保护遭遇社会问题的产品，如强生公司的一种胶囊由于被污染而造成两起事故时，该企业主要通过公共关系营销避免了该胶囊被取缔的危险；

（6）通过有利于产品的方式建立企业形象。

随着大众广告的影响力逐渐减弱，营销者开始更多地通过公共关系营销建立品牌知名度。在公共关系营销中，企业不需要为获得媒体的时间和空间而支付昂贵的费用，它只需要承担撰写和传播新闻报道，以及管理特定事件的成本。新闻报道所产生的价值等价于耗资数百万元的广告，而且可能比广告更可信。

三、如何进行公共关系营销

当企业决定实施公共关系营销时，企业管理层必须设定营销目标、选择信息和工具、实施计划、评价结果。

1. 设定营销目标

公共关系营销能够通过公关活动建立企业、品牌、产品和服务的知名度和美誉度，通过新闻报道增加传播信息的可信度，激发销售队伍和经销商的积极性，并且由于比媒体广告成本低而降低促销成本。Harris 建议应当同时运用公共关系和直接反应营销实现种种目标，例如在推出媒体广告之前激起市场的兴奋，建立核心顾客基础，与顾客建立一对一的关系，使满意的顾客转变为企业产品的支持者，并且影响市场意见领袖的观点。

2. 选择信息和工具

公共关系营销人员必须能够辨识或开发与产品相关的有趣的故事。如果故事很少，他们应当安排有新闻价值的事件从而吸引媒体的注意和报道。例如，湖南卫视策划的“超级女声”栏目吸引了大量观众的参与从而被各类媒体广泛报道。

3. 实施和评估计划

公共关系营销需要慎重实施。公共关系营销人员的一项重要资源就是他们与媒体编辑之间的私人关系。评价公关宣传贡献是十分困难的，因为它们通常与其他促销工具同时使用。最简单的衡量标准是企业品牌在媒体中得到的暴露次数。更好的衡量标准包括公共关系营销活动带来的顾客对产品的知晓度、认知度和态度方面的变化。最恰当的评价标准是衡量它对销售利润率的影响，这使企业能够对公共关系营销投资回报进行评价。

第六节　人员推销

作为企业和购买者之间相互联系的纽带，推销人员的工作是既要使企业获得满意的和不断增长的销售，又要培养与顾客之间的友好关系，并收集市场信息和顾客购买信息。

人员推销有销售人员直接参与其中，是所有信息沟通工具中唯一具有信息双向流动特性的工具，这使它具有了一些广告和宣传等其他沟通方式所无法比拟的优势：

（1）人员推销有助于企业与顾客建立和发展良好的人际关系。推销人员一方面代表着企业利益，另一方面也代表着顾客利益，而满足顾客需要是实现销售的关键，因此，推销人员要在各方面为顾客提供服务，帮助他们解决问题。

（2）人员推销的针对性强，具有较大的灵活性。推销人员在推销访问过程中可以亲眼观察或亲身感受到顾客的反应以及对企业品牌和产品的认知程度和态度，揣摩其购买心理的变化，从而针对不同顾客的心理和需要，采取最有效的推销方式。

（3）人员推销有利于企业了解市场，提高决策水平。由于推销人员经常直接和顾客打交道，了解市场状况和顾客的反应，所以，推销人员在向顾客提供服务和信息的同时，也为企业收集到可靠的市场信息。

（4）复杂、昂贵的产品仅仅靠一般的广告宣传很难直接促成潜在顾客的购买，企业只有派出训练有素的推销员为顾客介绍商品，解决其种种疑惑，才能达成销售。

一、推销队伍的设计

实践中，推销队伍的设计可以按照企业的销售区域、产品、顾客类型以及这三者的组合来设置。

（1）区域式结构：区域式组织结构指企业将目标市场划分为若干销售区域，不同的推销人员负责一个区域的全部销售业务。实行区域式组织结构需要确定销售区域的大小和边界。这种组织结构设计的优点是推销人员的目标市场和目标顾客与职责明确，有利于推销人员与当地客户建立长期的业务关系，并且差旅费用低。

（2）产品式结构：产品式组织结构指企业将产品分成若干种类，不同的推销人员负责一种或几种产品的销售。这种组织结构形式适合于产品技术复杂、产品间关联性差或产品类别很多的情况。如果单一的顾客购买本企业许多不同类的产品时，这种组织结构会因为多人推销而增加成本和顾客的困惑。

（3）顾客式结构：顾客式组织结构指企业将目标市场按顾客进行分类，不同的推销人员负责向不同的顾客进行销售活动。顾客式结构的优势在于推销人员易于深入了解特定顾客的需求，但如果顾客比较分散，会增加推销费用。

(4) 复合式结构：复合式结构是指当企业的产品类别多、顾客的类别多且分散时，综合考虑区域、产品和顾客因素，按照区域—产品、区域—顾客、产品—顾客或者区域—产品—顾客配置推销人员的销售组织模式。

企业应当根据具体情况选择最符合客户要求和最适合总体营销的销售结构。近年来，随着大客户或关键客户对企业重要性的增加，更多的企业开始针对重点顾客设置专门的客户经理岗位，甚至还配置数名专业人员负责为某一个大客户提供服务。

二、推销队伍的管理

推销人员是企业的宝贵资源，这种资源的获得必须借助于完善的推销人员管理，即只有通过招聘、培训、监督、激励和评价等一系列活动方能训练出一支优秀的推销队伍。

（一）招聘和遴选推销人员

在招聘和遴选推销人员时，企业不仅要考虑企业对推销人员的知识、能力、素质、经验等方面的要求，还应考虑顾客对推销人员的要求。企业可以征询顾客喜欢什么样的推销人员。多数顾客希望推销人员诚实、可靠、有知识并且能够帮助自己。企业还可以根据成功推销人员的特征来选择推销人员。Garfield 总结出成功的推销人员的特征为：敢于承担风险、有责任感和解决问题的能力、关心顾客，并且能够详细地制定计划。Mayer 和 Greenberg 的研究表明，成功的推销人员善于了解别人的想法，能够从顾客的角度考虑问题，并且他们事业心很强，具有强烈的成功欲望。

（二）推销队伍的培训

一般而言，顾客都希望推销人员具有丰富的产品知识和企业背景信息，能够帮助其解答购买中遇到的各种问题，而企业希望推销人员能够对企业的经营提供信息和建议，高效并且可靠。这些要求迫使企业不得不在推销队伍培训方面投入大量资金。

通过培训，要帮助推销人员：①了解企业，认同企业文化和经营理念；②学习企业产品的相关知识；③深入了解本企业顾客和竞争对手的特点；④掌握进行有效的销售演示的方法和技巧；⑤了解推销程序和相关责任。

（三）对推销人员的监督

对推销人员的监督程度因企业而异。那些报酬主要为佣金的推销人员一般会接受较少的监督，但那些报酬主要是薪水或者确定工资的员工则会受到较为严格的监督。

企业一般都会建立访问顾客和潜在顾客的规范，以便对推销人员进行有效的监督。

1. 顾客访问标准

有调查表明，现在平均每个推销人员每天做 4 次访问，低于几十年前每天 5 次的访问量。访问量下降的原因是推销人员更多地使用电话、传真、电子邮件，而且由于营销调研信息更有效，无效访问也减少了。每年应该访问特定的客户多少次呢？研究表明，访问次数与销售额之间存在正相关关系，但是企业仍需要确定增加的销售是[illegible]以弥补增加的销售成本。一些研究表明，推销人员往往在小客户、低利润客户身上耗费过多的时间，其实他们应该关注大客户、高利润客户。因此，在制定标准时，管理层必须根据特定顾客能够带来的销售和利润决定相应的销售投入。

2. 潜在顾客访问量标准

企业通常都会规定推销人员用于开发新客户的时间。比如有些企业规定推销人员把30%的时间用于发展潜在客户；还有些企业则根据所销售的产品制定顾客和潜在顾客的访问量标准。

（四）对推销人员的激励

关于对推销人员的激励，Churchill、Ford和Walker的研究表明，对推销人员的激励越高，他们就会越努力工作；更努力地工作会带来更好的效益，更好的效益带来更多的回报，而更多的回报会产生更多的满意，更多的满意就会强化激励的效果。当然，前提条件是要让推销人员相信，他们更加努力地工作或者更好地培训能够取得更好的销售业绩；对更好的业绩的奖励也足以补偿他们付出的努力。

根据Churchill、Ford和Walker的研究，最有效的激励依次是工资、奖金、个人发展和成就感，最不受重视的激励是喜欢和尊敬、安全以及认同。因此，推销人员似乎更喜欢满足自己内在的需要，因此加薪和升职是最好的激励方法，而不是赞扬和安全。研究人员还发现激励因素的重要性与人口统计特征存在密切联系。经济激励更适用于年纪较大和家庭成员多的推销人员；而诸如认同之类的激励则更适用于未婚或家庭成员少并且通常接受过正规教育的推销人员。员工的激励在不同国家也不相同。美国37%的推销人员认为金钱是第一位的激励因素，而加拿大只有20%的推销人员认为金钱激励最重要，澳大利亚和新西兰则是推销人员最不注重薪水的国家。

许多企业都会规定年销售额。销售定额可以根据销售额、销量、边际利润、销售努力和活动以及产品类型来确定。企业通常会将推销人员的报酬与销售定额的完成情况挂钩。销售定额是在制定年度营销计划时设定的。因此，企业首先需要进行销售预测，并根据销售预测规划产量、推销人员数量和资金需求，然后制定销售定额，销售定额一般都高于销售预测，这样可以更有效地激励推销人员尽最大的努力工作，并且确保可以实现它的销售预测。

（五）推销队伍的评价

为了对推销人员进行有效管理，企业营销管理人员必须对推销人员的工作业绩建立科学的评估和考核制度，以此作为分配报酬的依据。

为了对推销人员进行科学的评价，企业可以通过销售报告、个人观察、顾客信件及投诉、消费者调查以及与其他推销人员的谈话等方式获取相关的信息。推销人员需要将完成的活动记录在销售访问报告上，并且还需要提交费用报告、新业务报告、损失业务报告以及当地的商业和经济形势报告。这些报告为销售经理选择反映销售绩效的主要指标提供了原始数据。

第十一章　营销计划、组织、实施与控制

企业的整体战略规划确定了企业的任务和目标。为了使企业的营销活动能够有效地为整个战略规划服务，还要制定更为具体的营销计划，建立实施营销计划的组织系统和控制系统，对营销计划进行组织、实施和控制。

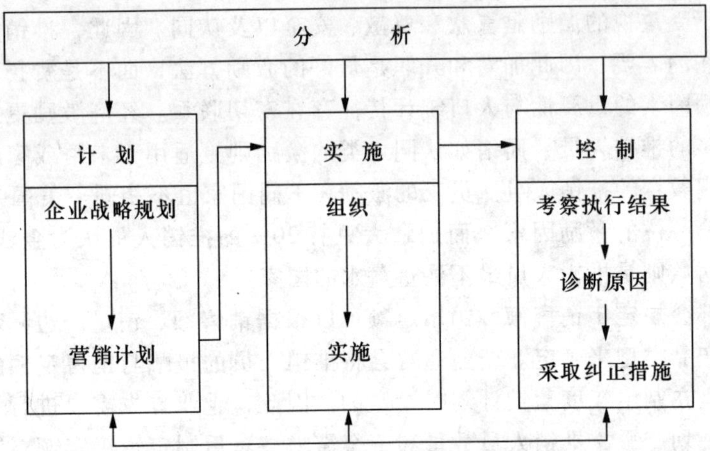

图 11－1　分析、计划、实施与控制的关系

第一节　营销计划

一、营销计划的性质

营销计划是在全面了解企业营销状况的基础上，分析企业所面临的主要机会与威胁、优势与劣势以及存在的问题，确定企业营销目标、营销战略和营销行动方案的活动。营销计划提供了企业如何实现其营销目标的方案，为营销实施提供了指导。营销计划在企业计划中居于重要地位，是企业或企业计划的中心，营销计划的制定必须吸纳其他部门如生产、采购、研发和财务等部门的意见。

二、营销计划的内容

营销计划一般包含以下内容：概要、营销状况、机会与威胁、营销目标、营销策略、行动方案、预算以及控制（见图 11－2）。

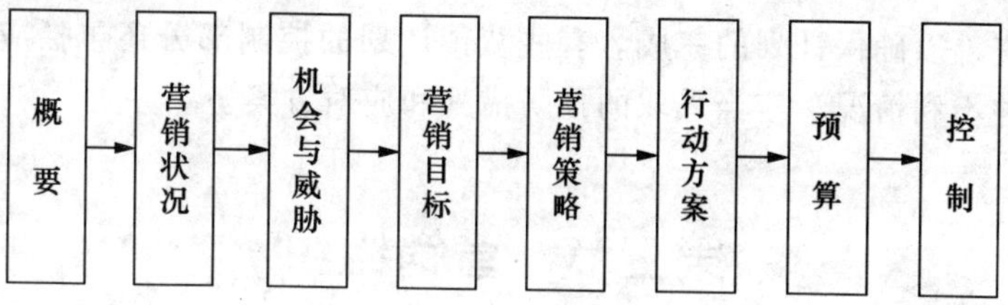

图 11－2　营销计划的内容

1. 概要

营销计划首先要有一个概要，即对主要营销目标和措施的简明概括和说明。

2. 营销状况

对当前营销状况的分析提供了有关企业产品、市场、竞争、分销和外部环境的背景资料。市场如何界定？市场规模和范围有多大？包括哪些细分市场？发展趋势如何？产品组合的销售、价格、利润情况如何？市场及各细分市场近几年营业额有多少？消费者在需求及购买行为方面的动态和趋势；主要竞争者的规模、目标、市场占有率以及各个竞争者在产品质量、定价、分销方面采取了哪些策略，他们的市场份额有多大及变化趋势如何？各分销渠道的销售情况，各渠道的相对重要性及其变化，主要经销商及其经营能力的变化等。

3. 机会与威胁

企业通过分析现状，围绕产品找出主要的机会与威胁、优势与劣势以及面临的问题。机会是指营销环境中对企业营销有利的因素，即企业可以取得竞争优势和差别利益的市场机会；威胁是指营销环境中存在的对企业营销不利的因素。

4. 营销目标

企业在进行 SWOT 分析的基础上提出营销目标，这是营销计划的核心部分。营销目标主要包括市场占有率、销售额、利润率、投资收益率等指标。

5. 营销策略

营销策略是指达到上述营销目标的途径或手段，包括目标市场战略、营销组合战略和营销费用等。企业在分析其资源和能力的基础上精心选择目标市场，确定市场定位；针对选定的细分市场，分别制定包括产品、价格、分销和促销等因素在内的营销组合战略。

6. 行动方案

营销规划还必须把营销战略转化为具体的营销行动方案和程序，明确时间、费用和责任人等，便于执行和控制。

7. 预算

营销计划还要制定各项活动的收支预算。收入方面要说明预计的销售量以及平均单价，在支出方面要包括生产成本和营销费用等。

8. 控制

这是营销计划的最后一部分，主要说明如何对计划的执行过程、进度进行监督控制。通常是将计划规定的目标和预算按月份或季度分散，以便于企业上层管理部门进行有效的监督检查，以确保计划的完成。有些营销计划的控制部分还包括应急方案，列举可能发生的各种不利情况，应当采取的预防措施和应对方案。

第二节 营销组织

一、营销部门的演进

营销部门的演进大致经历了单纯的销售部门、兼有营销职能的销售部门、独立的营销部门和现代营销部门等阶段。

(一) 第一阶段：单纯的销售部门

20 世纪 30 年代之前，企业采用的是生产导向，企业的营销部门是单纯的销售部门，由一位副总经理负责，主要负责管理销售人员。如果企业需要进行市场调研或广告活动，一般会请外部力量帮助进行（见图 11-3）。

(二) 第二阶段：兼有营销职能的销售部门

随着企业的扩大，销售部门的职能也发生变化，需要增加一些新的职能，如企业要进行经常性的市场调研、广告宣传以及其他促销活动。当这些工作在数量上达到一定程度时，许多企业开始设立营销主管的职位，全面负责这些工作（见图 11-4）。

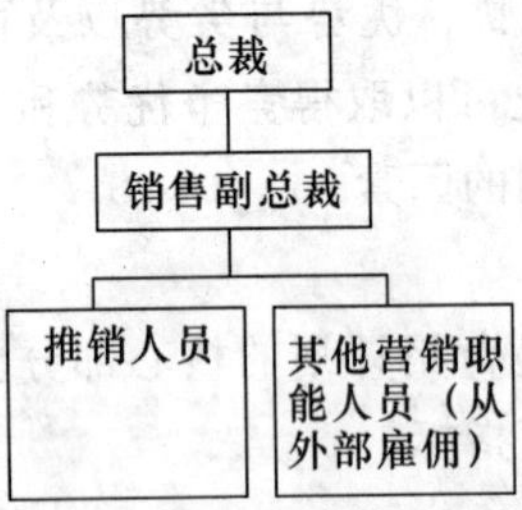

图 11-3 单纯的销售部门

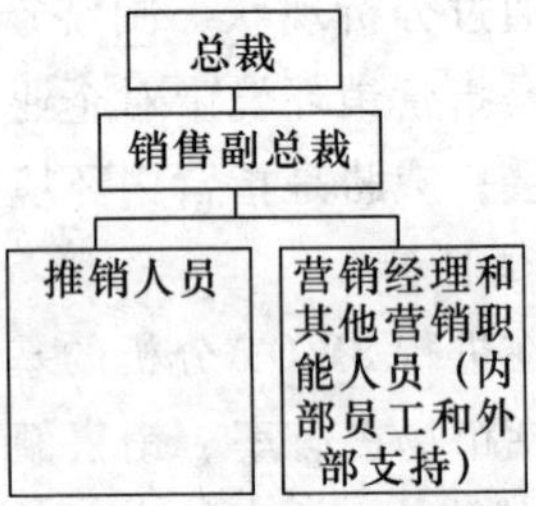

图 11-4 兼有营销职能的销售部门

(三) 第三阶段：独立的营销部门

随着企业营销部门的业务范围的进一步扩大，原来作为附属性质的市场调研、新产品开发、广告宣传和其他促销活动等变得日益重要。于是，营销部门成为一个相对独立的职能部门，销售和营销成为平行的职能部门，销售副总经理和营销副总经理共同向总经理负责（见图 11-5）。

(四) 第四阶段：现代营销部门

作为平行职能部门的销售部门和营销部门紧密联系，本应协调一致，但是，销售副总经理和营销副总经理之间由于竞争和不信任导致冲突和矛盾日益突出。销售副总经理趋向于短期行为，强调当前的销售量；而营销副总经理多着眼于长期效果，侧重于制定适当的产品计划和营销战略，以满足市场的长期需要。两个部门冲突的结果是，营销副总经理或执行副总经理全面负责销售和营销工作，管理下属的所有营销职能部门和销售部门（见图 11-6）。

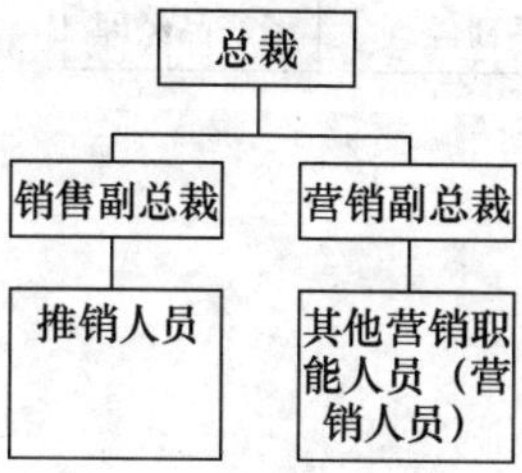

图 11－5　独立的营销部门

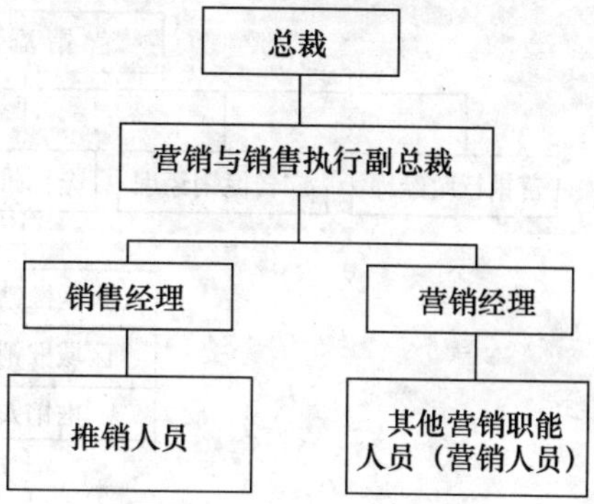

图 11－6　现代营销部门

（五）第五阶段：现代营销企业

许多现代企业开始弱化部门管理，而强调关键过程的管理。为了获得与顾客有关的过程结果，企业任命过程负责人管理跨职能部门的团队小组，营销人员和销售人员作为团队小组的成员参与活动。营销人员对这个小组可以有一个实线联系的责任，而营销部门与它是虚线的联系责任（见图 11－7）。

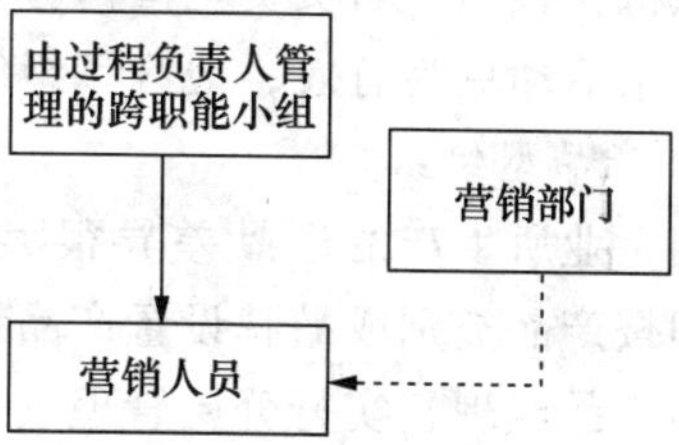

图 11－7　以过程和结果为基础的企业

二、营销部门的组织

营销部门有多种组织方法。营销部门的组织形式有职能型、地区型、产品型、市场型和产品/市场型。

1. 职能型结构

职能型结构是最常见的营销部门组织结构形式，即按不同的营销职能设立营销职能部门，由营销副总经理负责协调这些部门之间的活动（见图 11－8）。

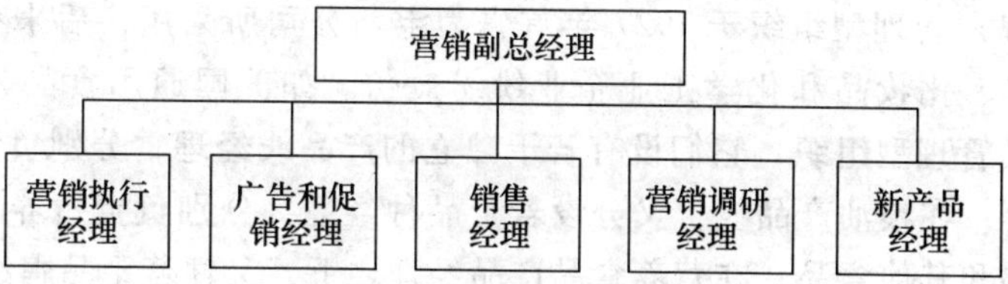

图 11－8　职能分工型结构

该组织形式把销售职能作为营销的重点，而广告、产品管理和研发职能则处于次要地位。职能型营销组织结构能够提高工作效率，但存在职能部门之间协调的问题。这种结构类型较适用于那些产品种类不多、市场相对集中的中小型企业。

2. 地区型组织

在全国范围内销售的企业通常会按地理区域组织其销售力量，以适应不同地区市场的特点，做好地区市场的营销工作。地区型营销组织结构如图 11－9 所示。

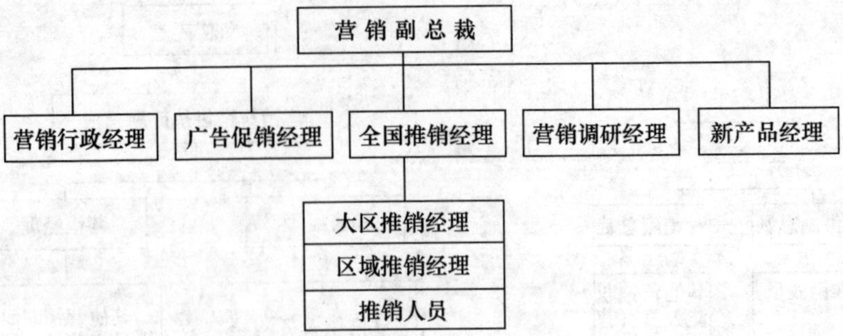

图 11-9　地区型组织

该机构包括一名负责全国销售业务的销售经理和若干名区域销售经理。为了使整个市场营销活动更为有效，地区型组织通常与其他类型的组织结构结合起来使用。

3. 产品型组织

当企业所生产的产品差异很大，产品品种很多时，往往按产品或品牌设置组织机构，即按产品类别或品牌设置产品线经理或品牌经理，再在每类产品下面按具体品种设若干名产品经理，实行分层管理（见图 11-10）。

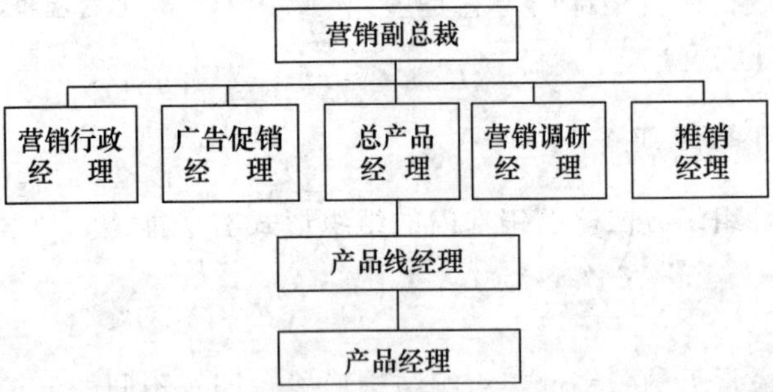

图 11-10　产品型组织

产品（品牌）管理型组织于 1927 年首先为宝洁公司所采用，后来有许多厂商，尤其是食品、肥皂、化妆品和化学工业企业纷纷效仿。如美国通用食品公司在其“邮寄部”就采取产品管理型组织，它们设有若干独立的产品线经理，分别负责粮油食品、动物食品和饮料等；在粮油产品线，又分设若干品种经理，分别负责营养食品、儿童加糖食品、家庭食品和其他食品；在营养食品产品经理之下，又辖若干品牌经理。

4. 市场型组织

当企业为不同偏好的消费群体以及不同的分销渠道提供单一产品时，就可以建立市场型的营销组织机构，即由一个市场主管经理管辖若干细分市场经理（见图 11-11）。

5. 产品/市场型组织

生产多种产品并向多个市场销售的企业，可以采用产品/市场型组织结构，即既有产品（品牌）经理，又有市场经理的矩阵组织。绝大多数大企业认为，只有相当重要的产品和市场才需要同时设置产品经理和市场经理。杜邦公司就是按照矩阵结构设置营销机构的（见图 11-12）。

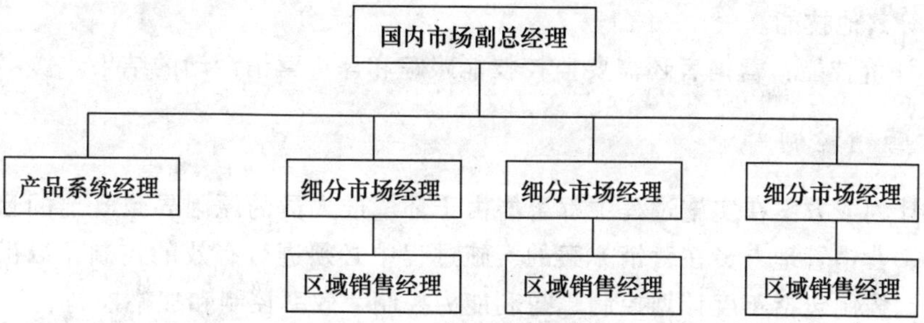

图 11－11　市场型组织

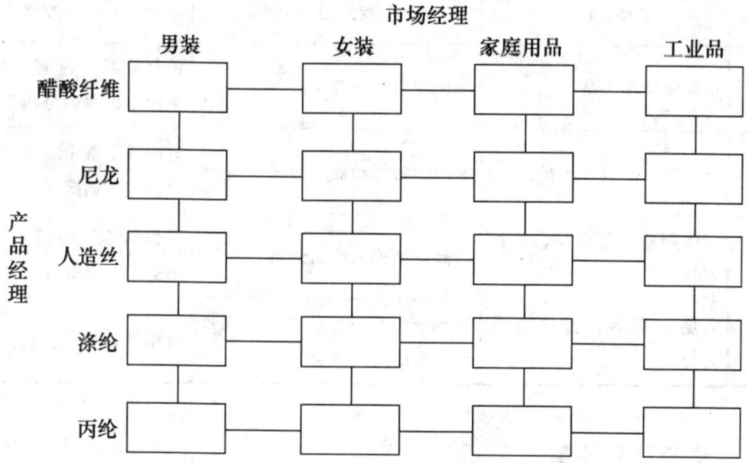

图 11－12　杜邦公司营销机构

第三节　营销实施和控制

一、营销实施

营销实施是指企业为实现其战略目标而致力于将营销战略和计划变为具体的营销方案的过程。洞察市场环境、制定营销战略和计划是解决企业“做什么”的问题，而营销实施则是要解决“如何做”的问题。

托马斯·波诺玛（Thomas Bomoma）认为，影响营销计划有效实施的因素可以分为四类：

（1）诊断技能：当营销计划实施的结果未能达到预期目标时，分析其原因到底是战略不当还是执行不佳；如果是执行的问题，那么问题又是什么？

（2）确定企业层次：影响营销计划实施的问题可能发生在三个层次上——营销职能、营销规划和营销政策。

（3）执行技能：为了使计划成功实施，营销者必须掌握预算分配技能、组织技能和合作技能等其他技能。

(4) 评价技能：营销者还需要监控技能跟踪和评价营销活动的结果。

二、营销控制

营销计划或方案在实施过程中都可能由于环境或人员的原因导致既定的目标无法实现。因此，营销管理人员在营销方案的实施过程中必须进行有效的控制，以保证目标的实现。营销控制包括年度计划控制、盈利能力控制、效率控制和战略控制。

表 11－1 营销控制类型

控制类型	主要负责人	控制目的	控制方法
年度计划控制	中高层管理人员	保证计划目标的实现	销售分析、份额分析、费用—销售额比率、财务分析等
盈利能力控制	营销财会、审计人员	掌握营销活动盈亏情况	分产品、渠道、地区、细分市场等分析盈亏情况
效率控制	直线和职能管理层，营销审计人员	提高营销投入产出效率	广告效率、促销效率、人员推销效率分析控制等
战略控制	高层管理者，营销审计人员	寻求企业在市场、产品和渠道等方面的最佳机会	营销效果评价、营销审计等

（一）年度营销计划控制

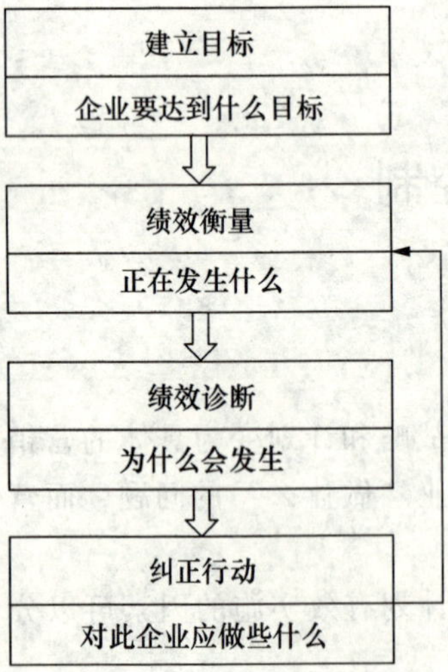

图 11－13 营销控制过程

年度营销计划控制主要检查营销活动的结果是否达到了年度计划中所制定的销售、利润、市场份额等方面的目标，在必要时采取调整和纠正措施。

年度计划制定的核心是目标管理，包括四个主要步骤（见图 11－13）：①制定目标，即确定年度、季度和月度的销售、利润目标等；②衡量绩效，即将实际营销结果与计划目标相比较；③诊断绩效，即分析绩效发生偏差的原因；④纠正行动，即采取最佳的改正措施，努力使成果与计划目标相一致。

企业营销人员可运用五种绩效工具以核对年度计划目标的实现程度，即销售分析、市场份额分析、营销费用—销售额比率分析、财务分析、顾客态度追踪分析等。

1. 销售分析

销售分析是用于衡量和评估营销人员所制定的计划销售目标与实际销售额之间关系的方法，包括销售差异分析和微观销售分析两种方法。

(1) 销售差异分析用于分析价格或销量等不同的因素对销售绩效的不同影响。

[例 11－1] 假设年度计划要求销售 10 万件产品，每件 10 元，即销售额 100 万元，

但在年度结束时，销售了 11 万件，每件 8 元，即销售差异为 12 万元，那么这 12 万元的销售额缺口有多少是由价格造成的？又有多少是由于销售数量造成的？我们可用如下方法进行计算来回答：

由于销售数量带来的差异 =10×(11-10)=10（万元）

由于销售价格带来的差异 =(8-10)×11=-22（万元）

由此可见，由于销量增加带来了 10 万元的销售增长，但由于价格的下降导致 22 万元的销售下降，综合起来二者共导致 12 万元的销售下降。

（2）微观销售分析是从产品、地区、渠道等方面分析其销售额差异产生的原因。假设企业有电视机、冰箱和洗衣机三种产品，其计划销售额分别为 4000 万元、4000 万元和 2000 万元，总销售额 1 亿元，但实际销售额分别是 5000 万元、4000 万元和 1500 万元，总共实现销售额 1.05 亿元，完成计划销售额的 105%，其中电视机完成计划销售额的 125%，冰箱完成 100%，洗衣机只完成了 75%。据此企业要对洗衣机的销售进行研究，分析其销售计划未完成的原因，并采取针对性的改进措施。

2. 市场份额分析

企业的销售数量和销售额并未完全反映出企业相对于竞争对手的绩效和市场竞争地位的变化，而市场份额分析则有效地弥补了这一不足。市场份额分析可以分析衡量总市场份额、服务市场份额和相对市场份额三个指标。

总市场份额（Overall Market Share）是企业的销售占全行业销售的比例。服务市场份额（Served Market Share）是指企业销售占其所服务市场的总销售的比例。企业的服务市场是指所有能够和愿意购买其产品的顾客。服务市场份额总是大于其总市场份额。相对市场份额（Relative Market Share）是企业与其最大竞争对手的市场份额之比。相对市场份额大于 1 的企业就是行业市场领导者。企业的相对市场份额上升意味着其市场成长速度快于其最大的竞争对手。

市场份额分析还需要对市场份额变化（上升或下降）的原因进行分析，以便能够采取针对性的措施。企业可从产品大类、顾客类型、地区以及其他方面来考察市场占有率的变动情况。一种有效的分析方法是从顾客渗透率 C_P、顾客忠诚度 C_I、顾客选择性 C_S 以及价格选择性 P_S 四个因素进行分析。

顾客渗透率是指从本企业购买某产品的顾客占该产品所有顾客的百分比；顾客忠诚度是指顾客从本企业所购的产品与其所购买的同种产品总量的百分比；顾客选择性是指本企业一般顾客的购买量相对于其他企业一般顾客的购买量的百分比；价格选择性是指本企业平均价格同所有其他企业平均价格的百分比。这样，全部市场占有率 MS 就可表述为：

$$MS = f\ (C_P、C_I、C_S、P_S)$$

3. 营销费用—销售额比率分析

年度计划控制要求企业在计划营销费用预算内实现预期的营销目标。关键指标是营销费用—销售额比率。营销费用一般包括广告费用、促销费用、销售人员费用和营销调研费用等。这些营销费用与销售额的比例必须得到有效的控制。当一项费用相对于销售额的比率超出控制范围时，要认真分析产生的原因并采取相应的纠正措施。

4. 财务分析

营销费用与销售额的比率分析应放在一个总体的财务框架中进行，以便对企业的盈亏情况进行全面的衡量。企业经常利用财务分析来判断影响企业资本净值收益率的各种因素。图 11－14 是一个分析资产净值回报率的财务分析模型。

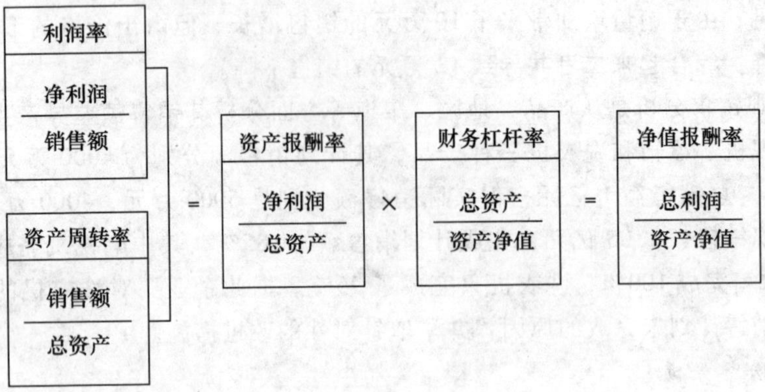

图 11－14　资产净值回报率财务分析模型

5. 顾客态度追踪分析

年度计划控制所采用的衡量标准大多是以财务分析和数量分析为主的定量分析，无法对营销的发展变化进行定性分析和描述，为此，企业需要建立一套系统来追踪其顾客、经销商以及其他营销系统参与者的态度。企业一般主要利用以下系统来追踪顾客的态度：

（1）抱怨和建议系统。企业对顾客书面的或口头的抱怨应进行记录、分析，并做出适当的反应。

（2）固定顾客的样本调查和访问。有些企业建立由有一定代表性的顾客组成的固定顾客样本，定期由企业通过电话访问或邮寄问卷了解其态度。

（3）顾客调查。企业定期让一组随机顾客回答一组标准化的调查问卷，其中问题包括职员态度、产品质量、服务质量等。通过对这些问卷的分析，企业可及时发现问题并予以纠正。

（二）盈利能力控制

企业除了对年度计划进行控制外，还要测定不同产品、不同销售区域、不同顾客群体、不同渠道的盈利能力，这种方法是盈利能力控制。盈利能力控制的一般步骤是：

（1）确定促销、广告、包装、运输、人员销售等各项职能费用；

（2）将各项职能费用分配给各个营销实体（营销渠道）；

（3）为每个营销渠道编制损益表，分析每个渠道的盈利能力。

分析盈利能力的指标有：

（1）销售利润率。销售利润率是指利润与销售额之间的比率。它是评估企业获利能力的主要指标之一。其计算公式是：

销售利润率＝（本期利润÷销售额）×100%

（2）资产收益率。资产收益率是指企业所创造的总利润与企业全部资产的比率，其计算公式是：

资产收益率 =（本期利润 ÷ 资产平均总额）×100%

（3）净资产收益率。净资产收益率是指税后利润与净资产所得的比率，净资产是指总资产减去负债总额后的净值。其计算公式是：

净资产收益率 =（税后利润 ÷ 净资产平均余额）×100%

（4）资产周转率。资产周转率是指一个企业资产平均总额与产品销售收入净额的比率，其计算公式是：

资产周转率 =（产品销售收入净额 ÷ 资产平均占用额）×100%

（三）效率控制

效率控制可以帮助企业高层营销管理人员评价其营销活动的效率。企业可以从销售人员、广告、促销和分销等方面对营销效率进行分析、评价和控制。

1. 销售人员效率控制

对销售人员的效率控制主要通过以下几个关键指标：①销售人员人均日销售访问次数；②每次访问的平均时间；③每次访问的平均收入；④每次销售访问的平均成本；⑤每次销售访问的招待成本；⑥每百次销售访问的订单；⑦每个评价期的新顾客数量；⑧每个评价期流失的顾客数量；⑨销售成本对总销售额的比率。

通过以上的分析，企业可以对营销人员的销售效率进行全面的评价，发现一些需要改进的地方，比如销售访问次数是否过于频繁或稀少，访问成本是否过高等，从而可以采取相应的改正措施。

2. 广告效率控制

对广告的效率进行衡量是非常困难的，但至少要获取以下统计数据：①每种广告媒体触及每千名潜在购买者所花费的广告成本；②顾客对每种媒体工具注意、阅读和收视的比例；③消费者对广告内容和效果的评价；④消费者在广告前后对产品态度的对比；⑤由于广告刺激而引起的询问次数等。

3. 促销效率

为了对销售效率进行评价和控制，企业应注意做好如下统计：①由于优惠而增加的销售占总销售的比率；②单位销售额中陈列成本所占的比率；③赠券回收率；④因现场演示而引起的询问次数等。

4. 分销效率

分销效率是指对企业的存货水平、仓库位置及运输方式进行分析和改进，以达到最佳配置并寻找最佳运输方式和途径。为了进行分销效率的控制，需要对以下指标进行统计和评价：①准时发货率；②物流成本与销售额比率；③订单错发率等。

（四）战略控制

战略控制是指营销经理采取一系列行动，使实际营销活动与原规划尽可能一致，在控制中通过不断评价和信息反馈，对战略进行不断修正，从而确保企业目标、战略和措施与市场环境相适应。目前，越来越多的企业运用一种所谓的“营销审计”（Marketing Audit）进行战略控制。

营销审计是指对一个企业的营销环境、目标、战略、组织、方法、程序和营销活动等进行独立的、综合的、系统的和定期性的核查，以便确认可能的威胁和各种可能的机会，并提出行动计划的建议，改进营销效果。营销审计实际上是在一定时期对企业全部营销活动进行总的效果评价。

营销审计的基本内容包括营销环境审计、营销战略审计、营销组织审计、营销系统审计、营销效率审计和营销职能审计。

营销环境审计通过对营销环境进行分析，了解企业所面临的经济、人口、政治、文化、技术等宏观环境和市场、顾客、竞争者、分销商和供应商等环境方面有哪些发展变化和趋势会成为企业的机会或威胁，以及企业针对这些变化和趋势采取了哪些行动。

营销战略审计对企业是否明确自己的使命和目标，营销目标是否与企业的市场地位、资源和机会相适应，营销战略是否与其财务状况、产品生命周期和竞争者的战略相适应，是否进行了科学的市场细分并选择了最佳的目标市场，是否制定了正确的营销组合，并为营销组合合理地配置相应的资源等进行审计和检验。

营销组织审计是对企业的营销组织在执行营销战略方面的组织保证程度和对营销环境的应变能力进行审计和评价，包括企业是否对营销活动进行有效的组织，营销主管人员的职责与权力是否明确，是否能按产品、用户、地区等有效地组织各项营销活动，是否有一支训练有素的销售队伍，对销售人员是否有健全的激励、监督机制和评价体系，营销部门与采购、生产、研发和财务等相关部门的沟通合作关系是否顺畅等。

营销系统审计包括对营销信息系统、营销计划系统、营销控制系统和新产品开发系统的审计。审计内容包括：企业是否进行了充分的市场研究，是否恰当地运用市场信息进行科学的市场预测，企业营销计划的制订是否科学、合理和全面，对营销计划目标、盈利能力和营销成本等是否有准确的考核和有效的控制，新产品开发的程序是否健全等。

营销效率审计包括对营销盈利能力和成本效率的分析审计。要审核企业的不同产品、不同市场、不同地区以及不同分销渠道的盈利能力，审核进入或退出、扩大或缩小某一具体业务对盈利能力的影响，审核营销费用支出情况及其效益等。

营销职能审计是指对企业的营销组合要素，包括产品、价格、渠道、广告、促销和销售队伍的效率进行审计。

参考文献

[1] 菲利普·科特勒著．营销管理（第10版）．北京：中国人民大学出版社，2002

[2] 菲利普·科特勒著．梅清豪译．营销管理（第11版）．上海：上海人民出版社，2003

[3] 菲利普·科特勒，凯文·凯勒．营销管理（第12版）．上海：上海人民出版社，2006

[4] Philip Kotler. Marketing Management（第9版）（英文）．北京：清华大学出版社，1997

[5] Philip Kotler，Gary Armstrong. 市场营销原理．北京：清华大学出版社，2003

[6] Dell. Hawkins，Roger J. Best，Knereth A. Coney. Customer Behavior—Building Marketing Strategy. 9th edition，the MCGraw－Hill companies，inc. 2004

[7] 菲利普·科特勒，加里·阿姆斯特朗，洪瑞云，梁绍明，陈振忠，谢贵枝著．何志毅等译．市场营销原理（亚洲版）．北京：机械工业出版社，2007

[8] 管志安，瞿国忠，陈国平．当代市场营销学．北京：中国科学技术出版社，1991

[9] 戴维·克雷文斯等著．韦福祥等译．战略营销．北京：机械工业出版社，2004

[10] 金占明．战略管理．北京：清华大学出版社，2004

[11] 刘文华等．经济法律通论．北京：高等教育出版社，2003

[12] 纪宝成等．市场营销学教程（第3版）．北京：中国人民大学出版社，2002

[13] 王方华，顾锋．市场营销学．上海：上海人民出版社，2007

[14] 王方华．市场营销学．上海：复旦大学出版社，2005

[15] 吴健安主编．营销管理．北京：高等教育出版社，2004

[16] 吴泗宗主编．市场营销学（第2版）．北京：清华大学出版社，2005

[17] 甘碧群主编．市场营销学．湖北：武汉大学出版社，2002

[18] 唐德才等编著．现代市场营销学教程．北京：清华大学出版社，2005

[19] 黄金火．市场营销学．上海：上海财经出版社，2006

[20] 杜伟，曾令秋．市场营销学．四川：四川大学出版社，2002

[21] 涟漪．市场营销管理．北京：国防工业出版社，2004

[22] 王维，刘岗．市场营销学．北京：经济科学出版社，2004

[23] 李先国．营销管理．辽宁：东北财经大学出版社，2002

[24] 柳思维．现代市场研究．北京：中国市场出版社，2007

[25] 周培玉．市场营销策划．北京：中国经济出版社，2007

[26] 江林. 消费者心理与行为. 北京：中国人民大学出版社，2007
[27] 房爱卿. 我国消费需求发展趋势和消费政策研究. 北京：中国经济出版社，2006
[28] 姚作为. 服务消费决策行为研究. 北京：中国标准出版社，2007
[29] 赵相忠. 市场调查与预测. 重庆：重庆大学出版社，2004
[30] 李国强，苗杰. 市场调查与分析. 北京：中国人民大学出版社，2005
[31] 简明，金勇进. 市场调查方法与分析. 北京：中国人民大学出版社，2004
[32] 欧阳卓飞. 市场营销调研. 北京：清华大学出版社，2006
[33] 黄丹. 市场调研与预测. 北京：北京师范大学出版社，2007
[34] 王珍莲. 现代市场调查与预测. 重庆：重庆大学出版社，2006
[35] 尚清春. 如何进行市场调研. 北京：北京大学出版社，2004
[36] 伯特·罗森布罗姆著. 李乃和，奚俊芳等译. 营销渠道管理（原书第6版）. 北京：机械工业出版社，2003
[37] 安妮·T. 柯兰，路易斯·斯特恩等著. 蒋清云，孙一民等译. 营销渠道（第6版）. 北京：电子工业出版社，2003
[38] 刘永炬著. 渠道. 北京：中国工人出版社，2003
[39] 程飙. 市场价格学. 广东：暨南大学出版社，2002
[40] 骆品亮. 定价策略. 上海：上海财经大学出版社，2006